England under Queen Anne
安妮女王时代的
英格兰

和平之境

THE PEACE AND
THE PROTESTANT SUCCESSION

George Macaulay Trevelyan
[英] 乔治·麦考莱·屈威廉　著
周莎　译

中国法制出版社
CHINA LEGAL PUBLISHING HOUSE

兰都难以匹敌的海上力量，以及与之相较毫不逊色的金融和贸易优势。而且，马尔伯勒1713年为它获得的海上霸权，使它的国际地位比1815年和1919年更重要。除了法国，没有任何国家可以与它匹敌。博林布罗克在乌得勒支签订的条款，比卡斯尔雷在维也纳，劳合·乔治在凡尔赛签订的都更具影响力。但是，劳合·乔治签订条约时是与盟军商量之后指示敌军，而博林布罗克①（Henry St. John 1st Viscount Bolingbroke）则是和敌军商量之后指示盟军。总的来说，无论其通过何种途径获得，他签订的条款是有利的，毫无疑问，他认为英格兰所得最佳。相比荣誉，他对英格兰所能获得的利益更为在意。战争最后一年，他在战场上抛弃了我们的盟军，向他的法国朋友泄露了军事机密。并且，他还命令英格兰舰队参与削弱加泰罗尼亚人在巴塞罗那的抵抗。他认为英格兰和荷兰1709年签订的《屏障条约》（此条约的签订并不明智）是"一张废纸"，并唆使斯威夫特诋毁拒绝违反信仰的荷兰人。但是，除了加泰罗尼亚，不管是荷兰还是其他盟军，都在乌得勒支得到了好处。即便侵犯别国的军事力量已经被剥夺，曾经的敌人法国却并未发怨，也未打击报复。幸运的18世纪开局尚可，走上了理性、文明的道路。

乌得勒支条约的主要条款长期以来受到辉格党人（Whig）的诟病。尤其是将西班牙留给波旁王朝的菲利普继承，在他们看来臭名昭著。但是我认为博林布罗克子爵是正确的。有趣的是，麦考莱（Macaulay）也持相同观点，并且明确表达了此观点。虽然西利（Seeley）认为他偏袒辉格党，但是，西利自己在《英国历史评论》

---

① 即亨利·圣约翰。英格兰政治家、哲学家，托利党领袖，支持英国国教教会，但反对宗教和神学。曾参与1715年詹姆士党人起义，试图推翻国王乔治一世的统治，后逃往法国，1723年返回英国。——编者注

序　言

本书是《安妮女王时代的英格兰》系列三本书中最后一本。之前，我讲到了风云变幻、英雄辈出的17世纪那么至关重要的那些年，其间风起云涌，在18世纪归于平静。此后，我们对邻国来说，不再是个难以预测、利益相冲的岛屿。时而势如破竹，时而在国际事务上不值一提。英格兰实力稳步上升，成了海上唯一霸主。其与法国比肩，有序而自由的政治环境让后代欧洲大陆哲学家歆羡。

在乌得勒支（Utrecht），权力重大的全权大使（Plenipotentiaries）终结了一个时代，清算了五十年来欧洲小国面对法国霸权的抵抗，清算了欧洲新教徒避免重演法国胡格诺派的悲惨命运的斗争。这两场自卫运动，由威廉卓越的政治才能联合，并在军事才能卓著的马尔伯勒（Marlborough）领导下取得胜利。英格兰虽然很晚才加入战争，但是起到了决定性作用。在当时，这是一个全新的想法，让人不得不重新思考国家的准则。

如果我们将1680—1688年法国和英格兰的国力进行对比，再将安妮去世时两国的国力进行对比，就会发现两者之间的巨大差异。不久前还饱受别国鄙视和国内政局困扰的英格兰，成为在战事中取胜的主导力量，并主宰了随后的合约签订。大不列颠拥有法国和荷杂志的第一期重申了过时的辉格党的抨击："没拿下西班牙的停战"。考虑到之后的"家族契约"历史，他做此抨击的原因在我看来是非常投机的。

对托利党（Tories）人来说很不幸，他们的领袖错误地将和约的制定与继承者问题、英格兰王位联系在一起。那些参与协商乌得勒支条约的政治家，透过法国的詹姆士党（Jacobite）代理人近距离接触了法国大臣们，同样变得厌恶荷兰以及德国的王子们，包括汉诺威的乔治。和约的问题和新教徒继承王位变得密不可分。辉格党人谴责和约，但支持新教徒继承王位；托利党人为和约辩护，但在此过程中一半的人都转向支持詹姆士党复辟。他们认为，詹姆士会为了讨好他们而皈依英格兰国教。詹姆士的拒绝让他们束手无策，让一个伟大的国家变得分裂而让人担忧。安妮女王的死讯像来自地狱的号角一般。

这就是本书要讲的故事。其中的细节非常复杂，故事的发展充满戏剧性。希望以上讲解让读者既见树木，又见森林。

安妮女王时期最后4年历史的关键问题，尤其是佐证和约谈判和詹姆士党阴谋密切相关的文件存放在法国外交部档案馆。我由衷感谢该处官员对我的殷勤款待。我还要感谢斯宾塞伯爵斯坦诺普（Lord Spencer, Stanhope）和达特茅斯（Dartmouth）让我自由查阅他们祖先的文件；感谢贝德福德公爵（Duke of Bedford）和他的图书管理员斯科特·汤姆森小姐慷慨地让我使用存于沃本（Woburn）修道院的手稿；感谢阿瑟·布赖恩特允许我使用谢克利（Shakerley）的手稿；感谢赖盖特公司（Reigate Corporation）和雷德希尔的W. 胡珀博士准许我使用萨默斯（Somers）的手稿；感谢巴尔的摩的马斯塔德夫人允许我用她祖上帕克上校［Col. Parke，其将布伦海姆（Blenheim）的消息带给了女王］从安妮女王处获赠的女王微型肖像画进行重新制作；感谢诺曼·赛克斯教授热心地为我提供的信息；感谢盖尔（Geyl）教授提供的宝贵帮助和建议。索拉·斯通女士的去世非常不合时宜，令人悲痛。我感谢她慷慨地让我使用她未发表的作品《1660—1713年在塞内加尔和干比亚的较量》(Struggle for Power on the Senegal and Gambia 1660-1713)。

同时我还想感谢埃默里·沃克公司的斯塔顿先生。从1907年开始他就用其精湛的技术为我的书籍制作地图。

日期标注方式说明

读者会注意到新历（N.S.）和旧历（O.S.）日期之间的区别。在1752年之前，国内的英格兰人一直使用的是旧历，这一历法1700年之后的日期比格里高利十三世（Gregory XIII）的新历——当时已在除俄罗斯之外的所有大陆国家广为使用——晚11天。我们的水手，无论是在海上服役的，还是在像攻占直布罗陀这样的海岸行动中的，一般使用国内熟悉的旧历。我们在尼德兰和德意志的士兵，一般使用新历，尽管不总是如此。大部分在国外的外交官使用新历，但也有一些使用旧历。我用旧历表示英格兰国内事务日期；用8月13日（新历）或8月2/13表示英格兰以外的事务日期。

安妮于1702年3月8日登基，至少我们现在是这么说的。但我们的祖先称这一日期为1701年3月8日。因为在他们那里，新年不是从1月1日开始，而是从3月25日开始。1701年3月24日之后是1702年3月25日凌晨。这对于研究古文献的现代学者来说是很困惑的，他们很容易在1月、2月或3月初发生的事务中弄错年份，特别是在议会事务中，因为通常的会议是在冬季举行的，跨了两年。安妮统治时期的上议院和下议院的日志，在3月25日才从1701年改为1702年。所有现代历史，包括本书，都将1月1日作为新年起始。

丘吉尔先生、麦考莱、曼利夫人和马尔伯勒

鉴于本书谈到了臭名昭著的曼利夫人和她的《新亚特兰蒂斯》（后称《新》，New Atlantis，见本书第二章），我想要在此转载（已征得同意）我在1933年10月19日《泰晤士报文学增刊》上刊登的信。

致泰晤士报的编辑

先生，我并不想批评丘吉尔（Churchill）先生在贵刊上一期关于马尔伯勒的评论。但它的出现让我有机会就丘吉尔先生书中的某一点说几句，我觉得我有责任提请大家注意。在此之前，我想先表明我对全书的极大崇敬。我衷心祝愿这本书能够畅销，并取得成功。它的品质上乘，超越了很多历史学作品。不仅叙事活灵活现，对权威的考究严谨，分析清晰且充满技巧，而且对几个主要人物洞见深刻，对当时的情形（与现在截然不同）了解深入。我赞同书中对国内外问题以及马尔伯勒性格的总体看法。

我在其他地方谈到过，我认为麦考莱对马尔伯勒的解读有误。的确，我认为这是他历史写作中的最大败笔。所以我一点也不惊讶，丘吉尔先生对家族的虔诚勾起了他的复仇欲。即便如此，他没有权利说麦考莱是"骗子"。"骗子"所指的不是一个误读了别人品性的人（无论多糟糕），或者是偶尔接受个充分证据的人。如果是那样的话，所有的历史学家都是"骗子"。骗子是明知道说的话是谎话，却还要这样说的人。目前，除了有关卡马雷特（Camaret）湾战役的信，麦考莱所说的和丘吉尔所说的并无多大区别。丘吉尔先生承认马尔

伯勒姐姐（阿拉贝拉·丘吉尔 Arabella Churchill）的情人（詹姆士）是他的保护人；承认马尔伯勒从自己的情人（即芭芭拉·维利尔斯 Barbara·Villiers）那里获得钱财投资并收获颇丰；承认马尔伯勒在詹姆士的军队里位高权重，却舍弃了詹姆士；承认马尔伯勒后来又和詹姆士党人通信。我同意丘吉尔先生的观点，马尔伯勒舍弃詹姆士在当时是值得称赞的，另外三个行为在当时也不是不可原谅的。但有事例对马尔伯勒不利，在当时也有很多人厌恶他。在现代史学研究之前，如果历史学家认为马尔伯勒是个坏人，就是被表象所蒙骗了。但这并不意味着这位历史学家不诚实。

现在我想来谈谈我的一个观点。就历史学家佩吉特（Paget）权威观点影响下，丘吉尔先生说麦考莱将《新》的作者曼利夫人"作为证人"，但这并不是事实。我承认，麦考莱对辉格党有成见，他太过信任詹姆士党和高教会派托利党（High Tory）对马尔伯勒的诋毁。比如，麦考莱受斯威夫特影响颇深；麦考莱映射《昂贵的交易》[①]中的指控可能是真实的，这种观点糟透了。关于这点，丘吉尔先生是对的。但是他在曼利夫人问题上对麦考莱的指责有失妥当。

在这个问题上，丘吉尔先生太过依赖佩吉特。但和其他历史学家一样，佩吉特也会犯错。他在这个问题上辜负了丘吉尔先生。佩吉特写道："麦考莱男爵的读者鲜有怀疑他对马尔伯勒的指控。而他的指控不过是提醒了我们这个女文人有多粗俗。斯威夫特曾称她为

[①] 纳撒尼尔·约翰斯顿（Nathaniel Johnston）于1689年出版的小册子，批评了英国国王威廉三世（William III）对荷兰的偏袒和对英国的剥削，损害了英国的利益和尊严。——编者注

《新考验》（The New Examen），约翰·佩吉特于1891年出版的一本历史评论，对英国历史学家麦考莱的《英国史》进行了批判和纠正，尤其是关于马尔伯勒公爵和安妮女王的部分。——编者注

下人中的一个。"为了使他的指控更有说服力,佩吉特在脚注中补充道:"见《新》第一卷21—43页'福图内特斯伯爵'的历史。节选内容太长了,部分内容总的来说也不适合出版。感兴趣的读者一定会将《新》第27页和麦考莱1856年出版的《自詹姆士二世即位以来的英格兰史》第2卷第8章第254页有关马尔伯勒婚礼部分、《新》第26、31、41、43页和麦考莱第1卷的第457、458页和第2卷的第251、252、253页进行比较,以此判断我的观点是否中肯。"

我很认真地对比了两者,但是反复揣摩之后,我更不明白佩吉特是什么意思。两者的共同点不多,也没有任何内容是麦考莱非得从《新》中引用的。麦考莱引用了伯内特、切斯特菲尔德和其他人,但没有引用曼利夫人。如果说他对马尔伯勒动机的判断有误,即便没有引用曼利夫人也会这样。麦考莱不认同曼利夫人杜撰的马尔伯勒在晚年拒绝给芭芭拉钱财的故事。正因为此,他没有屈尊引用她。麦考莱引用了波普,后者只是用不同形式重复了曼利夫人编的故事。从他的叙事中很难看出他是否读过曼利夫人的作品。丘吉尔先生在第53页说麦考莱在书中"完全是通篇转录"了《新》的选段。这和麦考莱写的一样不准确。完全不准确。但我相信丘吉尔先生这样写是出于好意。历史学家都是会犯错的。我们对彼此都需要宽厚一点。

丘吉尔先生(第130—132页)提到,作为"麦考莱的证人",曼利夫人的两个最让人反感的故事是值得驳斥的。他在短短3页纸中3次这样说。这样可能会让一些粗心的读者认定麦考莱赞同曼利夫人的这两个故事;但他从未如此。这两个故事是丘吉尔先生提到的。

我认为,真正导致麦考莱对马尔伯勒品性解读有误的主要原因是卡马雷特湾战役的信。这封信导致麦考莱曲解了马尔伯勒其他的生平事迹。现在,丘吉尔先生让我们有理由怀疑马尔伯勒到底是否给詹姆士二世写过这封信。我认为，丘吉尔的理由充分。如果再版，我打算之后修改本书第一卷《布伦海姆战役》中的一段话。但是，麦考莱和他同时代的，以及长期以来后世的历史学家一样，都认为马尔伯勒确实写了这封信。而且，佩吉特和沃尔斯利（Wolseley）后来发现，当时法国已经知道英军意图攻占布雷斯特湾，而且马尔伯勒在"揭露"这件事的时候（如果他确实这么做了的话）已经知道法国知情。麦考莱对此却并不知情。这就说明麦考莱并不是"骗子"。我认为丘吉尔先生对这个百年前具有开创精神的历史学家有点苛刻。和他们相比，现代历史学家拥有更好的史学研究体系，大量出版文件，成卷的《英国皇家历史文献调查卷宗》（后称《卷宗》），学术期刊，占满各图书馆的专著和特定专题研究。这位先驱一样的历史学家将自己的研究发现穿针引线，形成了一家之言。况且麦考莱本性"过于自信"，是可能偶尔犯些错误。但他不是"骗子"。他最大的弱点是对人物动机和性格的分析。这些观点总是非黑即白。但是，他长于英国政治、宪法、法律等方面的历史研究。这和丘吉尔先生撰写的马尔伯勒传记所涉及的内容大相径庭。梅特兰（Maitland）曾和我说，麦考莱历史书写中关于法律的论述总是准确的。但他对于人物的分析则不尽然。

G.M. 屈威廉

于剑桥

目　录

第一章　马尔普拉凯 / 001

第二章　屏障条约和日暮中的辉格党 / 028

第三章　萨谢弗雷尔 / 046

第四章　辉格党的陨落 / 063

第五章　在西班牙达成协议 / 077

第六章　新格局：1710—1711年冬 / 092

第七章　新议会的第一次会期：1710年11月—1711年6月 / 111

第八章　马尔伯勒最后的军事行动 / 134

第九章　安妮女王的帝国 / 139

第十章　安妮女王治下的爱尔兰 / 163

第十一章　英法商谈 / 180

第十二章　为停战而战之二：国内 / 192

第十三章　为停战而战之二：国外 / 215

第十四章　又谈苏格兰 / 237

第十五章　停战之后 / 251

第十六章 **安妮女王的最后一届议会** / 275

第十七章 **女王驾崩的危机** / 300

结　语　**乔治国王毫无争议的继承** / 320

注　释 / 333

附　录 / 367

脚注缩写中英对照表 / 381

第一章　马尔普拉凯

时值1709年春，同盟军拒绝与法国和解，虽然后者答应满足一切看似合理的条件。[①] 此时，盟军满怀期待，自认为饥荒能马上终结法军的抵抗，从此进军巴黎的道路无往不利。6月4日，《塔特勒》(Tatler)上刊登的一首致"路易大帝"（路易十四）的讽刺诗逗乐了伦敦老少。该诗嘲讽他治下的法国饱受贫困和饥荒折磨，并在结尾给他提了建议：

那么，先生，此时此刻，
我军略胜一筹；
阁下在海牙（Hague）拒绝的协议，
待盟军直捣巴黎时将不复存在。
试想，敦刻尔克夷为平地，
归安妮女王统治；
叫这个觊觎王位的出来吃食，
让另一个滚回家。

---

① *Ramillies and the Union*, pp.398–402.

这里的"另一个"王位觊觎者便是他的孙子——西班牙的菲利普五世（Philip V of Spain）。

的确，法国当年的饥荒几乎让其失去抵抗。英格兰政府将谷物列为违禁品，并于1709年夏天6、7月间，派约翰诺里斯爵士带领一纵中队驻守厄勒海峡（the Sound），制止斯堪的纳维亚（Scandinavian）地区及其余中立国向法国运输谷物。鉴于海上列强在西班牙王位继承战争期间都小心翼翼，避免和波罗的海国家（the Baltic States）闹僵，被截的货物没被没收，而是被买了下来。在海牙，法国谈判者们承认，他们没法继续抵抗"上帝之手——饥荒"。[1]

当时普遍认为，敌军正在消亡。确实，当维拉尔最初接管法国—比利时前线的时候，情况正是如此。他自己也说，当3月份到图尔奈的时候，士兵已经变卖了徽章和夹克，换取面包充饥。就连副官也在变卖衬衣。士兵们面黄肌瘦，到处搜寻食物。希望和纪律都随之消亡。如果4月份的时候马尔伯勒能聚集到8万士兵进攻，那他本可以直捣凡尔赛宫（Versailles）。但是当他6月底组织军事行动的时候，12万人的军队都显得捉襟见肘。巴黎正是被这6个月的军事间歇惯例拯救。① 春天和初夏的时候，一支崭新的法国军队孕育而生。它拥有几乎全新的人员安排，并焕发着全新的志气。这个奇迹是怎么实现的呢？

法国唯一知道的是，只有维拉尔可以阻止马尔伯勒。就像4年前他在摩泽尔（Moselle）阻止他那样。这位法国元帅天性活泼，言语中毫不吝惜地表达对自己的过度信心。这正是他那些郁郁寡欢、忧

---

① 马尔伯勒1708年的军事行动被延迟到1709年1月初。为了弥补，他到1709年6月底才重新作战。这比往常要晚得多。

心忡忡的士兵的解药。虽然他总是虚张声势，一副唯独自己知道如何取胜的模样，但他不是愚昧的乐天派。他很少错失时机，在面对马尔伯勒的时候，比马尔桑（Marsin）、维勒鲁瓦（Villeroi）或是旺多姆（Vendome）更沉得住气。而且他还有股特殊的精神，和此时还没出生的共和国时期法国军队一致。他不会谄媚或者看人行事，在旧制度（ancien regime）里显得格格不入。他威逼凡尔赛宫的主人，直到后者送来了面包；在大庭广众之下，他公开表达对那些把法国拖到这般田地的元帅和贵族的鄙夷。这是他的时代。无论是神父还是贵族，都不敢在他背后窃窃私语。因为他是他们唯一的希望。曼特农夫人（Madame de Maintenon）支持他。维拉尔给她写了非常诚挚的信，谈论当时的时局。

就像克伦威尔被这样形容过一样，维拉尔可以说是"在战争的险恶中，在战场的高地上，希望在别人身上消逝的时候，像一柱火一样洒在他身上"。星星之火在他身上复燃、蔓延。他的脸上总是挂着一副笑容，显得精神抖擞，自信幽默。士兵看到他就像看到同志一样，可以与其推心置腹。如果没有他的这股自信和亲近，法军的纪律是没法复原的。他走到饥饿的部队当中，倾听了他们的悲痛，感谢了他们的坚韧，激发了他们的自豪，并唤醒了他们对胜利的期待。他告诉我们，他经常向士兵保证何时会获得面包，但他实际上压根儿就不知道军粮何时能到。但是，士兵们知道，至少他正竭尽全力，举国遍寻军粮。士兵会这样回答："元帅先生说得对，人们有时要历经磨难。"还有人对他说："我们只要面包，其他的，我们赤膊也能干。"

在任命维拉尔为指挥官之后，路易国王竭尽全力支持他。各地省长被委任不惜一切代价给军队提供面包。农民挨饿，富人吃着黑面包，变卖了餐具，只为能让士兵们活下来。维拉尔给当天要出兵的军团发配军粮,让安营扎寨的部队饿肚子。正是这样,他们熬过了那个艰难的春天。当农民们听说营地里马上有粮了,成千上万强健的年轻人入伍从军,跟在装了面包的马车后面。日渐单薄的军队又重新壮大。此时法国仍依赖于自愿入伍,百年一遇的霜冻和饥荒俨然成了招募新兵的中士。

就这样,破烂的旗帜下,瘦骨嶙峋的士兵在愉快的指挥官麾下被组织起来。在维拉尔的带领下,经历了严冬的士兵比之前在里尔(Lille)和奥德纳尔德(Oudenarde)的法军更加骁勇。维拉尔要求贵族血亲也加入作战,但只有枯瘦的"英格兰国王"参与其中。他来陪伴这群不幸的人倒挺合适。维拉尔到前线碰到的另一个流亡中的王子是巴伐利亚选帝侯(Bavarian Elector)。在布伦海姆战役一年前,维拉尔曾生气地和他分道扬镳。维拉尔写道:"我发现,他和上次我在慕尼黑看到的那样光彩照人很不一样。"但是,这两人都很勇敢慷慨,在不幸中很快忘记了之前的争吵。[2]

在维拉尔行动的时候,盟军在海格正帮着法国恢复斗志。他们彻头彻尾地拒绝了路易十四提出的几近绝望的请求①。这既让英格兰和荷兰的很多默默无闻的民众心灰意懒,内心惶恐,又让路易和他的人民团结起来。早在1706年10月,旺多姆就建议国王召集议会(此时已经休会了100年),让"他们看清敌人傲慢的嘴脸"。虽然拒绝就此屈从,但路易在1709年6月转变态度,向子民发布了一则公告。他提到目前敌我交战情况,历数过去为重建和平做出的无用牺牲,呼吁民众再踏征程。[3]这场由这个傲慢并怀有征服世界野心的暴君发起的战争,虽然被马尔伯勒扭转了战局,但现在成了一国子民抵

---

① *Ramillies and the Union*, pp. 399–405.

抗外敌的防御战。虽然有时盲目、叫人无法忍受,但法国精神此时变得最纯粹、合法。

另一边,在西属尼德兰一支强大的军队正在聚集。他们将在马尔伯勒和欧根带领下向巴黎进军。虽然这个不寻常的冬天使整个欧洲都受到影响,但是法国受灾最严重。并且,霜冻对法国农收的影响最为严重。盟军这边无论是在军粮还是财力方面都更充足。在新年到来以前,辉格党控制的议会已经投票通过向驻扎在弗兰德(Flanders)的英军增加10000兵力。在得知荷兰人所做部署之前,反对党只敢小声嘀咕,责怪这个决定完全没必要。几天之后,尼德兰决定在1709年增兵6000人。[4]荷兰主要被战时政党控制,此时一贫如洗的共和国最需要的就是和平。这是荷兰人出兵最多的一次,由各省代理掌管。虽然像格斯林加(Goslinga)那样喜欢马尔伯勒公爵的代理寥寥无几,但他们已经不再幻想能够否决他向战场派遣共和国蓝衣护卫的计划了。

因为增兵,马尔伯勒指挥的兵力增多了。同时,欧根亲王指挥着和往常相比更强大的德意志和神圣罗马帝国(Imperialist)分部。按照惯例,普鲁士国王每年冬天都会抱怨一番,威胁撤军。但这次,他又在收到马尔伯勒的私人信件后妥协,反倒增派了5000兵力。

因此,在1709年6月底盟军到达里尔平原的时候有超过12万兵力。这几乎是在拉米伊(Ramillies)获胜时盟军人数的两倍。维拉尔此时集结了8万—9万兵力反抗。在整个军事行动当中,食品短缺仍然威胁着法国士兵和军马,[1]但至少此时维拉尔有能力抵抗盟军的

---

① 法军长官《德拉科洛尼》(*De la Colonie*)(第345—346页)写道:"饥荒在我们的军队中肆意蔓延。"即便是在马尔普拉凯战役之后仍然影响着军事行动。该书还说,躲过了这场战役劫难的马匹"最终却在拴马索前饿死"。

进攻。

但是，维拉尔仍然需要保持警惕：从军队人数、补给和获胜希望来看，他都不占优势。他指挥的是法军最后的军队。如果再来一场像在拉米伊或者奥德纳尔德那样的战役，战争就以法国的落败结束了。他不能冒险在空地上打仗，但他必须制止向巴黎进军的盟军步伐。正如他告诉我们的，他很清楚蒂雷纳（Turenne）的名言："如果一个将军一味地避免战争，那么他就已经拱手将自己的国家让给挑起战争的对手了。"因此，他采纳了野战阵地（field entrenchment）的防御策略。国王路易的士兵都很重视这一策略。就像《项迪传》中托比叔叔（Uncle Toby）谈到随威廉国王征战的经验：

"如果法军占领了森林的优势，或者你给他们留足了机会野战，他们就会不停地出现在你面前。"①

维拉尔小心而又大胆地组建了长40英里，从艾尔河（Aire）到杜埃（Douai）附近的拉巴塞（La Bassee）防线。他的总部在防线中央，离敌军在里尔的总部只有10英里距离。尽管如他所说"有几位将官的军事顾问都很胆小"，但维拉尔把防线布置在能抵抗的最前线，不给入侵者一丁点儿侵占神圣土地的机会。利斯河（Lys）和斯卡尔普河（Scarpe）上游的湿地让他陆地上的工事如虎添翼，在局部地区成了天然屏障。6月的滂沱大雨使他的工事更加令人生畏。进攻变得难上加难。

据说卡多根（Cadogan）打扮成农民，对拉巴塞防线进行侦察。他的报告指出，要想攻破防线机会渺茫。马尔伯勒和欧根知道，他们不能像对待维勒鲁瓦或是塔拉尔（Tallard）那样对待维拉尔。6月

---

① *Tristram Shandy*, Bk. V, Chap. XXI.

27日公爵给萨拉（Sarah）的信上说："你收到这封信的时候，我们可能正在打仗。但是，欧根亲王、我还有其他所有将军都认为不应操之过急。"他们不得不转而围剿图尔奈。

从某种程度上来说，这个决定造成了此次军事行动，乃至整个西班牙王位继承战争最后阶段的危机。这个决定放弃了直捣巴黎的进军计划。即便绕远路进行围城战对扫清障碍来说必不可少，胜算却不大。在警觉的维拉尔眼皮底下，盟军的耐心和团结可能在还没攻下最后一个堡垒以前就消磨殆尽。

在决定要围剿图尔奈之后，马尔伯勒和欧根在法国元帅面前隐藏了他们真正的意图。他们向拉巴塞防线的西北端进军，假意在此进攻。为了堵截敌军，维拉尔重组部队，从图尔奈撤出一支守备部队。随后，马尔伯勒火速将在夜间行进的盟军部队掉头，包围了图尔奈。此时维拉尔已经没时间调回守备军，也无法给图尔奈提供补给。①

除了前一年已经失陷的里尔，图尔奈是当时最稳固的城堡。但是，盟军希望在当时的情况下用一个月的时间将其拿下。然而，城里6400名饥饿的护卫军虽然在数量上减少了，但他们仍顽强抵抗。过了两个多月，这座城堡才被攻陷。

图尔奈仅次于里尔，是让常规军最感兴趣的围剿战场所。它的地下有复杂的地雷阵和地道系统。这使攻方要在黑暗和未知的危险中打一场仗。"未知对一个士兵来说，比任何任务都危险。"雷维特（Revett）上校说："在这个全欧洲最稳固的堡垒中，遍地是地雷阵和

---

① 盟军攻城的武器还在梅嫩（Menin）。武器从水路送来，顺利斯河而下到达根特（Ghent），再逆斯海尔德河（Schelde）而上到达图尔奈。虽然从梅嫩到图尔奈走水路比陆路要长得多，但此时潮湿的夏天导致陆路泥泞，运送重物走水路更快。

炮塔。"马尔伯勒写道："我们的地雷工兵在每一次进攻中总能发现他们的地道。但敌人预先布置的小型炮塔不停从地下开火。这使我们没法有效利用发现的地道进行攻击。我们准备在地道里布置炸药移除炮塔。"当图尔奈城堡最终在9月3日落入盟军手中的时候，已经有5000人伤亡。其中很多是英格兰士兵。[5]

这次军事行动开始得很晚。当图尔奈被攻下的时候已经到了秋天。维拉尔的防线此时已经从斯卡尔普河向东延伸到了斯海尔德河畔的孔代（Condé），堵住了盟军直取巴黎途中必经的瓦朗谢讷（Valenciennes）、杜埃（Douai）和贝蒂讷（Béthune）。马尔伯勒和欧根认为，在当年余下的几个月里能做的就是拿下蒙斯。拿下蒙斯对外交谈判有所帮助，但对打通去巴黎的道路却没多大意义。除非，维拉尔会为了解救蒙斯而离开拉巴塞防线，并和盟军开战。此时，马尔伯勒可能已经意识到，除非开战，否则想要迅速结束战争是不可能的。他本人也非常渴望打一场。

盟军又一次熟练地秘密转移，通过迂回路线在法军赶来以前到达蒙斯。维拉尔到的时候已经没法给城中投掷补给了。但是，他并没有马上躲回拉巴塞防线中避难。他留了下来，暗中观察何时能在盟军围剿蒙斯时抢占先机。

在两军之间，隔着一大片森林。要想越过森林，要么北上取道布叙峡谷（Gap of Boussu），要么南下经过马尔普拉凯峡谷（Gap of Malplaquet）。① 维拉尔此时在森林西侧徘徊，一方面迷惑盟军，另

---

① 通常这里被叫作欧努瓦（Aulnois）峡谷。但是我更愿意称其为马尔普拉凯。因为这场战役是用在峡谷边的这个村庄命名的。森林的名称我沿用了1709年的称呼，现在有些已经改名了。伯勒（Burne）上校对这场战役的描述很好，既专业又符合现代读者的口味。见 *Journal of the Royal Artillery*，April，1933.

一方面迫使盟军把守两处峡谷的河口,以防他对一处发动进攻。突然,他向南面的马尔普拉凯前进,逮住了马尔伯勒带领下在布拉尔尼(Blaregnie)不远处驻扎的英格兰和荷兰军队。为了看守布叙峡谷,欧根带领的为数更少的德意志军在更北边的地方扎营。法军擅长在森林和湿地中作战,而盟军此时还没勘察好地形。并且,马尔伯勒的野战炮兵还没跟上。① 因此,那些责怪他为何不在9月9日(此时维拉尔刚赶到)进攻维拉尔的论调可能搞错了。

但那些责怪维拉尔不在那天进攻盟军的评论者也不见得有多公正。他带领的,是法国最后一支军队。因此,他没有权利拿法国的自由冒这个险。如果他这样做,得花上好几个小时对他带的8万将士排兵布阵。在那之后,要想在马尔伯勒眼皮底下消灭敌人最精良的部队,也绝非易事。在他消灭英格兰和荷兰的军队以前,欧根的德意志军就可能已经赶来 [就像布吕歇尔(Blücher)在滑铁卢战役中那样]。如果这样,维拉尔就会被盟军从数量优势上击溃。而且,虽然他的军队已经重整,蓄势待发,但还没有经过考验。他决定在野战,而不是在空地中做此考验。可能正是这个决定解救了法国。②

9月10日的上午,欧根和马尔伯勒的军队会合,共同面对法军。此时,后者已经到达马尔普拉凯峡谷和森林临近峡谷一侧的部分区域。虽然盟军可以拒绝作战,建造防御工事抵抗维拉尔,并在他眼皮底下继续围剿蒙斯。一部分英格兰将士认为这样更加明智。[6] 但

---

① 奥克尼对这个重要的事实进行了注解(*E.H.R*, Apr. 1909, p.317):"我们没有枪支。"但是法方的描述显示马尔伯勒当天是有一些炮兵可调遣的。

② 见附录中第一个问题:各方是否应该在9月9日那天进攻?

是，马尔伯勒和欧根想要冒险。他们的敌人近在咫尺。他们想像在布伦海姆和奥德纳尔德那样，一举获胜，早日结束战争。

此时，他们还在犹豫是就在当天进攻，还是等到第二天。威瑟斯（Withers）将军带领的18个陆军营还在从图尔奈赶来的路上，如果等到第二天11日发起进攻，他们就可以参战。不管对错，最终他们决定等等。正是这额外的一天，给了维拉尔机会加固本已令人生畏的野战防御工事。这给他在战场上带来了极大的生机。在此事之后，我们很容易认为等待的决定是错误的，但是在战场上没有什么是确定的。①

不管怎样，维拉尔善加利用了他到马尔普拉凯峡谷和正式交战之间的这一天两夜。法军在空地中间的战壕中藏身，并用砍下的树木做成鹿寨，给战壕两侧的森林进行加固。萨尔斯森林（Wood of Sars）里建了一层又一层防御工事。在空地上，法军沿着地形走势，建造了有凹角的土地工事。不管是骑兵还是步兵，所有人都辛苦劳作。只有在维拉尔视察的地方，士兵们才放下手中的铁锹和斧头，跑到他面前告诉他明天会如何抵抗他们建的防御工事。②

最近发生的一件事让军队的气势高涨。布夫莱尔（Boufflers）来到了营地。这个久经沙场的将领是维拉尔敬佩的元帅之一。路易国王很明智地把他送到维拉尔身边为其助力。维拉尔表现得极其慷慨，愿意在他麾下效劳。但这位长者以同样慷慨的语气回道："我来这儿只是帮帮忙的志愿者。"他的出现，以及这两位法国最好的将军同仇

---

① 见附录中第二个问题：是谁决定在10日那天不发起进攻？
② 见附录中第三个问题：维拉尔是否应该选在森林后方的位置？

敌忾的精神鼓舞了法军气势。这与塔拉尔和马尔桑在布伦海姆、旺多姆和勃艮第（Burgundy）在奥德纳尔德表现出的不和导致法军丧失斗志的情况截然相反。[7]

盟军制订的打破这一局面的计划已经做得无可挑剔了。但是，他们没有意识到法军被重新鼓舞后的高涨气势：毫无疑问，他们预测到这会是一场持久战，并且在防线前会有众多伤亡，就像在布伦海姆那样。但在一天的激战之后，在法军失利的情况下，大部队会在气势上被瓦解，给盟军让出通往巴黎的道路。

法军在森林之间的地带修建了一排坚固的凹角堡（redans），并在战壕里设置了大炮。驻守这里的防御军拒绝退到凸起的两翼后面。尤其是在萨尔斯森林这一侧，除非盟军已经占领了它的边缘，①否则无法在不遭受两面猛烈夹击的情况下展开进攻。因此，奥克尼率领由15个营组成的英军队伍在战争前半段杵在中间一动不动，伺机观察何时能攻下处在高处的凹角堡，好把法军截断。

但是，盟军早上从两翼发起进攻。7点德意志军从萨尔斯森林右侧进攻，半小时之后荷兰从森林左侧进攻。荷兰国会派出的雄师，虽然名义上是由蒂利（Tilly）伯爵领导，那天在年轻却骁勇善战的奥兰治亲王的带领下，试图在利尼埃（Laignières）森林外袭击维拉尔的右侧。虽然荷军在这次行动中竭尽全力拖住此处的法军，让他们无法抽身驰援其他地方，但是这一步棋仅仅是为了达到"遏制"的目的。这和欧根在布伦海姆时进攻敌军北侧类似。②

---

① 萨尔斯森林边缘正是这场战争开始的地方。当时这里被叫作塔耶涅尔（Taisnières）森林，现在叫布拉尔尼（Blaregnies）森林。

② 见附录中第四个问题：奥兰治亲王是否违背了命令？

盟军指挥官意图攻破敌人左翼在萨尔斯森林中的防线。然后，趁中部军队被调去支援左翼而削弱的时候，将其一举击破。为了成功，他们精心策划并实施了巧妙的组合拳。这在当时的战争中是独有的。威瑟斯将军从图尔奈带来英军18个陆军营和6个中队的马匹。他接到命令，从最右侧进攻，加入战场上的主力军。确实，威瑟斯上战场的路线孤立无援，十分凶险。他由战场北部未被敌军抵抗的道路挺进，穿越森林来到西边，或者说是法军这边。接着，他穿过拉福利耶（La Folie）村庄，在紧要关头到达藏在萨尔斯森林后的敌军左翼。这次行动需要精准的时间计算才能避免灾难。这和普鲁士军到达滑铁卢，或是在克尼格雷茨（Königgrätz）战役中两支部队会合的情形一样。这次行动完美地执行，让盟军在那天获得了胜利。

11日清晨雾气蒙蒙，盟军在不受法国大炮干扰的情况下调遣前进。刚过六点，雾气散去，一幅雄伟的画面呈现出来。军队整齐地列成排，步兵列成三排一组的阵型。他们身后骑兵也排成了同样的阵型。十几万人向前进，头顶上方旗帜飘扬，展现了欧洲最伟大的王公贵胄们的雄威。炮兵已经站在盟军连夜建好的武器工事上，向法军方向开炮。敌人的炮弹也在泛起的迷雾中穿梭。[①]这幅景象让观众异常激动，尤其是除了在矮护墙后时而显现出来的三角帽，完全摸不清8万名防御士兵的踪迹。其他人要么藏在两旁的森林里，要么

---

① 在布伦海姆和拉米伊的军事行动中，受人爱戴的工兵和炮兵领导布拉德（Blood）上校在1707年去世了。继他之后的阿姆斯特朗（Amstrong）上校同样能力出众，深受公爵信赖（见波特的《皇家工兵史》第一卷第113—115页）。布拉德骑在白色马背上的肖像在布伦海姆官里马尔拉普凯战役的挂毯上惟妙惟肖。

藏在中间高地上的战壕内。①

奥克尼写道:"我们发兵进攻的时候还不到7点。这场面非常壮观,各支部队越过平地,向茂密的森林进军。那里什么人都看不见。"那天上午苏格兰步兵团的副指挥布莱克艾德(Blackader)上校写道:"这是我见过的最精心策划、最庄严、最组织有序的战争。不仅排兵布阵宏伟精巧,执行起来也是如此周密。这是我生命中最愉快的一天。我内心平静,深信上帝的安排。"

但是,没过多久这份平静就被打破了。由于之前在海格没能达成协议,两军在战场上针锋相对,剑拔弩张。在被死亡笼罩的萨尔斯森林内,两军近身交战激烈,方寸必争。在各自团长的带领下,精锐部队向战壕的边缘冲去。森林深处的中央地带,一排排被砍伐的树木做成了鹿寨,不断被两军交替占领。时间飞逝,森林中央的空地回荡着振聋发聩的枪炮声和千军万马踏过树丛的折枝声。

在卢托姆(Lottum)带领的22个由普鲁士(Prussian)、汉诺威(Hanoverian)和英格兰士兵组成的军营的帮助下,欧根带着36个德意志营从北面进入森林。马尔伯勒写道:"在第二天到来前,我们有80个营进到森林里。我相信法军的人更多。"大部分英格兰步兵还在奥克尼的带领下,在中路等待。但是,在关键时刻,奥克尼派出自己的皇家军团和护卫营,去帮助抢占萨尔斯森林的皇家东肯特军团

---

① 伯恩少校对这场战役的研究最深入。他在1933年4月的《皇家炮兵杂志》上(第47—48页)说:"法国骑兵上到法国海关所在的山脊上。我们得知,他们遭受了惨烈的攻击。但盟军的视线只能看到就近峰头上的法军前线。所以,盟军的炮兵向法国骑兵开火几乎是不可能的。因此,我们得出结论,是向步兵发射的飞弹和跳弹对法国骑兵造成的伤害。就像在兰登(Landen)发生的一样。另外,法国的炮弹让我方步兵无法靠近。这使我们的骑兵相对来说受到的伤害更少。"

（Buffs）。在盟军40管枪炮的掩护下，奥克尼派出的援军穿越了一片沼泽地。"因此，我们占领了森林一角，从侧面攻击法军的战壕。"[8]在那里，他们和由阿盖尔（Argyle）公爵领导的皇家东肯特军团会师。由于约翰·坎贝尔（John Campbell，阿盖尔公爵）认为自己能和马尔伯勒平起平坐，他觉得自己有义务带领徒步的军队前进，以此展现他曾经作为苏格兰高地酋长的自豪感。在被法军驻守的鹿寨防御工事击退后，他撕开马甲和衬衣，让每个皇家东肯特军团的列兵都看清楚，他并没有穿胸甲。在此之后，他又一次带领他们进攻。[9]确实，在这场像荷马史诗一般场面的战役中，所有的领袖都通过展现自己来鼓励士兵。在天黑之前，欧根和维拉尔都负伤了，两军无数的将领倒下了。

虽然法军严防死守，但最终他们被逼退到萨尔斯森林以外。威瑟斯带领的18个营穿越了拉福利耶村庄，来到法军侧面和后面，迫使维拉尔在这紧要关头赶来。中间凹角堡处的守军逐渐不得不掉头，要么去抵抗威瑟斯从边路的进攻，要么去守护法军占据的森林一隅。因此，快一点钟的时候，马尔伯勒派奥克尼和他自己手上的13个英格兰军营向凹角堡发起进攻。奥克尼告诉我们："那些山头上让人生畏的战壕我们没用一枪一弹就打下来了。法军完全没有抵抗。"盟军就此夺下了法军的关键据点。[10]

盟军的骑兵紧随其后，穿过凹角堡间的缝隙。奥克尼的步兵占领了法军的壁垒，用枪弹保护骑兵重新组成队列。10门巨型大炮被移上前，跟在英格兰步兵后面，向临近的法国骑兵开火。面对法国骑兵威胁，盟军的骑兵要在离战壕最远的地方调动，因此掩护他们是有必要的。布夫莱尔亲自带领的法王亲军排成列，穿越了马尔普拉凯的一大片空地。接着，势均力敌的两方骑兵交战，最终法国落败。①

　　与此同时，盟军左侧的荷兰军前进，加入进攻。他们同样英勇善战，在拉米伊攻破了法国的抵抗。他们冲向法军在利尼埃森林旁空地上以及部分深入森林的战壕。年轻的奥兰治亲王带领的步兵席卷了第一道防线，但在第二道防线被击退并退了回来。他们屡屡冲向防线，次次被击退。"这场面就连最年长的将军也不曾见过。"威廉三世最青睐的"蓝衣护卫"冲了出来。正如统帅代理多年以来担心的那样，荷兰国会派出的精锐就这样牺牲了。但此时，总代理格斯林加在战场上驰骋。他勇气可嘉且神情专注，受到了褒奖[11]。不

---

① 苏格兰士兵（第496页）歌颂了由斯泰尔（Stair）带领的苏格兰皇家骑兵（Scots Greys）的事迹：
斯泰尔伯爵当时就在现场，
带领着苏格兰骑兵。
詹姆斯·坎贝尔做的中尉，
给分队发布命令。
一个法国军官回忆，
他确实见到了坎贝尔中尉，
他打得公平，毫不犹豫，
敲下了他的脑袋。
难怪，奥克尼写给他的兄弟司格特的信这样说："詹姆斯·坎贝尔带领着苏格兰骑兵，像天降神兵，势如破竹。"确实，这场交战很激烈。而且——
法国骑兵也很英勇，
几乎摧毁了苏格兰骑兵。
但是，像往常一样"马尔伯勒送来的援兵"，
直到法军落败，
仓皇而逃。
法国士兵损失惨重，
在马尔普拉凯。
法国长官《德拉科洛尼》（第342页）说："英格兰女王的苏格兰卫队（他指的是苏格兰皇家骑兵）是最好的部队。他们在这场最惨烈的战争中带头冲锋陷阵。"

管是在战争发生前后,他都没有怪罪他的老对手马尔伯勒发动进攻。然而,荷兰人备受打击,马尔伯勒公爵不得不亲自率兵干预,以防法国前进。

快三点的时候盟军右翼做出决定。威瑟斯穿过拉福利耶,与从被攻下的萨尔斯森林西边出来的欧根和卢托姆的军队会合。部分德意志炮兵紧跟着步兵穿过森林,在远处参与到行动中来。被称为"野鹅"的爱尔兰士兵被调遣过来击退威瑟斯。但是,皇家爱尔兰军的炮火击碎了英勇冲锋的爱尔兰流亡之徒。在阿格里姆(Aghrim)和博因(Boyne)河战场上的决定在弗莱芒的森林又一次重复。[12]

就在这个紧要关头,哪里需要就去哪里的维拉尔膝盖受伤倒下了。布夫莱尔接过指挥大权,带领法军撤退。虽然法军失利,但并未因此气馁。盟军也没乘胜追击。法军舍弃了大部分大炮,但带走了大部分俘虏。只剩下一千五百名因为受伤而无法移动的俘虏。他们回到了拉巴塞防线,让蒙斯听天由命。经过40天休养,维拉尔被运回巴黎。"我躺在担架上途经各个城镇。这本身就是一种胜利。"虽然这是他自述的,但不算言过其实。

马尔伯勒虽然备受头痛(每每经历大战都会发作)折磨,但一直辛勤工作了好多天。他专心照料各个国家的伤员。根据这个尚礼的年代的习俗,许多敌方军官都被假释出狱,送回去由自己人照料。其中一个,爱尔兰冒险家彼得·德雷克向我们表达了他对公爵的景仰:

我向公爵前进了五六码。他看到我的伤情之后停下来,问道发生了什么。我用最大声告诉他,我有幸为法国骑兵(Gens d'Armes)效力,在战争中受重伤被俘。如果没有军医及时处理伤口就可能丢掉性命。我恳求他准许我假释出狱（我们俘获的敌军通常都能如此），并把我抬到法军所在地接受照料。公爵马上叫来他的贴身秘书科尔多内尔（Cordonnel），质问为什么这些可怜人（战俘）都没被送走。由于军医人手不足，没法处理伤口，他为此下达命令，并给不能行走的战俘叫了马车运送。

因此，德雷克告诉我们，他和不幸的同伴当天下午就被送到他们在巴韦（Bavay）的朋友那儿去了。但是，面对1.5万名伤兵，恐怕盟军军团里的医生没法给所有国家的伤兵进行治疗。①

同时，原指挥克兰斯顿上校在战场上阵亡，留下虔诚的布莱克艾德上校指挥苏格兰步兵团。

他来到战场上听亡灵的布道。这很有教育意义。我这辈子没有见过如此多的尸体堆积在战壕周围。尤其是荷兰卫队进攻的法军大炮前。荷兰人在这场战争中遭受的打击是史无前例的。他们的步兵被摧毁。这场胜利的代价太过昂贵。英军能如此轻易地逃此一劫，在我看来简直就是奇迹。他们是这支军队中最罪孽深重的人。但是上帝的审判一定有他的深意。[13]

马尔普拉凯战役是如何影响欧洲和英格兰国内的舆论的呢？马尔伯勒的挚友奥克尼在战役结束五天后给兄弟写了一封坦诚的信，

---

① Drake, p. 190. 马尔伯勒本人认为德雷克的故事很重要（Dispatches, IV, p.599）。"星期四视察战场时发现很多法国将士受伤，倒在附近的房屋和森林里。他们急需帮助。我给法国两个元帅都写了信告知此事，要他们派马车来接走伤兵。我会派卡多根中将去巴韦和法国军官碰头，让他们协商如何将伤兵送走。"

表达他的想法。

我没法把这场战役和之前的任何进攻作比较。我敢肯定，如果你像我一样看了战后第二天的战场，你也会这么想的。在很多地方，尸体就像挤在一起的羊群一样多。我确定从没看过这样的场景：尤其是荷兰卫兵攻打的地方。这简直就是个奇迹。上帝保佑，希望这是我有生之年见过的最后一场战役。要是再有几场这样的大战，战争很快就会结束了。法国人对他们的表现感到很自豪。我觉得他们没我方牺牲的多。我想，我们这次牺牲的人数可能和法军在兰登牺牲的一样多……这样的战争闻所未闻。愿上帝让我们早日拥有和平。

"和平。"他一个字都没提要向巴黎进军！[14]

进攻的一方损失了1.6万到1.8万人；[15]防守的一方可能牺牲了不超过1.1万人。但是，盟军把法国从这么固若金汤的位置赶走，又一次证明了他们在军事上的优越。就连马尔伯勒第二天视察占领的防线时都对他的胜利感到惊奇。尤其是，用他自己的话来说："法军在这场战争中从来没有像这次打得这么好。"[16]要是他提前知道法军会如此表现，他是否仍会选择在这里进攻呢？他是否意识到，这次法国人没有在激烈的反击之后变得慌张？他没在信件或者有记载的谈话中提到。这些问题的答案就不得而知了。如果他像惠灵顿那样，给朋友写信中坦露一点事后的反思，那他内心的秘密总有一天会大白于天下。但马尔伯勒从不自吹自擂，也从不追悔莫及。

如果在威廉战争中赢了像马尔普拉凯这样的战役，英格兰一定会容光焕发，扬扬得意，欣喜若狂。但是，对以军事才能名扬天下的马尔伯勒来说，这场战役中盟军比法军伤亡更多，谈不上胜利。

而且，打这场仗的时候，人们对战争越来越厌倦。他们对盟军在春天的时候拒绝达成和约非常失望。正因为此，对他们来说，只有打赢一场大战，并向巴黎进军才能说得过去。

托利党公开批评马尔普拉凯战役的声音中明显有一丝政治含义。但是他们在军事方面的批评很有问题。他们大肆谴责的"屠夫的清单"上，只有不超过600名牺牲了的英格兰将士和少于1300名伤员。而英格兰参战人数有1.4万人。[17] 伤亡人数不过是我们这有人道主义精神，已经受启蒙的一代在索姆河战役中一天牺牲的人数的三十分之一。荷兰人有8000伤亡，更有理由抱怨。但那些说"屠夫的清单"的托利党人根本就不在乎荷兰人。

如果1709年的时候英格兰和荷兰还不忘初心，意图推动进攻，马尔普拉凯战役就会像格兰特的几次来之不易的胜利一样，被认为是有利于为几年内直击敌人首都扫清道路的。因此，从专业的军事评论家的角度来看，这场战役是盟军获胜了。但是，评论每一场军事行动，都应该结合它背后的政治、外交情况。这样来看，是法军赢了马尔普拉凯战役。马尔伯勒作为进攻方原本想要摧毁法军，但是未能如愿。而维拉尔作为守方本打算重塑法军信心，总体来说他的军队在战后确实更加自信。但是，维拉尔的胜利仅仅是相对之前法军的萎靡不振而言的。法军并不打算进一步制止蒙斯落入敌人之手。之后他们也不敢在空地上和马尔伯勒一较高下。

最初，席卷敌军防线的消息让英格兰国内欣喜若狂。报道称："整个下午战场上枪林弹雨。到了晚上我军围坐在篝火旁庆祝胜利。"就连圣约翰（Henry St. John，博林布罗克子爵）和彼得伯勒（Peterborough）都致信马尔伯勒，庆祝他第四次大捷。[18] 但在月底前，当人们得知马尔普拉凯战役中死伤人数如此之多，这场战役便成了人们茶余饭后的谈资。托利党人开始谈论这场"新近的大屠杀",并宣告"如果有个伟人打心底不依靠情报"这场仗就不会这么打,尽管实际上马尔伯勒是当时所有将军中情报最好的。牛津的詹姆士党人赫恩(Hearne)听了布伦海姆、拉米伊和奥德纳米德的战况后不为所动,他成卷的日记中对这些战事提都没提。但当听说马尔普拉凯的大屠杀时,这个博学的日记作者异常兴奋:

这是英格兰有史以来最艰难,死伤最惨烈的一次战争。任何诚实的人都会坦言,我们没有理由吹嘘。寄回来的大量私人信件都给出了最公道的描述。我们确信,无论是好是坏,大多数长官都难逃被害或者受重创的命运。

这个结论简直就是一派胡言。尤其是用来说英格兰军团。

另外,辉格党人为这场胜利举国欢庆,高度赞扬马尔伯勒。他们还预言不日就能攻下巴黎。一首关于马尔普拉凯的歌被传唱:

如今炮灰铺满了天,
飘遍阴郁的森林间。
法国佬、炸上天,
身上沾着泥和血。
我们英勇来作战,
攻到蒙斯城里边。
就让布夫莱尔吹吹牛,
谎话哄哄他国王。

先生，先生，放了西班牙。
得到它是痴人说梦话。
你们的士兵快绝了，
聪明点滚回昂儒吧！

辉格党人在酒馆里传唱着这首歌。但是，此时已不是全国一片大合唱了。[19]

我们最重要的一处还没妥协。政府深深依赖的金融城内，银行家们还呼喊着"没有拿下西班牙就不停战"。

[戈多尔芬（Godolphine）在战役九天后给马尔伯勒写道]在你大捷之后，我昨天和英格兰银行聊了聊。根据上次议会的谈话内容，他们计划在预算中多支付给我60万英镑，以资公共开销。我的提议他们似乎都接受，我希望能成功。但是，当时吉尔伯特·希斯科特爵士（此时英格兰银行的总督）跟我说，"我向上帝祈祷，不要让我们换来的和平不尽如人意。"我说："请您告诉我，什么样的和平不尽如人意？"他说："只要没拿下西班牙，我觉得都是不尽如人意的。"我说："但是，吉尔伯特爵士，希望您能为我和马尔伯勒公爵的处境想想：每天我们都被骂。他们说我们就想拖着一直打下去。"他很快回答道："那些人都是流氓。我保证，我们会支持你们。"[20]

英格兰银行关于如何处理西班牙王位继承问题的政策忽略了当年西班牙境内的战况。1709年盟军在伊比利亚半岛丢掉了更多的地盘，还远不能成事。到了秋天的时候，加泰罗尼亚以外的地区，已经不剩多少是奥地利的继承者"查理三世"的了。在巴伦西亚海岸线上还挂着他旗帜的城堡,虽然受到英格兰海军的庇护,但被波旁王朝的军队一个个攻下。残酷的法国将军阿斯费尔德(D'Asfeld)擅长围剿战。在被攻破的一座座镇上,他屠杀了查理在西班牙的支持者。1708年11月,他攻占了德尼亚(Denia),五个月之后又成功围剿了建在山上的阿利坎特(Alicante)城堡。

阿利坎特城堡由约翰·理查兹(John Richards)少将带领的800名英勇的英格兰人和胡格诺教徒抵抗。他为彼得伯勒效力时忠心耿耿、举足轻重,之后才声名鹊起。① 由于山高路陡,阿斯费尔德没法用常规的围剿方式攻城。因此,他用了三个月的时间在山岩下面挖了一条长56码的地雷阵。之后,在地雷阵末端放了装在1200个桶中、约1.7万磅的炸药。据说,这是有史以来在战争中攻方使用炸药最多的一次。这个地雷阵就在城堡练兵场下方215英尺处。一切准备就绪,阿斯费尔德喊话理查兹,叫他投降,并派人来看看下面的地雷阵。理查兹将投降的利弊在纸上列了两排,思索再三,最终决定放手一搏。虽然炸药爆炸威力巨大,但山岩会从裂缝中飞溅,爆炸的后果没人能预测。为了鼓舞他的将士,他决定站在地雷阵正上方。一些官员劝说他不要做无谓的自我牺牲,但他的坚持使他们感动,最终也站在了他的身边。

1709年3月3日,星期一的上午,由指挥官约翰·理查兹带领的一小队英格兰和胡格诺派的官员穿戴整齐,静静地朝练兵场的中央走去。他们解散了列兵,屹立在那里。在底下镇上的街道里,敌人

---

① 作为一个罗马天主教徒,虽然理查兹名义上归属葡萄牙军,但对英格兰最为忠诚。

正在爆炸之前四处躲避。

地雷阵爆炸了。操练场上的山岩悄无声息地裂开一道缝，足足有几码长，三英尺宽。指挥官，索尼·克罗福特中校、维尼奥尔斯少校以及其他军官全跌了进去。地缝瞬间闭合。他们都英勇就义。

有人责怪理查兹仅仅"出于好奇"，让他和将士们平白做出牺牲。但是，大多数人都表达了敬意。这是现代战争中的一个插曲，他们的行为让人们想起了马库斯·库尔提乌斯（Curtius）为拯救古罗马而毅然决然地跳进峡谷的举动。此后守军在此顽抗一个多月，最终在4月中旬投降。那年在西班牙没有发生其他重要的事件。[21]

1709年，英格兰在战争中尽了最大努力，但是并未获得同等程度的成就。但是"和平终将获胜"。当红衣精锐在图尔奈和萨尔斯森林和死神捉迷藏的时候，伦敦人都争相购买和阅读斯蒂尔（Steele）创办的《塔特勒》。这个4月12日问世的刊物，在工作日隔天发行。不仅让人感到新奇，读起来也饶有兴趣。这份刊物以及两年之后由它衍生的《旁观者》的影响，比起马尔普拉凯的惨烈伤亡，更有助于开辟具有18世纪文明特色的道路。英格兰在海外的战争，即便再辉煌或沉重，也没妨碍我们的举止愈加绅士，艺术日渐文明。①

艾迪生（Addison）也为该报撰稿，但是发行这个报纸是斯蒂尔

---

① 1710年1月，托马斯·科克（Thomas Coke）议员从乡下收到了一封愉悦的家书。"墨尔本（南德比郡）这没有什么新闻，但我们非常感谢你寄来的报纸，尤其是《塔特勒》。最近我们都爱读。在等你回信和读《塔特勒》的空隙，你的女儿都不耐烦地等着收信。[《卷宗》（科克篇），第12份报告，四月，第三条，第83页]"

的想法。斯蒂尔邀请他害羞但天资聪颖的朋友合作，他自己也擅长推销。笛福（Defoe）的《评论》在之前已经开创了这种出版形式，但《评论》大部分以及最精华的部分是政治评论。笛福虽然才能出众，但不能像斯蒂尔—艾迪生这个组合那样，用轻松的语气调侃社会趣闻，逗乐伦敦人。况且《塔特勒》不仅有趣，而且讲道德，很理性——这在当时是一个很难得的结合。他们会用诙谐的语言赞扬高尚的行为和感受。正因为此，1709年的夏天，斯蒂尔在《塔特勒》中发布了一系列布道反对决斗。这在当时对于像他这样时髦的人来说，是反常的行为。大多数人认为，这样的观点应该是出自牧师之口。斯蒂尔曾经当过兵。当时，他被迫批评亲如兄弟的军官罗伯特·卢卡斯。后者作为一个辉格党人，支持军队对抗文书诽谤者。这次，斯蒂尔拿笔做武器，反对决斗。他说："我要在此畅所欲言，谈谈人人都想反对，但没勇气反对的习俗。"他强烈谴责，在这个哥特式的野蛮行为中，即便是人们没有以争吵作为借口，也被迫相互攻击，甚至造成致命伤。决斗和战争联系紧密，被好战之人在英格兰战事连连的时候引入。斯蒂尔的抨击正代表了英格兰社会并不尚武。尽管又过了一百多年决斗才从我们的习俗中消失。[1]

---

[1] 《塔特勒》，第25，26，39期。第39期中有这么一段有趣的对话：

普卢姆上校：我记得在议会军中（1642—1660年）决斗并不盛行。相反，它很不体面，就像在军中受提拔要面对的巨大阻力，或像在军事行动中腼腆一样令人可耻。

马克爵士：但是，我从有些老骑兵那里听说，和去年相比，如今决斗在军中更受欢迎。

普卢姆上校：确实是这样。

赛奇先生：先生们，按你们说的，我们应该想想现在的军官中对决斗喜恶参半。决斗既没被严加禁止，也没成为时尚。

关于斯蒂尔，见艾特肯（Aitken）所著他的生平。

第一章附录：关于马尔普拉凯的异见

第一个问题：各方是否应该在9月9日那天进攻？

虽然19世纪重编的《欧根的军事战役》（后称《战役》，*Feldzüge*，第二系列，第二组，第98—99页）的德国作者认为马尔伯勒应该在9日发动进攻，但欧根并没有这样做。虽然那天他的军队在远处，但在马尔伯勒边上。9日晚上，欧根给皇帝写信，态度坚定地解释了为什么那天进攻是不可取的。见 Add. MSS. 9107，f.22文档。费基埃（Feuquières）侯爵在回忆录中（1741年编，第四卷，第34—38页）责怪维拉尔那天没有向马尔伯勒发起进攻。我认同泰勒（第二卷，第359—361页）和阿特金森（Atkinson）（第393—395页）的观点，这两个反对意见都值得怀疑，原因在本书第8—10页已经提到。

当然，他们是否应该在第二天（10日），而不是等到11日再进攻，是另外一个问题。我在本书第10—11页已经提到了。

第二个问题：是谁决定在10日那天不发起进攻？

是马尔伯勒还是欧根决定推迟到11日再进攻？目前，这个问题没有定论，也没有第一手证据。利切滕斯坦（Lichetenstein）亲王的家族档案中（在《战役》中引用，第二系列，第二组，第101页），他说马尔伯勒反对在10日上午进攻。但是利切滕斯坦那天上午在西班牙。另外，战场上在盟军队伍中的鲁塞特（Rousset）宣称马尔伯勒想要立即进攻，但是欧根坚决要拖到11日（关于鲁塞特的段落，见莱迪亚德，《马尔伯勒生平》，第二卷，第542页）。但是，考克斯（Coxe）（第三卷，《马尔伯勒回忆录》，1819年，第78页脚注）说他没法考证鲁塞特说的是否属实。我也无能为力。马尔伯勒和欧根都没有对此发表任何言论。关于决定何时进攻,见 Add. MSS. 9107,f.23 文档。

第三个问题:维拉尔是否应该选在森林后方的位置?

像费基埃(第四卷,第39—42页)那样,有些人认为,既然维拉尔决定加入防御战,应该藏在靠后一点、空地中的战壕内。当盟军试图冲出森林的时候,法军就能朝他们开火。维拉尔解释道,他选在靠前一点的位置,为的是能有更好的视野观望全局,挫败对蒙斯的围剿。见他1709年的回忆录,以及战后写给路易的信。"事实上,我想要被攻击。"布夫莱尔写道,维拉尔的安排十分完美 [帕莱特(Palet),《西班牙继承战回忆录》,第九卷,第377页,第345页]。这个问题伯恩少校在1933年4月的《皇家炮兵杂志》上(第44—46页)做了深入探讨。

第四个问题:奥兰治亲王是否违背了命令?

那些过去以及现在为马尔伯勒辩护的英国学者(甚至包括泰勒和阿特金森)辩称荷兰人的进攻原本只是"佯攻"。马尔伯勒是这样命令奥兰治亲王的。但是后者违背了军令,进行了一场实质的进攻。这导致了灾难性的后果。我对这个观点持怀疑态度。奥兰治接到的"佯攻"命令在哪里?有什么第一手证据能够证明他接到了这样的命令?马尔伯勒从来没有这么说过。在他写的多封关于这场战役的信件中,从来没有批评过奥兰治的行为。不管是他已经出版的信件,还是在 Add. MSS. 9107,ff.20-24 文档中,一点都没有提到。比如,在38号文档中,他写道:"我们左翼只有荷军。他们表现得非常好,但没法突破敌军的战壕。因此,他们比其他任何国家都遭受了更惨痛的打击。"在《战役》(第二系列,第二组,第101页)中提到的盟军计划也完全没有提到"佯攻"。

而且,马尔伯勒通常是如果行动的?在拉米伊,他派自己的英格兰军队去"佯攻",并且没告诉任何人。他没有告诉他们的指挥官奥克尼,他并不打算真的进攻。他待进攻进行到白热化之后,再亲自叫停(见 *Ramillies and the Union*,第108—109页)。在马尔普拉凯,是马尔伯勒率领荷军的。如果他放任下属,把原本打算的佯攻变成真正的进攻,那就是他的领导失职。他从没这样评价过荷军。他们到底有没有假戏真做,最终都由马尔伯勒负责。他是有能力承担肩上的责任的。

第二章　屏障条约和日暮中的辉格党

无论马尔普拉凯战役对英格兰国内舆论产生怎样的影响，政府已经下定了决心。在1709年这场战役后的6个月里，辉格党内阁大臣的支持率空前高涨，使和谈变得不可能。在这一时期，已经因为私人恩怨或是竞争关系而和同僚闹僵的马尔伯勒和戈多尔芬，对海外和谈保持着冷漠、批评的态度。马尔伯勒逐渐从和谈事宜中退居二线，丢给辉格党内部政治团体（Junto）在海牙的特派代表汤曾德（Townshend）公爵。

公爵和库务大臣①在他们一手遮天的时候自己制定了"没有拿下西班牙就不停战"的政策。虽然他们现在也没放弃，但马尔伯勒至少开始意识到要达到这个目标非常艰难。而且，他不赞同辉格党为了达到这个不可能完成的目标而用的手段。但他提不出其他的建议。他拒绝积极参与这次欧洲事务的危机，成了无足轻重的外交、政治人物。但是，在谈判桌上他还是最重要的一位军事人物。作为盟军领袖，法国人很惧怕他。这点让他们相信马尔伯勒私底下也很可怕。1709年10月9日，马尔伯勒致信戈多尔芬：

---

①　库务大臣（Lord High Treasurer，简称 Lord Treasurer 或 Treasurer）是大不列颠（1707年联合法令后）国务重臣之一，领导国库，即财政部。自1714年施鲁斯伯里公爵辞职后该职位一直空缺，其实际职责已为财政大臣所取代。

毫无疑问，和谈唯一的、最大的困难就是从西班牙撤兵。我相信，在签订《条约》初期，法国有能力给我们西班牙的部分领地。但到底能给多少，我留给别人评论。毫无疑问，法国当局并不可靠。我觉得，把他们赶出西班牙是不会有好结果的。[22]

简言之，战争的获胜者完全没有达成和约的计划。他满足于在如此复杂的情况下隔岸观火，看着他的辉格党同僚徒劳。如果他的政治才能能和他的军事才能媲美，就不会在即将到来的灾难面前甘当看客。

为了给奥地利的查理保住西班牙和西属美洲，辉格党大臣不得不付出极大的代价，获得荷兰的支持。荷兰人厌烦战争，他们的政治家对导致1709年春季和谈决裂的条款持批评态度。只有一个办法能迫使海因修斯（Heinsius）和拜斯（Buys）继续支持向路易提出苛刻的条件：假如英格兰不惜与奥地利为敌，舍弃查理，满足荷兰在西属尼德兰的一切要求。英格兰还要遂了荷兰的心意，放弃南美贸易垄断和对梅诺卡（Minorca）的专属。如果答应这些条件，那么辉格党大臣不仅能在和法国新一轮的谈判中获得荷兰的支持，还能在詹姆士党挑战王位继承法的时候，让荷兰国会在军事上支持汉诺威继承英格兰王位。这是英格兰在著名的《屏障条约》背后所持的原则。

荷兰只想要停战。战争消磨了荷兰的力量。它没有英格兰所拥有的农业和工业资源，因为贸易才得以壮大。然而，荷兰和英格兰一样，每年要供养海军军备，还要给盟军补贴。荷兰人陆军和驻守部队的人数都远远超过英格兰。托利党人宣称，荷兰人占领了比利时的城镇后致富。但只要在西属尼德兰有军事冲突，荷兰议会就会入不敷出。[23]年年征战削弱了这个小共和国的国力，当和平到来的时候，它已没法跻身世界一流强国之列了。到了18世纪，荷兰已经不能和英格兰平起平坐了。

出于这些原因，荷兰的政治家本应该坚持停战。不幸的是，辉格党在《屏障条约》中开出的价码太诱人，叫人没法拒绝。荷兰政治家们选的这条路后来被证明给他们的国家带来毁灭性打击。但是，当时他们很难有其他动作。毫无疑问，如果威廉三世（William III）在世，他能掌控全局，和法国全面恢复和谈，并能兼顾其他海上霸权的共同利益。但是，此时这个既是荷兰省督（Stadtholder）又是国王的人已经离世了。海因修斯既没有继承他的行政职位和王位，也缺乏威廉的才能。

除了接受英格兰的条件并与其保持紧密的盟友关系，荷兰唯一能做的是和法国单独签订协议，就像两年后博林布罗克做的那样。但是这样做有背叛盟友的嫌疑，可能把共和国置于危险之中。英格兰或许有能力愚弄背叛荷兰，但是荷兰如果这样做的话，没法全身而退。如果和法国单独签订协议，只要在法国能力范围之内，荷兰在西属尼德兰的所有要求毫无疑问都能得到满足。但是，英格兰开出的价码同样不菲，看起来也更稳妥。但海因修斯没料到英格兰政府权力更迭和改变主意的速度如此之快。而且，如果荷兰决意依赖过去的对手法国，而和英格兰、奥地利闹掰，它赖以生存的全球贸易可能会被英格兰海军切断。英格兰此时的海军力量已远胜荷兰。所以，无论"西班牙和西印度群岛"最终是落入查理还是菲利普的手中，荷兰都无法染指。

另外，辉格党制定的《屏障条约》第15条讲明，大不列颠和荷兰享受在西班牙帝国中同等的贸易优待。因此，辉格党大臣抛弃了斯坦诺普和查理三世两年前在秘密协议中确保的英格兰在西属美洲的垄断贸易的权利;①同时，虽然英格兰已经占领了梅诺卡，但它们不得不舍弃它，留给西班牙的奥地利国王。除了满足以上条件，荷兰的生意人不会在任何其他条件下接受《屏障条约》或者继续打仗。[24]

简单来说，即便要损害英格兰在西属尼德兰、地中海和新大陆的利益，但辉格党内部政治团体仍答应满足荷兰的所有要求。虽然最终他们开出这些条件被证明是谎话连篇，在当时对荷兰人来说好得没法拒绝。他们在1709年10月签署了条约。由于马尔伯勒拒绝牵扯到如此不利的交易中，汤曾德独自代表大不列颠签署了条约。在经过后续协商之后，《屏障条约》中加入了两个单独条款，在圣诞节前批准。

通过《屏障条约》荷兰人被允许驻守在法国边界和西属尼德兰的大部分城镇和堡垒中。处在要塞的登德尔蒙德（Dendermonde）也在其中，尽管这在几年前遭到了辉格党内部政治团体的反对。条约赋予荷军驻守的权利以及随之而来的财政和贸易拨款使奥地利的查理失去了他在尼德兰一半土地的财富，并威胁了英格兰的贸易自由。普鲁士国王所有的海尔德公国（Upper Guelders）也给了荷兰。②

因此，所有盟军的利益都让给了荷兰。就像《屏障条约》写的

---

① 斯坦诺普在1707年7月手写的《协议》草稿藏于志奋领（Chevening）。英格兰和西班牙准备合资经营一家公司垄断西属美洲的贸易。这份协议查理三世签字了，但1709年的《屏障协议》把它作废了。

② 盖基（Geikie）和蒙哥马利（Montgomery）在《荷兰屏障，1705—1719》中出版了《条约》全文，第377—386页，并在第155—164页进行缩略和评论。关于荷兰人在这个问题上的政策，见尔1929年的《西班牙王位继承中的荷兰政治》（后称《政治》，*Nederland's Staatkunde in de Spaansche Successieoorlog*），第17—20页。荷兰驻防的城镇有纽波特（Nieuport）、伊普尔（Ypres）、梅嫩、里尔、图尔奈、孔代（Condé）、瓦朗谢讷、莫伯日（Maubeuge）、沙勒罗瓦（Charleroi）、那慕尔（Namur）、利尔（Liere）、哈尔（Hal）、登德尔蒙德，还有根特城堡、克洛克（Knocke）、达墨（Damme）和其他堡垒。

那样，这表面上看是为了确保荷兰用军事力量支持汉诺威继承英格兰王位。但是，出于对自己安全的考虑，荷兰无论如何都会全力制止詹姆士复辟的。大不列颠真正通过《屏障条约》获得的东西其实没有写在条文里，即在即将和法国的谈判中，荷兰会在外交上支持查理三世获得西班牙。如果和法国的谈判破裂，那么《屏障条约》就是英格兰平白牺牲自身利益，负责条约的大臣毫无疑问会下台。

但是，直到和法国新的会谈正式破裂，《屏障条约》都是有效的。普鲁士只能干抱怨。尽管现在马尔伯勒出于好意和他们以及欧根商量，奥地利的政治家们不能采取任何有效行动反对条约。皇帝最担心的事情还是发生了。荷兰人借口"要建立一道屏障抵御法国，想要掌控所有信奉天主教的尼德兰地区"。[25]

在签订《屏障条约》之后，与法国的谈判原本打算在1709年圣诞节进行。实际上在第二年春季在海特勒伊登贝赫举行。荷兰全力支持"没有拿下西班牙就不停战"，付出的巨大代价即将揭晓。荷兰的政治家，包括主张和谈的领头人拜斯，都不得不为了盟军和法国谈判，并要求法国公使满足英格兰和奥地利提出的全部要求。这次的要求比去年更过分。① 奥地利和英格兰一齐，要求路易根据目前对初步协定中第37条的诠释，派法军强迫他孙子在两个月之内放弃继承西班牙。如果路易失败，则盟军有权恢复对法国开战。而盟军会受益于路易为了获得这两个月的喘息而割让的重要城镇。盟军想要利用这些惩罚麻烦菲利普国王的爷爷完成一个他们没法完成的任务，即把这个西班牙民选的国王驱逐出去。难怪大不列颠大法官考柏（Chancellor Cowper）对他的内阁同僚说："要不是看到那么多人

---

① 关于上一次谈判，见 *Ramillies and the Union*，第398—401页。

都相信，我不认为法国能如此放下身段，接受这样的条件。"

马尔普拉凯战役之后路易十四非常激动。在海特勒伊登贝赫，他允诺盟军的比去年还多。他决定放弃阿尔萨斯（Alsace），还要补偿盟军把自己的孙子赶下西班牙王位。此时，他已经把所有军队从西班牙撤离，让西班牙人独立应对。他唯独不能让法军迎战菲利普和西班牙人民。托西侯爵（Torcy）代他说道："和他自己的血亲，总是这么听话的菲利普王子开战，有损他的名誉。他想要用法国边境的城堡换取和平，而不是两三个月的休战。"

除了拿下西班牙这一荒唐要求，盟军从法国那里获得了所有在欧美他们想要的东西。拜斯和其他荷兰的谈判人员非常想要实现和平，为此做出了无谓的努力。他们给法国争取到了第37条，提供些许补偿。许诺菲利普在西西里或者其他地方当国王，好让他自愿将西班牙王位拱手让人。但是，当荷兰人开始讲道理的时候，辉格党的大臣们对他们很反感，并强迫他们在法国面前表达盟军的强烈要求。荷兰人受到《屏障条约》的限制，不得不做英格兰和奥地利的傀儡。这让本就觉得荷兰人无理傲慢的路易十四对他们产生了更大的敌意。[1]

虽然英格兰人已经习以为常，但荷兰人却惊讶于英格兰通过

---

[1] 佩克图姆（Petkum）很诚实地给鲁耶（Rouillé）写道："如果法国只用和荷兰谈判，就不会遇到如此难题。但是，还有其他两个强国（奥地利和英格兰）参与谈判。除了荷兰，他们一点退让也没给法国。"《卷宗》（朗德篇）上见佩克图姆的信，第340—351页。盖尔教授说海特勒伊登贝赫的会谈是"荷兰外交史上最具灾难性、最可耻的一幕之一。荷兰代表看似出色地完成了代表盟军进行谈判的任务，但只是和在海牙一样，又成了英格兰和奥地利的提线木偶。共和国唯一得到的，是法国人深深的敌意。法国人此时终于明白，通过荷兰与盟军讨价还价简直是痴人说梦"。盖尔，《政治》，第20—25页。还可以看盖尔教授在1926年7月《历史》第164页上关于威科姆·莱格（Wickham Legg）的《英格兰外交指导，法国1689—1721》的评论，以及同卷第17—19页；Torcy，II, pp. 3-95, Klopp, XIII, pp.396-420; Cowper, p.41。

《屏障条约》收买荷兰、让后者代表盟军冒犯法国,第二年就撕毁《屏障条约》,偷偷和法国约定让菲利普继续留在西班牙。与此同时,新内阁还出资让斯威夫特和其他小册子的作者诋毁荷兰。对英格兰人来说,大选过后所有的国际协议和盟友关系都被推翻,这个改变很正常。而对于荷兰人来说,这就是彻头彻尾的不守信用。确实,1709—1710年辉格党大臣们的荒谬行为使他们的后继者在欧洲失信,很难再达成和约。但是,托利党向来不喜欢荷兰,他们马上毫不留情地彻底转变了态度,愚弄了共和国。

辉格党人这样把和谈从英格兰人的餐桌上撤走的时候,普通民众日益感受到战争带来的重负。大臣们受到日益趋好的情况鼓舞,坚持他们的政策:其一,英格兰用布匹和葡萄牙进行贸易,获得了大量从当时世界上最大黄金来源地巴西开采的黄金,以及优良的波特酒;[26]其二,护卫队系统有效抵抗了敌人的私掠船,使英格兰商贩停止抱怨他们的船只没人保护;其三,金融城迫切地想把钱借给政府,让英格兰继续打仗,直到拿下西班牙为止。但是,与此同时英格兰国内贫困更加普遍,尤其是偏远地区。1709年和1710年两年都没有丰收,导致谷物价格上涨至女王即位早期价格的两倍。[27] 4先令的土地税一直折磨着乡绅,由于下议院不愿意增加该税收,戈多尔芬每年为了应付日益增长的军费开支不得不向普通民众增收间接税。即便如此,库务大臣在国内外都还需要拖欠还款。因此,商贩们都切身感受到普通民众购买力下降;被迫关门歇业的商贩走上了伦敦街头巷尾抗议。

为了补充军力,新的法案强制征召失业者入伍。这往往成了地方法官实施暴政的武器。①由于受到广泛反对,辉格党人在议会中

---

① See *Blenheim*, pp. 218–219.

反对通过增加征兵强制性的政府法案。议员们担心,如果通过这项法案,他们有可能在下届选举中落选。[28]支持托利党的乡绅和牧师对常备军的恐惧和反感最深,但持相同看法的远远不止这个阶层的人。当时的英格兰人普遍反感常备军,现代人很难感同身受。图钦(Tutchin)的《观察家》,和那个时代的其他出版物一样激进,痛斥常备军,并且,在抨击了《娱乐狩猎法》解除农民武装,接着说道:

为了外国的王亲、国内那几家贵族的利益,花着我们的钱,在海外战场上牺牲我们的人民,什么时候才是尽头?对有些人来说,这真是个好时候。我们哪能看着他起高楼,而忘了自己的人民?与其把注意力放在用战争换来的钱财建造的辉煌宫殿,不如看看普通人民的简陋茅舍吧!

这是支持辉格党的民主人士早在1707年6月写的。两年之后,公开持这种观点的人越来越多。

另外一个和可怜的图钦截然不同的独立辉格党人是伟大的施鲁斯伯里公爵。他身居高位,孤独地俯瞰着世界,观察着国民的情绪变化。自1708年圣诞节开始,他和臭名昭著的哈利就成了"好朋友"。到了第二年11月,他给哈利写信谈了谈他的反思:

我确信,大部分国民都渴望停战。代表他们的议员在自己的选区逐一交谈时,也同样支持这个观点。但是,他们到了伦敦,向领导汇报的时候怎么就改变了主意,我没法决定。但是,显而易见,国内外的情况都让大家青睐停战,就看我们怎么努力谈下好的停战条件。我个人认为,这是很难达到的。[29]

接下来两年,这封信的寄信人和收件人备受"停战有必要,人民要求停战"的爱国主义信念鼓舞,踌躇满志地共谋大计。但是,想要停战,得先改变大臣们的想法。

英格兰民众忧心忡忡,对停战的渴望最先在1709年夏天表现在对辉格党的反对上。大众的不满从他们对"普法尔茨人"的高声反对中可见一二。辉格党和托利党在向这群新教徒难民提供多少帮助的问题上一直存在分歧。托利党人认为外国移民永远都不是英格兰国教徒,所以缺乏对他们的同情;而对辉格党来说,只要他们也是新教徒就足够了。法国胡格诺派教徒移民到英格兰,带来了好处毋庸置疑:在威廉统治时期,因宗教问题出走的法国士官教会了我们如何征税,这一群勤劳、技巧熟练的匠人把新手艺带到了这个岛屿。自他们登陆英格兰,在20年里对当年路易十四推翻《南特诏书》(*the Edit of Nantes*)时英格兰的仁慈涌泉相报。辉格党人1709年在议会宣称,胡格诺派"给英格兰银行捐助了将近50万英镑"。但他们给英格兰国教的捐助没那么大方。由于是新教徒但不信奉英格兰国教,他们支持辉格党。

和法国在1709—1710年的停战谈判中,波特兰(Portland)伯爵写信给萨默斯公爵,就没能让路易重新通过《南特诏书》表达遗憾。虽然这个想法充满争议,但波特兰向萨默斯解释为何这项条款被略过:英格兰人和荷兰人都不愿意让这些勤劳、富有、才能卓越的人回法国。但实际上,他认为这种担忧是毫无根据的:胡格诺派已经深深扎根在英格兰和荷兰。如今他们颇有成就,很少有人会愿意回到法国。那些得益于法国宗教宽容的是成千上万没有移民,还不得不装成虔诚的教徒的人。波特兰写道,他们以及他们的后代从中获利应该被看成盟军的胜利。这封信又有趣又诚挚。但是,到底由外部武力强加的宗教宽容是否值得,以及它如何在未来得到保障,值得怀疑。这个问题最好留给伏尔泰考虑。[30]

在1709年春季议会开会期,英格兰议会引入了一项法案,准许自愿向政府效忠,并在任一新教教堂接受圣礼的外国新教徒加入英格兰国籍。托利党提议修正法案,将这一实验局限在国教教堂。他们的提议在两院受到反对,随后法案按辉格党设计的模样通过立法。上议院讨论过程中,索尔兹伯里大教堂(Salisbury)的伯内特(Burnet)像往常一样,要求扩大允许入籍的限定范围。这使很多牧师非常生气。①

第二年兴起了一场移民潮。这让很多高教会派(High Church)的反移民者又有了理由。莱茵—普法尔茨地区人民受到战火蹂躏、法国人掠夺和一定程度上我们的盟友罗马天主教选帝侯对他的新教子民的迫害。安妮女王慷慨地接纳了从普法尔茨地区来的50名和她过世的丈夫一样信仰路德教宗的教徒。这在当地被报道,引发了1709年夏天的移民潮。而此时谷物价格大涨,英格兰的贫困百姓遭受灾难。超过一万名被德意志人称为"高地荷兰人"的南部高地居民来到英格兰时穷困潦倒。他们当中一部分确实是宗教难民,而有一部分隔着老远嗅到了英格兰的财富,"既无所事事,又不服管教"。他们当中有两千人是天主教徒,马上被遣送回国。大部分留了下来,得到英格兰的慷慨资助,在这不景气的一年和英格兰人竞争就业。

不仅是政府,很多个人都表现出了极大的善意。女王捐了大笔善款;一位虔诚的夫人捐了1500英镑。这群难民获得了"足够的救

---

① 伯内特把这记录到他的《历史》中。斯威夫特在边上批注了"走狗"。*Burnet*, V, p.399. 关于法案文本见 *Stats. Of Realm*, 7 Anne, cap. V。

济",并且"在布莱克希思和坎伯维尔帆布做的茅屋"为他们提供住宿,直到他们离开。英格兰付出了,但也对此表达了抱怨。

普法尔茨的事现在成了全国上下的谈资(拉夫尔·韦尔尼从他叔叔那里听说);认为所有的教区和教区委员会都会收到来信,给一些难民家庭筹集每人5英镑的善款。但是很难想象该怎么处理这些难民。议会会对此展开调查。

那一年,英格兰各个阶层,尤其是穷苦的劳工阶层,当中支持"先救济本国人,这些外国人是瘟疫"的观点的人不在少数。

最终,数以千计不被待见的陌生人辗转去了英格兰在北美的殖民地,三百人去了爱尔兰(那里倒不会有人从一个新教徒那儿讨到礼物)。斯威夫特的朋友,金大主教(Archbishop King)和辉格党总督沃顿(Wharton)以及都柏林议会,争着要把难民送到爱尔兰南方,好让他们帮忙抵抗当地下一次起义或者法国的入侵。他们比周围天主教农民获得了更好、更长的土地租赁条款。对后者来说,怎样都行。但是,种植园并不成功。大多数难民在自己的国家都是工匠,不是农民。几乎所有人都讨厌这片奇怪的土地和更奇怪的原住民。不到一年的时间,超过半数的人就告别了农场,重新回到了英格兰或者回到自己的祖国。

当萨谢弗雷尔(Sacheverell)的审判开始的时候,英格兰国内声讨普法尔茨难民以及鼓励他们来到英格兰定居的人的声音愈演愈烈,导致暴民对迫害高教会派拥护者的人表现得出奇愤怒。[31]

但这种国民观念的转变在1709年还没表现在明处,不细心的观察者未必能捕捉到这一变化。在萨谢弗雷尔的审判之前,文学作品、新闻报道和公共演出都没有明确表达这一转变。哈利在为巨大变化秘密地筹划,私下和施鲁斯伯里、阿比盖尔以及女王密谈。在议会失去席位的圣约翰（博林布罗克子爵）正享受着退休生活——他在9月时写道："在这个昏暗的、私人的生活中，我过得不亦乐乎。如果国家需要我服务的时候，我会欣然重回喧嚣中去。"[32]斯威夫特还是在两党中保持独立，在访问英格兰时和辉格党、保守党人均保持交往。斯蒂尔、艾迪生还有笛福都是政府的喉舌。那一年，对内阁造成最大杀伤力的是一本不入流的书——曼利夫人的《新亚特兰蒂斯》。这个毫无品性的女人全用些胡编乱造的故事欺骗了公众。这些故事讲的都是公众人物和他们的妻子，特别是辉格党人和马尔伯勒公爵夫妇。比如，萨拉被写成了戈多尔芬的情人，还是马尔伯勒默许的！她用俏皮的名字给那些被诽谤的人遮了层薄薄的面纱。很快，这本书出版了第二册，并多次再版。到10月底的时候，政府把曼利夫人逮捕。但她被保释出来，并未被指控。①

1709年9月，《塔特勒》这样形容《新亚特兰蒂斯》的女作者："她的作品透着恶臭。"无论这种批评是否公允，都被认为是斯威夫特说的。无论如何，一年之后，他写信给艾迪生说这个女人的品性"五百年都难好一次"。直到1711年，当斯威夫特卷入党派激烈争斗当中，他才称曼利夫人是"可怜的女人"，并尝试帮她申请养老金，以资"她做出的贡献——写《新亚特兰蒂斯》一书并由此被起诉，等等"。最终，他称她"在她这类人当中，算得上有雅量，有思维能力和创造力的"。从某种角度来说，她确实有"创造力"，但是读了

---

① 曼利夫人诽谤化名为"狐狸沃尔波内"（Volpone）的考柏家族很有意思（*New Atlantis*, 2nd ed. 1709, I, p. 213 *et. Seq.*）。然而，众所周知，萨谢弗雷尔在几个月之后用这个化名指代戈多尔芬。确实，根据萨谢弗雷尔布道的上下文可知，他指的是作为前托利党人的戈多尔芬。我猜想本·强森角色的名字被笼统地用来指代伪君了。《新亚特兰蒂斯》第一卷中名字的关键信息见 *Hearne's Collection* 第二册，第292页。

她的那些垃圾后,很难有人会说她"有雅量"。[33]

在风暴来临时,内阁应该团结一致,重新考量国内外政策。虽然他们拒绝停战,并在萨谢弗雷尔的审判中惹恼了国内的政敌,但很明显,内阁之间相互嫉妒、并不团结。这被哈利和施鲁斯伯里利用,将他们一一击破。1709年整年到1710年初的几个月,辉格党内部政治团体和马尔伯勒—戈多尔芬之间的利益差距日渐增大。双方都猜忌对方正同共同的敌人密谋诡计。萨拉的亲信总是告诉她辉格党内部团体中这个或那个——一会儿是萨默斯,一会儿是哈利法克斯(Halifax)——在向阿比盖尔·马沙姆(Masham)夫人示爱。的确,除了大法官考柏,公爵夫人再也不相信她的辉格党老朋友。1710年5月,施鲁斯伯里把另一个中立的辉格党人公爵萨默塞特(Somerset)拉进来,和哈利通信。早在那之前,萨默塞特就个儿在辉格党内制造麻烦。他跟沃顿说他"自以为是勋爵们的朋友,结果被他们利用"。沃顿并不相信萨默塞特的话,但是他怀疑戈多尔芬派其来挑拨他自己和辉格党内部政治团体同僚。到处都是诡计和背叛。[34]

然而,枢密院议长(Lord President)萨默斯正愉快地享受着女王对他异乎寻常的宠爱。多年来安妮并不喜欢他,并与之保持距离。但现在,他作为密使接近她,并很快捕获芳心。通过私下和安妮安排,他获得了除薪酬以外三项各计1000英镑的额外报酬(分别在1709年4月、10月以及1710年6月支付)。女王的赏金似乎影响了他的行为,他开始对同僚不忠。萨拉怀疑萨默斯正密谋取代戈多尔芬成为库务大臣,而且哈利和安妮好长一段时间让他空抱希望。其实她猜得八九不离十。[35]内阁长期以来一直不和,相互猜疑。到1710年夏天,由施鲁斯伯里、哈利以及阿比盖尔精心策划的分裂内阁计划，最终由女王展开行动。[①]

马尔伯勒对政治事态缺乏安全感，要求在他有生之年，终生拥有统帅（亦被称为"总指挥"）的职位。早在1709年5月，他命令极不情愿的大法官考柏寻找是否有此先例，但并无所获。之后，他让委托人詹姆斯·克拉格（James Craggs）再做尝试，结果仍一样。马尔伯勒相信查尔斯二世曾授予蒙克（Monk）终生"总指挥"的称谓。但是，他也获知，即便是这个拥立国王的人，也是在得宠时才受此委任。考柏毫无保留地表示，使军事任命不可更改是违反宪法精神的。这不仅直接损害女王的王权，还会损害这个认为民力必须完全凌驾于军力之上的国家的自由。但是，公爵很固执，在秋天的时候，向安妮女王本人要求。当女王在愤怒和警觉中拒绝他时，他给她回信表达愤怒，抱怨她和阿比盖尔走得太近。

这是他生命中很少见的几次轻率行为，困扰了女王和英格兰。虽然他仅仅是为了在党派博弈中建立他和军队之间的关系，但是他的行为被解读为企图叛国。托利党领袖和他的对手阿盖尔控诉他要做"永远的独裁者"。他们不遗余力地找借口，高呼"克伦威尔和军力"。公爵让他的朋友为难，在敌人面前误伤了自己。确实，这件事成了几年后他为之奉献的国家对他忘恩负义，几近侮辱的主要原因。[36]

同时，安妮女王和萨拉之间的冲突不断加剧，叫众人变得难以

[①] 关于支付秘密服务费用给萨默斯，见 P.R.O., 38, 737, ff. 213, 289, 307。秘密服务费用的账目包含一些耐人寻味，但是有一小部分（如果有的话）让人气愤的款项。每年通过胡珀（Hooper），他的朋友，以及巴斯和韦尔斯替代者，像圣人一样的、非辉格党政治团体成员肯（Ken）支付200英镑。有三笔各10英镑（实在是太少了）的费用支付给了杰出的戏剧家的遗孀玛格丽特·法夸尔（Margaret Farquhar）——他在1707年去世，和家人告别的时候一贫如洗。

忍受。萨拉多年来一直是女王最亲密的朋友，此时仍然是女王服装女仕长（Mistress of Robs）、王宫侍从官（Groom of the Stole）和枢密院掌财官（Keeper of the Privy Purse），并且官方上来说，还对皇室家庭事务负责。然而，取代她的阿比盖尔已经成了女王唯一的知己好友和心腹。鉴于这三个人的脾气，相互羞辱报复的战争不可避免。一天，女王毫无预警地处理了在肯辛顿宫内留给萨拉的房间。当萨拉质问她的时候，她模棱两可地辩解，默默生闷气。有的时候又是公爵夫人这么对女王。

萨拉的党羽训斥她，认为她应该每日拜访女王，[37]但建议她完全不登门反而更好。马尔伯勒在他妻子的事情上比在自己的事情上表现得更明智，他提醒萨拉不要总对女王抱怨：

……据我观察，所有的争端，尤其是涉及友好和友情的时候，再有道理的责备，最终都会使两方之间的裂痕加深。

因此，在1709年8月攻打图尔奈城堡的时候，他给萨拉去信时表现得很贤明。然而，两个月后，安妮给他写的信中说：

你好像对我对待马尔伯勒公爵夫人的行为不是很满意。我只求她能停止取笑、折磨我。对她的朋友和女王表现得得体些。

同时，她给萨拉写道：

我再不可能像原来那样对你仁慈了。但是，我会像对公爵夫人和王宫侍从官那样对你。

收到这封信之后，不可教诲的公爵夫人写道：

我立即着手起草了一份关于过去26年里我全心地服侍的长篇叙述。我知道女王对某些杰出的神学家有多尊重，所以我在讲述中引用了《全人类的责任》中作者对于友情的指引。

这场戏剧背后隐藏着很令人伤感的事实。女王失去了她所有的孩子和深爱的丈夫，现在还失去了她最亲密的，一生的朋友。那么多曾经甜蜜的回忆，在争吵过后回忆起来一定让安妮感到心酸！萨拉在她心中的位置，没法被阿比盖尔·马沙姆这个没参与过她的过去，投机取巧、伺机而动的新的倾诉对象所替代。如果她们之间的决裂主要的错在萨拉，那伤害最深的莫过于安妮。因为萨拉没有安妮那么孤立无助。相反，她拥有很多资源：她的丈夫对她至死不渝，这份感情让她最为骄傲，即便是在她和安妮最亲密的时候。[38]

每当想要见女王的时候，哈利就由阿比盖尔从侧面楼梯引进来。在新年的时候，哈利怂恿女王采取行动，盘算着诱发一场危机。在没有咨询马尔伯勒的情况下，女王任命里弗斯（Rivers）伯爵为伦敦塔（当时最重要的军械库）中尉，并把他的团给了阿比盖尔的哥哥杰克·希尔（Jack Hill）。杰克·希尔唯一能当上上校的理由就是他与统帅最厌恶的女人的关系。马尔伯勒暴跳如雷："夫人，这会引起全军不满。"他主张罢免阿比盖尔：除非这个女人停止照顾女王，否则他就不再给她带兵了。森德兰（Sunderland）和沃波尔（Warpole）都希望下议院就罢免阿比盖尔进行讨论。但是萨默斯、考柏和戈多尔芬想要采取更温和的方式商议这件事。[39]

大臣们之间嫉妒和猜疑，在经过激烈讨论之后，女王和公爵之间最终达成协议。他们两方都很厌恶中间人加在身上的束缚。希尔没能获得他的兵团,但是里弗斯仍被留在伦敦塔就职,阿比盖尔仍掌管通往女王更衣室侧面楼梯的钥匙。哈利仍然从此楼梯而上,带着施鲁斯伯里提出的进一步削弱大臣权力的建议面见女王。内阁与女王为敌,完全失去了内部团结和相互信任。马尔伯勒可能是对的。也许他和所有大臣辞职,好过在这种局面中挣扎:

这服药治不了病,只能让你白白多受些日子的病痛折磨。

如果说在1710年春季的时候能预见危机最终会在8月到来,欧洲可能早6个月就能享受停战了。[40]

第二章附录:政治和军队

以下这封信是马尔伯勒在战场上写给在英格兰的戈多尔芬的。它让我们得以窥见当时的政治运转。这封信没有日期,但应该是在1709年或者1710年写的。我把密文的解释写在了每个加密数字后的括号里(译文中已省略),并保留了原始拼写。这封信没有署名,没有抬头,但一定是夹在了给戈多尔芬的包裹里。现在我拥有这封信,并把信第一页的副本放在反面。

亲 启

鉴于我收到了从英格兰发来的不同报道,我想从你这儿获知,我们能在多大程度上相信施鲁斯伯里的诚意。阿盖尔备受女王鼓舞。这让我不得不支持奥克尼而反对阿盖尔。我请求你说服女王,让他们允许我向奥克尼承诺,一旦到了给他的同胞(苏格兰人)封爵的时机,他会受封为英格兰男爵。如果女王愿意让我为她效劳,我已经准备好鞠躬尽瘁,她得给我权力约束军队,并且别让任何人觉得拥有特权。这样才能让军队重拾往日为她服务的快乐。如果女王觉得没必要,对她也没什么好处,那么我会很心满意足地保持沉默,退居二线。如果是这样,我更开心。只要我确信她能以其他方式取得成功。请给我讲讲你的想法和作为朋友的忠告。在我下定决心之前,内心无法平静。我往后日子里的行为会以你说的作为指引。

for Your self

By the different accounts I have from 108. it will be a great ease to mee to know from you how far 32. and 39. may safely depend upon the sincerity of 28. the encoragement 221. has receiv'd by the favour 42. has shown him, makes it absolutly necessary for 39. to Countenance 39. in opposition to 221. which makes me beg of you that you will use your interest with 42. that they wou'd be pleas'd to allow me to give assurances to 32. that when any of his Country men are made Peers that he shall be made an English Baron, if it be the intention of 42. that I shou'd serve her which I am ready to do with all my heart, she must in order to bring the discipline of the Army back to that happy posture in which it was some time ago for her service, let me have in my power to oblige the Officers, and not to have any body incoraged

第三章　萨谢弗雷尔

像往常一样，当各国军队都在抵御冬季严寒安营扎寨的时候，英格兰议会的冬季会期照例进行。这是安妮女王在位时期最后一个由辉格党掌控的议会。此时的议题是财政和萨谢弗雷尔。这两个话题都是托利党最强有力的论题。

无休止的战争对英格兰财政系统造成打击，即便当时英格兰在全欧洲财力最盛。当时每年开支高达一千三百万英镑，而前一年停战的时候只有不到三百万英镑。现在一年的军费开销是1703年的两倍。虽然英格兰在半岛的军力正在逐渐减少，而且装备欠缺，但单单花在西班牙的军费一年就超过一百万英镑。政府负债累累；光向海军就拖欠了四百万英镑军饷。像之前的王朝一样，"可怜的海员"出海征战，却分文未得。海外的承包商追着应付款项，而英格兰国内的债主和公务人员只能边等边借款度日。作为英格兰公使出使海外总难免尴尬，有时还可能面临窘境。由于当时还没有全国统一的纸币，付款更加困难。这都使辉格党的主战政策不受待见，很多一开始主战的人也转变了观念。在固定的财政收入之上，这个冬天下议院决定额外增收六百万英镑，主要依靠惯用的4先令土地税及对蜡烛、啤酒和煤额外征税获得。这一年本来就歉收，额外的开销让民众反感。[41]

但是，有一项支出大受欢迎，并在上流社会中引起极大兴趣。彩票的机制早在威廉在位时就已经出现，之后被废除，并于1699年以"妨碍公众"的理由判为非法。现在，议会在财政部官员的建议下，又重新引入彩票机制。

在原有收益的基础上，彩票让普通民众有机会获得高额奖励，这让给政府投资更有吸引力。这种彩票十英镑一股，以"票"的形式售卖。如果票上数字刚好被抽中，持票人就能获得额外的年金。但是，即便是空票上啥都没有，对政府来说也是有利的。

这一年的私人信件和日记都表明，哪怕是最受人尊敬的夫人、绅士都陷进这种既安全、又充满爱国情怀的赌博中。就连在丈夫被处决后对浮华世界不闻不问、素来圣洁仁慈的罗素夫人——蕾切尔都善良地表示，希望孙女能"被彩票逗乐"。父亲们为女儿买彩票。偏远村舍里的人们都欢聚一堂，在开奖日等着镇上公认最幸运的"穿着蓝外套的小男孩"转动幸运的轮盘。斯威夫特喊道："把彩票扯出来的人傲慢无比，还不忘摊开手证明他们没作弊。"[42]

萨拉的朋友，艾克沃斯（Ickworth）的赫维（Hervey）一家对买彩票的态度近乎虔诚。赫维男爵在他的私人日记中写道：

1710年6月15日　星期四

今天我给自己还有亲爱的夫人都买了彩票。我自己买了110张，给她和孩子们买了45张。共计155张彩票，从32802到32956号。

8月12日　星期六

感谢上帝保佑，我买的国家彩票中有张（即32847号）中了每年500英镑的年金。从1710年米迦勒节开始，发32年。

一个星期之后，幸运女神再次眷顾男爵，他买的32868号彩票也中了奖。①

众所周知，戈多尔芬和辉格党自取灭亡，以国家名义起诉一个做了一次愚蠢布道的牧师。但是，不像有人说的那样，亨利·萨谢弗雷尔博士并不是个因为被勋爵们弹劾而出名的无名小辈。相反，自从安妮女王即位第一年，他就在牛津大学的讲道坛上"挥舞着旗帜蔑视"辉格党和不从国教的人，并代表主教在他写的小册子《低教会派的德性》中破口大骂他们。即便他不是牛津和其他地区野心勃勃的神职人员的领袖，也是高教会派最主要的喉舌。和他相比，阿特伯里（Atterbury）更有天赋但并不出名。阿特伯里从来没有公开过自己是《致一个教士会议人的信》这部名作的作者，而且直到安妮在位最后几年，他都没有像"博士"那样声名远扬，哪怕后者在上议院的辩护是出自阿特伯里之手。而本可以带领高教会派变得更加体面、仁慈的肯（Ken），瞻前顾后，不肯宣誓效忠威廉和玛丽，最终从建制派中出走。很多人认为萨谢弗雷尔也应该如此。牛津的詹姆士党人赫恩（Hearne），在萨谢弗雷尔名声最盛的时候愤愤不平道，这个"不抵抗主义的倡导者"不应该被谅解。他宣过誓的。他还说萨谢弗雷尔"自负、傲慢并鲁莽"。但是，不管他犯了什么错，萨谢弗雷尔早在审判之前就已经举足轻重。[43]

---

① *Diary of John Hervey*（1894），p. 52；在贝德福德公爵慷慨允许下，司格特·汤姆森小姐给了我部分当时公爵岳母伊丽莎白·豪兰夫人的笔记。作为约西亚·柴尔德的女儿，她本人也是一个认真的投资人。她主要处理彩票，比如，她其中一则日记写道："1710年空白彩票券；329注，每注花了9英镑13先令，还有25年……3207英镑15先令。"一部分由于他们和伟大的东印度富豪联姻，贝德福德公爵这个时期在东印度公司进行大量交易。东印度公司有两艘船只是以贝德福德和塔维斯托克命名的。从15世纪开始，罗素家族的财富就是通过贸易积攒起来的。

1705年12月，他在大学里的又一次布道中攻击辉格党人、不从国教者以及"温和的"托利党人。这受到热烈欢迎。这次布道的主旨在增订后，于四年后在圣保罗教堂里重新说给伦敦市长听。[44]这次布道是在11月5日那天，这天既是盖伊·福克斯计划炸毁议会的日期，又是威廉登陆托贝（Torbay）的时候。如果这场布道是在1月30日这天，就会被埋没在成千场谴责处死查尔斯一世（他的继承者据说现在还在英格兰国内奔波）的反叛者和狂热者的讲话中。但是，这场布道再次强调，在任何情况下，所有子民都有义务采取不抵抗主义，而且是其最激进的形式。放在11月5日，这个布道就似乎是在攻击光荣革命，试图破坏革命带来的必然结果——1701年《王位继承法》和之后的汉诺威继位。而且，这个布道是为伦敦市长安排的。布道内容在相当程度上被当作党派小册子印刷、传阅。据说最终卖了40000份，这个事件变成了举国要事。

因此，不仅仅是出于对一个"无名小卒"的恶意，内阁决定弹劾他，他们想在英格兰最高法官面前就现有宪法的合法性以及未来汉诺威继位的权利进行辩论。就像很久以后，伯克（Burke）在《新辉格党人对旧辉格党人的呼吁》中写的（与之前一样的宪法此时受到雅各宾派，而非詹姆士党人的威胁），萨谢弗雷尔博士的弹劾是由辉格党内阁和由该党控制的下议院发起的。之后弹劾案是在以辉格党贵族占大多数的上议院进行。进行弹劾的明确目的是阐明光荣革命的真实基础和原则。也是下议院议员强调的他们的基础。

但是，任何政治行动都不会只有一个原因。布道的部分其他内容也导致了辉格党人决定起诉。辉格党的小册子作者抱怨萨谢弗雷尔的"讲道中充满恶意和污言秽语"。他用恶毒的语言谴责不从国教者，并对女王的公仆，尤其是背叛了托利党的戈多尔芬，进行人身攻击。萨谢弗雷尔布道的标题是"虚假手足的危险"。

（萨谢弗雷尔说）的确，任何人，哪怕是再粗鲁的人，也不会对这些人有一点信心。他们故作神圣，假意友好，但实则故意诱导，隐藏不忠。赞美诗的作者得用什么生动的语言才能描绘这群诡计多端、阴险狡诈的狐狸沃尔波内？但是，就连你们！我的同伴们，我的指引者，我熟悉的朋友也是如此！

诸如此类，每个人都向库务大臣提出了申请。过去多年，他都比他的辉格党同僚对在布道坛上做的抨击更敏感。后者仅仅把抨击当作牧师每日不得不做的工作。早在1705年，戈多尔芬就和他的朋友写过"傲慢的牧师"。并且，他认为政府应该起诉他们，就像他们起诉踩过线的普通小册子作者一样。[①]

斯威夫特的陈述可能有几分接近真相：

这个时候发生了著名的萨谢弗雷尔审判。这是由戈多尔芬男爵一次愚蠢、冲动的愤怒导致的。据说，这个神学家在一次布道中谈论戈多尔芬时，把他唤作沃尔波内；几个月后，萨默斯公爵和我坦言；同时，他真诚，但徒劳地竭力劝伯爵放弃起诉。

但是，萨默斯是否真的反对弹劾就不得而知了。在很久之后，充满偏见的见证者萨拉写道：

当上议院要对萨谢弗雷尔审判采取实质行动的时候，萨默斯借

---

① *Ramillies and the Union*, p. 7.

口说他母亲过世，没法来投票。这真奇怪。他又不能让母亲死而复生。再者，据我所知，他在这个问题上给所有的大臣施压，要求起诉萨谢弗雷尔。在我家中会面时，我就听他亲口说过，如果不起诉这个牧师，他恐怕要用布道把女王的王冠也扯下来。[45]

的确，除了公开、正式地重申光荣革命后清算的基础，弹劾的另外一个目的是在即将到来的政治危机中限制党派对布道坛的利用。辉格党人原本计划在谴责博士之后通过一项命令，让所有的牧师都不要参与到宗教容忍，内阁和政治当中。

辉格党人很激动。艾尔斯伯里（Ailesbury）侯爵写道："他们嘴上没说什么，但会把这个牧师给烤了。结果这置他们自己和辉格党追随者于死地。"上议院，而不是其他更低级别的法院，被选为这场审判的舞台。其一，上议院议员做法官，是为了代表下议院，由起诉的管理人员郑重宣布光荣革命的原则。其二，托利党人相信，普通的法院不会"因为一个人暗讽而对他加以谴责"；而且，陪审团需要全票通过，而上议院只需要绝大多数人通过。[46]

决定要弹劾萨谢弗雷尔以后，辉格党人像历来布置盛会那样准备着舞台。克里斯托弗·雷恩（Christopher Wren）爵士将西敏寺的会堂安上了木质支架，就像之前审判斯特拉福德（Strafford）那样。但是，即便会堂里已经挤得满满当当，还有吵嚷着要进来的权贵。年轻些的上议院议员，被美貌的申请人围住，要求给每人8张票。下议院的议员们占据了会堂一半的地方。为了加大场地，克里斯托弗爵士被盼咐在女王坐的包间上方加一个旁听席。但他必须答复贵族们，说"女王很坚定地拒绝任何人坐在她头上。她的回绝恰好应了最近伦敦流行的话题，惹得议员们哄堂大笑"。

科莱·西伯（Colley Cibber）就这场合法的闹剧抱怨道，"我们的观众在审判中都被贵族们每天来听证给打动了"。年迈的温特沃思（Wentworth）夫人写道："萨谢弗雷尔能让所有的贵族女士变成好的女主妇。她们每天上午七点就来了。"托利党人的妻子，听了亲爱的博士的辩护之后，"把所有干净的手绢都哭湿了"。但是，辉格党的美人们并不被她们对手的柔情打动。相反，她们发现关于宪法的长篇辩论索然无味。马上，辉格党的贵族和太太们后悔地相互抱怨"这场糟糕的审判"有多烦人。

一开始，议会里的托利党人还有所犹豫，他们当中很多人既不喜欢萨谢弗雷尔本人，又不喜欢他的布道。但是，他们被其他气急败坏的托利党同僚所感染，开始把博士的目标视为己任。在弹劾的准备阶段，女王告诉伯内特："这场布道很糟。他应该受到相应的惩罚。"但是，党派情绪太具感染力，女王本人也卷入了托利党人的激流中。在法庭上，辩护人的四周似乎围着女王的牧师们"鼓励和赞美他"。每天，她坐着轿子从圣詹姆士宫来，周围人群簇拥，高呼"我们希望陛下您支持高教会派和萨谢弗雷尔"。每天，她都在议会当堂就餐，对诉讼过程一点儿也没透露。的确，在党派偏见的热潮中，不管是女王还是她的子民都没法保持中立。一个愤世嫉俗的观察者说："现在城里最有意思的事就是萨谢弗雷尔的事情。所有人都在为此争吵。"萨谢弗雷尔每天由数不清的人包围着，坐着玻璃做的四轮大马车从金融城来到西敏寺。这些护卫要么拿着棍棒，要么拿着已经出鞘的剑。托利党人从他们的对手那儿得到灵感。曾几何时，沙夫茨伯里的"敏捷的男孩"经常震慑住首都。[47]

起诉和辩护的陈词很清楚地点明一位辉格党和几位托利党人

关于光荣革命，以及其对未来汉诺威继承英格兰王位的隐喻的观点。即便在当时非常不受欢迎，同一党派一致对外的表象（这和萨谢弗雷尔和为他辩护的人之间刺耳而尴尬的争吵截然相反）预示了托利党1714年的灾难。尽管这场审判最初导致了辉格党1710年的灾难。

辉格党观念的拥护者都提到了一件事。不管是罗伯特·沃波尔（Walpole）、斯坦诺普将军、其他下议院参与弹劾的管理人员，还是反对萨谢弗雷尔的贵族和主教们，当在休庭时在各院讨论案情的时候，都宣称要竭力维护英格兰的法律和权利。哪怕是在与国王为敌的极端情况下，也应如此。国王犯了法，因此光荣革命是一次反对国王的正义抵抗。安妮女王的头衔，以及在她死后要继位的汉诺威王朝，有议会通过的否决严格的继承权的法案可依。就像萨谢弗雷尔布道时讲的那样，消极服从和不抵抗主义不允许任何例外，这就迫使光荣革命变成违法行为，并使安妮女王对王位的继承变得无效。

这个说法让辉格党避免提及"暖床器端来的婴儿"①的故事。因此，他们默认了老僭王詹姆士·法兰西斯·爱德华（the Pretender）是安妮的弟弟。托利党的发言人（对他们来说，"暖床器端来的婴儿"的故事还有用处）抓着这一点，让辉格党人解释：既然肯定了这层手足关系，那怎么解释他们对宗教改革后已经被抛弃的君权神授说的背离？据说，辉格党人回答时，只是宣称依据的议会法令，对安妮女王和汉诺威王朝的继承权没有很好地辩

---

① 詹姆士二世第二任妻子、信奉天主教的玛丽所生的詹姆士·法兰西斯·爱德华，在出生时被流传是用暖床器端进来替换的婴儿。——译者注

护。因此,"成千上万的人都因为这个失策的新发现而背弃了辉格党"。[1]辉格党承认老僭王是詹姆士二世的儿子这件事,的确有可能推动了当时在托利党内,支持詹姆士二世运动的兴起。但是,从长远来说,老僭王继承王位如有事实和常识支撑,而不是对一个谎言故事的狡辩,则更可靠。

下议院为萨谢弗雷尔辩护的发言人用了和博士本人不同的另外一套说辞。西蒙·哈考特(Simon Harcout)爵士为萨谢弗雷尔的辩护,在辉格党人口中,被谴责为拥护共和国政体的言论。西蒙对上议院贵族说道,萨谢弗雷尔布道中提到的服从和不抵抗不允许例外,这不是因为王位,而是"立法权利"导致的。但是,萨谢弗雷尔实际上从来没这样想过,或说过。

如果这样的说法不奏效,西蒙爵士还能靠另一个解释站住脚:

他承认,毫无底线的消极服从和不抵抗是盲从的想法。大人们,萨谢弗雷尔博士并没有做此主张。大人们,我的愚见是非常情况,必要的时候,即便没有明确表达出来,都暗示着遵循基本惯例。

但是,即便是把对萨谢弗雷尔的审判归为非常情况也没办法帮

---

[1] 康斯坦丁·菲普斯在他关于萨谢弗雷尔的演讲中说:"我不认为博士(他维护女王的继承权)应该被控诉说想要迎回老僭王。到底否定女王陛下的继承权是不是最可能迎回老僭王的办法,我相信大人您的决断。我向大人您主张,否定女王的继承权,并不能让另外一人的继承权成立。"(*State Trials*, XV, p. 225)

作为爱尔兰新教徒,斯威夫特一直都是坚定的汉诺威支持者,他在1711年责怪辉格党漏掉了"暖床器端来的婴儿"的故事。他说,否定了这个故事"不管真假,考虑到这对百姓想法的影响,都非常不合时宜地被提出"。*Examiner*, No. 40(重印39期)。关于黑尔的信还可见 *Coxe*, Chap. LXXXVII (ed. 1819, p. 167)。

他开罪。萨谢弗雷尔坚持他在布道中说的:"不管是怎么做做样子,抵抗是彻头彻尾的不合法。"①

虽然不敢明说,但萨谢弗雷尔和阿特伯里厌恶光荣革命,并为之后悔不已。因此,他们就光荣革命的辩护完全就是诡辩。萨谢弗雷尔在布道时说,此时又在上议院贵族面前重复,光荣革命根本不是抵抗,因为威廉在他的宣言中声称他不是来征服英格兰的。因此,1688年的冬天并没有什么抵抗!沃波尔的回答是这个毫无价值的借口应得的:

现在完全没必要证明光荣革命时是否抵抗。照萨谢弗雷尔的说法,我想大人们同样想让我证明太阳在中午的时候发光。

由阿特伯里精密组织,并被萨谢弗雷尔在众多激动的听众前运用各种演说技巧展示的陈词中更有效的部分,是呼吁牧师在布道坛上评论国事的自由。这是除了光荣革命合法性以外另一个真正的议题。他当时的辩护变成了高教会派对不从国教者的讨伐。后者虽然在法律上被允许,但仍然承受着分裂教会的罪恶。"这种罪恶即便不再影响他们的肉体和财产,但仍然纠缠着他们的灵魂。"萨谢弗雷尔特别谴责了不从国教者的"神学院",竟然厚颜无耻地在此教导被牛津、剑桥拒绝的年轻后辈。在布道中萨谢弗雷尔用了更强烈的辞藻形容非国教的学院:

在这些神学院里,无神论、自然神论、三神论以及其他所有地

---

① 笛福对萨谢弗雷尔看法的一封饶有兴趣的信可见附录C。

狱般的宗教狂热、弑君以及无政府主义原则被公开讲授、教导,败坏了这个国家的年轻人。

萨谢弗雷尔审判案的其中一个结果就是1714年的《教会分裂法案》的颁布。法案剥夺了不信奉国教的父母根据自己信仰教育子女的自由。其实,审判涉及的所有问题只围绕一件事情展开。1714年的《教会分裂法案》随着汉诺威继承英格兰王位而被废除。[48]

大部分托利党人都不像阿特伯里、萨谢弗雷尔那样暗中支持詹姆士党。相反,他们只是不喜欢辉格党的教义和态度。他们的观点,从优秀的巴斯和韦尔斯的主教胡珀在上议院辩论时的讲话就可见一斑:

确实,他同意在非常情况下抵抗有必要,并合法。但是,他认为这种例外必须对人民隐瞒,因为后者天生倾向于抵抗。光荣革命没什么值得吹嘘,也不应该被当作一个先例。相反,我们应该把它掩盖起来,把光荣革命称为王位空缺或者国王退位。最初的契约是两个非常危险的词。提起的时候应该十分谨慎。[49]

另外,辉格党原告用"法律是体现国君权威的唯一措施,并且是在人民同意下才成立和生效的"开场。但是,"后来,法律的权威被建在宗法封建和捕风捉影的阴谋上。因此,神学的问题和法律的问题被混为一谈"。[50]

这些是很重要的问题。虽然萨谢弗雷尔可能是个卑鄙的人,但由他引发的争论不容小觑。

同时，在议会的门外兴奋的人群正在聚集。他们没法分辨这些关于宪法理论的观点。时间的流逝和对停战的渴望迫使保守党对善变的人群（Mobile Vulgus，此时已经被简称为暴民）做出反应。成千上万在无人问津的伦敦郊区生活的人从来没有学习过宗教或参加任何圣礼仪式。他们一会儿支持新教而憎恨天主教，一会儿支持高教会派而憎恨不从国教者。而从本质上来说，人群的这两种狂怒都是出于对神职人员的反对，而非出于宗教因素。它们相互交替。几年前，伦敦的暴民为绑在颈手枷中的笛福欢呼；11月5日在篝火旁狂叫；打碎了没开灯的天主教徒的窗户。而此时是烧非国教者教堂的时候。这些教堂遍布金融城外大片都市圈，弥补了人口密集区域教区教会的缺乏。①

这位高教会派拥护者的弹劾来得不是时候，让首都内的激昂情绪得以释放。然而，此时破坏者的力量没有什么能够束缚。"警卫"仅仅是个玩笑，就像道格勃里和维吉斯一样古老（译者注："警卫"、道格勃里、维吉斯皆出自莎士比亚的《无事生非》），自莎士比亚的时代就未改革。确实，在伦敦城外的郊区很少出现警卫。虽然根据法律，所有公民依次担任，但实际操作中，没有人担责。冬天的时候最需要警卫，但有人表明警卫根本就不存在。[51]伦敦城里都谈论着惯犯偷窃，年轻人街头滋事的现象猖獗。户主只能靠自己和愤怒的邻居防卫。在民众激愤的时候，直到召来伦敦城内的民兵队，或是女王的护卫从圣詹姆士宫赶来之前，完全没有任何力量能镇压暴民。而这次，预防措施做得太晚，极其危险。

---

① 在金融城内的教堂很密集，但是在其古老的城墙外少得可怜，见 *Blenheim*，第58页。大约40万人只能使用28座教区教堂、18座小教堂和88座非国教教堂提供的服务。

大臣们忽视了牧师丹尼尔·伯吉斯提出的警告。他的布道充满活力，非常有趣，让很多富裕的长老会教众开心。①3月1日晚上，暴民毁了他配备齐全的小教堂，并在旁边林肯律师学院前的广场上放火烧了布道坛、教堂条凳、坐垫和那个非常著名的漆过的钟。

这忠实的钟曾几何时，
每每指向吃甜点的时刻。

另有六个教堂被烧毁。不断涌出的暴民起义，他们占领了整个伦敦，威胁着辉格党贵族的官邸。最后，有人高喊要攻占辉格党最坚实的堡垒——英格兰银行。这些暴民相信，银行连天花板都是金币做的。银行主管给国务大臣发了一封急讯。终于，有官员决定负起责任。

唯一可以使用的兵力是在圣詹姆士宫保卫女王的步兵和骑兵护卫。女王同意犹豫不决的大臣们的观点，对如果护卫即刻出兵镇压暴民自己就会有危险的观点置之不理。对霍西（Horsey）队长来说，进攻法国的防线都比此时发兵容易。他称自己："冒着掉脑袋的危险，在没有获得授权书的情况下，仅仅凭借口头授权出兵。"试想，如果在他不在的时候，圣詹姆士宫受到哪个对政治毫不关心，只想分赃的暴民队伍攻击多么危险！

但是，最终一切都顺利。当军队到达现场的时候，暴民（他们当中很多都手持利刃）上演了一出抵抗的戏码。但是，坐在壮硕的

---

① 伯吉斯曾经对他的同伴说，犹太人被叫作以色列人（Israel），因为上帝不希望他的选民被叫作雅各人（Jacob-ites，即英文中的詹姆士党）。

短尾军马上的骑兵把他们冲散，砍下了好几个暴民的手。余下的暴民落荒而逃。随着暴民被逐一驱散，女王的护卫回到宫中。伦敦城的民兵队随即接管。

不像在70年之后戈登暴动中那样，这次伦敦得以获救。部分参与者被逮捕，次月几名头目被判叛国罪。陪审团宣判他们有罪，但之后女王赦免了他们。[52]

当最终勋爵们回到各院思考如何裁决的时候，他们分成了两派。一派人对国内的情绪颇为警觉，而另一派人不愿意在暴民付诸暴力的时候表现出支持萨谢弗雷尔的不抵抗主义论调。最终他们选择了折中政策。69票有罪对52票无罪（7个主教投了有罪、6个投了无罪），萨谢弗雷尔被判有罪。之后，他获得了最轻的惩罚——停止布道三年；并且他的布道书即将被刽子手烧毁。但是这个仪式性的措施根本没法阻碍布道书传播开来。

在勋爵们激烈辩论、变得四分五裂之后，一个由施鲁斯伯里、萨默塞特、阿盖尔为首的中间派别就此形成，逐渐在英格兰政坛发挥重要作用。这些贵族决意推翻现有的内阁，并为欧洲争取停战。他们同样坚定拥护汉诺威王室对英格兰王位的继承。为了英格兰的利益，他们希望成就这两件事，并且最终达到目的。施鲁斯伯里和哈利已经密谋了一段时间。但是，现在他公开反对辉格党内部团体，并且在萨谢弗雷尔审判中投反对票（他并不赞同萨谢弗雷尔的论调），这点至关重要。萨默塞特没有投票，但在背地里积极和内阁对着干。阿盖尔作为格林尼治伯爵，在上议院发挥了重要作用。哈利派去和阿盖尔接触的密使回话说：

我把你给阿盖尔公爵的话带到了。他说他不能投无罪票。因为他之前已经在公开场合表达过，萨谢弗雷尔的布道需要受到责罚。同样，他认为，如果都投无罪票会让高教会派托利党人得逞，而不会损害辉格党内部团体的利益。另外，他还担心如果投无罪票，不利于他在苏格兰的利益。但是，如果有人提出对萨谢弗雷尔任何过度的惩罚，他都会极力反对。他相信，萨默塞特在这点上和他观点一致。

几天之后，密使又说：

他现在决意反对一切辉格党内部团体提议的惩罚……我怀疑阿盖尔公爵并未获得女王的支持。

因此，在审判结束的时候，人们发现坎贝尔家族伟大的首领、苏格兰辉格党人阿盖尔和哈利一致反对现任政府。尽管他投票谴责博士有罪，还对此表达了辉格党的观点：

在任何时代，牧师交付人们权利和自由，并为了国王能自我约束而颂扬王权。因此，他们不应该掺和政治。

这个原则是否在"北大不列颠"也适用，他倒是没有提及。[53]

托利党人认为对博士从轻发落是道德上的胜利。萨谢弗雷尔的一个崇拜者让他去与威尔士接壤、什罗普什郡（Shropshire）的瑟拉汀（Selattyn）居住。萨谢弗雷尔取道牛津和伍斯特（Worcester），一路上他就像国王和旧时蒙茅斯（Monmouth）公爵凯旋般被人群夹道欢迎。每到一个郡，当地的绅士们就在他的马车两侧列队，一同行进；每到一座城，城里的钟便为他奏响，市长们热情款待，为他举行晚宴洗尘。一些更守旧的支持者担心，萨谢弗雷尔接受此等尊荣是"虚荣、缺乏德行的"。同时，整个英格兰的托利党人都鼓起勇气，在大街小巷中碰到辉格党人或者不从国教者时，对他们态度更加强硬。空气中弥漫着巨变即将发生的气息。[54]

在女王的首肯下，人们期待的一场大选即将来临。在那个夏天，各地的绅士和牧师都在选择他们能找到的、最炙手可热的人选。他们这样做不仅是为了反对辉格党，更有甚者想把那些在萨谢弗雷尔审判案中没发挥作用的在任托利党议员（如代表德比郡的托马斯·科克议员）也拉下来。候选人有多支持萨谢弗雷尔成了他是否能当选的标准。

态度温和的托利党人已经开始害怕党内极端分子得逞。尽管弹劾的过程被说成"让哈利先生很疯狂"，他的一位家人3月份的时候写道：

这件事一定会击垮辉格党。我很担心这件事会让托利党又变得和以前一样疯狂。任何党派的放纵言行都应值得担心。如果牧师又像以前那样在布道坛上谩骂——现在他们当中有些人已经如此了——一定会导致严重后果。所有的国教教堂都会被空置，而非国教教堂会人满为患。[55]

确实，目前一些牧师说非国教者的激烈语言——我们从他们的布道和宣传册中可以窥见——对我们现代人来说真是骇人听闻。由萨谢弗雷尔审判案引发的对非国教神学院和学校的声讨透着愤怒，愈演愈烈。即便此时《宽容法案》没被废除，也被规避了。6月版的《旁观者》写道：

你可能从赫里福德（Hereford）的演讲中看出，托利党内小团体的反《宽容法案》情绪非常强烈。他们向女王乞求，希望远离教堂。这样，他们就可以不被他们说的分裂教会势力打扰。他们控诉可怜的非国教学校时，用的是和胜利者萨谢弗雷尔一样充满煽动性的语言。[①]

在女王的帮助下，弹劾萨谢弗雷尔时聚集的力量取得了胜利，并达到了部分目的。而且，那段历史时期人们总有好运，他们获得的成就好得无以复加——他们摆脱了辉格党内阁，可与法国商量停战。这点至关重要。但是，托利党的另一个美梦没那么容易实现。他们想要把这个岛国上所有不愿遵循英格兰国教的宗教主张和知识分子都赶尽杀绝。他们拒绝任何宗教经历的多样性，不允许任何宗教或非宗教的异端在任何地方存在。为了达到这个目标，托利党人是在和未来作对，和英格兰国教真正的精神作对。

然而，这场巨变给我们的基督教政策带来了巨大影响。辉格党人时刻铭记萨谢弗雷尔审判案发生的这一年和该案的影响。因此，当汉诺威王室重掌权力的时候，他们再也没有激怒牧师，或试图摆脱任何一位在光荣革命清算后当权的，令人生畏的垄断者。处于优势地位的英格兰国教筑造的堡垒，直到惠灵顿和皮尔执政期间才被逐一攻破。

由萨谢弗雷尔审判案引发的起义，虽然容易导致影响一代人的国内冲突，但最初给我们带来了国外的和平，并最终确保了国内和平。

---

① *Observator*, June 10, 1710. 这是牧师谈论非国教者时使用的语言的一个例子。它的粗俗和机智超越了其他作品，但并没有它们野蛮。斯威夫特关于萨谢弗雷尔暴动的言论——他把非国教的小教堂比作妓院。见 *Letter to the Bishop of St. Asaph*（1712）。

第四章　辉格党的陨落

1710年3月，萨谢弗雷尔审判案的轩然大波表明，辉格党大臣已经失去了国民的信任。但是，至少在下一次大选前，他们在辉格党人占大多数的议会保护下显得很安稳。根据三年期法案规定，大选只能推迟到1711年。在那之前，不能采取任何有助于停战的行动。就在弹劾萨谢弗雷尔之后的几个月里，辉格党人透过极不情愿的荷兰人，在海特勒伊登贝赫给路易提了极其过分的条款。在和谈破裂之后，萨默斯和戈多尔芬的通信表明，两人都认为要继续作战，直到征服法国，拿下西班牙。[①]

但是，女王先发制人，采取行动，把停战的日子提前。安妮利用议会休会期撤换大臣。这不是大选的结果，而是为了一场由托利党领导的大选做准备。

18世纪初，君主有权罢免获得议会大多数支持的大臣而不受到违宪的指控。但在类似情形下，乔治三世和威廉四世在罢免辉格党大臣的时候都受到指控。安妮通过这次大胆，但又完全合乎宪法的行动又一次为人民尽职尽责。这和她在执政早期罢免了阻止参战的

---

① 见附录B中第一封和第三封信。还可见 *Burnet* 中 Hardwicke 的笔记，VI，p. 7.关于海特勒伊登贝赫的内容，见第二章。

高教会派大臣时类似。推翻辉格党内阁给停战铺平了道路。这是她在风烛残年的岁月做的最后一次伟大的独立活动。哪怕四年后，她在枢密院一致要求下，临死前把权杖交给施鲁斯伯里，都没有这些行为更能代表她的个人选择。

1710年，在萨拉和女王决裂之后，阿比盖尔、哈利和施鲁斯伯里就天天守在女王身边怂恿女王换掉大臣。他们三人和女王安排了谨慎的步骤，疏远女王专横的仆人，以防马尔伯勒、戈多尔芬和辉格党人在任何时候团结一致，并威胁集体请辞。罢免大臣的过程进展缓慢，从4月一直持续到9月。每走一步，他们都安抚剩下的辉格党大臣，打消他们的疑虑。这样做很有策略，但也反映了施鲁斯伯里、哈利和女王本人确实很"温和"。"策略"通常是在假意欺骗者自己都没意识到自身的伪善时最成功。女王和她非正式的顾问们并不清楚他们想要引起对手怎样的反应。他们想要废除辉格党内部团体，但是并不想把国家交到托利党内狂热分子的手中。

哈利、施鲁斯伯里还有女王都很珍视一个"高于党派的女王内阁"的典范。像在他们之前的马尔伯勒和戈多尔芬一样，他们希望内阁治理国家时获得女王的赞同，以及她臣民中许多温和派的善意。他们依靠托利党的程度，和五年前戈多尔芬依靠辉格党的程度差不多。直到9月，罢免戈多尔芬一个月之后，哈利给纽卡斯尔（Newcastle）公爵写信说：

一旦女王显示了用法律约束两党的力量和能力，在行使权力时才会表现出节制，而不仅仅是考虑派系。

在写这封信的时候，他没有意识到欺骗了纽卡斯尔，因为他自欺欺人。但是，所有这些如意算盘都因为10月大选的毁灭性结果一扫而光。女王和哈利被捆在高教会派托利党的马车轮上，留下施鲁斯伯里、纽卡斯尔和萨默塞特不知何去何从。这又一次证明，议会内阁制的意思就是党派操控的政府。[56]

1710年4月6日，女王有生之年和公爵夫人最后一次见面，是萨拉的政治盟友被剥夺权力很好的序曲。这次会面的场景让人心碎，又因为决裂的结局已经写好而显得没有必要。安妮再也不想见到她的服装女仕长；而萨拉在她丈夫的建议下，也默默接受了决裂的结局。不幸的是，一位在宫中侍奉的友人警告萨拉，说宫里正在谣传一些她的不实信息（显然是关于她用大不敬的言论说女王），而且连女王也相信了。为了反驳这些诽谤，萨拉强撑起来，哪怕女王命令她写信呈表，萨拉则说没法用书面表达内心的担忧。面对她的来势汹汹，女王反复重申："你可以写信"，并说"既然你不想要答案，那就不会得到答案"。最终，萨拉精神崩溃，放声痛哭。女王虽知晓此事，却无动于衷。从某些方面来看，这两人当中，公爵夫人是更有涵养，而且更脆弱的那一位。

数十年后，马尔伯勒的遗孀给全世界讲了这个故事。她描述得正直公允，即便没有保全名声，也要说出真相。她的坦率不会让我们这个时代的传记作者感到惊讶。[57]

4月中旬的时候，密谋者（如果不失礼的话，可以这样称呼女王和她侧面楼梯的委员会）公然迈出了第一步。① 此时时机非常合适，一方面马尔伯勒同其他外交官、将军去了海牙，另一方面戈多尔芬

---

① *H.M.C. Portland*, IV, p. 540.其中有一封很典型的马沙姆夫人给哈利的信——她要求约定时间秘密和他会面，这是有违女王命令的。显然，女王认为非常有用的阿比盖尔有点忙。

正和乡绅、骑师一同在汉普斯特德荒野打猎。趁着他们不在，女王召唤来肯特侯爵——他在一众辉格党大臣中最不起眼，且能力最差——用晋升公爵的筹码换取他提出辞呈。接着，女王任命施鲁斯伯里来代替他公务大臣（Lord Chamberlain）的位置。

换作其他时候，这个决定就没那么重要。即便没和辉格党保持联系，施鲁斯伯里大体来说算是辉格党人。但是，我们可以见微知著。马尔伯勒写道，这是千里之堤上出现的第一个蚁穴，谁能抵挡决堤后的波涛汹涌呢？并且，全世界都知道此次撤换是哈利的手笔。戈多尔芬从纽马基特（Newmarket）写了一封对此态度强烈的反对信给女王。他指出，施鲁斯伯里在萨谢弗雷尔审判案中的投票和内阁相反，并在宪法的基础上争论：

陛下您做的这个决定，对国内外事务都有重要影响。但您在下决心之前却没有告知马尔伯勒公爵和我。

这一步在政界引起了警觉和强烈反对。这导致在接下来的两个月内，密谋者没有采取任何其他行动。而在这期间，英格兰和法国在海特勒伊登贝赫的谈判以失败告终。大臣讨论时，施鲁斯伯里费尽苦心劝说同僚提出法国能接纳的停战要求，但最后无疾而终。然而，他努力打消他们对他加入内阁的怒气。戈多尔芬和辉格党同人并未被他的阿谀奉承说服。但他们相互猜疑，没法团结起来行动一致地压制女王。他们接纳了施鲁斯伯里鸠占鹊巢。此事造成的风暴就这样归于平静。[58]

这是真正有用的第一步。密谋者们看到没有因此受到影响，于是放开胆来壮大队伍。到了5月，骄傲而胆小的萨默塞特公爵和哈利取得联系。二人在6—7月几经秘密会面。会面时极其装腔作势。公爵每次都要坐着拉上帘子的轿子来哈利官邸。门房受命不需对其检查，直接请进大堂。①

6月，在萨默塞特的教唆下，密谋者们又出一招。森德兰被撤职，由托利党人达特茅斯伯爵接替。森德兰既是辉格党内部团体中一员，又是马尔伯勒的女婿。在内阁组成的联盟中，他是给二者牵线搭桥的连字符。如果其他内阁成员接纳了他的撤职，那他们自己也完蛋了。但是，他们的抗议雷声大，雨点小，没有采取任何实质行动。他们一个个去给成为国务大臣的达特茅斯道喜。唯一他们都赞同的，是轮番乞求马尔伯勒不要因为家人蒙羞而请辞领导军队。[59]

从此刻起，内阁大臣已是溃不成军。他们各自躲藏掩护，和胜利者秘密地谈条件。萨默斯想要舍弃戈多尔芬，和哈利、施鲁斯伯里重组内阁。马尔伯勒和戈多尔芬仍在留任：他们一个是已经把公务视为习惯的库务大臣，另一个是哪怕面对国内问题重重，也不放弃希望直捣巴黎的士兵。

在我们抨击内阁毫无抵抗，甚至没体面地选择集体辞职之前，不要忘记，关于"一个团结的内阁"的现代理论和实践此时还在演变之中。那时大臣们没有义务相互保护或共同进退。他们都是女王的公仆，随她筛选。唯一团结内阁的原则是对党派的忠诚。而这层约束没法限制马尔伯勒和戈多尔芬。况且，这些改变是由辉格党人施鲁斯伯里、萨默塞特以及温和派哈利领导的，人臣们希望，问他

---

① H.M.C. Portland，IV，pp. 542，545，553；关于在这一年身在国外战场上，没法直接参与政治的阿盖尔公爵，他非常赞同国内的变化，而且在言语上越来越体现出他个人对马尔伯勒的不满。

们妥协能避免可怕的大选。[60]

8月8日这天，戈多尔芬的撤职给了这个以他命名的内阁致命一击。戈多尔芬内阁掌管英格兰八年，最初政策偏向托利党，之后变得中立，最终转向辉格党。其间，他们的表现可圈可点：完成了威廉三世的任务，把欧洲从法国的手中解放出来，让英格兰和苏格兰永久联合，并在安妮统治时期把英格兰带上巅峰，走向繁荣昌盛的道路。就像所有终将逝去的事物一样，这届内阁完成了它的使命，到了退出历史舞台的时候。但是，女王罢免戈多尔芬——这个把她的国家推向伟业的功臣——的态度就像乡绅解雇一个骗人的法警一般，怎么能不叫人唏嘘。安妮对待戈多尔芬还不如维多利亚对待格拉德斯通。安妮完全不见戈多尔芬，她连一封慰问信或感谢信都没有写给他，只命人折断他办公室的白杖。①

即便对臣民的行为再不满，如果此时女王能够记起戈多尔芬长期以来尽职尽责，并且还是一位老朋友就好了。安妮女王不知感恩，如同她的斯图亚特王朝祖先一样。有人说她愚蠢：她的种种政策其实并不愚蠢。但只要被惹恼，她处理和这个人的关系的方式就有点愚蠢。她不会像普通人那样，在和人永别的时候暂且不记当时所处的情况。

即便在戈多尔芬倒台之后，辉格党人虽然越发绝望，但还心存希望，想要和新任大臣达成和解。

---

① 附录B第二封信是戈多尔芬在这个时候给女王的信。萨拉说，安妮给库务大臣的解除信是由一个"穿制服的仆役"传递的，但是达特茅斯说是由戈多尔芬的朋友史密斯先生传递的。*Burnet*, VI, p. 9 note；*Coxe*, Chap. XCIV；*Conduct*, p. 260. 斯威夫特的版本在某种程度上综合上面两种说法。斯威夫特在1710年9月9日写给金主教的信中提到了一个。*Swift Letters*, I, p. 194。

8月10日，在戈多尔芬被撤职之后两天，前库务大臣哈利法克斯致函祝贺哈利出任库务大臣一职。[①]萨默斯仿佛把戈多尔芬的倒台当作能为自己谋利的时机。8月5日，哈利写信给纽卡斯尔公爵：

萨默斯公爵很自以为是。他计划让我和达特茅斯伯爵帮助他报复戈多尔芬，并在其他问题上施展拳脚。这样，他就可以随心所欲，为所欲为了。但是，我今晚要觐见女王，希望这件荒唐事能马上结束。[61]

辉格党人马上就醒悟过来，在政府领导人倒台之后，他们一个个被托利党人顶替。

但是，即便是现在，哈利仍然希望实行温和的，而不是传统托利派政策。这是他把施鲁斯伯里、萨默特和纽卡斯尔拉入局推翻戈多尔芬和辉格党内部团体时承诺的。笛福之前一直为辉格党人发声，现在又重新拥护哈利，说他是真正的"温和派"。他毫不害臊，说："似乎上天有意让我重回你的身边，拜在你们下。"直到第二年冬天他被斯威夫特比下去，笛福是那个时代最令人敬畏的小册子作者。而且，他是哈利和清教徒之间的纽带。9月时，他收到酬劳，返回他曾经的狩猎场苏格兰。在那里，他给老朋友、爱丁堡的长老派宣扬

---

① *H.M.C. Portland*, IV, p. 560. 哈利在1710年8月被任命为财政大臣，在次年5月晋升成为库务大臣——整个冬天库务大臣一职都是空缺的。女王的秘密顾问已经在7月时讨论过是否让施鲁斯伯里接任戈多尔芬，但是他拒绝了："我有十个强有力的理由，每一条都不让我接任它，但是接任一个我一窍不通的职位本身就够了。"施鲁斯伯里不是一个金融家。*H.M.C. Bath*, I（1904），p. 198 以及 Turberville's *Shrewsbury*, p. 179. 他在1714年女王临终前接受库务大臣一职，是为了带领国家走出短暂的危机，确保乔治国王和平即位。

哈利的政治事业，并缓解了他们的恐惧——一个高教会派组成的内阁会对"北不列颠"有何影响。[62]

在戈多尔芬倒台的那天，哈利在写给纽卡斯尔公爵的信中说明了他的"温和"政策：

> 女王相信你会支持她的活动。她的所作所为都是为了能够争取一个正直而稳妥的停战。既要把握她的盟军，又要保全她的子民的自由和财产。特别还要保障宽容对待非国教者。为了这些目标能长期存续，还一定要保证汉诺威王朝对英格兰王位的继承。

一个月之后，他斗胆告诉大法官考柏："这实际上是个蓄意已久的针对辉格党的游戏。"[63]

哈利想要让考柏继续留任，这是因为女王本人很喜欢他，而且他从未加入辉格党内部团体。他甚至批评过同僚太过顽固，拒绝停战。如果其他辉格党人都被罢免后考柏能继续留任大法官，他就能在新内阁对抗高教会派托利党的洪流的时候保持温和。但是，考柏太过诚实、机灵。他没有接受这个位置。他说，只要"任何托利党人想要争夺我的职位"的时候，他都不得不缴械投降。尽管唯独考柏没有受到党派偏见的影响，但对于党派操纵政府即将在英格兰势不可当这条真理，他比哈利看得更清楚。女王五次拒绝了他交出国玺。但是，他一次次坚持。直到9月23日，女王收回国玺，并表达了遗憾和对他的尊重。剿灭旧内阁到此为止。①

---

① Cowper, pp. 42–47. 沃波尔战时大臣的职位已经被解除，在海军财政大臣手下的次要行政职位留任到1711年1月。之后又被解职。

在辉格党内，考柏的机智和诚实实至名归。不过，这些通常被用来赞誉萨默斯。他提出的和法国停战的条款合情合理。但是，他几乎是唯一一个在公爵和夫人遭受宫廷中人、托利党人和低俗的小册子作者中伤时，拜访他们的辉格党领袖。

萨拉写道，考柏男爵在我的扶持下成为大法官。他是唯一一个像绅士一样对我的辉格党人。在我失意时，他让我有所依靠。[64]

虽然花了五个月才完成内阁人员的改变。但这对当时的观念和实践来说，已经是非常迅速的了。戈多尔芬的内阁花了五年的时间才完全清除托利党人。但是，斯威夫特在11月的时候给斯特拉（Stella，真名Esther Johnson）写信时说：

女王经过我们的时候身边全围着托利党人，一个辉格党人都没有。曾几何时，我也见证过她周围一个托利党人都没有。

马尔伯勒仍然在军中供职。辉格党人要求他留在军中，去征服法国。新的内阁无意和盟军发生冲突，或者在与托西达成停战协议之前，减轻公爵对敌人的震慑。[65]

哈利的"温和"政策保障了很多地方法官和公职人员继续留任，远离党羽为获胜方讨要战利品的喧嚣。8年前，当戈多尔芬保障财政部的官员继续留任时，同样经历过这种喧闹。1710年，哈利继续做了这件仁慈、明智的事情，并又一次保卫了财政部长久以来的传统——公职人员的长期固定，不受到党争的影响。不管是伟大的威廉·朗兹（William Lowndes）还是财政部的职员都没有被辞退，尽管他们私下和倒台的内阁大臣们保持着密切联系。[66]

在财政方面,哈利确实需要谨慎,并听取建议,因为当时国家资产负债表上显示英格兰负债累累。英格兰银行总督和其他金融城中的大人物都声称,如果换了政府,"赊购支付"就没法继续。他们想以此威胁女王,让她重回辉格党的怀抱。[67]

大选在即,托利党候选人写信给哈利,要求出任总督、治安法官和海关总署官员。他们在各自治市权力极大。但是,只有部分人如愿以偿。[68]

在女王的授意下,内阁洗牌导致了大选。这在当时的观念和实践中是完全合乎宪法的。整个夏天,英格兰政界都在激烈讨论到底是否应该马上解散议会。其激烈程度完全不亚于内阁变动。辉格党人希望通过和哈利、施鲁斯伯里保持友好关系,以此避免议会解散。托利党人则强烈要求解散议会。内阁变化的程度决定了这件事。就像托马斯·汉默爵士 6 月给马特·普赖尔(Matt Prior)写道:

新内阁配旧议会比福音中旧衣用新布料、旧瓶装新酒更荒诞。

但是,直到 9 月中旬才尘埃落定。哈利 14 日写信给纽卡斯尔公爵:

我给你寄了一个包裹,告知你女王决意在几天之内解散议会。她已经下了决心。确实,在人们都毫无热忱的情况下继续议会是不可能的。[69]

当宣布议会解散的时候,民众对萨谢弗雷尔审判案的热情还没有衰退。①要在此时说这个国民偶像坏话需要足够的勇气。彼得伯勒大教堂的主持牧师,古玩物研究者肯尼特写了一个小册子反对博士有名的布道,并且在近日给女王的信中拒绝以托利党的称谓签署。于是,白教堂的教区牧师在他的教堂里装上了一个祭坛装饰代表《最后的晚餐》。其中肯尼特是犹大,下面刻着"主持牧师,背叛者"。教众每天来教堂里欣赏这幅集虔诚、机智于一体的杰作。据说,教区牧师本来想要把伯内特主教刻画成犹大,但是画家担心会因诽谤权贵被治罪,不愿意画比主持牧师更位高权重的人物。过了一段时间,伦敦大教堂的主教康普顿(Compton)命令把此画移走,但据说它又出现在圣奥尔本斯教堂的主祭坛上。不管如何,当乔治一世到来的时候,肯尼特得到补偿,成了彼得伯勒主教。又一次"平庸的人又显得伟大"。[70]

1710年10月,经过投票,保守党轻而易举地击败了他们的对手,正如8年前女王即位的夏天一样。对停战的渴望,对高教会派和萨谢弗雷尔的狂热已经足以在大选中摧毁内阁。但是,政府的权威和女王的魄力受到民众追捧,不管于公于私,众人通常都支持当权的政府,所以都投票给托利党候选人。暴民很粗暴,而且想要一致同意的氛围很有感染力。牧师们投票时表现出了从未有过的狂热。这次选民投票时喝得尤其醉。笛福在《评论》中声称托利党人"最先把可怜的有产者(freeholders)灌醉,然后告诉他们给教堂投票"。但

---

① 一年之后,斯威夫特在1711年8月给斯特拉写信:"萨谢弗雷尔非常讨厌新的内阁,而且他们也讨厌他,并假装鄙视他。他们不会让他成为最近内阁变化的焦点;至少他们当中的一部分不会允许;这是我的枢密院掌财官大人有一天向我承认的。"那两个争着和斯威夫特建立友谊的政治家不喜欢把他们的权力归功于萨谢弗雷尔这样的蠢人身上。

是，辉格党也是半斤八两。"在每届选举的那一周，我都是醉的。如果谁不给我灌醉，我才不给他投票。"一个诚实的磨坊主这么说过。

哈利成功地分走了长老派和"正统的"非国教者在一些选区的选票，他向他们承诺尊重《宽容法案》。但是，他没能夺得贵格派、浸礼会派和胡格诺派对辉格党的支持。[71]一些地方的辉格党人似乎并不反感以"温和"的名义赶走辉格党内部团体。约克郡的乡绅莫尔斯沃思（Molesworth）在选举的时候写信给哈利说：

我的准则和你认识我时一样。你和公爵刚刚从一群暴君手中把这个国家解救出来，又把它交到另一群牧师手里。这不能说服我。

但是，不久之后，莫尔斯沃思就和摇摆不定的长老派一样，对新政府采取的高教会派托利党政策感到沮丧。[72]

在大选之前，那些和哈利密谋推翻辉格党内部团体的辉格党贵族，就已经对他们的成果感到不安。纽卡斯尔公爵左右逢源，把两个托利党候选人放到巴勒布里奇（Boroughbridge）选区，两个"宣誓对辉格党内部团体效忠"的候选人放在奥尔德伯勒（Aldborough），另有一个放在他在约克郡的腐败选区。[73]这样安排并不妨碍他在新内阁中担任掌玺大臣。萨默塞特公爵竭尽全力支持辉格党，但他在威尔特郡的候选人因支持萨谢弗雷尔的民意高涨而落选——正是因为"大人他反对博士"。在新的议会中，萨默塞特既丢了权力，又丢了信誉。两党人都觉得他不可靠，对他嗤之以鼻，说他"与其说是新内阁的建设者，倒不如说是旧内阁的破坏者"。尽管他自称遵循了古罗马的美德，他们说他是"一个虚情假意、卑鄙无耻的无赖"。[74]另外，施鲁斯伯里在大选中坚持支持哈利，希望借此巩固权力，在由托利党新组的内阁中作为一个温和的辉格党继续留任——但这个游戏他玩得非常成功。

在全国各地辉格党的大本营都惨遭毁灭。肯特郡的乡绅们仍然支持"旧时的美好事业",但牧师和有产者的票数压过乡绅,帮助两位托利党人在本郡重新当选议员。[75]在其他地方,绅士们和牧师一道,为托利党投票。在德比郡,地主阶级对萨谢弗雷尔的支持非常狂热,他们在票数上压倒了自耕农,并把温和派的托利党人托马斯·科克驱逐出去,只因为他在"博士"的问题上表现得不温不火。于是,科克在格兰庞德(Grampound)的一个腐败选区当选议员。[76]

英格兰和威尔士的92个郡议员席位中,辉格党人还不到12个。在伦敦各自治市中,辉格党人也被打得稀里哗啦。哪怕贵族在其封地内的各自治市竭尽全力,落败的辉格党只守住了在约克郡、坎伯兰郡(Cumberland)、诺森伯兰郡(Northumberland)、贝德福德郡(Bedford)、白金汉郡(Buckinghamshire)①以及五渔港(Cinque Ports)附近的选区。

艾迪生伟大的朋友们用马姆斯伯里(Malmesbury)的议员席位回报了他。斯威夫特给斯特拉写信说:"我相信,如果哪天选他当国王,他也不会拒绝的。"

幸得戈多尔芬以及特里劳尼(Trelawny)主教[他被派到温切斯特(Winchester)以后仍然拥护辉格党]在当地的影响,在康沃尔(Cornwall)郡的腐败选区中,辉格党在40个席位中守住了12个。在

---

① 领地影响非常大,以至于在贝德福德郡——罗素大人和另外一个辉格党人回到了郡里——在阿奇迪肯·弗兰克(Archdeacon Frank)带领下的大多数教堂牧师在林肯主教韦克的煽动下,甚至在这场选举中投票给了辉格党和罗素家族。*Wake MSS.* 诺曼·赛克斯教授给我指出了这点。

女王即位后的第一次大选中，他们俩都代表托利党，但只获得了一个席位。

但在伦敦的各自治市的普选中，虽然辉格党以前的成绩不错，但这次在有些市内也被打得鼻青脸肿。伦敦城选区内回归了四名保守党议员。在梅诺卡、阿尔梅纳拉以及萨拉戈萨战争中的英雄，斯坦诺普将军（想当年他在伊比利亚半岛任职时，盟军看起来一定会取得胜利）虽然得到非国教者和胡格诺派的支持，但在威斯敏斯特城的选举中备受痛苦，最终被托利党打败。在选举时，远在战场上的将军被随意诋毁诽谤，他的支持者被暴民暴力对待。即便是在战争中，当时民众对军人的尊重也不及我们。[77]

当最后的几个投票结果揭晓，英格兰和威尔士地区的选民由320个托利党人、150个辉格党人和40个"不确定党派"的议员代表。辉格党的议员数还不及托利党的一半。在45名苏格兰议员中，辉格党占比还算平衡。由于在英格兰国界外没有类似托利党的党派，这些苏格兰议员成了英格兰议会中新近公开支持詹姆士党的议员。

议会最显著的特点，是几乎所有英格兰议员因为对辉格党或是托利党的支持而完全对立。独立于任何政治团体的议员大为减少。1705年哈利还提到辉格党、托利党和其他"百位女王的公仆"。但1710年的新议会已经不复存在了。任何其他形式的效忠都被党派忠诚所吞噬。[78]

第五章　在西班牙达成协议

当至关重要的大选结果使新内阁能利用一切机会克服辉格党的抵抗，着手准备停战的时候，那年冬天半岛战争灾难性的结果迫使他们决定将西班牙留给菲利普，以便加快和路易协议的进程。夏天时，马尔伯勒在尼德兰对法国的前线的行动，也没为盟军进攻巴黎准备得更加充分。这个目标大概在明年，或是某天，或是永远不可能实现了。

当盟军在1710年初为当年军事行动做准备的时候，他们的计划被一年前俄罗斯战胜瑞典所扰乱，甚至受到威胁。在波尔塔瓦会战中，查理十二世（Charles XII）失去了他的军队，跟随哥萨克人军事指挥官马泽帕（Mazeppa）逃到了南部。虽然他以骑术闻名，多年来骑在邻国王公的头上，但这次他撇下瑞典领土，任由后者打击报复。萨克森选帝侯奥古斯特（Augustus）重登波兰王位。丹麦，普鲁士，汉诺威的统治者们都把他们的目光从西欧转向北欧。倘若这些充满嫉妒的君主从各处的反法阵线上同时撤走60000兵力，去和对手瓜分查理十二世失掉继承权的领土，将是非常危险的。当时还在任的安妮女王的辉格党内阁，既担心德意志和丹麦在西部的军队撤离，又担心瑞典王国分崩离析会使英格兰在波罗的海的均势政策被破坏。为了避免敌意升级，我们的外交官用协议让各方和解。在此情形下，这是瑞典能希望得到的最好的协定。他们的摄政王立马接受。[79]

同时，在为波罗的海事宜制定的协定帮助下，马尔伯勒利用强大的兵力在战场上打败维拉尔。但是，法国元帅精神抖擞，而且一点儿也没放下戒备。公爵没能逼他交战，1710年盟军在军事行动中的胜果，是在付出昂贵代价的多次围剿之后占领了杜埃（Douai）、贝蒂纳（Bethune）、圣维南（St. Venant）和亚耳（Aire）。这些堡垒让马尔伯勒能更好地控制斯卡尔普河和利斯河上游。这样，他就能走水路，将物资从荷兰运输到在法国境内的前线。这使他翌年的军事进攻更加容易。但是，他意图和舰队合作、攻克英吉利海峡沿岸港口的计策并未得逞。在他和巴黎之间，还隔着各色障碍，包括维拉尔用来代替失陷的拉巴萨防线的，一处又一处军事防御工事。这些防御工事被赞为"登峰造极"。

自奥德纳尔德之后，每年马尔伯勒进攻的速度都越发缓慢。尽管终有一天他能够攻到巴黎，而英格兰人已经疲于等待。出于国内外各种原因，新内阁一点儿也不希望他占领敌军的首都。即便攻占巴黎是可行的，也只会带来更多的问题，而不是解决办法。①

虽然马尔伯勒军事行动的结果仍然悬而未决，盟军到底能否在凡尔赛宫花园里安营扎寨还未可知，但同年，在西班牙的战况已经逼迫盟军做出军事决定。

半岛战争最后一个阶段是从1710年夏天开始的，此时情况已经发生转变。法军被路易撤回。一方面是为了保护受到威胁的法国前

---

① 我不知道任何哈利或者圣约翰表达了此观点的文件，但是我相信他们持有这个观点的结论是合理的。他们的同僚和代表斯特拉福德伯爵在1712年8月27日给女选帝侯索菲的信中用非常清楚的文字写明（*B.M. Stowe MSS.* 224, ff.303-305）："我猜想，没有什么能比攻到巴黎更让法国国王和他的孙子满意了，把他们俩都废黜，这样太过火，会深深打破欧洲的平衡。"

线，另一方面是为了向盟军证明，在他承诺不再帮助孙子之后，会说到做到。除了加泰罗尼亚（除此例外），整个西班牙都接受让菲利普继承王位，并领导西班牙抵御外敌入侵。除了加泰罗尼亚地区，盟军只有直布罗陀巨岩作为根据地。

因此，1710年7月，波旁的陆军完全由西班牙人和少量在西班牙服役的瓦隆人组成。他们当中有5000匹骏马和15000名步兵。之后，就像在惠灵顿时代一样，西班牙步兵团虽然在围墙之后或在游击战中非常英勇，但在战役中不愿意服从纪律。这支军队由西班牙将军比利亚达里亚斯（Villadarias）侯爵指挥。五年前，他在围剿直布罗陀时失利。

在加泰罗尼亚的盟军陆军部队在人数上比敌人稍微多些，但是和前几年相比，已经少了许多英格兰红衫军。在半岛的英军饱受疾病和困苦摧残，而近期国内没有继续派兵补齐队列。斯坦诺普将军既缺军饷，又缺士兵，痛苦不已。另外，马尔伯勒将普法尔茨人、黑森人（Hessians）以及佛兰德斯人（Flanders）派来给他。[80]约瑟夫皇帝现在稳固了他在意大利的领地，终于关注起他在西班牙的兄弟查理六世的命运，派遣大批奥地利兵力支持他。因此，1710年夏天，当盟军到达加泰罗尼亚边境的时候，他们有14000名德意志人、4000名英格兰人、1400名荷兰人、1400名英格兰雇佣的葡萄牙人和超过3000名支持查理的西班牙人。

然而，在彼得伯勒和他的对手那个时代，军队的调动不是由某个将军决定，而是由互相不协调的建议决定的。查理国王勉强主持着国际战争委员会（Council of War），其中分成斯坦诺普和施塔尔亨贝格两个团体。奥地利的陆军元帅施塔尔亨贝格很有能力，但不愿意冒险。而斯坦诺普脾气暴躁，是个具有骑士风度的斗士。他在英格兰指挥官中是个好手，但是碰到至关重要的时刻，常常会被他的暴脾气牵着鼻子走。他和马尔伯勒刚好相反，前者看不清近忧，后者摸不着远虑。他没有看清盟军面临的卡斯蒂利亚（Castile）民众的强烈敌意。他的个性，再加上代表英格兰，使他一次次碾压施塔尔亨贝格对冒进政策的反对。他带领盟军获得第一次、第二次胜利，但最终招致灭顶之灾。

7月，斯坦诺普要求进攻阿拉贡（Aragon）地区，和比利亚达里亚斯对战。他从英格兰国内收到指令，要他充分利用法国撤军的契机。他告诉查理，如果只在加泰罗尼亚地区边境徘徊，他永远也别想登上西班牙的王位，而且在法军越过比利牛斯（Pyrenees）山脉回来之前，击垮西班牙人轻而易举。就事情进展来说，到这里他是对的。他把查理和施塔尔亨贝格拖进战争中，最先是在阿尔梅纳拉（Almenara）。在他给时任战时大臣（Secretary at War）的友人罗伯特·沃波尔的信中，秘密描述了当时的战况和他想要进攻西班牙人的动机：

上次那封由克拉格先生转交给你的信寄出后三天，我们的援军在早上9点到达。随后，召集了战争委员会。英格兰人、荷兰人和普法尔茨人都强烈要求马上行军至列伊达（Lerida），以便把敌军在此阻断，不得不开战。但是，国王和元帅（施塔尔亨贝格）强烈反对，决意不做任何冒险的事情……我们的另一个想法是带军通过巴拉格尔（Balaguer）的大桥。这个任务分配给我。我在午夜行军，在7月27日上午6点占据了在阿拉贡一侧的诺格拉（Noguera）……敌军快速到达，在我前面排成15个中队。我正准备进攻，但被元帅拦了下来。他似乎还不想冒风险。两军都在前进，到了6点左右，我军所有步兵团都已过河……几次三番，我们要求元帅攻击敌军的骑兵。他们的骑兵就在我们跟前，而步兵还在他们后面很远的地方正在行军。6点左右，他们的骑兵都准备妥当，分成几个分队行进至敌我之间的小山丘上。我们大喊"丢人"。我真诚地要求国王，说我军可以驱逐他们。但直到日落时分我军才行动。

最终，斯坦诺普如猛虎出笼，带领8个英格兰、4个荷兰和6个德意志普法尔茨的中队冲向42个西班牙骑兵组成的中队。在经过一番激烈斗争之后，他们把西班牙人赶出战场。在阿尔梅纳拉的这次行动中英格兰骑兵的表现可以和其在巴拉克拉瓦（Balaclava）和滑铁卢（Waterloo）媲美。斯坦诺普手刃一名西班牙将军。他生性谦虚，在数次急件中并没有提及此事。但此事在伦敦城内成为美谈。

大部分西班牙步兵还在险要地形中列成纵队缓慢移动，还未列成战阵。当他们目睹骑兵团落败，立即四处逃窜。多亏施塔尔亨贝格的延误，夜幕降临让菲利普国王的军队没有被全歼。他本人逃过一劫。[81]

在阿尔梅纳拉落败诱使菲利普决意换掉主将。他虽让巴伊（Bay）侯爵代替比利亚达里亚斯，但对任何西班牙指挥官都没信心。因此，他恳求爷爷再次派法国元帅来支援他。由于在海特勒伊登贝赫的和谈已经破裂，路易如释重负，又一次在西班牙毫无顾虑地干预。因此，他派出了旺多姆。但是，当旺多姆还没到比利牛斯山脉的时候，又接到了孤立无援的菲利普国王遭受第二次，而且更严重的灾难的消息。[82]

西班牙人从阿尔梅纳拉撤退。他们取道列伊达，沿着埃布罗河（Ebro）南岸逃至萨拉戈萨（Saragossa）。阿拉贡地区北部都无兵力防守。迫于斯坦诺普的压力,施塔尔亨贝格又一次极不情愿地抓住时机,占领了埃布罗河和比利牛斯山脉之间的阿拉贡地区。他甚至企图从北部向萨拉戈萨前进。但是,敌军就在对岸,他决定不跨过埃布罗河。正因为此,斯坦诺普做了相反的决定,带着盟军过了河。之后,他"违背军令",接近敌军,以至于施塔尔亨贝格不得不前去支援。①

挤在萨拉戈萨城墙旁心急如焚的市民几乎可以看见,两军正在城外南边以葡萄园和橄榄园点缀的山坡上交战。在以旧时某个杀人如麻的摩尔人命名的激流干涸的河床里,现代的斗士相互厮杀。现在,死亡之谷(Barranca de los Muertos)倒真的成了"死人的峡谷"。

在打斗开始之前,西班牙人已经不攻自破。他们相信巴伊侯爵接受战争是背叛了他们。营地里谣言四起,说他收到法国秘密指令,只有让西班牙兵力全部被摧毁,才能让菲利普国王有理由听从他爷爷,放弃对西班牙王位的角逐。这个谣言荒唐离奇,让整个军团都气势低沉。不少军官在行动前夜均已逃走。而另一边,盟军气势高涨。尽管缺乏补给,但英格兰将士行军时受到斯坦诺普感染,鼓足

---

① 斯坦诺普参与在萨拉戈萨开战,在卡彭特将军在事件发生之后当天晚上(*Somerville's Queen Anne*, p. 639)给沃波尔的信中很清楚地说道:"这次和在阿尔梅纳拉的行动全是斯坦诺普先生的功劳。他既给委员会施压并确实推动我们为了行动而前进,又实行了他那天的坚毅。女王陛下所有的军队和将士都表现出色,但没有任何言语能够公正地评价斯坦诺普先生——他威吓王室和元帅前进和行动——现在有2000匹马渡过了埃布罗河而且前进得离敌人如此近,就连元帅都不可避免地让军队靠近。这完全是战争的时机;他行至离敌人这么近的地方,是违背命令的。"这证实了斯坦诺普急件中更笼统的说法,印在 *Mahon*, Ap., p. cxvi. *Parnell*,似乎对斯坦诺普和彼得伯勒都不公平。

了勇气。两边各有2万人左右，尽管盟军骑兵人数上少些。

当不得不加入战斗时，才能卓越、小心谨慎的施塔尔亨贝格带领军队进发。双方交战最激烈的地方是在盟军的左翼。在这里，斯坦诺普遭遇西班牙最精良的骑兵。他让中队和英格兰步兵营"穿插"。这么做只能勉强抵御、终而战胜反复进攻的西班牙骑兵。但是，一部分骑兵突破了他的防线。他们入敌太深，攻击成列的炮兵。而在他们身后，斯坦诺普和施塔尔亨贝格发起进攻，并取得胜利。盟军中路和右翼的任务则比较轻松。西班牙步兵很快就被打得落花流水，或者直接缴械投降。有超过五千人成为战俘，三千人左右或死或伤。一周之后，菲利普国王的军队只有不到半数集合起来。阿尔曼萨（Almanza）的仇终于以另一场同样复杂的胜利报了。

萨拉戈萨民众迎接查理国王的时候表现出了些许热情。在阿拉贡的部分地区支持查理的人们因为胜利兴奋不已，但在卡斯蒂利亚则没有。

斯坦诺普的中尉卡彭特（Carpenter）、威尔斯（Willis）以及韦德对当天盟军的胜利做了极大贡献。他们三人之后因在反詹姆士党的战争中的表现和在苏格兰高地地区修建道路的伟绩而留名史册。他们的首领斯坦诺普则是此战中的英雄。要不是他的进取之心，这场仗根本就不会打起来。萨拉戈萨是斯坦诺普军旅生涯中的顶峰。如果他在胜利的那一刻倒在死亡之谷，今天人们可能以狼人或者摩尔人美名铭记他。但是，这次他幸免于难。将军的名声在之后遭受致命一击。而之后，作为最杰出的外交大臣，他带领英格兰把欧洲带上和平之路。这份荣誉更加持久。[83]

在萨拉戈萨城边的战争之后一周，战时委员会在城中讨论，到底采纳斯坦诺普还是施塔尔亨贝格的策略。

英格兰的将军要求马上占领马德里，一举结束战争。他认为在葡萄牙的盟军部队会来西班牙首都和他们会合。根据后事发展来看，这一臆断过于仓促。他提出的大胆计划是受马尔伯勒支持的。但是，马尔伯勒从未在半岛打过仗。他从未真正了解当地作战的特殊性。一年之前，马尔伯勒写信给戈多尔芬：

我认为，除非加泰罗尼亚和葡萄牙的军队都抄近路向马德里进军，要不然在西班牙缩小包围圈没多大效用。如果我们想在西班牙各省缩小包围圈，这场仗可能在我离世之前都打不完。[84]

由于斯坦诺普的政策在过去两个月次次大捷中被证明有效，战时委员会中绝大多数都站在他这边，支持8月27日军事行动这个致命的决定。的确，施塔尔亨贝格的拖延策略和英格兰、荷兰和葡萄牙军官的想法格格不入：他们已经对西班牙极其厌烦，巴不得早日离开这个不祥的地方。连委员会中支持查理的西班牙人也同样不耐烦。就像任何时代的党羽和流亡者一样，他们自欺欺人，以为和其他同胞的真实感受一样。

因此，当施塔尔亨贝格提醒委员们，1706年时已尝试过占领马德里，但结果惨淡，而且卡斯蒂利亚的民众是否愿意投降不能参照阿拉贡地区的情况。但此举徒劳无功。这个奥地利的元帅相信，只有通过长期围困马德里并阻隔援军支援，才能缩小包围西班牙的中心。他的计划是：占领所有阿拉贡和纳瓦拉（Navarre）地区；守住比利牛斯山脉两端的山口，以防法军入境西班牙；再次唤醒巴伦西亚（Valencia）和东海岸支持查理的人；和葡萄牙以及直布罗陀的军队取得联系，让他们占领北部的加利西亚（Galicia）和南部的安达卢西亚（Andalusia）；夺取加的斯（Cadiz），从而掌控西班牙的贸易。当卡斯蒂利亚被这些措施孤立之后，马德里最终可能会投降。如若不然，即便在最坏的情况下，查理握有西班牙领土，可以在下次和谈的时候占据优势。

虽然要完成这个计划并不容易，但是堵住比利牛斯山脉的山口和不进攻卡斯蒂利亚是对的。不幸的是，施塔尔亨贝格谨慎的策略在整个夏天的战事中都不对。这样盟军的将军们认为这次他肯定又错了。查理虽然同意他这位元帅的策略，但众意难违。他写信沮丧地和妻子说"如果英格兰的计划成功了，功劳都是他们的。但如果失败了，损失都是我们的"。①

萨拉戈萨的获胜者马上到达马德里。但是，从这一刻起，所有的事情都像施塔尔亨贝格预想的那样，步步出错。菲利普离开了首都，但他有众多忠诚不渝的子民陪同。陪同者数量极其之多，据说有3万人。而那些留下的人紧锁门窗。外国入侵者在城中穿过，仿佛进入一座死城。这番场景，就像1871年获胜的德国人穿过巴黎一样。接下来的日日夜夜，很多外国军人都在马德里老城昏暗的背街小巷中被刺杀。

与此同时，葡萄牙的援军并没有按预期到达，甚至都没有往马德里靠拢。但是，旺多姆已经带8000名法军先遣从比利牛斯山脉边境各个地方会聚，入境西班牙。这个亨利四世（Henri Quatre）的后

---

① 需要注意，斯坦诺普到目前为止支持施塔尔亨贝格，在萨拉戈萨委员会议上决定向马德里行军的几天之后，他提议向潘普洛纳（Pampeluna）派去分部，以便防止法国人进入西班牙。但是，这被委员会否决了，不管是因为他们都像据说的那样想要掠夺马德里，还是因为他们认为军队不足够壮大，都无法同时达到两个目的。*Bacallar*, II, PP. 355-365；B. William's *Stanhope*, pp. 98-100；*Tindal*, IV, p. 179.

代在整个军事行动中表现得精力充沛——只要他放弃奢靡和慵懒的习性,往往都能如此。听到他到了西班牙,人们都拿起武器。马上,旺多姆带领的常规军人数超过盟军。其中包括1万名优秀的骑兵。他们在马德里和葡萄牙之间的塔古斯(Tagus)驻扎。

除了法国元帅带领的常规军,由更野蛮的头目带领的游击队也在全国搜寻,抹了落伍士兵、副官和侦察员的脖子。在卡斯蒂利亚的盟军缺少军备,不但没钱,马上还断了粮,只能把从郊区抢来的东西节省着用。这种掠夺行为破坏了纪律,使他们士气低迷。他们挨着饿,间而大吃大喝几轮,又伤害了健康。一个英格兰评论家说:"我们的士兵扛不住饿,时时想着吃食。除了是世界上最没纪律的以外,吃起水果来狼吞虎咽,饮酒也没节制。这些习惯让他们拉肚子,得热病。"[85] 郊区民众的怒火被点燃。一方面是因为士兵的不懂节制,另一方面是听信一些刻意编造的谣言,说英格兰异教徒侮辱了画像和神殿。人们担心,这个有关宗教虔诚的政治宣传来源于对六年前在加的斯和直布罗陀附近发生的真实事件的报道,所以非常逼真。[86]

总而言之,明眼人都能看出端倪。10月底某天,彼得伯勒对哈利说:"在圣诞节以前,斯坦诺普就会失掉西班牙。""尽管哈利先生和他意见相反,"斯威夫特说,他当时在场,"但他(彼得伯勒)仍然坚持自己的观点。"确实,在大选后,不喜欢斯坦诺普的托利党人在伦敦城内谈论,"他把人带出去了,但不知道再怎么带回来"。人们已经期待再过不久阿盖尔会取而代之。[87]

11月第二个星期,盟军恐于饥饿和数量上占优势的敌人来犯,终于从马德里撤离。在萨拉戈萨一战后三个月,这场战役的影响在没有经历另一场战争的情况下,被暴晒的荒凉土地上的某种黑魔法扭转。百年时间红衫军都没再来马德里。

从马德里东南方向20英里的钦琼（Chinchon）开始，盟军向萨拉戈萨撤退。由于他们攻占卡斯蒂利亚的时候后续军备没有像往常一样跟上，他们只能在途经荒凉的郊区时搜刮食物。因此，他们从钦琼出发的时候分成了三个平行的纵队，以便扩大搜索面积。总指挥部同意斯坦诺普在左路带领4500人。他们基本都是英格兰人，需要穿越布里韦加（Brihuega）山口。他于12月6日到达，在那里停留了两日。这两日他派人征收镇上店铺的面粉，都给做成了面包。

然而，他在此盘踞的时候，完全没有注意到西班牙骑兵中队正从俯瞰山谷的石灰岩处聚拢而来。他相信旺多姆的步兵和炮兵都还在百里开外、马德里彼端的塔拉韦拉（Talavera）。但实际上，法国元帅已经穿过了西班牙首都。他并没让菲利普国王在此停留，为解放庆祝。法军急速挺进，每个小时都与英军越来越近。他的骑兵已经记下他们在布里韦加的位置。农夫们本可以提醒盟军，但是他们憎恨后者，所以守口如瓶。斯坦诺普刚愎自用（这让他付出了昂贵的代价），没有在四周环绕的山丘上安排侦察兵。

12月8日下午，敌人的步兵和枪炮出现在高处，俯瞰整个城镇。这时斯坦诺普想要逃脱为时已晚。晚上6点，他的副官克斯比（Cosby）队长开始冒险四处突围，避免碰上敌人的防线。过了5个小时，他找到在锡丰特斯（Cifuentes）的施塔尔亨贝格，告诉他英军被困布里韦加，缺乏弹药，但是会在援军到来之前尽力坚守。所以援军必须立即出发。[①]

[①] 见附录D第二部分，对斯坦诺普的批评。

旺多姆带着菲利普国王，用超过两倍、荷枪实弹的兵力把英军包围。镇上的防御方没有炮弹，英军所有的枪药都在施塔尔亨贝格的纵队那里。摩尔古城墙周长1.25英里，由石灰岩、沙砾和泥巴组成。斯坦诺普说："城墙这里没有侧翼，几乎没有地方足够容得下士兵把守。所以我们没法防止他们在城角各处驻扎。"12月9日上午，敌人从附近山丘（因为离得非常近，即便敌军用很小的炮弹射击，也控制住了大部分街道）上向布里韦加炮击一番之后，将大炮移到山谷里靠近城墙的地方。马上城墙就被突破。英格兰连夜建造了一些防御工事，尤其是在城门四周和镇上。但是，他们在非常不利的条件下交战。

下午早些时候，旺多姆被告知，磨磨蹭蹭的施塔尔亨贝格已经在赶来的路上。他从十几英里外的锡丰特斯赶来，解救布里韦加的盟军。在那里，法军和西军已经开始攻击。在这个短暂的冬日下午挤满了士兵肉搏的身影，不管是在各个突破口，各座城门边上还是最终在挖了战壕，搭好障碍的街道上。随后，敌军将大炮移至镇上，不断攻击英军。不管是在布宜诺斯艾利斯（Buenos Ayres），还是在全世界的其他地方，拥有现代装备的西班牙军此刻在街头巷战（对于这种打法，严格训练无济于事，个人的英勇才最重要）中对抗纪律更加严明的敌人，表现出前所未有的强大。整个西班牙王位继承战中，法军、西军和英军都没有像在布里韦加那样打得激烈。其激烈程度，如同防御直布罗陀一样。只不过，这次的结果和上次不同。

如果施塔尔亨贝格是布吕歇尔，他一定会准时到达，在两次交火之间攻击敌人，在激战后取得胜利。但是施塔尔亨贝格12月8日晚上很迟才收到斯坦诺普的消息，他用9日一整天的时间穿越隔在锡丰特斯和布里韦加之间的十几英里。早上他很早出发，但是在中途停下几个小时，等待最后的部队赶上。[①]布里韦加的夜幕降临，施塔尔亨贝格还没有到。据说，旺多姆听到他在镇外远处的信号枪响起，但斯坦诺普在混战中自顾不暇，反倒没有听到。此时，守军只剩下少量弹药。斯坦诺普被逼退到城堡上，在缺乏弹药的情况下，他没法撑到天亮。为了挽救他的士兵，他选择在有条件的情况下投降。他的决定虽然被一些不怀好意的人批评，但受到大多数军官的认可。他们在战场上非常英勇。[88]

要不是已经是预料之中的事情，活捉4000名英格兰士兵本身没法决定西班牙战争的走向。但是，斯坦诺普落败让全世界看清了现实。第二天，施塔尔亨贝格在比利亚维西奥萨（Villa Viciosa）击退获胜的旺多姆。但他最终不得不一直撤离。他穿过萨拉戈萨，直到巴塞罗那高墙保护的安全地带。阿拉贡地区又一次被舍弃。现在，除了加泰罗尼亚地区，西班牙全部都归菲利普国王。而且，为英格兰征战6年的加泰罗尼亚人马上就在波旁王朝的报复中被英军抛弃。当笼罩在布里韦加燃烧的街道，犹如灾难般的夜晚结束之时，半岛战争最终分出了胜负。[②]

1710年在西班牙军事行动的每一次转机都对停战和谈影响深远。那年秋天的和谈，是在代表安妮女王内阁的泽西（Jersey）伯爵，以及托西在伦敦的代理戈尔捷（Gaultier）神父之间秘密进行的。密会一开始，新内阁就强烈希望舍弃西班牙，把它留给菲利普。但是，当斯坦诺普在萨拉戈萨胜利的消息传来时，泽西在10月初对戈尔捷

---

① 第一手资料见 *Tindal*, IV, p. 181；9日那天和施塔尔亨贝格一起的克斯比上校也认为应该责备施塔尔亨贝格拖延了时间。

② 关于布里韦加，见附录 D。

说:"我们和谈之前,得先等西班牙的战事发生些许转变。先看看西班牙国王是不是一定会被他的对手查理国王赶出去。"但是,在布里韦加战役之后,盟军11月从马德里撤离时,泽西在圣诞节之前给托西送来这样的消息:

我们已经不再要求让奥地利大公复辟西班牙的王位。即便我们继续要求,也只是形式上的。如果法国和西班牙能保障我们的贸易,我们就心满意足了。只要我们获得我们所需,并在安妮和路易之间达成协议,就通知我们的盟友。[89]

"没有拿下西班牙就不停战"的政策就此被全盘否定。

在布里韦加战役之后,英格兰大臣们毫不犹豫地决定放弃支持奥地利大公对西班牙王位的继承。但是,次年春天的一件突发事件,让他们在面对辉格党和盟军批评时,有足够充分的理由反驳。年轻的约瑟夫皇帝患天花后逝世,而他没有子嗣。因此,他的兄弟查理出人意料地成了哈布斯堡(Hapsburg)王朝的继承人。他被选为德意志的皇帝,称为查理六世。他本身就拥有奥地利、波希米亚(Bohemia)、西里西亚(Silesia)和匈牙利。通过征战,又获得意大利和比利时的领地。显然,这已经很多了。他已经拥有大片领土,英格兰和荷兰还要继续在此之上加上西班牙和半个美洲吗?如果现在要实行辉格党的"没有拿下西班牙就不停战"的政策,就意味着让查理五世皇帝复兴,并且从另一边打破均势格局。而战争最大的目标就是通过均势格局避免法国霸权。西班牙帝国的分裂一直是威廉三世希望看到的。这是他在《大同盟条约》(Treaty of Grand Alliance)中寄予的战争的主要目标。在乌得勒支和谈中,由圣约翰

(博林布罗克子爵)负责实施《大同盟条约》中针对法国的条款。如此安排,使得博林布罗克回想时宣称,自己是威廉制定的方针的继承者,实现了他明智的意图。①

---

① 见他在1735年至1736年间写的 Letter VIII, *The Study and Use of History*。关于1701年9月《大同盟条约》,见 *Blenheim*, pp. 145-147。

第六章　新格局：1710—1711年冬

新内阁刚刚就职的时候就意识到他们要解决两个重要问题——一是和法国停战，二是英格兰王位继承问题。他们的辉格党前辈对于停战的问题没有任何实际可行的政策，但是对于英格兰王位继承问题态度肯定、简单——等安妮去世的时候，落实《王位继承法案》（Act of Settlement）。托利党虽然知道如何达成停战，但是并不清楚他们希望谁继承女王的王位。

在1710年10月在大选中获胜的托利党因为想要停战而团结一致。但是，这份团结也仅仅止步于此了。托利党人分成了詹姆士党派、汉诺威派和一大堆处在中间不知道对谁效忠的人。他们一方面因为理性和爱国情绪而支持新主教教徒继承王位，另一方面出于传统和情感而支持斯图亚特王朝。托利党中的异见人士组成的十月俱乐部会员喝醉的时候支持詹姆士，而醒着的时候又支持汉诺威。但是，如果老僭王愿意采纳他众多朋友的意见，改变宗教信仰而加入他渴望统治的英格兰国教的话，该怎么办呢？那在他姐姐死的时候，托利党是不是应该不惜一切团结起来，废除他们之前自己通过的议会法案，再通过法律程序拥护他成为詹姆士三世？那么，从此以后，辉格党和非国教者会被认为是不忠之人，受到质疑和惩罚。毫无疑问，这个想法让托利党人高兴得昏了头。

正因为这份希望,让很多托利党人对汉诺威表现得非常冷漠。但自始至终都是他们的幻想。在宗教信仰问题上,老僭王这个虔诚、忧郁的年轻人和他爸爸一模一样。他不像他伯伯查理,或是他的曾祖父亨利四世那样冷漠。哪怕多位英格兰朋友用亨利的例子劝诫他,也无功而返。托利党人并不知道他的本质,喜欢幻想他是他们当中的一员——除此之外,他们还被带有偏见的詹姆士党代理人的报告怂恿。因此,他们继续等待一个不可能的对话。在两个观点之间举棋不定,直到最终遭受致命一击。

但是,1710年时对安妮女王来说危险尚未降临。人们的注意力集中在停战,而不是王位继承问题上。因此,托利党人就成了风云人物,他们在国家需要的时候受到召唤,并不负众望,完成了使命。但是,他们目前的好运和等待他们的灾难紧密相连。我们的政治家采用的取得停战的独特办法,每年让众多托利党人背离他们原先拥护的《王位继承法案》。该法案是他们自己在1701年通过的。诚然,内阁给欧洲带来了一个不错的停战局面;尤其是英格兰受到优待。但是,由英法主导的停战条件,使他们成了法国政治家和詹姆士党压制辉格党人、荷兰人和汉诺威选帝侯的同谋。我们的盟友成了敌人,而敌人成了盟友。

这种改旗易帜的行为非常出格。在战争最后一年(1712年),圣约翰把英军从前线带回国。在那之后,他和好友普赖尔吹嘘,说他把法国从"被打败"的情况中解救出来。几个月之后,哈利和圣约翰——现在已经分别是牛津伯爵和博林布罗克子爵,将欧根亲王的军事秘密泄露给法国。[90]作为这些好礼的回报,他们收到了维拉尔从战场上的来信。信中大骂辉格党和盟军,并警告他们当心英格兰国内与英法共同利益相悖的反动势头。[91]路易大帝向他们表达了同情，并保证会维护他们，对抗共同的敌人——汉诺威和辉格党。[92]

晚年的时候，博林布罗克辩称自己没有选择。辉格党和盟军太过固执，不愿意接受英格兰在乌得勒支主张的条件。因此，他不得不采用这些手段，和伟大的、捍卫流亡的斯图亚特的欧洲人合作。这是为了让荷兰"接受"对他们来说并不比英格兰承认的1709年《屏障条约》有利的条款。不管我们怎么想，英法协议针对荷兰和德意志王公导致托利党围绕在支持詹姆士的法国身边，而把汉诺威选帝侯推到了辉格党的怀抱里。这导致了辉格党之后当政40年。①

在女王逝世前不到六个月，詹姆士已经成功说服牛津和博林布罗克，他不会改变宗教信仰以解决他们的难题。但是，此时他们还没有诚心积极地拥护汉诺威。他们在相反的道路上已经走得太远。尽管博林布罗克说"伟大的土耳其人"（Great Turk，译者注：指乔治。可能是因为他曾经参加过大土耳其战争，并在1714年来英时带来两名土耳其仆人）和信奉罗马天主教的詹姆士相比，更容易当上英格兰国王，但他仍没法摆脱在签订《乌得勒支条约》漫长的斗争过程中油然而生的同情心和反感。他和法国走得太近，和汉诺威相去甚远，已经没法原路折返了。[93]

这卷书剩下的部分，很大程度上都是展现这场错综复杂、波及英格兰国内及欧洲的戏中的一幕幕。对于冲突双方中的大多数人来说，停战问题和继承问题无法分开。站在历史的尘埃之上，子孙后代可以看清问题，可能会认为托利党人在达成停战协议问题上技高

---

① 几年之后，当乔治国王的辉格党内阁和法国成为朋友的时候，奥尔良摄政王停止偏爱老僭王。当时路易十四驾崩让被流放的斯图亚特失去了法国的支持。

一筹，而辉格党在王位继承问题上可圈可点。

1710年8月，甚至在戈多尔芬还没有被撤职之时，詹姆士党已经深深卷入停战和谈的协商中。在战争时期，法国外交大臣托西利用一位戈尔捷神父，当作他在英格兰最可靠的代理人。他在英格兰以各种化名生活，很少冒险和凡尔赛宫通信。有段时间，他和托利党、支持詹姆士的泽西伯爵走得很近。泽西的妻子是罗马天主教徒。神父和英格兰的詹姆士党人很亲近。作为路易国王忠实的仆人，他希望实现斯图亚特王子的复辟。后者和他的主人关系亲密，不仅利益相关，而且非常感恩路易的援助。虽然他本人是个牧师，但戈尔捷希望詹姆士至少会为登上王位而假装和新教徒保持对话。他在英格兰生活了很长时间，深知没人能说服詹姆士改变宗教信仰，或者慢慢改变他。[94]

1710年7月，当英格兰内阁重组刚刚开始的时候，托西捷足先登，命令戈尔捷接近女王新的宠臣——施鲁斯伯里和马沙姆夫人。8月初，泽西派人找来戈尔捷，问是否有收到法国外交大臣的消息。于是，英法商量乌得勒支停战和谈一事开始了。施鲁斯伯里之前坚定拥护汉诺威。现在，为了给他心心念念的欧洲和平铺平道路，他和支持詹姆士的泽西联系，还不得不通过法国的詹姆士党人代理人戈尔捷跟其对话。9月，泽西给托西去信，说女王再也不会启用辉格党当大臣，她已经铁了心要"马上实现停战"，而且会粗暴地让荷兰人妥协。10月初，当整个英格兰都在关注大选时，戈尔捷用密文写了一封不寻常的信给托西：

  关于老僭王，新内阁非常尊重他。貌似如果他按他们做的（可能是关于宗教）那样想，当安妮女王去世的时候，他们会让他拥有属于他的东西。

这样一来,早在圣约翰接手此事的时候,英格兰和法国就停战协商最先接触时的氛围,不仅表现出了对凡尔赛宫的谅解,还公开对居住在圣日耳曼的詹姆士表达了友善。至少,泽西这边态度是非常诚挚的。[95]

然而,还是在1710年的秋天,马尔伯勒和众多辉格党带领人写信给汉诺威选帝侯,说哈利和托利党意图复辟詹姆士三世。[96]第二年,当乔治发现托利党想要舍弃西班牙、进行停战和谈(恰好,在这个问题上他的偏见颇深),他深感不安。选帝侯给新入阁的白金汉公爵写信说:"任何人都看得出来,如果安茹(Anjou)公爵获得西班牙和美洲的王位,法国会获得极大的权力。女王赐给你的职位你还真是当之无愧,全然不管如何避免这种不幸的发生。"[97]

托利党和乔治的母亲,皇太后索菲(Sophia)关系更好。她是英格兰王位假定继承人。每次她都仔细阅读友人雷比(Raby)伯爵寄来的为英格兰政府国内外政策辩护的信件。但是,就连她都开始感到不安。而且,她年事已高,命不久矣。她将英格兰的继承权留给了儿子。[98]

在这个时候,苏格兰的一件事让汉诺威选帝侯了解到大不列颠的新内阁有点依赖他的敌人的支持。自从大选以来,爱丁堡的詹姆士党人就变得好像整个国家都是他们的一样。1710年11月,笛福写信给哈利:"这是如此公开。这里大多数人都承认老僭王。他们举杯祝他身体安康,自豪地谈论他即将复辟。我觉得有责任告知你这件事。"次年7月,信奉罗马天主教的戈登公爵夫人呈给了苏格兰出庭律师协会(Faculty of Advocates)——他们大概算得上是苏格兰首都最有权力的机构———一块纪念章。上面一面印着老僭王头像和"谁的"字样，另一面是大不列颠地图和"复辟"。[①]协会就此进行辩论（其中一些演讲都公开支持詹姆士），最后经过投票以63比12的结果接受了这个叛国的礼物。在联合王国的约束下，苏格兰本应受到议会的管辖。但是此事在伦敦没有引起注意。直到秋天，汉诺威的全权公使博思马尔（Bothmar）代表对此事表现得愤怒，才迫使内阁采取行动，做做样子。[99]哈利开始要两面派（这导致了他最终的毁灭）。他在詹姆士命令下，装成女王的授意，在议会里拉拢奉承詹姆士党人。博思马尔在伦敦时和辉格党人越走越近，而他的主人对英格兰托利党内阁的印象都不好。这完全不足为奇。

辉格党人内阁垮台是哈利和施鲁斯伯里策划的。但是，哈利和圣约翰才是让托利党重拾辉煌的双生子。如果大选并没有给托利党带来巨大胜利，施鲁斯伯里和哈利可能仍然会对国内和欧洲采取温和政策。但是，新内阁必须与被高教会派托利党控制的议会打交道。如此一来，作为一个辉格党大臣，施鲁斯伯里只能起到很有限的作用。他本性也不算胸怀大志，所以对此已经非常满足。甚至在大选前，他就对让他自个儿当库务大臣的想法一笑了之。只有在危急时刻，比如1688年、1710年以及1714年，他才愿意担上重任。在这几个时期，英格兰受益于他短暂，但强而有力的领导。但是，他身体不允许，也没有忍受政府工作长期压力的意愿。[②]

---

① 在不列颠博物馆有很多各种尺寸的纪念章，其中大一些的刻有"Reddite igitur"的变体。他们在法国被大量打造，再进口到大不列颠。他们是法国政府的总雕刻师诺贝尔·罗蒂尔的作品。

② 关于施鲁斯伯里，见 *Blenheim*, pp. 200–202.关于他拒绝在1710年7月入主财政部，见前面第四章。

亨利·圣约翰却截然相反。早在1710年3月，他就告诉哈利，他已经不再满足于做一个无关轻重的内阁大臣。[100]第二年秋天，他成了北部地区的国务大臣；而南部地区的国务大臣是哈利的好友达特茅斯伯爵。作为"兄弟大臣"，圣约翰为了让达特茅斯屈服，故意表现得傲慢无比。达特茅斯忍受着圣约翰的不公对待，想着哈利并没有为自己的朋友出头。[101]

圣约翰臆想有朝一日会当凌绝顶。1710年冬天，他还假装是哈利忠实的朋友和同僚，但是，到了新议会召开第一次会期的时候，他的叛变已经昭然若揭：

此人胆色过人，
生性好胜，哪容得下敌人；
对周围人下手，
狠过攻击他的对手。

圣约翰野心勃勃，迅速将十月俱乐部拱手让人，并怀着对高教会派的恨意出卖了他的对手哈利。哈利此时被牛津基督教堂的主持牧师称为"长老会的后代"。有人报告，说哈利仍然保留了去非国教者的小教堂的习惯，并且把此处当作"偶奉国教者的基地"。这项指控可能只是诽谤，但目前为止托利党人对哈利的怀疑还算公正——实际上，哈利还在不间断地收到辉格党内部团体中哈利法克斯的来信。信中满是奉承和对财政支出提出的建议，偶尔还提议与辉格党领导人会面。[102]哈利的性格缺陷和心胸都使他不适合做党魁。他喜欢密谋，这导致他总是同时追求两项或者更多的方针。而且，他十分明智，早在沃波尔之前就意识到，温和政策才是一个全新的英格兰政府赢得人心的秘诀。

但温和主义不适合圣约翰。直到多年的流放岁月使他的暴烈脾气被驯服,接受了他长期以来鄙视的对手那些无聊的"真知灼见"。在《致威廉·温德姆(William Wyndham)爵士的信》中,他亲自记录了作为安妮女王国务大臣所倡导的政策本质和动机:

恐怕我们当朝的时候,和所有政党安排的都一样。我们行动的主要源泉,是把国家政府掌握在自己手中;我们主要的考量是如何维护这份权力,如何完成赋予我们的伟大职责,以及如何创造良好机会,奖励扶持我们的恩人、打击反对我们的敌人……因此,我们当中都有此考量的人,会极力争取女王的宠爱,借此打击辉格党,让他们的支持者失去作用。让托利党人填满这个王国所有官职。我们猜想,如果使用了这些手段,再加上我们的人数优势和财富,可以让我们在女王统治时期战胜所有攻击。很快,我们就能变得举足轻重,在未来可能发生的任何事件上能提出我们的条件。老实说,关于这些考量,我相信我们中极少,甚至没有人已经下定决心。

毫无疑问,这样的方针非常愚蠢。从长远来看,善良、古老的英格兰总是厌恶"法西斯"式的做法——永久压制"对手一方"。而且,一个宣称在王位问题上"没有下定决心"的政党,也不可能在女王去世之时随即而来的危急时刻获得民众信任和下届君王的宠爱。

"十月俱乐部"是由边喝一种叫"十月"的麦芽酒,边痛斥辉格党人的高教会派托利党议员组成的。据说,该俱乐部早在威廉在位的时候就已经存在。但是,直到1710年新议会召开的时候才被人们熟知。当时俱乐部人员迅速增加,尤其是"年轻的,有身份的绅士们"

的加入让其异军突起,在政坛中变得重要。这些人年轻气盛,举止轻率,反对由"老年人"组成的哈利内阁。斯威夫特给斯特拉写信说,他们"每天晚上都在议会附近的酒馆见面。他们讨论国事,想把对辉格党的态度极端化,还问责年迈的内阁成员,想要拉下五六个人……内阁采取的手段更加温和,但是其他的托利党人就更暴力"。"支持内阁的人并不多,他们像一道地峡一样,夹在辉格党和激进的托利党人之间。虽然他们是很有能力的水手,但是风浪太大,船已经开始下沉,而全体海员都和他们对着干。"[103]即便哈利的朋友预感不妙,哈利还是在新议会第一次开会期间乘风破浪,声名鹊起。①

1710年冬天发生的所有重要事件中,最吸引子孙后代注意的是斯威夫特名声突然显赫起来。过去一段时间,这位爱尔兰牧师经常代表爱尔兰教会去伦敦恳求减轻"初年圣俸和二十一(first-fruits and twentieths)"税收。在安妮女王赏金计划规定下,同样的原则最近也在英格兰适用。这个总数只占每年税收中的一两千英镑。在向他憎恨的岛国为他喜爱的教堂讨回这一点点公道的过程中,斯威夫特结交了辉格党大臣和文人墨客。不仅萨默斯热情款待他,他还和斯蒂尔以及艾迪生建立了友谊。和二人之后政治上的分歧迟迟没能消除。

作为一个爱尔兰新教徒,用英格兰的标准来看,斯威夫特在政治上偏辉格党;因为他崇敬威廉,对詹姆士党既轻蔑又恐惧。然而,他又不是一个彻头彻尾的辉格党。

---

① 据达特茅斯所说(*Burnet*, VI, p. 37笔记),诺丁汉给哈利、施鲁斯伯里和圣约翰提议采纳十月俱乐部迫害前大臣的政策——先从桑德兰下手。但他遭到了拒绝,开始反对他们,甚至不惜和辉格党联手。但是,达特茅斯给伯内特的笔记中并不总是可靠——他是在事情发生很久以后写的。

这位《一只桶的故事》的作者既不像书中的杰克，也不像彼得，他极力倡导英格兰国教在大不列颠和爱尔兰专制。在爱尔兰，他讨论源于苏格兰的长老派。他觉得长老派的数量、组织和精力会危害现有的宗教秩序。当他来英格兰的时候，他把这种情感很自然地投射到非国教者身上。后者即便自身并不可怕，与辉格党王公的联盟也使他们强大。而且，他厌恶自由思想者，除非他们像圣约翰那样，在政治上是良好的国教教徒。

1708年，他忍无可忍，出版了一个小册子，反对针对爱尔兰公职人员的圣礼测试（the Sacramental Test）被废除。当时提议此测试是为了团结新教徒，但斯威夫特认为此举有损国教。当年早些时候，正如斯威夫特告诉我们的，萨默斯已经"考虑我当沃特福特的主教"。但是，因为这个小册子，他可能从辉格党人那里失掉了这个机会。这个小册子值得认真研读，这是斯威夫特有关国教和国家真实的观点。内容最为公允，而且表述严谨。不管怎样，戈多尔芬内阁既没有为他解决初年圣俸的税收问题，也没有给他任何职位或是优待。①

1710年9月，哈利执掌大权时，立即减轻了初年圣俸。对此斯威夫特感激不已。[104]同时，他表现出渴望和斯威夫特在文学上讨论切磋的意愿，让后者备受恭维。几个星期之后，圣约翰也来争取和斯威夫特结交。说来奇怪，这三个各不相同的文人、商人在晚饭进餐时变得不可分离。真可惜，没有博斯韦尔（Boswell）为

---

① *Swift Letter*, I, pp. 80–89, 116–117, 165–166, 176; *Letter Concerning the Sacramental Test*(*Prose Works*, IV, p.15)明确了他自己以及其他爱尔兰牧师作为"温和辉格党"的立场，而不是"长老派和他们的教唆犯"。

我们见证这番情景。从没有哪位葛拉布街①的居民这样被"伟人"恭维、平等对待。

斯威夫特在保守党人这里获得更好的待遇,是变得极其偏袒后者的主要原因。他本应该成为像哈利一样的温和派;但他的过失——不管是真是假,以及导致他犯错的傲慢和愤怒,使他在写辉格党人的时候没法温和。那年秋天,斯威夫特给斯特拉写信一次次提到他要"报复"戈多尔芬在一次访问中表现的冷酷无情,报复整个辉格党之前对他的冷漠:[105]

"让这些不知感恩②的狗腐烂;在我离开这里之前,定会叫他们为自己的行为忏悔。"

"我已经在哈利面前表现得像一个愤愤不平的人。因为我不是彻头彻尾的辉格党人而被恶意利用。我希望他能善待我。托利党人冷淡地跟我说,如果我愿意,可以成功立业。但是,我不懂他们,或者说,我太懂他们了!"

到了11月,斯威夫特开始在《考察者》中发起进攻,不遗余力地报复辉格党对他的失敬。只要被他提及,必被批得体无完肤。马尔伯勒被说成一个卑鄙、贪婪的魔鬼,从那以后,这成了他在很多英格兰人心目中的形象。斯威夫特对于这个军人的憎恶之情是出于他的职业:他有多深爱牧师这个职业,就有多憎恶军人。但是,他不应该出于对军人的厌恶,就重提他所鄙夷的,一年前曼利夫人在

---

① 19世纪伦敦街道,主要居住着雇佣作家、诗人和低级出版商。——译者注
② 很难想象为什么斯威夫特要说辉格党人"不知感恩"。他们确实"忽视"了他的利益,但并不是"不知感恩",因为斯威夫特没为他们做任何事情。

《新亚特兰蒂斯》当中说过的谎言和诋毁。现在，为了满足他对辉格党的报复欲，他自己也影射了考柏男爵"重婚"这个毫不公允的指控，并指控萨拉是戈多尔芬的情人，不允许任何辉格党人有任何个人特质。作为天才，用劈腿中伤对手非常不值当。他完全可以像在《考察者》当中的其他地方那样，发表更加令人信服的论点。

斯威夫特本性残忍，只要被激怒，就完全背离了哈利的"温和"政策。他的高呼，招来的是圣约翰麾下企图捕捉猎物的走狗。然而，如果斯威夫特可以停下来想一想，就可能发现这样暴力行为会把托利党推到詹姆士党一边，这样他们才能找到一个会继续打压辉格党和非国教者的国王。如若不然，他的所作所为会对托利党带来致命打击。但是作为爱尔兰新教徒的斯威夫特极其憎恨教皇和老僭王。他完全无法相信自己有一半的英格兰友人都是秘密支持詹姆士的。他最后才发现圣约翰和罗马天主教索赔者的谈判。一直以来他都说这是辉格党编造的谎言。能看到法国外交部文献的子孙后代知道很多没有向斯威夫特透露的事情。

在经历过光荣革命的英格兰，政治权力斗争是在劝说和自由辩论中进行的。而"媒体"可能已经被称为"第四阶层"了。斯威夫特的《考察者》对托利党的意义重大，而且并不仅仅局限于伦敦地区。比如说，托利党议员斯卡伯勒（Scarborough）每个星期四都会寄一份《考察者》给他的选民：当周日收到的时候，据说，"这个老实人会在晚祷之后邀请很多好友到他家中。他首先把报纸读一遍，然后就内容进行评论。在这之后一周，都会看到他随身带着《考察者》，读给他教区中信仰不够坚定的居民听"。[106]

那时，普通的报纸通常几乎没有任何政治言论。议会中的辩论不会被报道，极少数内容会泄露出去。像《盟军的行为》这样的小册子和《考察者》这样的期刊就是政治的血液。在戈多尔芬内阁倒台之后,党争的激烈程度被这些出版物放大。从1711年到1714年之间,这种小册子大多数时候比初期和中期要更多。尽管经常检举或者监禁小册子作者或是有名的作家,辉格党还是面临一场苦战。有人告诉哈利:"卖小册子的商店一直认同,诋毁辉格党的刊物卖得最好。"[107]

但是,没人能和斯威夫特匹敌。诚然,政府换届使得最好的辉格党作家们失声了一段时间。笛福在他的《评论》中劝诫道:哈利主义才是真的温和派。尽管,他承认,并且非常警觉高教会派不容忍态度的兴起,但他相信他的主顾能压制住后者。即便议会通过了《偶奉国教法案》(Occasional Conformity Act 1711)和《教会分裂法案》(Schism Act 1714),他仍然拥护哈利。在贫困潦倒之际,他也站上了和斯威夫特一样模棱两可的位置。但是,那时他已经不再在坦率的国民当中有之前那样的影响力了。

斯蒂尔更大胆,而且作为一个为辉格党辩护的人来说更加可靠。但是,在托利党当政的最初三年,他也一样沉默。他没能当成记者之后,艾迪生和斯威夫特出于善意秘密谋划,让他得以留任印花税署,直到1713年6月。虽然媒体不受到审查,但是当权政府掌控着给成功新闻业的奖赏。在野党不得不忍受这种事实。

当托利党稳定了局面之后,就连艾迪生都于1710年10月放弃了《考察者》。一个月以前,他还在为其撰稿,并且获得巨大成功,让斯威夫特都非常钦佩。虽然艾迪生一直忠于自己的原则,但他不是一个殉道者,对政治从来不是全身心投入。幸运的是,他从为一个党派服务变成了为人类服务。

1711年3月,斯威夫特写信给斯特拉:"你看了《旁观者》没有？就是那个出版的报纸。这是斯蒂尔先生写的，他好像找到了新的生活，并且又重新充满机智。这个报纸和《塔特勒》风格相似。我相信是艾迪生和他那一圈人创作的。"确实，那年艾迪生做了一件比攻击新政府更好的事情。他把罗杰·德·科弗利爵士（Sir Roger de Coverley）介绍给了世界。①在引领潮流的伦敦，咖啡室、会客室都被乡村生活的气息迷倒。乡村生活对英格兰来说仍是至关重要的，哪怕是在伦敦人的意识中也是如此。因此，我们最喜爱的一位托利党乡绅文学作品形象，出自一名辉格党人笔下。斯威夫特通常用他的才能去攻击，然而艾迪生用他的才华——可能与前者相比稍显逊色，让新的时代变得温和、文明。②

如果18世纪的理性有礼归功于这位辉格党学者，那现实主义的

---

① 即艾迪生的作品《法庭上的罗杰乡绅》（Sir Roger at Church），发表在《旁观者》第122期。

② 但是艾迪生在1715年他的 Freeholder 第22、44、47期还写了一篇关于一位托利党乡绅的，非常有趣而且不完全是歪曲的讽刺文。毫无疑问，他的作品在很大程度上影响了当时人们对规矩改革的观点。但是，我认为，看到他的朋友和主顾蒂克尔在以下诗句中对此过分强调，他一定笑了出来：
致《旁观者》可能的作者
您无可挑剔的思想不会让听到的牧师大吃一惊；
以及她内心纯洁的贞操。
被您的讽刺责骂，那客啬的老百姓，
笑笑自个儿，没被机智伤着，
没经验的乡绅被残暴的赌棍放走，
英格兰的坚韧多亏您才得救，
他错过了那不敢举杯、寻欢作乐的子爵，
或是肤浅的律师吹嘘的他的第三个解药，
还有那个轻率的莽夫，鄙视被锤平的道路，
胆敢在雷神前颤抖，承认他的上帝。
这确实是场改革！

力量则归功于这位保守党牧师。斯威夫特是文坛的霍格思。大选之时,他笔下描写的伦敦市井逗笑了伦敦人,还能让子孙后代一探当时伦敦的幽默。那时城里还没有修建供机器使用的高速公路,道路通往的是市集和广场。这首诗题目叫作"城中细雨":

现在渐渐沥沥的雨点成了大雨,
让这个城市恐受暴雨的危险。
一群群弄脏了衣裙的女士飞奔进了商店,
假意议价,却什么都不买。
那个律师穿戴得整齐,滔滔不绝讲个不停,
他还留在这里,但好像要叫马车离去。
折着裙摆的裁缝大步流星,
她油纸伞上的雨水一注注流下。
这里的人形形色色,时运自有不同,
开始在棚下交起朋友,
喜气洋洋的托利党,垂头丧气的辉格党,
忘了之间的不和,都在拯救头上的假发。
困在凳子上坐着的美男子他多不耐烦,
大雨还一阵阵地打在屋顶上,
是不是天色变得昏暗吓人,
皮革声响,他打了个哆嗦。

很快,霜冻在雨后接踵而至,斯威夫特给斯特拉写道:

这个天气走路得当心。运河和圣詹姆士公园的罗莎蒙德池塘都聚集了滑冰的乌合之众。他们带着溜冰鞋,你知道那是什么吧。帕特里克供鸟栖息的喷泉在陶罐里结了冰,而我的双手在被子里也冻僵了。[①]

尽管辉格党在大选中以二比一的结果落败,但他们在财政和上流社会仍然有很坚实的基础。虽然议会不鼓励这种行为,关乎政治的决斗,"有的时候还用上了刀剑和手枪",在那年冬天很寻常。阿盖尔公爵"收到了一封匿名信说前一晚有人提议为他干杯,但科特(Cout)上校说,他真该死,他才不会祝一个叛徒身体康健"。气冲冲的坎贝尔虽然受命去西班牙指挥,但却把上校约出来决斗。清晨时分,在海德公园,坎贝尔不仅缴了上校的武器,还把他打伤了。[108]

就连舞台也变成了党争的场所。意大利歌剧一直遭到斯蒂尔、艾迪生和其他辉格党人的质疑。他们认为歌剧不具备英格兰的气质。[②]现在,在托利党控制的议会第一次会期期间,我们读到:

自从辉格党人开始拥护波雷尔先生,他将平时表演的歌剧《海达斯佩斯》改编成了嘲讽剧。在改编版中,庞奇像英雄一般杀死了一头猪,并伴着意大利音乐唱着《欢乐曲》。这个改编公然侮辱了阉伶尼科利诺(原歌剧中伊达斯佩扮演者),他威胁说再也不踏足剧院半步了。但是,这出讽刺剧连续上演了六个星期,门票以五先令一张的价格出售。沃波尔先生和麦科特尼(Mackertney)先生作为经理,

---

① *Stella*, Jan. 31, 1711.他们似乎经历了一连串的难熬冬天。1712年12月14日,一位乡下绅士写道:"切斯特先生和我一起满心期待打猎,但是天气非常糟糕,而且不合季节。我能享受这种昂贵的娱乐的次数比我在议会休会期期待的要少。但是,在霜冻季节抽烟斗已经可以为常了。"*Verney Letters of the Eighteenth Century*, I, p. 243.

② 见 *Blenheim*, p. 87。

在门口查票。没有托利党人混到他们当中，搅乱观众欣赏这精彩绝伦的作品。[109]

英格兰银行和东印度公司的政治斗争则更加严肃。托利党在1711年春季企图利用内阁特权扫荡这两座辉格党人的大本营。这两处主管的选举非常激动人心。萨谢弗雷尔本人也是股东，他恳求别人投票，却没能如愿。其他的股东觉得作为牧师，他掺和了诸多自己并不理解的事情，所以对他十分警惕。辉格党把他们自己的候选人送上位，因此伦敦城中最伟大的机构没有落入托利党人的手中。

马尔伯勒公爵夫人在投票这件事上投入了一如既往的热情和活力。由她推荐而成为贵族的赫维（Hervey）男爵厌恶伦敦，即便是在公爵夫人的命令下，也不愿意来投票。他不愿意离开纽马基特的赛马场和他位于贝里圣埃德蒙兹（Bury St Edmunds）的迷人的艾克沃思（Ickworth）公园。他的妻子非常热衷伦敦城内的娱乐和喧嚣，于是给他写信：

星期四是投票日。马尔伯勒公爵夫人说，英格兰银行都要落入不轨之徒手中，竟然有人为了看赛马而不来投票。说明这人得多糟糕。霍普金斯先生说，如果托利党获胜了，到时候你可以骑着你买的那些马逃走。

尽管受到责备，赫维还是更喜欢艾克沃思公园，如他所说："每天看着艾克沃思公园自然展现出它的骄傲。"任何在4月清晨到访过公园的游客都能理解他的选择。[110]

但是在伦敦城内英格兰银行选举比赛马或者春天更加精彩。选举的事情甚至出现在学生写给有政治头脑的家长的家书中。在伦敦读书的约翰·科克斯（John Cocks）给他居住在伍斯特的辉格党父亲写道：

我现在是七年级的二队长，可能随时会收到下一个任命的消息。萨谢弗雷尔博士来英格兰银行投票时被唏嘘，受到了巨大屈辱。[111]

当英格兰银行还在选举的时候，艾迪生写了一期为数不多、讨论政治议题的《旁观者》。其中，他指出詹姆士复辟对于经济的影响。他预见到一位美貌的"公债"女士坐在银行里钱袋堆起的小山上。这时，走进来：

一个年约22岁的年轻人。他的名字我不得而知。他右手握着一把剑。跳舞的时候，他经常对《王位继承法案》挥舞着此剑。一个站在我边上的市民，偷偷跟我说，他的手上拿着一个海绵。

"公债"女士晕倒了。钱袋像被扎破的气球泄了气。

当我还在为眼前这突然的不幸惋惜时，整个场景都消失了。在挤满惊恐的鬼怪的房间，出现了第二场舞蹈。友善的幽灵成双成对地出现。第一对是自由和她右边的君王。第二对是温和领着宗教。第三对是我从没见过的一个人和天才大不列颠。

汉诺威继承人到来的时候，"钱袋又像以前那样鼓起来。成堆的纸都成了钱币堆成的金字塔"。这样的描述,并不只是艾迪生文学创作中的想象。城内最关键的人物认为,如果詹姆士三世复辟,自光荣革命以来签下的公债都会被作废。英格兰银行对此非常恐惧,以致他们在深陷绝境的时候还对辉格党保持忠诚。[112]

第七章 新议会的第一次会期：1710年11月—1711年6月

自从光荣革命以来，托利党主宰议会的时日和辉格党一样长。他们重掌大权增加了，而不是减少了下议院的重要性和积极性。新的政权举行了为期7个月之久的会议期。其间，下议院的十月俱乐部和哈利制定的温和派内阁暗暗较量。在上议院的帮助和哈利颇有策略的管理下，温和派在第一次会期期间占上风。但是，这还不是最终的结局。

女王的演讲有些过于温和，没能让下议院满意。不久之前，被高教会控制的下议院选了布罗姆利（Bromley）当下议院议长。女王没有许诺通过任何针对非国教者的法案。如若可能，哈利希望信守竞选时对他们做出的保障承诺。针对辉格党的任何特定政策都没有提出。他们当中很多人还在军队、司法和行政部门保留原职。女王甚至都没有承诺要达成停战，反而为"继续全面战争，尤其是在西班牙"要物资。然而，她的内阁已经在秘密和法国交涉，并即将决定（如果他们还没有下定决心的话）把西班牙王位留给菲利普。下议院接受了女王的演讲，可能是因为议员们知道，关于停战事宜，要做的事情比女王明确表达出来的要多。伍斯特郡的约翰·帕金顿爵士声称，应该给战争画上句号，"防止国家越发贫困，防止富人和军人和我们有产者一样成了贵族"。此言引来同僚的热烈欢呼。[113]

下议院相信内阁会着手停战事宜，但是他们亲自对国内的敌人发起了进攻。议员和内阁不同，在当时比如今在立法上有更多权力。每次会期较重要的事情之一就是由私人提出法案。这些法案往往和"官员"的意图大相径庭。只有关于税收的提议，女王公仆的主张才被承认是合适的。①因此，十月俱乐部才能靠通过一系列内阁毫不关心，或者反对的法案来发泄情绪。这些法案在上议院被否决，让哈利暗自感到满意。比如，其中之一是为了进一步限制下议院议员担任宫廷职务的《地方法案》（Place Bill），以及另一项恢复每年给威廉三世的财政收入的法案。这是托利党毫不妥协，在坚持下换来的年金。[114]

虽然罗伯特·沃波尔被英格兰陆军部解雇，但他仍然是海军司库。作为辉格党中最有能力的人，托利党希望他能加入他们的阵营。哈利说他"胜过一半辉格党人"。但是，他没能尽责，在1711年1月被赶了出来。马上，托利党人就以私吞公款的罪名控诉这个他们费尽心思想要拉拢，却功亏一篑的人。下议院的报道声称，有三千五百万英镑下落不明。十月俱乐部的人都大为兴奋。但是，沃波尔能言善辩。对此事更深入的调查解除了对他的控诉。圣约翰表现得很好，积极为他的辉格党友人詹姆斯·布里奇斯（James Brydges）辩护。他做军务大臣时与詹姆斯相识，后者之后成了钱多斯（Chandos）公爵和军队主计长（Paymaster of the Forces）。这种私人对朋友的忠诚让他领导的十月俱乐部的人很不快，使得他作为哈

---

① 著名的下议院长期适用的会议议程第66（使用现在的计数方法）号让这个原则在1713年6月通过并且生效。见 Ramillies and the Union, pp. 164–166.

利对手的野心暂时受到质疑。[115]

圣约翰为布里奇斯辩护是出于和他的私交。但是，作为内阁的发言人，他反对《地方法案》，该法案之后在上议院被否决。然而，他要求下议院通过替代该法案的《地产资格法案》。[116]和《地方法案》一样，《地产资格法案》这个奇怪的决策被提出，是为了确保未来下议院能够获得完全独立。这一做法让高教会派托利党更为高兴。先前的《地方法案》本来能排除在公职系统中占据虚位的议员（此时大部分是托利党人），现在反而排除了专业人员和有钱人——这些人通常是辉格党人。这是内阁第一次向十月俱乐部的人示好。

《地产资格法案》的目标是防止任何不是乡绅的英格兰人成为下议院议员。从此以后，任何一个郡的骑士如果所有土地的年收入没达到600英镑，或者自治市的代表年收入没达到300英镑，均不能成为议员。勋爵的继承者和各郡够格成为骑士的人可以获选，但没有土地，家中幼子是没法当选议员的。由于苏格兰地区较为贫困，该法案不在该地适用。同时，考虑到大学教员的学识和宗教信仰，也不适用该法案。1703年托利党人曾经通过一个类似的法案，但是被上议院的辉格党议员否决。①但这次，上议院贵族不敢反对。因此，这个法案得以通过，直到维多利亚女王时期才废除。

英格兰银行试图阻止近期内阁异动，还有一些辉格党人损害公共信誉，并拒绝在新政权下给政府拨款。[117]这些举动让托利党异常光火。他们向来对有钱有势之人干预政治的行为恼火。圣约翰告诉议会，除非他们通过《地产资格法案》，否则"有朝一日，我们会看到有钱人把有地产的人投出议会。他听说，有些社会里，股东合伙

---

① *Blenheim*, pp. 192-193.

把自己人拉进来"。[118]

《地产资格法案》和宪法过去的原则完全相反。后者是基于自由选举，并有每个自治市的公民承认的代表。而这项新的法律意图让有地产的人士形成有无限权力的寡头政治团体。两党人都非常害怕，并希望通过把乡绅以外的人都排除在政治生活之外，来延续托利党在未来议会中的权力。[119]但是，结果并不尽如人意。此法案的实际效力并没有叫嚣得那样糟糕。只需要在每次选举到来之前稍加运作，足智多谋的律师就能让专业人员、有钱人和乡绅的幼子在名义上成为地主。利用法律拟制，就能让他们有资格成为议员。要不是这样，该法案马上就会被废除。而且，皮特、福克斯、伯克、谢里登、坎宁以及其他一半我们议会中的杰出人才在他们生命中的全部时光，或者部分时光，都会被排除在天生属于他们的舞台之外。

确实，从某种程度上来说，这个法案有可能只是为了推动这种行为的进程。在英格兰社会史当中，伟大的商人会把他们的财富投资到地产上，好让自己，或者是继承者成为乡绅。一些党羽可能会宣扬"有地产者"和"有钱人"之间的利益冲突。但是，在英格兰，两者之间的联系比在其他地方都密切。一个在威廉国王时期访问英格兰的瑞士人是这样描写英格兰商人的：

对我来说，他们和其他商人在很多方面都不同：他们并不像法国商人那样迫切渴望变得更加富有，也不像荷兰商人那样吝啬节省。他们的房间都装扮得金碧辉煌，餐桌上菜肴丰盛。他们都有一个共同点，就我看来，这使得他们和其他商人不同。他们只要一获得财富，就马上金盆洗手，摇身一变成为乡绅。[120]

18世纪英格兰农业获得极大改善，主要原因正是英格兰商人将工业生产中累积的资本投入农业中。乡下的生活舒适宜人，建筑和景观都被推上极致，近乎完美。不管是在哪个郡县，尤其是在像伦敦、布里斯托和泰恩河畔的纽卡斯尔等大城市周围，从贸易、煤矿和制造业中获得的财富都倾泻在地产的开发和装饰上。

这一代表有产者利益既不公平又没效率的举措，下议院与主教会议下院的牧师密切磋商，制定了一个向教会示好的提议。这项提议很快通过立法，要用35万英镑公款、在外伦敦区建造50个新的教堂。财政来源于几年内增收伦敦港一处的煤矿税。当时，这种方法还被用来为毁于伦敦大火中的圣保罗以及其他教堂重建而筹款。下议院1711年的这次投票，让与雷恩息息相关的伦敦教堂建造运动得以延续到一个新的时代。克里斯托弗爵士本人此时年事已高。但是，在乔治一世时期才正式建立的"新教堂"给了他的继承者詹姆斯·吉布斯一个机会。

这确实是主教会议运动最积极的结果，或者可以说是没有任何成果的斗争。和愤怒的布道和宣传册、《偶奉国教法案》《教会分裂法案》相比，英格兰国教这样向无信仰者或者非国教徒发动战争更好。迫害后者的法令很久之前就已经被废除。愤怒的布道，只有被文中污言秽语逗乐或者震惊的学生才会读。但是，吉布斯的圣马丁教堂和河岸街圣母教堂仍然装点着伦敦。托利党控制这次投票带来宗教和慈善工作，仍然在世代相传。

在现代社会，如果要用公共款项建造更多的英格兰国教教堂是不会被批准的。但是，在那个时代，这很正常。实际上，这是合乎国家需求、扩展死板的教区制度唯一实用的方式。英格兰国教的教区部门一成不变，长期以来限制了它的影响力。这在即将到来的、工业革命的百年里,越发成为阻碍教会发展的绊脚石。①英格兰国教的管理地理划分自从中世纪以来就鲜有变动,没能为新的煤矿和工厂的出现做好准备。这些人被留给了异教和约翰·卫斯理(译者注:循道宗创始人)。安妮女王在位时,工业革命和小约翰都还在襁褓中,类似这种情况在大都市已经能看出端倪。因此,为建造五十座新教堂拨款是为了满足真实需求的切实努力。

下议院宣称,"可以看到,对教堂的迫切需求导致了教会分裂和反宗教"。确实,这场运动,是从他们的对手——在大伦敦地区现存的88个非国教教会(1711年的时候该区域只有28个教区和18个偏远的国教教堂)——那里得到启发的。虽然主教会议的狂热分子还不能看清,但要说刺激懒散的英格兰国教和国家,"教会分裂"和宗教竞争是有很多优势的。

最终只有不到原先提出的五十座教堂的一半建成。②但是,最终结果不错,大部分款项被用来维护老教堂,而不是建造新教堂。之后一百年,这种努力慢慢消逝。直到滑铁卢战争之后,托利党人出于同样的动机,施行用国库修建教堂的政策。[121]但是,直到改革法案时期,"该受天谴的"辉格党政府施行教会收入改革。与此同时,福音派运动和牛津运动让教会生活得以复兴。改革后的体系和教民的慷慨捐助才让英格兰国教能够妥善运用收入,适应现代环境。无论是在安妮女王在位时高教堂主宰的时代,还是随后流行的不拘泥

---

① 里奇菲尔德主教和萨默斯公爵通信中描述了让笨重的议会机制运转,以便创造新的郊区的难度。他们的信中谈到了"在伯明翰建立一个新教堂"的企图,1706-7,见 *Somers MSS.*;以及 *H.M.C Portland*, V. p. 135.

② 很难说清楚到底建立了多少"新"教堂:比如,圣马田教堂是个全新的建筑,但是替代了原来的建筑,因此变得有破坏性并且不足了。

于宗教教义的自由派时期，教民捐助都少得可怜。因此，直到改革法案时期，英格兰国教都不得不依靠国家的补助。在这个缺乏道德的世上，这是不可能持久的。[122]

虽然在上议院辉格党或者是温和派仍然占据大多数，他们可以在没有内阁的全力支持下将下议院通过的激进的政策否决。但是，贵族中不乏像阿盖尔一样，于公于私都对马尔伯勒或者辉格党政治团体充满敌意的人。他们足以利用大臣的权力反对辉格党。因此，在上议院，上演了一出好戏，审问"最近在西班牙战况的失利"。这场戏要为托利党谋利，还要把所有的责任都推到马尔伯勒、已经过世的大臣和在半岛征战的辉格党将军、高尔韦（Galway）和斯坦诺普的身上。之前被辉格党团体和马尔伯勒召回的彼得伯勒要受到赞美。由于高尔韦对阿尔曼萨、斯坦诺普对布里韦加负责，要刁难他们并不难。彼得伯勒和阿盖尔神采奕奕，带头攻击。出于对一个还在敌军手上做战俘的同情，对斯坦诺普的责问少一些。但是，上议院指责高尔韦四年前不该在阿尔曼萨发起进攻。并且时任国务大臣的森德兰就西班牙战事展开了强烈攻势。阿尔曼萨战役确实是一个非常糟糕的错误，而且彼得伯勒曾经建议反对此战役。高尔韦对此次灾难责无旁贷。

整场问询，因有着高地人脾气的阿盖尔的呼喊、彼得伯勒丰富的想象，而变得极其生动。一天，泰罗利（Tyrawley）男爵被问到阿尔曼萨战役前战争委员会的情形（在此次军事行动中他部分时间在场），他说战争委员会"就像枢密院。后者被西班牙人叫作辉格党内部团体。这惹得上议院哄堂大笑"。[123]

辩论末了，领导英格兰在欧洲大陆和海上打败法国的上届内阁，唯一获得的是被两院议员谴责其失去了西班牙。彼得伯勒作为国民英雄,受到两院坚定赞扬。这倒不是出于对他的感激,而是出于对布伦海姆以及拉米伊战役的胜利者的鄙夷。

在成功打击了仇人之后(其中彼得伯勒表现出了一些好品性,而阿盖尔更多的是打击报复),他们两人都被赶去了国外。确实,内阁并不打算任命彼得伯勒这个他们所说的"最好的将军"去打仗。他被派去维也纳完成一项外交差事。因此,在接下来的11月,他们打算把他派到意大利宫廷。达特茅斯伯爵"担心他去都灵(Turin)弊大于利"。但是,女王写信给哈利,说"我认为他应该被派出去。我担心如果他在开会期回国,会制造不少麻烦"。圣约翰轻蔑地写道:"我收到了一封彼得伯勒的信,有20多页。信中全世界都被他分配好了。就好像一声令下他就能实现一样。"这就是彼得伯勒新的政治盟友如何看待这个时代瞬息万变的事务的。[124]

阿盖尔被派去指挥在西班牙的英格兰余部。他拒绝去尼德兰,再次在马尔伯勒手下服役。内阁有足够理由担心他的骄傲自大、暴脾气和本质上奉行辉格党原则。如果把他远派至巴塞罗那,他一定能够干得不错。在那里他和"查理国王"以及他的德意志军争吵,直到更冷静的人和法国协商好停战条约。但是,阿盖尔不久就发现自己是被派来办一件徒劳的事情。没人期待他打仗,因此没人给他提供物资。他抱怨道,在西班牙的英军既没有领军饷,也没补给。确实,在布里韦加战役以前是这样。此时,他写道,钱物的匮乏使"军队蒙上了阴影",而他自己"从早到晚都快被自己无法弥补的事情撕碎"。

他形成了和"查理三世"、他的德意志议员以及在他之前被派来的英格兰将军们一样的观念。他发现,这个失去了西班牙所有其他省的国王,正和唯一对他效忠的子民激烈争吵。他宣称,对加泰罗尼亚有绝对权力,而对它古老的权力不屑一顾。被遏制在巴塞罗那的查理,对加泰罗尼亚人的态度就好像他已经坐拥西班牙王位,并有整个卡斯蒂利亚地区人支持。

缺乏军饷以及任何实际帮助的阿盖尔留了下来。正如他写给哈利的信中所说:"他被锁在桨帆船上"。直到1712年夏天,他带着英格兰余部去了梅诺卡岛。他们在那里驻守。既没有物资,也没有军饷。正是阿盖尔在西班牙指挥期间所受到的国内政府的待遇,导致了他归来后和托利党内阁分道扬镳。那时,他认为内阁因为停战而背叛了他,并在为迎回老僭王做准备。阿盖尔是个英勇无畏的军人、政治家,但不管是对托利党还是辉格党来说,他都是个棘手的同僚。[125]

马尔伯勒在两院都失去了支持,完全仰仗内阁的仁慈。但直到秘密和路易商量好停战纲要之前,内阁既不打算和盟友吵架,也不打算放松对法国的军事压力。因此,他们诱使马尔伯勒继续领导军队,发动另一次军事行动。就像圣约翰写的,他们的策略是"击垮马尔伯勒公爵的小团体,但大体上不折辱他"。这个很好的行动需要哈利尽圆滑之能事。[126]

1710年12月,公爵小团体中的三个军官——梅雷迪斯(Meredith)、麦卡特尼(Maccartney)以及霍尼伍德(Honeywood)——都被迫出卖了他。他们祝他身体健康,他的敌人糊涂。或者更准确地说,由于托利党人当道,他们祝愿"新内阁倒台"。[127]次月,公爵夫人在王宫内的所有职务被罢免。当他在公爵手下担任战争大臣的时候,圣约翰为了表达对公爵的钦佩,提出在基督教堂学院给他树立雕像,让教员惊讶不已。在接下来几年,他回想起马尔伯勒,写道"他是我们国家或者其他任何地方培养出的最杰出的将军和大臣"。但是,公爵陷入这次危机之中,圣约翰对马尔伯勒表现出的打击报复,哈利无法做到。他也不会表现出像圣约翰展现的，对马尔伯勒的钦佩之情。圣约翰写道，马尔伯勒被清楚地告知："他真正应该做的是尽快、尽可能体面地摆脱他妻子。她和女王之间无法调和。相反，他取笑女王，并竭尽全力让女王保住她的王位。"圣约翰即刻要求革去更多马尔伯勒手下的人的职务。[128]

但是，哈利不管是脾气还是政策都更加温和。他说服生气的公爵再出征一年。使用公费筹建布伦海姆宫，是哈利引诱马尔伯勒和内阁（他们刚刚击垮了他的小团体）、女王（她刚刚解雇了他的妻子）保持良好关系的一部分筹码。另一个原因是，辉格党、荷兰人和德意志盟军都强烈表达了不希望他辞去指挥一职的意愿。虽然完全不相信新政府的停战政策，马尔伯勒意识到，如果他像阿基里斯留在帐篷里哀悼帕特罗克洛斯一样，因为个人的失职而导致盟军的战争努力白费，法国提出的条件会更加不合适。确实，与其说他是阿基里斯，马尔伯勒公爵更像是奥德赛。[129]

如果当与女王之间的裂痕无法修复的时候，公爵夫人主动辞去宫廷中职位是更明智的选择。自1710年4月起，公爵夫人再也没有见到安妮，她已经完全没有了政治影响。继续留任并领取薪水，令打败她的竞争对手们尤其垂涎。在别人看来，这显得她贪图钱财，虽然对她来说不让马沙姆夫人得逞才是她更强烈的动机。11月，斯威夫特带头向她发难，谎称她私吞公款。①圣诞节之后，当"众

---

① *Examiner*, No. 17（再版第16期），Nov. 23. 1710. 晚年时他变得不可理喻的恶毒，控诉萨拉是戈多尔芬的情妇——这个指控与其说是说明萨拉的品性，还不如说是体现了斯威夫特的思想。见 *Memoirs relating to the change in the Queen's Ministry in 1710*, *Prose Works*（ed. T. Scott），V, p. 368. 一些版本很优雅地将"情妇"用"朋友"替换，但是司格特先生的版本是基于原始文本的。

怒""瘟疫"和对这个"最坏的女人"的抗议达到顶峰的时候，即便萨拉的丈夫数次做出稍显有失尊严的抗议，女王还是解除了萨拉王宫侍从官、女王服装女仕长和枢密院掌财官的职位。但在私下，安妮反驳了萨拉私吞公款的罪名，她说："人人皆知，马尔伯勒公爵夫人所犯之罪不是骗人。"哈利虽然私下默许斯威夫特的攻击，但在此之前曾写信给萨拉，表明她一丝不苟、无私奉献的管理让女王受益良多。

确实，就像萨拉在文献中写的那样，她不但没有偷窃或者变卖任何皇室物品，还在宫廷中实施改革、精简用度。长久以来，宫廷中侍臣铺张浪费，商人连蒙带骗。萨拉对斯威夫特控诉自己是骗子和小偷表现得出奇愤怒。然而，她自己也有错。她在这些职位上已经待得太久了。在她失宠之后，她向女王讨要，并且得到了年金欠款。而在之前九年，她都拒绝了这笔已经累计达到1.8万英镑的款项。从圣詹姆士宫搬出来的时候，她很失礼地将她之前自费添置的物品搬出来，甚至包括门上的铜锁。这样做是出于愤怒，而不是贪财。但又好像证实了她的敌人对她的所有指控。[130]

愤愤不平的萨拉，搬进了圣詹姆士宫对面新建的马尔伯勒官邸。获胜的托利党人不时从圣詹姆士宫高处的窗户监视这边，看哪个访客有胆量去接近马尔伯勒官邸。在辉格党当中，只有好心的考柏男爵被看见踏入失宠的马尔伯勒家中。[131]

萨拉在宫廷中的职位被代表高教会派托利党人利益的阿比盖尔·马沙姆和代表温和派辉格党利益的萨默塞特公爵夫人瓜分。女王仍然坚持表示她想要"凌驾于党争之上"，所以把萨默塞特的妻子留在身边。哈利很高兴看见女王边上有"温和派"的人，但是追随他的人对"胡萝卜"（他们是这么叫红头发的公爵夫人的）很生气。

她是上一任诺森伯兰郡伯爵珀西的女儿和继承人。尽管她备受高教会派托利党人辱骂，但从熟知她的托利党人达特茅斯伯爵那里得知，她比她那骄傲自满、刚愎自用的丈夫更招人喜欢。她是"英格兰出身和教养得最好的夫人"，而且她"在宫廷中保持优雅，对待女王还有其他所有人都极为尊重"。斯威夫特生气地写道："她马上就深获女王信任，超过了她对内阁的信任。"为了把她拉下马，斯威夫特写了，并且私下传播了关于"胡萝卜"的打油诗，又传起她谋杀了前任丈夫托马斯·锡恩的谣言。

这些仅供娱乐的诗成了斯威夫特一生中最失策的行为。公爵夫人的影响，加上严肃的约克大主教，轻而易举地让女王相信，这位写了《一只桶的故事》和数篇野蛮攻击他人的讽刺文作者并不适合担任高级教会职位。① 在这个更为放荡的年代，安妮有着和维多利亚一样的标准。要不是博林布罗克因其放荡不羁和个人财政可疑而臭名昭著，他是有可能成为库务大臣的。如果斯威夫特写的东西和他本人的生活一样单纯，如果他能像对友人一样真诚、得体地对待敌人，女王可能会让他担任一位英格兰的主持牧师。他甚至没法管住自己尖酸刻薄的嘴如此对待一位女性，是导致他从未在教会中获得晋升（他在政治场上尽其所用，因此收获颇丰）的决定性因素。这么说可能并不完全有失公允。[132]

---

① 斯威夫特关于没能担任他梦寐以求的高级教会职位的描述很出名：
"在被通缉的老［女］凶手边上，
站着个疯癫的高级教士和惺惺作态的皇家女人；
无聊的圣人嫉妒地瞥眼，
看着边上每个即将燃起的星星，
他停下来抽抽烟，疑惑地点点头，
暴露了诗人从来都不信上帝。"

据哈利所说，1711年2月初，下议院开始发生分歧。国务大臣圣约翰开始清点出一批托利党内成员，着手控制下议院。基于此，施鲁斯伯里公爵、罗切斯特（Rochester）伯爵、达特茅斯伯爵、波利特（Poulett）伯爵、罗伯特·哈利以及其他想要阻止圣约翰企图（罗切斯特伯爵在此事上煞费苦心）的人共进晚餐，商谈要事。这是罗伯特·哈利最后一次受邀去国务大臣家里。

哈利这份直接证据措辞拙劣，不合语法，记录了我们的政治记录中最出名的一次个人争吵的源头。但是，他们两人之间没有断绝来往。接下来的三年，圣约翰偶尔会给他的对手写信表达友善。[133]

这两位领袖对于权力的争夺，体现出他们各自的性格特点，也反映了托利党内部的差异。最初他们为了远征魁北克的计划争吵。这是圣约翰极力想要办成的项目。他的动机有很多种。在威廉将重心转到欧洲大陆之前，高教会派托利党人一直坚信海上和殖民地是适合英格兰战时行动的地方。赢得法国治理的加拿大地区，对英格兰在殖民地扩张竞赛中获得长久优势有利，能让圣约翰本人扬名。让和平和胜利交织，还能让托利党展现丝毫不比马尔伯勒以及辉格党逊色的爱国情结。

如果圣约翰知道如何攻占魁北克的话，关于这点确实有很多可说。不幸的是，虽然他在马尔伯勒底下、在陆军部服役时做得不错，但在独立一人时，他不具备组织打仗并取得胜利的品质。在考虑一个军事问题时，他也不单单考虑国家利益。征战魁北克，是他启用马沙姆夫人弟弟（杰克·希尔军事才能平平）指挥军队的设计中极其重要的一环。这是因为获得阿比盖尔的支持，会在未来他和哈利争夺国家元首之位时起到至关重要的作用。后来，皮特（Pitt）在相同计划中选择沃尔夫（Wolfe），则是出于和圣约翰不同的原因。

哈利有罗切斯特支持，反对远征魁北克的计划。作为库务大臣，他担心圣约翰计划通过非法授权高达2.8万英镑、采购"送去加拿大的衣服"合同，来填补自己的财政漏洞。确实，收到女王下达的明确命令之后，哈利才允许支付这些合同。他没有就这个想法提出疑问，但圣约翰"非常激烈地"否认了。哈利认为他的对手是个流氓，据他说，"在远征回来之后，人们发现一共只花费了7000英镑，而剩下的21036英镑零5先令被圣约翰和他的同伙分了"。[134]

是否应该继续在魁北克活动引发了内阁内部分歧。1711年3月8日，这两个领导人之间的竞争因为吉斯卡尔对哈利生命造成的影响而变得更加复杂。

安托万·德·吉斯卡尔（Antoine de Guiscard）是个法国贵族，他曾任修道院院长，但因为不当行为被逐出法国。在战争期间，他被戈多尔芬内阁多次雇佣，但最近时运不济。哈利并不喜欢道德败坏的流氓，所以减少了他的薪酬。圣约翰拒绝帮助他，而女王不听他的请愿。沮丧的他重新为法国效力，出卖英格兰的军事秘密。他叛国的信件被发现，被逮捕后带到白厅宫中的斗鸡场（Cockpit）、枢密院组成的委员会面前。

审问他的时候主要内阁大臣都在场。突然一幕打断了审问。吉斯卡尔在身上藏了一把他从办公室里捡来的袖珍折刀。他靠了过来，往哈利的胸前捅了一刀。脆弱的武器一击就断了，要不然再来一刀哈利就会致命。

哈利稳住气（他在任何威胁生命的危机中都没丢弃这份勇气），在随后众人狂乱的一分钟里，他是房间里最镇定的一个。内阁大臣们赶来解救哈利，相互绊倒在地。圣约翰一边用佩戴的刺剑刺向吉斯卡尔,一边大叫:"罪犯把哈利先生杀了!"其他人高喊:"放开他,让他认罪。"绅士们刺中的伤口不如国家信使拳头打得重。他们冲向吉斯卡尔,暴力地"将他击倒在地。绑住了他的脖子和双脚"。哈利在被抬走之前,还命令他们处理攻击他的吉斯卡尔的伤口。

三个星期以后,吉斯卡尔在钮盖特(Newgate)监狱因伤势过重(主要是打伤,而不是剑伤)逝世。他说要杀了马尔伯勒和圣约翰的疯言疯语并不可信。在危急时刻,他会像疯狗一样见人就咬。但是,已经有人出于政治和个人诡计,利用这个事件。圣约翰的追随者说,本来受害人是国务大臣。他们想把功劳从真正的受害人哈利身上抢过来。哈利的朋友说:"当哈利受伤养病的时候,一个反对他的派别正在形成。"在哈利不在的时候,远征魁北克的准备被快速推进。这让还在病床上的哈利火冒三丈。在他还以为会因为受伤后的发烧而丢了性命的时候,他徒劳地叫来他的朋友、枢密院议长罗切斯特,提出他的"临终诉求"——加拿大的计划一定要停止。[135]

多亏吉斯卡尔,圣约翰确保了远征魁北克的计划。但是,从某种程度上来说,这个法国人让国务大臣走了霉运。哈利的死里逃生让公众和王室对他产生强烈同情。任何对他的阴谋和隐射此时都没法扭转。斯威夫特写道:"这个可怜人,被一个铤而走险的法国天主教罪犯捅伤,现在躺在床上。"吉斯卡尔起先是个牧师,后来是拿着敌人酬劳的间谍。托利党人刻意记下,他之前受到辉格党大臣的宠幸,并为他们效力。两院给女王的演讲中宣称哈利"被所有天主教会和其派别的教唆犯憎恨"。在结尾,按照惯例,他们要求女王为了自身和她子民的安危,"驱逐伦敦城和威斯敏斯特城的天主教徒"。在被煽动的民众心里，吉斯卡尔的企图本身就证明了受害者的爱国情结，以及不管是来自何方的、他的对手们的卑劣。安妮女王心思单纯，和维多利亚女王一样注意她的子民的感想，趁这个机会授予哈利最高荣誉、加官晋爵。在他恢复之后，即刻任命他从财政大臣升职成为库务大臣（要是他真能从致命一击中恢复）——现在人们已经把这个官职叫作"首要大臣"（首相）了——并且荣升牛津和莫蒂默（Mortimer）伯爵。[136] 甚至连辉格党人都通过哈利法克斯以私人信件表达了支持，告诫他坚定领导国家政府。在他生病期间，政府已经变得蹒跚。约瑟夫皇帝的去世让整个欧洲都很迷茫，这时需要一个手段强硬的人带领国家。确实，这似乎是牛津伯爵的时代。[137]

然而，如果圣约翰比他周围人更明白我们宪法实践的趋势，那么他可能不会嫉妒，而会为能独立领导下议院而偷偷感到满足。但是，他不像沃波尔那样有先见之明。他是我们国家第一位做出明智选择的政治家。他让拥有真正权力的下议院而不是上议院管理国家。安妮女王统治时期，没有人能认清这点。圣约翰也不比其他人明智。他现在的唯一目标，是追上他的对手成为贵族，并且在上议院超过他。

在政治场中，让所有杰出的人成为勋爵已经显现出弊端。斯威夫特4月22日给斯特拉写信说：

另外一个困难，是哈利先生现在成了贵族。下议院会更加想要他。他已经在下议院里举足轻重了，不管是在他之下的国务大臣（圣约翰）还是其他人都无法撼动。

然而，最明显的解决方法——让哈利留在需要他的地方——似乎没有任何人察觉。他获得的晋升毋庸置疑。

另一个让这位负伤的政治家取得胜利的状况，是他不在的六个星期里下议院表现出的混乱。是否应该怪罪圣约翰导致下议院运转不当很难说。十月俱乐部实际上已经变得疯狂，再加上一些辉格党人唯恐天下不乱，下议院否决了由朗兹代表财政部提议的皮革税。这是每年至关重要的收入来源。几个月之前，他们为新一年的战争筹款，通过了让人厌恶的四先令土地税。但是现在他们在一个次要问题上反叛，以体现他们反抗的权利。国务大臣恳求同僚服从，但这么做无济于事。皮革税被否决让众人都很困惑。在议会的大厅里，有人说财政问题必须等到库务大臣恢复之后，回来下议院再解决——但他仅仅在开会期末短暂回归，就去了上议院。彼得·温特沃思说："几位不能忍受哈利先生的政客说，现在为女王效劳的人中，再没有像哈利那样口吐莲花，能管理下议院的人了。"

圣约翰对此非常怨恨、苦恼。毫无疑问，此次失败让他更想离开下议院。在那里，他是最好的演说家，但是他不善于打理财政，也没能力在下议院中管好自己的党派。后来在很多方面效仿他的迪斯累利（Disraeli），在这一点上远胜于他。此时，一位坐在辉格党一边的诺福克胖乡绅露出了他那愤世嫉俗、和善的笑容。[138]

到了4月底，哈利回归，最后出现在下议院几周。他把国家的财政问题死死地攥在手中。这一年入不敷出。连年征战让国家债台高筑。不管是在国内还是国外，无论是士兵、水手还是公务人员，都没有收入。暂借贷款的庞大数量也让人担忧。"抽奖"虽然能诱使个人借款给政府，但是这不能治本。哈利从戈多尔芬那里接过这个权宜之计，现在好心的托利党人急匆匆地购买彩票，和一年前好心的辉格党人如出一辙。①

在这种情况下,哈利发布了他著名的、巩固短期债务的计划。据说,这个计划的部分内容是笛福给他出的主意。哈利成立了一个南海公司(South Sea Company),自己担任总督。给政府贷款的人成了公司最初的股东。最初分配了一千万英镑的短期债务,保证6%的利息。在1711年时,南海公司还没像在1720年那样,成为不可靠的计划。只要内阁确保既定的停战条约,就意味着英格兰将优先获得和南美的贸易,还免于和法国和荷兰竞争。W. R. 斯科特先生写道:"南海公司的垄断贸易是个诱饵。它让对此有兴趣的人在没有足够保障获得利息的条件下,承诺购买部分债务。在其他情况下,这份利息是没法打动他们的。"

因此,1711年5月英格兰的财政,是基于这样一个假设:停战协议中不可分割的一部分,是将奴隶专营权或者说是和西属美洲之间进行奴隶贸易的垄断,从法国手中夺过来。并且,荷兰从中一丁点儿利益都得不到——这违背了汤曾德代表大不列颠在1709年签署的《屏障条约》第十五条条例。哈利的南海法案有效地让政府承诺达成停战。并且,在这样的条件下,是牺牲了法国和荷兰的利益。

在5月某天的上午,当哈利在下议院宣布该计划的时候,托利党人都欣喜若狂。这比让他们不幸的,且让人悔恨的土地银行(Land Bank)要好:终于有了一个与辉格党掌控的英格兰银行相匹敌的产物。但是,借贷方没那么激动。直到停战协议真正签订以前,他们才能放心。但是,这时他们没有其他更好的选择。[139]

---

① 见第三章。哈利法克斯写信给哈利,批准他的新彩券的条款,但是一些辉格党人出于党派政治原因谴责新彩券。H.M.C. Portland, IV, p. 658, 663; H.M.C Kenyon, p. 446.

在月底之前，牛津伯爵、莫蒂默①伯爵在会期结束之前的几天来到上议院。和他的朋友斯威夫特猜想的不同，在此之后，他作为财政大臣大放异彩。把他的敌人和对手都踩在脚下。这不仅是他个人对抗圣约翰的胜利，也可以说是温和派对极端托利党人的胜利。但是，这两种胜利都取决于女王变幻莫测的宠信，以及日前吉斯卡尔企图不轨的偶发事件，而不是新议会的权力制衡。如果哈利能够长期守住他赢来的地位，一定会成为一个伟人。他不仅能带领大不列颠走向和平，还能让汉诺威继承王位时平稳过渡。

在哈利全盛时期，他的政策非常明智，性格也讨人喜欢。因此，斯威夫特在1711年5月22日写给两位爱尔兰女士的信中，这样评价他的好友的胜利不是没有道理：

这个人在多次迫害、流放以及遇刺后重生。在他的欢迎会上，会有多少人久等、簇拥、鞠躬？然而，如果人能不改初心，我相信他还是会和以前一样，讨厌那些他必须维护的繁文缛节。已经很晚了。小娘子们，我去睡觉了。

---

① *H.L.J.*，XIX，p. 309.关于双重头衔，哈利的哥哥爱德华告诉我们："牛津的头衔是已经在德·费尔泽家族中持续了很久，最近消失了。纽卡斯尔公爵提议财政大臣哈利应该接受这个头衔——他说除了他自己和财政大臣的家族，任何其他家族都没有更好的借口获得。因此，他向女王提起了此事，他说女王应允了。知道此事之后，在沃顿大人和其他人的怂恿下，林赛伯爵企图阻止，并在当时的掌玺大臣纽卡斯尔公爵面前道出他的主张。但是大人他在这个事情上非常执着，尽管受到警告，他立即通过法案将头衔授予了财政大臣——他在这个问题上很谨慎。为了避免有损女王和他自己的名声，他选择采用莫蒂默的头衔——他和这一家族是血亲。" *H.M.C. Portland*，V，p. 656.和我们的时代相比，也有对牛津和阿斯奎特伯爵头衔臆断的类似问题。

确实，对斯威夫特，就像对其他所有友人一样，哈利一直都"未曾改变"。①

在夏天里，内阁成员发生变化。这一方面是因为牛津伯爵的晋升，另一方面是因为枢密院议长罗切斯特五月去世、掌玺大臣纽卡斯尔六月去世。这两人都是哈利对抗圣约翰坚定的支持者。虽然纽卡斯尔是辉格党人，而罗切斯特是个高教会派托利党人，但他们的离去削弱了财政大臣的势力。有流言说，之前的高教会派托利党人领袖诺丁汉会再次入阁。但是，牛津的朋友波利特伯爵警告他：

如果你把诺丁汉拉进来，他就会打破平衡，之后就没法再平衡了。你知道，他的离去没有任何巨大影响。他来了能帮你为托利党做些什么呢？让他来弥补误导他人狗急跳墙的过错吗？

因此，被认为是"永远都不会造成危害"的白金汉郡公爵入阁，成为了枢密院议长。一个月后，纽卡斯尔公爵在打猎时意外身亡。掌玺大臣的职位给了布里斯托主教约翰·鲁滨逊。②

鲁滨逊本来是个外交官，在斯堪的纳维亚地区为国家服务得很好。因此，1710年11月，在托利党内阁的最初的一批法案中，他被

---

① 教皇给斯彭思说了下面这个逸事（斯彭思的 *Anecdote*，1858年版，p. 134）："牛津大人的想法混作一团，在表达观点的时候方式让人捉摸不透。是他在罗韦（戏剧家）要求去海外任职的时候，建议罗韦学西班牙语的。在他做出了所有努力，满怀期待的时候，只听到牛津说：'那么，先生，我嫉妒你能读原版的《堂吉诃德》。'我不止一次听过这个故事是说的帕莫斯顿大人如何处理一位领事申请者的。因此，这些故事几百年来被套用在一个又一个伟人身上。"

② *H.M.C. Portladn*, IV, p. 684. 关于首要大臣的名单，见卷末。出于孝道为纽卡斯尔建立的巨大纪念碑，没法让西敏寺北部十字翼的访客不注意。

任命为布里斯托主教。在中世纪,由教会中位高权重之人成为国家公仆是习以为常的事情,其中包括威克姆的威廉和包括众多的库务大臣在内的其他数百位伟大的管理者。①在宗教改革之后,这个习俗日渐式微,但没有完全消失。查理一世曾经任命主教担任国务重臣。但是,世俗贵族对这个惯例很嫉妒,而且认为主教最主要的职责是为教堂服务的观念越来越坚定。虽然这个观念还没有像今天这样被完全接受。受到中世纪先例和查理一世实践的鼓舞,托利党人认为亲王主教(the Princes of the Church)是英格兰天生的统治者。然而,1711年8月,当布里斯托主教被任命为掌玺大臣的时候,遭到更加世俗的辉格党人极力反对。斯威夫特愉快地写信给斯特拉:"辉格党人看到世俗职位给了一个牧师,定会烦躁不已。在这件事上库务大臣表现得十分慷慨,这会让教会永远追随他。但是,管他是掌玺大臣,还是俊俏的荡妇呢?"

次年,主教交出教会的和世俗的职责,从英格兰调离,被派到乌得勒支作为大不列颠的全权大使。但是在安妮去世之后辉格党长期掌权,这使这种同时拥有世俗和教会职业的惯例画上句号。

女王和她的新内阁齐心协力,只给高教会人士晋升。在她在位的最后四年,他们付出诸多努力,矫正自威廉时期起低教会人士在上议院教会席位中的优势。牛津大学完全占据了优势。虽然辉格党人本特利(Bentley)在政治场上随机应变,但据他的传记作家告诉我们,托利党四年掌权期间"鲜有一个剑桥人晋升"。[140]

如果剑桥圣三一的本特利是在阴影中,那和他因法拉里斯争辩

---

① 托利党1711—1712年的小册子 *Reasons of the Clergy being employed in the Government* 为布里斯托主教被任命为掌玺大臣做了辩护。这些中世纪先例被详细展现。

的宿敌、基督教堂学院的希腊绅士们，则沐浴在内阁宠幸的光辉中。可以说，他们都要被光芒灼伤了。自从天主教主持牧师在宗教改革之后溃败，仁慈的奥尔德里奇（Aldrich）主持牧师一直主持上议院。他于1710年圣诞节去世，在拖延了7个月之后，令人生畏的阿特伯里被任命顶替他。在学院内没人反对。但是，基督教堂学院的人此时并不知道，他们马上就会发现，这个主教会议的拥护者虽然才能卓越，但脾气同样暴戾独断。两年里，基督教堂学院和圣三一一样，在和冷漠的老资历和傲慢、冷酷的改革者的竞争中，被踩在脚下。确实，阿特伯里表现得比本特利更加野蛮。一次，在1712年的圣诞节，教士之一威廉·斯特拉特福德博士记下：

他突然变得很暴烈，跳到加斯特里尔博士面前。他是最不可能惹阿特伯里生气的人。他好几次暴力地推搡加斯特里尔，高喊"滚出我的家，你这个可耻之徒"。我从来没有见过人如此盛怒。他面色铁青，气得浑身发抖。

1713年6月，阿特伯里被任命为罗切斯特主教和威斯敏斯特主持牧师而离开。基督教堂学院草坪上的人们可比泰晤士河下游的人高兴。女王拗不过更加粗暴的大臣的压力，在大臣的要求下，"极不情愿地"提拔了这个她熟知其性格的人。她告诉他们，她这么做，仅仅是为了避免更糟糕的丑闻，像库务大臣提出的，把萨谢弗雷尔提拔成主教。汉诺威即位对于教会来说是好事，避免了像阿特伯里这样颇有能力但脾气暴烈的人成为全英格兰的大主教。[141]

除了阿特伯里一事，女王采用了牛津，而不是博林布罗克或者哈考特（Harcourt）的建议。因此，虽然1710年到1714年间她任命的主教都是托利党人，但他们当中大多数都是温和派，至少对汉诺威是忠诚的。其中一个，就是1713年她选来继任她最喜爱的夏普（Sharp），管理约克教区的道斯（Dowes）。这是大主教本人临死前建议的。因此，在女王去世时引发的危机中，除了少数几位，教会的领袖都是新教徒继承王位公开、真诚的倡导者。虽然此时上议院的教会席位，与威廉国王在位时比起来，被辉格党占有的少了很多。

除了小部分由女王任命，比如基督教堂和圣三一的领导，自从宗教改革以来，牛津和剑桥完全不受皇室和大臣的干扰。学术自由在全国孕育了知识自由的种子。到如今，和很多地方相比也是如此。詹姆士二世和大学之间的争吵时常被大学教师记起。不管是辉格党还是托利党，他们绝不允许詹姆士二世的女儿在位时用皇室命令对大学内部管理进行哪怕是最微不足道的干涉。只要有任何企图，他们便会呼吁，希望女王"能够反思她父亲在位时期莫德林学院发生的事情"。[142]然而，政治却左右了学院选举。在可怜的"安特推索（Entwissle）先生当选布雷奇诺斯学院研究员的资历"一事中，这个年轻人被发现是个辉格党人，"这和当时学院的作风不符"。[143] 1711年的事件并不稀奇。却是一个引人注意的证据，表明在汉诺威国王在位、托利党当政的时候，牛津被允许保留了在政府管辖之外的学术自由的惯例。并仍可以支持托利党，还有众多詹姆士党人。学术和学者的自由是知识和政治自由的必要条件。在欧洲的多数地方，直到现在都没有学术自由。这是我们从辉格党和托利党祖先那里继承的馈赠。

第八章 马尔伯勒最后的军事行动

1711年夏天，当英法两国大臣秘密推进协商进程，为停战打下基础的时候，世界上多个地方的战争还在进行。战争的成败，左右了托西和圣约翰谈判时讨价还价的筹码。

在西班牙，战争已经结束了。意大利和莱茵河沿岸也处于停滞状态。但是，在尼德兰和法国交界处，马尔伯勒和维拉尔正在对峙。这里战争还呈胶着状态。而且，如果圣约翰的远征魁北克计划能够成功，停战条约中如何处置北美问题的条款就会完全改变。

马尔伯勒公爵此时已经不再是盟军公认的首领了。盟军的战略不是遍及世界各地，包括陆地和海洋。就连英格兰的舰队和陆军也不能任由他调遣。他现在只能指挥在尼德兰地区的英格兰和荷兰的部队，还要面临诸多不确定因素和羞辱。圣约翰从他这里调走了5个营去魁北克。这让马尔伯勒出离愤怒。更糟糕的是，欧根以及随后不久的帝国军队，都被调去莱茵河无所事事，中断了和马尔伯勒之间的合作。这次调动是由4月份约瑟夫皇帝的去世造成的。虽然从实际来说，他去世以后王位一定会落到他的弟弟查理身上，但选帝侯对于他的继位者的选择，让维也纳的政治家们非常紧张，担心法国派兵并密谋支持巴伐利亚王朝的复兴。为了稳定局面，欧根和他的部队被调回德意志前线。这导致马尔伯勒想在年内攻陷巴黎的梦完全破碎。

留给他的只有英格兰和荷兰的部队，他们在人数上少于维拉尔召集的法国军队。维拉尔元帅生性谨慎，加之严格执行凡尔赛方面发出的命令，他很心满意足地躺在他建来永久抵御马尔伯勒的著名"防线"——"登峰造极"之后。这个防线从康什河（Canche）源头的奥皮（Oppy）起，穿过阿拉斯（Arras）、布尚以及瓦朗谢讷。在防线的西端没有天然屏障，在这里挖建了10英里的防御工事。但是，从阿拉斯至瓦朗谢讷有斯卡尔普河、申斯河（Sensée）以及斯海尔德河提供的保护。河水被引入市郊，用作军事放洪。就像在阿尔勒（Arles）一样，留下少许能通过洪水的道路，有交错纵横的战壕把守。

马尔伯勒从去年他攻下的堡垒（亚耳、圣维南、贝蒂纳、和杜埃）那里开始部署军事行动。他下定决心，直面维拉尔更为强大的军队，设计逼近防线并攻下布尚。按照英格兰和欧洲当时的政治状况，要再打一场马尔普拉凯一样的大战是没有任何问题的。但是，他假装让人相信，这就是他的意图。为了骗过法国人，他不仅欺骗了敌军，甚至连自己的军官都骗了。他假装变得极其阴郁。这在他和妻子经历了在英格兰所遭受的一切，以及欧根离开之后，对于任何其他人来说都太正常不过。就像任何人得了头痛一样性情阴郁。但是，这把他的军官吓坏了。他们从来没有见过他做军事决定的时候如此愤怒。他派军队越过朗斯（Lens）平原，来到欧比尼（Aubigny）附近，意图威胁躲在防线西端后面战壕里的法军。荷兰人和英格兰人沮丧地准备做出无谓的牺牲，而法国军营里已经欢呼雀跃，预想他们一定能击退这次进攻。维拉尔把他的人从防线东边转移到西边，以此抵抗进攻。这正中马尔伯勒的下怀。

在预备开战的头天晚上，情况突然改变。盟军收到列成纵队往东行进的命令，大为吃惊。有好一会儿敌人都没有察觉他们的离去。在黑暗中的几个小时里，他们重新穿过了朗斯平原。第二天上午，他们收到马尔伯勒的通知，卡多根和洪佩施将军带领的分队已经穿越了阿尔勒附近无人防守的堤岸，占据了法国的防线："公爵希望步兵能够出兵。"于是，带着对"这个人"比平时更坚定的信心，他们出兵了。帕克上尉这么形容马尔伯勒："他带我们打仗，从来没失败过。"英格兰人很喜欢约翰下士的笑话。他在头天表现得脾气暴躁，而这天上午，维拉尔是真的很生气。

帕克上尉写道：我们的军队愉快地继续前进。中途完全没做停留，或是听从其他命令。但是每个步兵团都把他们能领的人带来了，没有等待任何掉队的人。敌军也在奋力追击。这是两军之间完美的竞赛。但是我们比他们早出发几个小时，一直都在他们前头。

16个小时走完了36英里。这对于携带武器装备行进的劲旅来说，是个奇迹。英格兰人获得了胜利，他们在维拉尔把部队从西边调回来之前赶到，与卡多根和洪佩施将军会师。在没有一兵一卒伤亡的情况下，马尔伯勒把军队带到了申斯河的南面，进到了坚不可摧的防线里面，作为胜利者站在敌军和布尚之间。

这次胜利完全是靠马尔伯勒的技巧，但兴高采烈的荷兰代表吵嚷着他应该进攻维拉尔在康布雷（Cambrai）的部队。但是，马尔伯勒拒绝攻击一支至少和他人数旗鼓相当的敌军。而且，就像他写信给圣约翰说的，敌军还有"遍布全法国的凹路和悬崖"作掩护。尤其是，如果他被击退，撤退时还会被刚刚跨过的河流阻碍。但是，他在英格兰国内的敌人赞成荷兰代表的喊叫。一些托利党人小册子作家把马尔伯勒写成了无能的懦夫,忽视了战胜维拉尔的一次绝好机会。但是,如果他采纳了荷兰人的建议,发起一场结局尚不可知的奋战,这些作者还会要求弹劾他。

公爵继续向布尚逼近,同时用防御工事抵制维拉尔更为强大的军力。如果完成这个艰巨任务,在他通往巴黎的畅通大道上,除了少数像勒凯努瓦(Le Quesnoy)一样的小城堡,就再没有任何防御工事了。他非常渴望在这一年军事行动结束前拿下勒凯努瓦,并向荷兰和英格兰去信请求支援物资。但是,两国当局都没有回应。他对需要争取荷兰人支援感到惊讶苦闷;[144]他对于没能获得来自英格兰的帮助感到更为苦闷,但并不惊讶。他派回英格兰的密使斯泰尔伯爵9月的时候空手而归,"带回了一封牛津伯爵写的糊弄人的信"。由于圣约翰的密使马修·普赖尔被过于积极的迪尔(Deal)市长当成法国间谍拘留,与法国秘密协商的事情已经逐渐暴露。[145]

布尚是马尔伯勒的最后一场围剿战。可以这么评价马尔伯勒(但不能这么评价惠灵顿),他从来不会在还没攻下的堡垒面前等待。而且他战无不胜。不损失一兵一卒就穿越"登峰造极"的防线是他在战场上最后一次光荣的胜利。他自己认为这次行动和之后攻陷布尚是他职业生涯中的杰作。在布伦海姆宫中悬挂的华美挂毯依照马尔伯勒的细心指令,由布鲁塞尔的尤多科斯·德沃斯(de Vos)编织。而这场战争至关重要,以至于三张挂毯都是展现了这次作战的场景,而马尔伯勒军事生涯中其他战争场景只有一张。①

---

① 压近"登峰造极"防线最好的描述是Fortescue的《英国军队史》,第一卷,第六本,第10章;利德尔·哈特上校在《英国在战争中的方式》中写道:"看看马尔伯勒,如此让人捉摸不透的几经变换,让他的部下都以为他疯了,直到他在没有损失一兵一卒的情况下穿越了'登峰造极'防线,除了在行进过程中损失了一小部分人。"

如果盟军决定把这场艰苦的战争打到底，并且集中在尼德兰的部队（而不是让他们分布在莱茵河沿岸），他的成功就会让盟军在次年年初有机会逼近巴黎。确实，托利党政府拒绝继续一场没有胜算的战争或许是对的。在凡尔赛宫商定的条约（后续还会多次在此商定条约），能为几经商谈的停战提供比欧洲获得最终安全更好的基础。在一个拥有良好管理的国家里，这个问题是由公民权利决定的。英格兰能骄傲地吹嘘，自从1660年以来，他们的公民权利就是至高无上的。然而，这个为国效力的军人，应该因他的贡献获得回馈。任何英格兰军人都不出其右。那年冬天，他回国的时候唯一收到的感谢，是被议会控告成一个骗子，被媒体攻击，说他无能，甚至懦弱。他被从这个他拯救的岛国赶了出去，灰头土脸地流放到他解放的欧洲大陆。

第九章 安妮女王的帝国

在乔治三世即位之前，英格兰的辉格党和保守党在殖民地政策的原则上没有分歧。他们都认为"种植园"是销售货物的市场。这在当时，对所有把外国人排除在海外贸易外的国家来说，不可或缺。他们鼓励殖民地贸易繁荣，只要它能给英格兰提供所需物品，并能销售英格兰国内制造的商品即可。在大西洋彼岸的烟草、海军补给、糖以及皮草可以交换英格兰纺织物和金属制品。但是，我们在美洲的殖民地的海外贸易，甚至是和英属西印度群岛之间的贸易，都受到《航海法》或者是英格兰制造商和商人利益的制约。

殖民地则获得了对抗法国舰队和私掠船免费的海军庇护。在陆地上也会有些许军事援助。在战争时期，他们没法在没有英格兰海军庇护的情况下，进行海外贸易。在集会中，他们享有一定程度的自治权力。这在法国和荷兰的殖民地是没有的。同样，在宗教方面，他们被允许宗教自由。南部殖民地英格兰国教盛行；而在中部、纽约附近，有多种从大不列颠群岛和欧洲大陆带来的宗教同时盛行；在新英格兰，清教和英格兰国教在英格兰一样，一支独大。路易十四不让胡格诺派去加拿大，但是信奉英格兰国教的英格兰很乐意看到清教徒驶向马萨诸塞（Massachusetts），而天主教徒驶向马里兰（Maryland）。

然而，如果殖民地自由的原则很古老，那么母国和她的孩子之间的麻烦事也是老生常谈了。从查理一世在位时期开始，摩擦不断。剩余的君主政治权威由每位殖民地总督代表。这和没有封建和贵族制度背景的殖民地的民主精神相违背。殖民地总督和陆、海军军官从英格兰出走，他们的思想中还有君主和贵族。这和英格兰国内社会和政治的调性一致，但和美洲的情况不协调。殖民地居民有时倾力压制总督，通过集会投票决定他们的薪酬。即便是在出现公共危机的时候，这一个个小议会也不愿意与集会执行官，或者是和其他集会合作。自由的精神往往表现出碍事的狭隘。

最令殖民地居民怨恨的是贸易限制。这导致了大量走私和违法行为——大部分是从纽约走私，但最多的是马萨诸塞海域。英格兰议会制定的收入法，在新英格兰地区，每年都被大规模地违背。这比在波士顿港倾倒茶叶早了一百年。

有很多原因导致了相互误解。开拓者在未经开垦、树林覆盖的美洲的生活情况和思想，和在英格兰花园中盛行的很不一样。需要两个月才能横跨的海洋，让帝国两边的人对彼此都一无所知。英格兰国教徒和清教徒之间历来相互憎恨。和现在相比，美洲当时更民主平等，而英格兰的情况则相反。这些情况都促使他们分道扬镳，成为两个各有特色的国家。当时在大西洋两岸还没人梦想，在一个帝国内能有两个甚至多个不同国家自愿对一个君主效忠的可能。相反，君主一次次努力维护权力和尊严。通常是通过高傲但笨拙的总督。这样又进一步惹恼了世上最不服管教的群体。

在安妮女王在位最后几年和乔治三世继位之初，两边之间剑拔弩张的局势一样明显。1712年，卡莱布·希斯科特（Caleb Heathcote）写信给牛津伯爵：

我认为，在北美全境，每个教堂中有三四十个非国教徒。在康涅狄格（Connecticut）殖民地，我去之前，整个殖民地还从来没有在教堂里读过祈祷文……这关系到大不列颠，应该马上派人来料理此事。目前殖民地人口迅速增长，英格兰国教——可以在这里扎根。以防不久之后反叛的种子会在这里兴起……现在新英格兰和康涅狄格地区居民说话的口吻，就好像他们要独立自主，不受英格兰管辖一样。

一年前，纽约总督康伯里（Cornbury）子爵写信给贸易和种植园理事会，说殖民地居民"厌恶所有臣服于女王的人"。[146]

但是，不管是新英格兰还是老英格兰，有一个共同的重大利益。这比中部和南部的殖民地的稍微多些，那就是抵抗法国。在战争时期，从缅因（Maine）到卡罗来纳（Carolina）殖民地居民都生活在两种恐惧当中：一是法国海上的私掠船，二是在英格兰边界蔓延的战利品。早在1710年，一个在加拿大的法国人就很明智地预言，如果法国在美洲的力量被消灭，那么英格兰各个殖民地就会"团结起来，摆脱英格兰君主的枷锁，成立一个民主国家"。[147]

英格兰在美洲大陆的殖民地人口，已经由光荣革命那年的20万人增加到《乌得勒支条约》签订时的35万人，即便在这25年时间里有20年都在打仗。①这期间没有大量移民；人口增长主要是源自开拓者的繁衍。他们生活在健康的环境下，享受着优良的贸易设施和漫无边际的便宜土地。法属加拿大的总人口估计有1.5万人，甚至更

---

① 1713年新英格兰殖民地的人数被认作11万人，中部殖民地有7.3万人，南部殖民地（马里兰和南卡罗来纳）有15万人，这最后一个数据包括一部分黑人，但是奴隶制还没有像在18世纪那样普遍。*C.H.B.E.* I, pp. 266-267.

少。[148]两国殖民地人口差距如此悬殊，如果英格兰各殖民地在母国全力支持下，稍加合作，就能在对抗路易十四的战争中征服魁北克。这比功勋卓著的沃尔夫和皮特早了两代。若真如此，这对美洲和英帝国历史的影响一定十分有趣，但我懒得猜想。

但是，不管是殖民地还是母国，都无心采取必要措施。确实，西班牙王位继承战是敌人发起的。法属加拿大形成了一个紧密的政治团体，由天主教牧师和领主和睦地管辖着。他们获得了足够的民意支持。殖民地的政策是由凡尔赛宫直接下达命令制定的。这没有人质疑。虽然加拿大人口很少，但有集中、易于调动的武力。这让它总想要攻击南方大片组织不善的邻居。英格兰殖民地相互嫉妒，更嫉妒英格兰国内政府。而且，他们和其他说英语的人通常表现得一样，除非被侮辱或者被贪婪挑逗，向来爱好和平，无心向战。然而，法国的猎人和皮草商已经习惯了在森林里面和印第安人共同生活。他们当中很多人随时准备好和盟友共赴征途。

在各个方面，法国人都和土著民走得近些：耶稣会会士把他们当中很多人都皈依基督教；而且很多法国人和原住民女性通婚。白人农民的领土扩张热对于原住民来说非常致命，但在法国殖民地没有在英国殖民地那么明显。因此，英国人要么忽视，要么恶劣对待印第安人。除非是遵循佩恩原则的贵格派，或者是只能在森林住民帮助下、获得皮草的哈得孙湾公司的代理人。总的来说，印第安部落是站在法国那边的。就连五族同盟在安妮女王的战争中也倾向于保持中立。[149]

在加拿大的法国人都很清楚他们处境危险，被夹在北边的哈得孙湾公司和南边人口众多的英国殖民地之间。而且，讲英语的生意人，在停战时与印第安部落做生意，能提供便宜的货物，特别是国内生产的布料，更别提在森林中最抢手的物品——廉价酒。对在北美最终地位的担忧，使法国人北上大湖区（the Great Lakes），南下密西西比（Mississippi），企图躲避英国人的包围。法国人担心寡不敌众，又怕在停战时被轻贱，所以非常珍惜和英格兰打仗的机会。他们偷袭哈得孙湾公司孤立的哨位，并和印第安部落勾结。后者仍然在对抗加拿大南部殖民地的野蛮战争中受其影响。

在这样的情况下，1702年战火再起让安妮女王的子民饱受折磨。这让他们燃起对法国人和印第安人同盟的敌意，并勾起美洲英国人潜在的斗争精神。在耶稣会会士控制下，已经皈依基督教的部落被放到英格兰边境，他们穿越仍然将英法领地分割开的广博原始森林，时不时攻击远至卡罗来纳的整个边界线上的孤立哨位，[150]但更多的是在郊区的新英格兰农场，尤其是在森林和缅因海岸之间零星散落的住地。

在这些偷袭中，他们犯下了骇人听闻的罪行。比如，1704年，300名印第安人、100名法国人和混血儿摧毁了马萨诸塞边陲迪尔菲尔德。他们屠杀了英国妇女和儿童，还烫死了一些男性受害者，以此取乐。幸存者被送到加拿大，当成罗马天主教徒养大。他们皈依天主教，是通过路易十四治下、法国天主教徒政治宣传的暴力手段达成的。不难想象，这些行为会让在新英格兰耕种的清教徒怎么想。①

要求血债血偿的呼声响起。但是，要想报复来犯的加拿大没那么容易——魁北克深藏在荒野之中。但是，由于波士顿人拥有海域，

---

① 帕克曼的《半个世纪的冲突》第1—5章给出了全部细节，也可见 *C.S.P. America 1710-11*, pp. 73–77.

可以转而向阿卡迪亚进发。况且，其首都罗亚尔港臭名昭著，是"掠夺者的老巢"。私掠船从这里出发攻击波士顿的船运。1707年，新英格兰的民兵团走海路夺取罗亚尔港。但是，登陆部队管理不善。照帕克曼（Parkman）所说，"加拿大的封建制度能孕育出好的党派领袖"，而在此时"新英格兰的民主还未曾如此"。[151]

在未获帮助的情况下被击败之后，殖民地居民向母国寻求帮助。马尔伯勒的战争计划是在欧洲大陆战胜法国，并让英国海军取得地中海海域的控制权，好为英格兰在世界上称霸海上打下基础。远征殖民地对他来说并没吸引力，而高教会派托利党政治家对此感兴趣。马尔伯勒相信，如果英格兰控制了海上，并遏制法国在欧洲称霸，那么法属加拿大就是英格兰的囊中之物，任其采摘。①总的来说，他是对的，但是即便是正确的理论有时也会过犹不及。在取得战争胜利前夕的最后几年里，英格兰原本有很多机会对海外领地展开直接行动。

早在1710年，一个殖民地代表团就来到伦敦。与他们同行的还有4位代表友善的"五族联盟"的莫霍克（Mohawk）族首领。他们奇怪、浪漫的外表让伦敦人感到新鲜。人们一致认为印第安人"在不受天主教荼毒的时候"都很不错。坎特伯雷大主教给了每位首领一本《圣经》。女王款待他们参加了庆典，他们所到之处都被好奇的人群围住。海马基特剧场表演完《麦克白》后（这是最高贵重要的社交活动），收场白向他们致敬，向他们保证五族联盟：

---

① 我注意到《剑桥英帝国史》（第一册）的观点是马尔伯勒的政策是为了帝国利益，是正确的。

应该确定下来，以便对抗法国和罗马的威胁。

沉默的印第安人是如何答复的查无记录！但是，我们可以猜想，他们大概被英格兰拥有的权力打动，打道回府。五族联盟一直保持忠诚，因此，进攻蒙特利尔（Montreal）和魁北克的道路保持畅通。①

他们来访伦敦甚为成功，其引发的对美洲事物兴趣的流行也左右了政府的政策。在一年以前，大臣们向殖民地居民许诺了很多事情，却未付诸行动。[152]但是，1710年，戈多尔芬政府在倒台前最后提议的法案之一就是派遣部队远征北美。9月份，有400名英格兰海军和1500名新英格兰人在罗亚尔港登陆。他们轻而易举地攻下了由几百人守卫的石堡。阿卡迪亚随即落入英格兰手中，被重新命名为新斯科舍（Nova Scotia）半岛。为了表达对安妮女王的敬意，罗亚尔港成了安纳波利斯（Annapolis）。

因此，虽然出手很晚，但辉格党政府还是有效地采取措施，让圣约翰在《乌得勒支条约》中保住新斯科舍。并且，森德兰在马尔伯勒的默许下，为攻占魁北克列出计划。但是，他们把这个艰难的任务留给了后继者。[153]

在这样的情况下，1711年1月，新的国务大臣圣约翰重拾他前任的想法，派部队驶向圣劳伦斯河（St. Lawrence），意图远征魁北克。他第一次企图说服哈利与他合作：

（他写道）请你相信，我对这个计划非常认真，并不是异想天开。如果我们保守好秘密，一定会成功。如果成功了，你在半年内

---

① 直到1722年五族才成为六族，之后一直这么称呼它们。

对英格兰做出的贡献，会比所有在你之前的大臣全部任期内做的都要多。[154]

但是，哈利非常顽固。新政府中的这两人在次月开始争吵。要不是他的对手被吉斯卡尔所伤而在床上躺了数星期，圣约翰永远都不能实现远征加拿大的计划。①

圣约翰选择了霍文登·沃克（Hovenden Walker）爵士指挥中队。他向沃克透露了远征的目的地，却费尽心思隐瞒海军大臣们。他这样严格保守秘密的目的可能有两个。第一，这样做能确保不像格雷格那样，被记账员或者下人把秘密泄露给法国。第二，由于内阁中可能产生意见分歧，这样做能确保海军中的"反对势力"彻底无法阻止远征。可能他是对的，但是，沃克在圣劳伦斯河遭遇灾难之后，海军大臣们自然宣称他们一直被蒙在鼓里，对决策的结果概不负责。②

不幸的是，圣约翰所托非人，沃克并不适合做海军上将。因此，

---

① 见第七章。

② Burchett, p. 778写道："他们所要执行的计划被精心地隐瞒起来，把他们（海军大臣们）都蒙在鼓里。在霍文登·沃克爵士出发去斯皮特黑德（Spithead）之前收到的一些信件显示，某人似乎非常看中他，而这个计划是对海军保密的。我倾向于认为，如果咨询了海军，他们就不会向魁北克送去一艘80门和一艘70门枪炮的船只了。因为顺圣劳伦斯河而上的航行普遍被认为是非常危险的。"这段话让现代历史学家（比如卡伦德（Callender）教授在Leake第二卷第365页）猜测这位"某人"是哈利，他总是很遮遮掩掩的。但实际上是圣约翰，这从他于4月21日写给沃克"出发去斯皮特黑德"的信中表现得很明显。在信中，圣约翰说："海军会被引入我们想要他们陷入的错误当中"，这说的是如果采用了一些欺骗手段，分队的真正目的地就被掩盖了。Walker, p. 179; see also Bol. Letters, I, p. 233. 对圣约翰和沃克来说公平的是补充说明，在1759年桑德斯坐着装载一艘90门和一艘80门枪炮的船只顺圣劳伦斯河而上去魁北克。我衷心感谢的海军上将赫伯特·里士满爵士的建议和信息。

他错误地选择希尔做将军也就没那么重要了。沃克的航海技术没给希尔展现他缺乏军事才能的机会。但是,圣约翰成功达成了一个主要目标:和女王宠信的、希尔将军的姐姐阿比盖尔·马沙姆结成政治联盟打下基础。从此时起,阿比盖尔开始倒戈,转而反对原来的恩人哈利——因为他反对她弟弟指挥的远征行动。[155]

沃克和希尔快到6月底的时候到达波士顿。如此庞大的兵力到来,点燃了殖民地居民在战争期间从未有过的热情。不仅新英格兰和五族联盟尽了责任,就连中部的殖民地也派去人手,并安排海军物资和船只增援。当一个从加拿大的法国密使来到波士顿,劝说马萨诸塞人,英格兰派兵是为了夺走他们地区自由,没人有心情听他说话。

然而,即便这个夏天热情高涨,合作意愿强烈,殖民地和母国双方的恶意仍然能被察觉到。女王的军官愤愤地抱怨数以百计的士兵被缺人手的农民引诱,打算做逃兵。军需官金(King)上校写道:"这些人心地不良,性情怪僻","他们的政府、教义和举止表现出的虚伪、伪善都让人无法忍受"。殖民地居民对英格兰的想法几乎从未比此更恭维。

最后,在经过长时间拖延和争吵之后,在1711年适宜季节快过完的时候,两次讨伐法属加拿大的远征行动开始。尼克尔森(Nicholson)上校带领由地方民兵武装组成,并有五族联盟的印第安人支持的陆地军队,途经奥尔巴尼(Albany)走陆路向蒙特利尔进发;而英格兰船只带英格兰士兵和更多的殖民地居民北上,送至圣劳伦斯河,直取魁北克。如果他们能到达,就连希尔都能攻陷这座由区区数百名当地民兵把守的城镇。这和之后沃尔夫要面对的在蒙特卡姆(Montcalm)的1.5万名将士组成的军队相比,相去甚远。[156]

但是，海军上将沃克没法到达他的目的地。他从波士顿出发时没带上在圣劳伦斯河航行的专业领航员。而且，他不屑于启用对当地熟知，并能提供最好的专业指导的维奇上校。在宽阔的河岸口，沃克在迷雾中迷了路。据他自己的回忆，他以为自己在从南海岸驶离，但实际上他是从北海岸驶离。因此，他给出了错误的指令。当风暴来临的时候，8艘运输船撞在岩石上，大约700名士兵溺水。

如果他们到了那里，仍然还有足够的幸存者攻陷魁北克。但是，这场灾难让上将和他的舰长们都精神崩溃，对自己在圣劳伦斯河上航行信心全无。即便维奇主动提出为他们带路，他们也决定即刻放弃行动。他们担心，即便他们到了目的地，法国人有可能会舍弃魁北克，让所带食物不多的他们在加拿大的冬日里饿死。可能对于这些缺乏装备、能力不佳的人来说，他们能做的就是掉头回家。至少，他们是这么决定的。

当尼克尔森带领的陆上部队听说舰队返航之后，他们也撤退了。没人相信能在没有援助的情况下，凭自己的力量逼近加拿大。

在众人满怀希望、竭尽全力之后，这次行动的失败让人失望透顶。这给英格兰和美洲之间的关系带来了最坏的影响。和过去不同，在这个重要时机，各殖民地团结一心，倾尽全力与母国合作。但却输得如此不堪。更糟的是，英格兰海军和将士完全没有掩饰他们对地区军民的轻蔑，说明他们还缺乏领导的艺术。对殖民地居民来说，一年之前占领阿卡迪亚的益处已经消磨殆尽。即便是托利党执政后，采用直接手段来替代辉格党的策略（通过在欧洲战场上打败法国来赢得对美洲的控制），也没给帝国带来多少好处。[157]

成功取得阿卡迪亚和远征魁北克的失败拟定了《乌得勒支条约》中北美部分的地图。即将在欧洲定下的停战条件，还会决定英格兰的哈得孙湾公司的命运。该公司在人迹罕至的法属加拿大销售皮草，"那里的气候一年只适合航行一次"。在睿斯维克（Ryswick）住地，该公司的处境不佳。雇员相互隔绝，任由敌人摆布。除非圣约翰能够在新条约中确保一个更好且确定的边界，法国人马上就能完全夺取他们最后的堡垒，完全阻断他们余下的贸易。在整个西班牙王位继承战中，该公司不停地向走马上任的英格兰大臣要求不要在停战协议上忘了他们。实际上，他们没被遗忘。[158]

在这场战争的十几年里，除了圣基茨（St. Kitts），其他西印度群岛都一如既往对英格兰效忠。因此，英法两国之间开始争夺圣基茨的主权。但到了1702年的夏天，圣基茨被在此地的英格兰住民和在总督克里斯托弗·科德灵顿（Christopher Codrington）领导下、一小部分来自邻近的背风群岛（Leeward Islands）的武力占领。科德灵顿吓唬了一位胆小的法国少校，让其投降。[159]但在夺取瓜德罗普（Guadeloupe）的时候，科德灵顿没那么走运。他缺乏适合的船只和攻下该地所需的母国派来的兵力。[160]除此以外，在西印度群岛的战争主要在私掠船、护卫队、埋伏商人或者最多宝藏舰队之间展开。在岛上的攻击往往只是海盗突袭。1708年，一群法国人在人烟稀少的巴哈马登陆，之后他们折磨英格兰妇女，逼问她们，让其交出藏起来的财富。[161]

女王在位的最后几年，英属西印度群岛大约有20万居民。但是，他们当中四分之三是黑人，而且随着英格兰从非洲贩卖黑奴来此，黑人的比例还在增加。[162]的确，有时白人男女也被卖作奴隶。他们要么是罪犯，要么是被捉住后拐卖的受害者。布里斯托因拐卖盛行而臭名昭著。但是，这些陋习存在的最糟糕的时代已经过去了。1713年，在查理二世时期任牙买加总督的卡伯里（Carbery）伯爵去世。据说,他带去了"很多威尔士的狱卒。在那里,他把他们卖了,就像他对自己的牧师一样,卖给了一个铁匠"。[163]

甚至在战时,在西印度群岛人口较为密集的地方也没有萧条。在停战时期,烟草和甘蔗种植园让当地的白人居民、种植园主以及英格兰的商人财富源源不断。但是,岛民需要依靠他们赖以生存的和美洲或者欧洲道路之间的贸易。因此,他们需要依靠英格兰舰队。[164]

牙买加是群岛贸易中心,也是走私,以及与英格兰和西班牙大陆殖民地之间依法交易的贸易中心。但最为重要的是,这里是从非洲而来的奴隶贸易的仓库。从弗吉尼亚（Virginia）往南,不管是英属还是西属美洲,都对奴隶贸易越发感兴趣。17世纪对人口贩卖还没有多少顾虑,但缺乏大量运送奴隶所需的船只。而18世纪贩卖黑奴的设备更加完善,但直到该世纪晚期才受到良心谴责。英格兰正是参与了这越发邪恶的行动,才成为海上贸易霸主。

安妮在位时期,贩卖黑奴已经成了政治上和国际上最重要的议题。1713年,布里斯托市长代表市民宣称,贩卖黑奴"是对我们英格兰人最好的支持"。利物浦、普利茅斯、伦敦和其他港口都有越来越多积极做贩卖黑奴生意的商人。

在乌得勒支要确定的奴隶专营权将决定究竟是英格兰人、法国人还是荷兰人能获得依法给西属美洲提供黑奴的权利。议会关于英格兰非洲公司和自由贸易者（或者说是英格兰港口"无执照营业者"）之间争端的辩论非常激烈。这涉及一个关于帝国政策的重要问题,即如何能更好地给殖民地提供廉价奴隶。自由贸易者有殖民地居民支持。他们宣称,如果让一个股份有限公司垄断,就会将每个奴隶的价格从15英镑涨到50英镑,还会毁了种植园。而英格兰非洲公司这边回复,要不是垄断了利益,他们不够支付建造堡垒的花销。这包括在黄金海岸（Gold Coast，加纳旧称）上海岸角堡（Cape Coast Castle）的 70 门枪炮和在冈比亚河（Gambia River）一个小岛上建造的詹姆斯堡。作为仲裁，在威廉在位时期，议会决定开拓非洲的贸易，但是只允许对所有货物征收 10% 的税，用来补偿非洲公司在城堡和军备上的支出。然而，征税很困难，而且效率低下。在安妮在位时的战争时期，由于英格兰自由贸易者的竞争，和敌人私掠船的掠夺，非洲公司的生意毁于一旦。

然而，在附近——塞内加尔（Senegal）经商的法国对手也没有好到哪儿去。英格兰和法国的非洲公司都面临财政困境。他们意识到拥有共同利益，来对抗自由贸易者和私掠船。因此，他们制定了一个绅士之间的协商：在两国交战时和平共处，并且"帮助对方对抗黑人和其他干扰贸易的人"。对于拥有国家无所不能观念的现代人来说，这个私下协定很奇怪。契约双方都恪守协议，但这不能帮他们抵御不受协议约束的船只和住民的攻击。有三次，法国私掠船攻占了冈比亚河上的詹姆斯堡。让他们用黄金和黑人作为赎金赎回。1709 年之后，英格兰非洲公司万分沮丧，抛弃了这座堡垒，并且基本上停止了商贸往来。他们把这块土地留给了法国商人和此时被叫作"收 10% 税的人"的英格兰自由贸易者。

然而，由于政府的奴隶专营权政策，非洲公司的前途再次变得光明。《乌得勒支条约》保障的垄断权力让哈利的新南海公司[①]经理们保证，从非洲公司购买所有他们想卖到南美的奴隶。

因此，在安妮女王在位和离世后，股份有限公司和自由贸易者仍然竞相从事他们邪恶的勾当。两边都使用了同样的方式获得奴隶。

---

① 见第七章。*Add. MSS.* 25495, ff. 185–186. 关于 1714 年公司间的合作。

奴隶是在海岸边从当地的国王手中买来的。他们打开记载着从昏暗的森林深处捕获的俘虏的长长卷宗。没有白人好奇地询问，这些受害者是经历了怎样的残忍对待和战争才成为奴隶的。之后，在等待船只到来期间，奴隶会被囚禁在岸边的栅栏内一段时间，由佩带弯刀的白人水手看管。再之后，他们要经历一段恐怖的"中间旅途"跨越大西洋——其间，活人挤在漆黑、颠簸的地牢里。随着漫长的航行时间推移，很多奴隶死亡之后，被当作压舱物一样丢到海里。安妮在位时期贩卖黑奴的手段和威尔伯福斯（Wilberforce）时期一样，只不过那时没有公众人物站出来谴责这种行为。后代子孙读下面这段1702年3月的日记记录的感想，会和日记作者本人不同：

我们的商人收到从巴巴多斯（Barbadoes）的来信，贝蒂号护卫舰从几内亚带着黑人到达。在航行过程中，黑人发起暴动，杀害了舰长和几乎所有舰员，除了7个人幸存。他们用短弯刀抵抗，制住了黑人，并把船开到了布里奇敦（Bridgetown）。[165]

1709年1月，在非洲公司的高声反对中，贸易和种植园理事会给下议院做了以下报告，表达开通贩奴贸易的卓越成效：

根据非洲公司自己所说，从1680年到1688年，9年停战期间，只有区区43396名黑奴被送到了种植园，而自由贸易者估计，从开始贩卖黑奴贸易起，即便是在目前战争时期，相同时间内他们进口了160950名黑人。

这就是自由贸易带来的所有幸事。[166]

在英格兰国内，虽然很久以前已经杜绝了白人被当作奴隶对待，但是此时没有法律或者道德约束拥有黑人奴隶。赶时髦的夫人们都有黑人男侍者。一些优雅的绅士也有他们自己的贴身黑人男仆。"混血们"穿着装饰用的佣人衣领。如果谁跑了，他的主人或者夫人会在报纸上的失物招领处刊登广告。没有证据表明这一小撮国内的黑奴被虐待。幸运的是，没有人因为工业或者农业而大量引进有色人种劳工到这个岛上。

非洲公司已经被自由贸易者打压得濒临崩溃，但哈得孙湾公司、利凡特公司、东印度公司都保持了他们所需要的特权地位。根据经验，议会和公众深信，在遥远的海岸做生意的商人，深受外敌和欧洲竞争对手的困扰。在面对善变的当地统治者时，只有紧密组织成一个手段强硬、在英格兰兵力鞭长莫及的地方拥有驻地、武器和管理者的公司，才能兴旺。[1]

利凡特公司受到马尔伯勒在地中海的海军保护，其在战争过程中变成到目前为止在土耳其和近东最具影响力的欧洲势力。当1712年托利党掌控的议会控诉我们的荷兰盟友没派往地中海足够战舰的时候，我们以前的贸易对手答复说，在战争期间，那里的商贸落入我们

---

[1] 一位著名的经济史学家最近写到了这些伟大的公司："对重商主义者来说至关重要的远距离对外贸易，其所拥有的特权（亚当·斯密对此深表怀疑）对商业强劲、帝国壮大和普遍自由来说是有益。这一观点是否有道理？远距离对外贸易对商业强劲有益，是因为人们若想在遥远他乡经商，必须紧密团结起来。如此一来，从海外贸易当中，人们学到了商业合作的可能性——这正主导着无论海内海外的所有商业。远距离对外贸易对帝国壮大有益，是因为其界定了遥远的领土，能从外部驱动大不列颠特有的壮大，无论是通过商业国际营销，还是通过在英国土地上进行工业生产。" C. R. Fay, *The Mortality of Empires*. 利凡特公司是一个"受监管"的公司，而不是股份有限公司。但是这个观点可以用来说明哈得孙湾公司和东印度公司。关于利凡特公司的制度，见 Lipson, *Economic History of England*, II, pp. 339-352.

手中,因此,我们带头保障地中海不受法国侵犯才公平。[167]英格兰国内都非常满意和土耳其人之间的贸易。因为苏丹(Sultan)的子民和大莫卧儿(Great Mogul)的不同,他们购买和穿着英格兰布料。

毫不夸张地说,在土耳其的领土内,安妮女王的政府是由利凡特公司代表的。她派去波特的大使的部分酬劳是商人们支付的。大使的所有时间几乎都是在处理公司的生意,主持公司在君士坦丁堡佩拉区的法院,并处理商人之间以及商人和当地顾客之间的纠纷。英格兰商人聚居在安哥拉(Angora)、亚历山大(Alexandria)、士麦那(Smyrna)和阿勒颇(Aleppo)的殖民地都向利凡特公司支付"税款",以补偿后者开销。而且,他们承认其在佩拉区的法庭的司法权。利凡特公司商人在大使庇护下紧密团结,英格兰中队招之即来,使得他们获得了土耳其人的优待。并且,在安妮女王在位时的战争期间,这种护卫体系从来没有失败过。即便是1693年"士麦那舰队"被法国人消灭,让伦敦城对这一年的记忆永远变得黑暗。[168]

和现在印度的英格兰人相比,利凡特公司的商人们在异国的生活远离英格兰国内的新闻和兴趣。在很多方面,让人欣羡不已。他们是一个自豪拥有特权的群体,并且财富迅速积累,还不用担心土耳其当地官员巴厦(pasha)和州长的嫉妒。这些官员让别的有钱人恐惧,但巴结英格兰商人。这些背井离乡之人和他们妻子在写给国内的信中,描述了他们和土耳其统治阶层社交以及周遭事物的一幅令人向往的画面。在士麦那,他们"带着精良的猎犬"狩猎野兔。在安妮女王去世之后,生命中最好时光是在阿勒颇度过的纳撒内尔·哈利(Nathaniel Harley)写了一封重要的信,给他的侄子。他希望吸引他来利凡特公司。在描述了一场奇怪的狩猎场景之后("带着猎鹰追逐羚羊或者瞪羚"),他接着说:

如果我刚才说了这么多没法打动你，那么下面我要讲的狩猎野猪的记录一定能让你高兴。除了狩猎野猪，我们这里还有很多其他的运动。我希望你能做出比去威斯敏斯特学校读书更好的选择。如果你愿意乘船来到这里，我保证，除了我已经提到的所有运动，你每周能去打猎两次。不管是带着猎鹰还是猎犬，你想去几次就去几次。而且，你去哪里都能骑我的灰褐色的马。罗宾，这值得考虑考虑。[169]

由于皇家海军在地中海的影响，利凡特公司尽享土耳其人的优待。和他们相比，东印度公司只能自卫。女王的船只没有绕过好运角，英格兰军队也还不能吹嘘"第一个到达印度"。无论是一流的商船还是护卫舰，东印度公司的商船保护运载的货物不受在东边海域肆意的法国私掠船以及平静地生活在马达加斯加（Madagascar）的各国海盗（包括英格兰的海盗）的掠夺。其中不乏失利的时候。他们是在这个途经印度的伟大岛屿上唯一生活的欧洲人。①

安妮女王在位时期的战争岁月，法国人只在海上攻击东印度公

---

① 1703年1月，皮特总督从马德拉斯写信道："我们这的海域受到海盗和法国私掠船的侵扰……两艘法国战舰在六甲海峡遭遇坎特伯雷和韦伯斯护卫舰。后者击败了其中一艘战舰，并把它逮到了波勒切里，另外一艘法国战舰在驶进海岸后才勉强逃过一劫。在广州还有两艘圣马洛（法国私掠船）的战舰，据说荷兰人正在追查它们的下落。" *Add. MSS.* 28093, f. 144. 皮特总督还在1702年抱怨阿拉伯船只的海盗行为，以及"一些我们自己国人的凶恶的发明"——皮特把这些海盗行为归功于老公司自己的雇员。*India Office MSS. Pitt's Diary*，*Fort St. George* 12，f. 15. 关于马达加斯加海盗，以及他们在该岛毋庸置疑的主权的一份很有意思的描述，可见 *Add. MSS.* 17677 *WWW.* ff. 659-661. *Wheeler*，II，pp. 22-27引用了一段遭遇海盗的典型描述，其中一艘海盗船是鲍恩带领的急速返航。鲍恩是真正占领这艘船的海盗，而不是格林（见 *Ramillies and the Union*，p. 251）。关于在此海域和海盗的另外一场战斗，还可以见*Hamilton*，I，p. 236.

司。而此时荷兰公司的船只是我们的盟友。迪普莱（Dupleix）还没设计让印度王子们破坏英格兰人的驻地。

法国人即便是在战争期间都很少在陆地上骚扰东印度公司，但他们的雇员一直受到脾气古怪、贪婪无度的印度统治者的威胁。莫卧儿帝国早已走向下坡路。1707年奥朗则布（Aurangzeb）离世是个重要预警，把英格兰商人暴露在无政府的危险中。最终，导致了英格兰派兵征服印度半岛。

此时，他们脑中还没有这个念头。但是，他们当中已经有人不愿意"受到严重威胁之后只当是个玩笑"。托马斯·皮特现在是马德拉斯（Madras）总督。曾经，他是最臭名昭著的自由贸易者。约西亚·蔡尔德（Josiah Child）说他是个"粗鄙、卑鄙之人"。现在，他成了旧公司利益最坚定的支持——这真是典型的"当年造反者成了掌权的人"的例子。1702年，他从戈尔孔达（Golconda）的钻石矿中购买了著名的"皮特"钻石，他成功守住马德拉斯城内欧洲人聚居的圣乔治堡（Fort St. George），抵挡卡纳提克（Carnatic）地方长官的掠夺。托马斯·皮特抵抗住了他的暴行，拒绝支付昂贵的勒索费用。

在签订条约结束了4个月的围剿之后，马德拉斯重新恢复了贸易优待，并获得区区两万卢比的补偿。这还不到皮特购买钻石花费的十分之一。第二年，他继续建造了一道包围了马德拉斯"黑人城"的城墙。这是在圣乔治堡外的一大片住地。这里居住了在东印度公司强硬但包容的统治下的八万印度人。这是英格兰吸引工匠和制造商受他们保护的政策。好让他们在欧洲集市的门口辛勤劳作。[170]

在印度动荡时期，孟买（Bombay）和加尔各答（Calcutta）也有类似的聚居地。对于东印度公司的生意能否安全、平静地开展，它们至关重要。这是建立它们唯一的目标。英格兰的商人从来没想过扩张领土或者加强政治权力。然而，在英格兰人保护下，在这些加固了的堡垒和聚居地里种下了未来英格兰统治印度半岛的种子。在这些狭小的空间里，英格兰人已经开始治理众多人口。在1703年反对一种新的税收的请愿中，马德拉斯的印度居民宣称：

我们自己和我们的父辈长期以来和安静、温和的英格兰政府打交道。我们希望子孙后代也能享受如此待遇。[171]

在和印度王亲们打交道的时候，英格兰人在学习打仗和外交的艺术。这发生在克莱夫（Clive）和黑斯廷斯（Hastings）两代人之前。

东印度公司不仅在加尔各答、马德拉斯、孟买有武装完备的堡垒和领地，在苏门答腊（Sumatra）岛有约克堡（York Fort）以及圣海伦娜（St. Helena）作为召集船航运的港口，在印度人统治的城镇中还有不到40个"工厂"。它们当中很多都沿海岸建立，但有的在内地很深的地方，比如在阿格拉（Agra）和勒克瑙（Lucknow）。[172]在这些偏远的驻地英格兰人常常为了守护土地和贸易，经历刺激的冒险。据称，年轻的霍登（Horden）先生非常有气概，和一位地方长官交手。后者闯进了一处建在武装部队前头的工厂。在交涉的一小时里，霍登一直把枪口对准这位印度王公的胸口。而这位王公的一名士兵一直用他的匕首抵着这位英格兰代理人的后背。在此情形下，那位地方长官先行撤退。[173]这出好戏堪比谢里登（Sheridan）的《评论家》。

东印度公司的雇员辛勤劳动,但收入甚微。皮特总督的收入为200英镑,再加上100英镑的赏金。就凭这份收入,他显然付不起48000块印度金币(pagoda)来买他那著名的钻石!而更加谦虚的"作者"[单单在圣乔治堡(Fort St. George)就有13位]每年收入是5英镑。而根据加尔各答牧师所说:"要想在这里居住得尚且舒适,至少一个月要花费40卢比,即五英镑。"但是,无论职位高低,东印度公司的雇员都会借钱经商。手握内部消息和机遇,他们当中一些人靠此途径积累了巨大财富。[174]

但是,他们仍然需要面临气候和生存环境带来的巨大风险。在印度为英格兰打下基业的开创者英勇无比,而且天性乐观。在孟买,人们常说,"没人能活过两季季风。"其中有人是这么形容那里的英格兰人墓地的:"这个贪婪鬼大腹便便,天天都吃不饱。"1704年,在孟买只有8名与东印度公司签订契约的雇员以及40名衣衫褴褛、"看着更像深山中的土匪"的英格兰士兵活了下来。然而,几百名印度兵(Sepoy)每月还在继续操练,"就像牛屈膝一样优雅"。东印度公司在苏门答腊的住地里,有半数新人刚到两三个月就客死他乡了。

确实,印度的英格兰人的事业是场和死神的博弈。财富往往是幸存者才有的嘉奖。但死神带走了很多欧洲人。他们还没有习惯东方的生活条件,仍然像在英格兰一样纵酒。在天气和疾病的影响下,他们脾气变得暴烈。这使他们经常卷入激烈,甚至致命的决斗中。不管成熟与否,官至几级,无人幸免,下至年轻气盛、拈酸吃醋的"作家",上至威震四方的皮特总督。他曾经威胁说要"鞭笞、绞死"一个背叛他的、马德拉斯委员会成员。皮特的对手们散布流言报复他,编造他获得"皮特"钻石的经过。很久之后,这些故事激发了威尔基·柯林斯（Wilkie Collins）的灵感，将他的小说《月亮宝石》（Moonstone）设定在浪漫的印度背景之下。

然而，在这些争吵的表面之上，在圣乔治堡城墙内，这个欧洲人生活的城镇呈现出了一个家长制的社会。东印度公司所有英格兰人的酬劳都是总督决定，并由他支付的。每逢星期天，委员们跟在他们的首领后面去教堂，哪怕他们从背后审视着他宽阔的肩膀时心里打着各自的算盘。

曾任苏门答腊约克堡总督，之后上任马德拉斯总督的约瑟夫·科莱克特（Collect），作为东印度公司的官员和皮特一样受欢迎，而且才能一样出众。他是浸礼会教友，因此在英格兰国内没法出任官职。在东方，他成为一个贤明的唯一神论者，禁止在他管辖范围内使用亚达纳西教义（Athanasian Creed）。他认为，该教义有损总督尊严，会遭受牧师谴责。[175]

此时，殖民地印度已经有英格兰女性。1702年，东印度公司在圣乔治堡的38名雇员中，有多达7人娶了英格兰妻子，只有2人娶了印度妻子。除此之外，还有10名年轻的未婚英格兰女性，以及15名英格兰寡妇——这正好证明了这个勇敢的开拓者群体所面临的生存环境。未被东印度公司直接雇佣的英格兰男人中，大部分娶了当地的印度妻子。毫无疑问，就像巴尔多夫（Bardolph）绘声绘色地描绘的那样，他们中很多人"不止有一个妻子"。[176]

马德拉斯是和东方其他港口和首都进行商贸的中心。货物有时是通过"乡下船只"（英格兰人这么叫定期往返沿海城市之间、进行贸易交易的船只）运输，有时则是通过东印度公司的"欧洲船只"运输。商人从马德拉斯、加尔各答和孟买出发，冒险去波斯湾。这给私人贸易提供了巨大机会，让东印度公司在东方的雇员富裕。① 在这些航线上，英格兰开始和缅甸（Burmah）通商。和中国的贸易已然非常重要，但是仅限澳门和广州两地。因为中国人不需要布料，只要银子或者铅。即便是在这样的条件下，英格兰人仍然可以通过购买丝绸、茶叶、瓷器和"漆器"获利。在欧洲，所有这些商品都变得日益流行。[177]

1702年，新、旧东印度公司原则上同意合并。接下来的7年，在戈多尔芬和森德兰的良好管理下，合并实际开展。由此一来，终结了让英格兰在印度贸易分崩离析的最恶劣的长期争执。这在威廉在位时期达到高潮，危及英格兰和东方之间纽带关系的未来。②

随着这场大争执得以解决，议会和小册子作者对印度贸易的大肆攻击也随之停止。在安妮女王时期，民众对于英格兰的布料在远东难以售卖的抱怨越来越冷漠。英格兰需要大量出口金银来支付货品。

确实，英格兰国内对于印度和中国货物的需求持续高涨。人们更加愿意接受维护这个备受争议的贸易的新的经济理论。但是，英格兰服装商和利凡特公司的呼喊很少有人注意到。他们在1702年告诉上议院的委员会："如果从印度买来丝绸，从那里可以用金银低价收购，这会毁了我们在土耳其的贸易。我们在土耳其用布料换丝绸。"但是，穿着丝绸，喝着茶，用着瓷器的公众更愿意听查尔斯·戴夫南特（Charles Davenant）让人愉悦的学说。他宣称英格兰从在东方的商贸中获得的财富远比出口金银的花费要多。即便是金银，余额

---

① 比如，1702年2月，皮特总督颁布了以下声明（*India Office MSS. Fort St. George* 12, ff. 47-49）："据可靠现报说，海盗已经出海，而且他们派出去了好几艘船。而所有的乡下船只都没有多少武力，因此海盗不费吹灰之力就会盯上他们。"

② 见 *Blenheim*, p. 164 "两个敌对公司的存在会损害英格兰人在东方的利益。其所导致的不和以及在1698—1700年丢脸的争吵如果长此以往，会让英格兰人被从印度驱逐出去"。*Khan*, p. 244.

也有所增益。东印度公司运送到泰晤士河的大多数东方货物再次出口并高价卖到了欧洲大陆。即便是在安妮即位之前，戴夫南特深信，东印度公司的贸易给英格兰带来的财富几乎和美洲贸易带来的一样，超过了在欧洲、非洲以及利凡特公司贸易所得的总和。[①]

1702年10月，皮特总督把他刚买的那颗伟大钻石寄回国。他把钻石托付给儿子罗伯特，并让每艘回国的船只捎上保护"我非常担心的东西"极其详尽的指示。

> 你在我写的联名信里会看到，箱子必须放在英格兰银行里。箱子可能会被敲开或者被偷走，但我希望，我的儿子们不会让做这样事情的人脱罪。我希望，在展示钻石的时候（你得有足够理由才能这么做），你要确保没人耍花招把钻石换走，再放一个水晶替代。我命令你，在任何情况下，你都不会把钻石拿出来。除非是你亲自测量重量拿出来和放进去的时候。不能让钻石离开你的视线，或者是让人传着欣赏。

1710年，当托马斯·皮特回到欧洲，罗伯特一定一边为他那可

[①] 以下很有趣的表格是戴夫南特在威廉统治末期做的统计：
要想每年通过贸易为国家获得两百万英镑的收益，

种植园贸易能带来	£600000
东印度公司贸易能带来	£500000
通过销售我们自己的产品在欧洲、非洲以及利凡特公司贸易能带来	£600000
通过再出口种植园货物在同上地区能带来	£120000
通过再出口东印度公司货物在同上地区能带来	£180000
总计	£2000000

见 Davenant, II, p. 18 以及该卷各处, pp. 1-162. 还可见 Khan, Chap. IV；以及 Defoe, English Tradesman（1727）, II, ii, pp. 23-24；H. of L. MSS.（1702-1704）, p. 73.

怕的导师来到身边感到恐惧，一边为不用继续承担照看"皮特"钻石的责任而感到轻松。①

有这样伟大的父亲，罗伯特不如他。但是，1708年的时候，他自己也成为人父，有了一个更伟大的儿子。威廉·皮特，之后的查塔姆（Chatham）伯爵，从他的爷爷那里继承了更多的品质和观点。罗伯特是一个温和、谦卑的托利党人，在家谱中隔在两位最令人畏惧的辉格党人中间。在安妮女王在位的最后时刻，像托利党内的很多其他人一样，他也加入了不切实际的詹姆士党。当在印度的英格兰人回来的时候，他写信给儿子，威胁如果他背叛了国家和君主，就要和他完全断绝关系：

据说，你也对好捣乱的马匹产生了兴趣，还要密谋把一个好看不中用的法国人再次推上英格兰王位。[178]

但是，我们不用担心可怜的罗伯特和他的同党的尝试。有老托马斯和小威廉伴随左右，杰出的汉诺威王朝对未来不必沮丧。

---

① 1717年，托马斯·皮特以133000英镑的价格把钻石卖给了法国摄政王。

第十章　安妮女王治下的爱尔兰

爱尔兰是光荣革命之后清算中英格兰的致命要点。但是，即便是在爱尔兰，在威廉重新征服爱尔兰之后的安排保持了90年未曾改变。但是，这些安排仅仅是依靠武力维持，之后已经被推翻。

在信奉罗马天主教的詹姆士二世在位时，爱尔兰人不可避免地起义对抗拥有支配地位的新教和之后克伦威尔的土地安置计划。直到詹姆士在伦敦被废黜，法律终于有一次是站在他们那边的。在那之后，新教殖民者在阿尔斯特（Ulster）聚集，并且直到英格兰来解救他们之前，独自坚守伦敦德里（Londonderry）和因尼斯基林（Inniskillen）。之后发生了一系列重大事件：1689年伦敦德里得以解救；次年发生了博因河（Boyne）战役，并且，爱尔兰成功守住了利默里克（Limerick）；1691年，在奥格里姆（Aughrim）战役中利默里克被攻陷；最后《利默里克条约》签订，随后胜利者摈弃了条约条款。这些事件，仍然是像以前一样，在这座岛上的天主教和新教之间展开。伊丽莎白一世时期，甚至克伦威尔时期的战争距离此时已经很久远，消逝在这些新近发生的让人骄傲而悲惨的记忆之后。在安妮女王时期，胜利者和失败者都生活在这些重大历史事件的阴影之中。哪怕时至今日，对于鲜有历史意识的英格兰人来说，威廉战争这段历史，是影响爱尔兰分裂的民众情感最为长久、有力的因素，远胜其他任何历史事件。

这种对于历史态度分歧的原因不仅仅是因为英格兰和爱尔兰之间不同的民族性格，虽然英格兰人非常擅长遗忘那些最好遗忘的事情。就环境来说，另一个原因，是光荣革命之后的200年里，爱尔兰在思考自己所经历的不幸和不和，而英格兰则在思考它在海外遍布世上每个角落伟大的商业、殖民、军事、海军以及政治事业。而且，英格兰人还转而思考国内农业和工业领域的转变和事业。此时，爱尔兰人生气地在不宜居住的小屋门口啃着土豆，想着那些英格兰犯下的，还没被纠正的古老罪行。这让他们形成了残暴、睚眦必报的心理，年年越发悲痛。即便是很久之后，内斯比（Naseby）和塞奇摩尔（Sadgemoor）仅仅是出现在英格兰学校课本上的名字，对孩子来说已经没有多大意义（他们的父母认为冲突另有原因），战后在德里、博因河、奥格里姆做出的决定仍然分裂着爱尔兰社会和政治。

从查理二世到乔治三世，议会里的政治家们在考虑爱尔兰问题时，只想着如何最好地为英格兰谋取利益。这点上，辉格党和保守党都一样。克伦威尔的战争让爱尔兰荒废。但是，护国公把大不列颠群岛的新教徒当作拥有共同经济利益的一国国民，算是功劳一件。和克伦威尔一样，复辟之后的议会对爱尔兰天主教徒毫不在乎。但和他比起来，他们对爱尔兰的新教徒要不在乎得多。为了英格兰农民和制造商，他们无情地牺牲了爱尔兰新教徒的福祉。

在这个爱尔兰经济问题上如此狭隘地偏向英格兰，他们极大地增加了政治和军事危险，并且不得不为此做准备。他们碍于商业上的嫉妒，缩减了爱尔兰新教徒的财富和人数。这迫使压制天主教徒、防止法国侵犯变得更加困难。在与法国打仗期间，安妮女王的辉格党和托利党顾问意识到这个困境。唯一的解决办法是，加大针对爱尔兰天主教徒的刑法力度。毫无疑问，这些邪恶的法令是为了抵抗路易十四而通过的战时措施。但是,另一个战时措施——苏格兰联盟,也是由这些政治家制定的。两者相较,前者如此愚蠢傲慢,而后者多么深谋远虑和明智!

公平地说,哪怕我们对他们找到的答案很后悔,我们也要承认我们的祖先所面临的这个问题很棘手。他们的军事和政治任务是避免爱尔兰成为法国进攻英格兰及其商业的武器。在威廉和安妮在位时期与法国的战争中,守住爱尔兰对英格兰的存亡至关重要。就像现在我们对德国的战争一样。要想维持对一个国家(其中五分之四的人口是罗马天主教徒,从本质上来说和法国勾结)的武力统治并不容易。每个区新教乡绅基于封建制度建立的"守备部队"都和一支现代的职业军队相当。① 但是,他们统治的人必须要被剥夺起义的能力。如果允许天主教变得富有、有教养并且组织起来,那么,在法国的帮助下,他们马上就会把英格兰和苏格兰定居者赶到海里去。这种恐惧并不是杞人忧天。这种担忧没法为爱尔兰刑法正名,但是能够提供解释。

确实,残酷的政策成功地实现了短期目标。1691年之后的几代,没有人起义。甚至是在1715年,或者是1745年爱尔兰人惨遭践踏的情况下也没有。这些令人满意的结果被英格兰政治家归功于克伦威尔和威廉的土地安置计划(它们把爱尔兰的大片土地的所有权给了新教徒)和刑法,使得天主教牧师或者平民想要组织或者领导天主教农民变得困难。

威廉和安妮在位时期通过的刑法违背了1691年与爱尔兰人签订的《利默里克条约》。该条约允诺爱尔兰天主教徒保留"在查理二世

---

① 为了保障英格兰的建制,英格兰议会意识到保留1.2万人的军队在爱尔兰的必要性。

在位期间所享有的一切特权"。就连这个可耻的承诺都被打破了。[1]在英格兰，罗马天主教徒并未造成恐慌，所以实际上被宽容对待；而在爱尔兰，罗马天主教造成了巨大恐慌，所以天主教牧师被迫害。当权者千方百计地使用下流手段侵犯他们的自由和财产。刑法并没有完全起作用，但是，执行刑法已经足够让爱尔兰人在接下来一百年内铁了心抵抗。就像斯威夫特说的那样，爱尔兰天主教在政治上"和女人和小孩一样不值一提"。到目前为止，政策是成功的。但是，这为英格兰人和爱尔兰人未来关系付出了多少代价！

在安妮女王在位时期，针对天主教徒的爱尔兰刑法通过新的立法变得更加苛刻。其中一次是1703年，在托利党政府的教唆下通过；另一次是在1709年，辉格党政府当权时通过。就这个问题，两党之间的政策是没有什么区别的。通过这些新的法律建立如此精密的法规刑法系统是有两个原因：第一个是为了限定天主教牧师的数量和活动，好让他们最终放弃抵抗，在这片土地上消失；第二个是为了防止之前的地主和他们的后代恢复对祖辈遗留产业的所有权，或者在自由职业中获得财富和影响力。

反对牧师的立法失败了。在18世纪中叶之前，剥夺爱尔兰农民宗教仪式的企图被抛弃。这既不实际，又令人厌恶，有违新时代包容精神。但是，企图把爱尔兰的土地、财富、教育、社会权利抓在新教徒的手中在几代人中都很成功。由于刑法一方面很失败，另一

---

[1] 抱怨违背了《利默里克条约》不是因为法律将天主教徒排除在公职以外，而是新的法律带来了更多的刑罚、骚扰和对宗教活动的限制，让神父和他们的信众臣服。在詹姆士党和教皇的通信中很明显地体现了这点。比如 *Bodleian MSS. Carte Papers* 229, ff. 118-121（日期1704年）；*Add. MSS.*（*B.M.*）31248, ff. 139-142；以及一份给保卢奇红衣主教、1710年6月22日非常有趣的报告（*P.R.O.*, *Tr. Rome*, 101, ff. 13-17）。

方面很成功，这让牧师成了唯一有权利的朋友和爱尔兰人的捍卫者。正是英格兰征服者施加的。压制天主教徒的法律，摧毁了本可以自然形成的各个阶层，让爱尔兰成了欧洲最受牧师带领的国家。[179]

但是，在安妮女王时期，这些最终结果还没人能预见，人们还迫切地企图根除罗马天主教。安妮女王时期颁布的刑法允许一个"登记了的"天主教牧师在他的教区工作，但不允许任何主教留在爱尔兰指导或者任命他的后继者。他们没有效仿路易十四实施更为粗暴的迫害方式：没有像在法国那样，强迫可怜的人出席他们憎恶的宗教仪式。但是，路易迫害的是少数人，而英格兰人迫害的是这个国家绝大多数人口信奉的宗教。他们的企图自然是要失败的，还报应在这些法律制定者的子孙后代身上。

但是，和其他任何时期相比，在安妮女王在位时期，剥夺爱尔兰人宗教信仰的企图最为接近成功。在给女王总督奥蒙德（Ormonde）的一份稀奇的请愿书中，他被要求通过建立慈善学校，分发圣经和爱尔兰语版本的《全人类的责任》，来使更多"信奉天主教的爱尔兰人皈依新教信仰"。请愿者的理由是，刑法诉讼让爱尔兰人坠入异教教义。请愿者提到：

其中一项法令特别防止了天主教神职人员的继承。凭借此法令，天主教牧师已经大为减少。很可能有些郡县在未来几年内已经完全没有天主教神职人员继承了。①

---

① *Add. MSS.*（*B.M.*）35933，ff. 21-23. 但是爱尔兰宗教议会反对散布爱尔兰语版本的圣经和新教徒文学的请求，因为"我们不应该做任何鼓励或者普及那种语言的事情，我们认为在这个王国里没有一个人认识爱尔兰语，而且国民还认识英文"。*H.M.C. Portland*，V，p. 105.

1710年，身居罗马的红衣主教保卢奇（Paolucci）从他在大不列颠群岛的代理那儿获知，在英格兰的天主教徒实际上有开展宗教生活而不被打扰的自由，而在爱尔兰的宗教迫害使庆祝弥撒、通过宗教教导人民都很困难。[180] 向教皇提出的类似呼吁，比如爱尔兰多明我教省1707年提出的，非常准确地描述了此时情形。它们说服了克雷芒十一世（Clement XI）重新恢复伊丽莎白一世时期教皇的政策，通过外国武力废黜英格兰和爱尔兰的君主。[181]

然而，在安妮女王在位末期，想要让天主教徒的宗教本能被活活饿死已经被证明是失败的。斯威夫特的朋友，都柏林大主教威廉·金可能是当时最明智、最伟大的爱尔兰政治家。1715年，他给总督写信，对当时情形做了如下描述：

依照法律，罗马天主教被允许在每个教区都可以有一名神父。他们要根据10年前一项议会法案进行注册。所有的主教、教堂定期访客等，以及其他当时没有注册的牧师都被驱逐。在极其严苛的刑法下，任何人都不被允许进入王国。这样设计，是为了确保没有任何天主教牧师继承。从那以后，很多注册了的神父已经去世。然而，因为缺乏应得的法律处罚，很多海外神父到来。目前，在国内天主教主教任命了很多后继者。关于这些事情，近日还没有太多人过问。

英格兰政府是否希望严肃执法？——主教问道。[182]

在和马尔伯勒打仗期间，法国完全不曾企图入侵爱尔兰。这很不寻常。1705年，一份请愿书被送到欧洲大陆，强烈要求法国派兵到在科克（Cork）或者金塞尔（Kinsale）驻扎的守卫部队附近的班特里（Bentry）或者肯梅尔（Kenmare）：他们承诺会发动比詹姆士二世时期更大规模的起义，支持外来入侵者。如此一来，在爱尔兰的一个法国士兵就能抵得上路易在弗兰德的十个士兵。有人建议，新教徒和天主教徒应该被许诺平等权利。但是，请愿书的作者没法回答重新分配土地这个让人为难的问题。他承认，尽管新教居民想要挣脱英格兰的奴役（后者把他们的商业和自由都夺走了），但是他们害怕被侵占了土地的天主教徒，所以不敢采取任何有效措施。但是，不管怎样，有超过10万的爱尔兰民众还是会起义的。[183]

如果这样的请愿能到达法国陆军部，在有强烈民族自豪感的法国人添油加醋之后，它们作为史料也缺乏真实了。法国人一定会说爱尔兰农民和在博因河畔的盟军一样，缺乏纪律，毫无能力。

在霸道的英格兰地主眼中，被剥夺和遮掩的爱尔兰本土社会很让人好奇。从罗伯特·索思维尔（Robert Southwell）爵士在安妮女王即位第一年写的一封信中可以窥见一斑。这些土地原先的主人和他们的子孙，在很多方面仍然靠着他们父辈的伟业为生。他们被人民景仰，和牧师合作。罗伯特爵士宣称，大片的土地被容易受骗的新教地主租给"某个身无分文的爱尔兰绅士。这样他就可以把他的追随者引来"。从他们身上，他可以收取双倍的租金，并且"靠多出来的钱生活得无忧无虑。另外，这些人都受到他的保护。只要有混乱发生，都唯他马首是瞻。而且，他还有殖民地内聚集的天主教牧师援助。他们给他提供额外的供奉，而新教徒只给牧师这部分钱"。换句话说，这些可怜人，他们的忠诚已经失去了理由。他们用双倍的租金和双倍的供奉，来支持新旧两个地主，**两种宗教**。[104]

大部分因为刑法而皈依新教的都是伪君子。他们只想拥有土地，或者能进入某些职业。确实，其中一些人甚至都不能叫作伪君子，他们只是在仪式上遵循新教，而在生活上还是和天主教徒一起，拥有和他们一样的观点和希望。甚至在安妮去世前，法律工作者中有很多这样的人。

然而，真正的新教徒贵族，和在他们之下的民众脱轨。这种情形在英格兰和苏格兰都闻所未闻。按莱基（Lecky）的话来说，他们"表露出了所有奴隶主都有的陋习。他们是统治阶级，管辖着那些被剥夺了所有民权，完完全全成了奴隶一般的人群"。[185]这样说的语气非常强烈。但是，如果我们评价他们的子孙后代的话［比如卡斯尔雷（Castlereagh）和其他三个杰出的家族——威尔斯利（Wellesley）、内皮尔（Napier）以及劳伦斯兄弟］，很多爱尔兰的英格兰人同样拥有贵族的美德。而且，伯克、戈多尔芬、谢里登以及其他很多人都来自这个非英格兰的小岛，用他们的智慧和激情丰富了英格兰的生活和文学。这类人的消亡可能是由其原因导致的必然结果，但是确实是场灾难。

从斯图亚特王朝复辟开始，英格兰的政治家们就一直把爱尔兰当作殖民地对待。换句话说，爱尔兰的商业和农业是受到推动还是阻碍，取决于它是否最好地确保了母国农民、制造商和商人的利益。不幸的是，爱尔兰农业和工业的利益，恰好是为母国的竞争对手所嫉妒和垂涎的。因此，爱尔兰遭受了比美洲更为严重的商业限制。并且，不管是托利党还是辉格党控制的威斯敏斯特议会，都对邻岛的集体财富有所怀疑。因为这不在他们的管辖之内，而且是他们从英格兰王权独立出去的力量源泉。这种对爱尔兰福祉的政治嫉妒很强烈，而且不仅仅保皇党和托利党成员这样想。詹姆士二世将一支爱尔兰军队带来胁迫英格兰让这种嫉妒有所加强，而威廉慷慨地把爱尔兰土地封给他的荷兰朋友让这种嫉妒延续下来。

基于这些经济和政治的动机，英格兰下议院故意摧毁了爱尔兰的繁荣。《航海法案》建立的海上及克伦威尔拓展的在殖民地贸易中的合作关系，和克伦威尔建立的体制中其他内容一样，消失不见。保皇党控制的议会采用了特别政策，用以停止从爱尔兰大量进口牲口和布料到英格兰。爱尔兰和外国之间繁荣的纺织业一直到光荣革命后都被允许苟延残喘，但到了1699年也被定为非法。宣称的目标是扼杀爱尔兰的制衣业，完全不管爱尔兰纺织业其实是掌握在新教徒手中的。

只有阿尔斯特的亚麻行业没有英格兰的竞争对手。这让安妮女王的政治家们高兴，并允许他们进入美国市场。[186]

爱尔兰的新教徒受到了限制性法律带来的最严重的打击。从英格兰和苏格兰来的定居者努力通过畜牧和制造商品出口来致富，并通过大量养殖羊来供应阿尔斯特的织布机。正是这些阶层的人被阻断贸易摧毁。满足于自给自足的天真农民受到的影响小一些。但是，财富的增加和新教徒的增加被英格兰议会的法律制衡着。

其中一个结果，就是在安妮女王在位时期，新教徒开始从爱尔兰向美洲移民。这发生在天主教随之到来的之前几代。英格兰不让自己的孩子和苏格兰表亲在爱尔兰发达。由于苏格兰人和英格兰人总志在别的地方发达，他们出发去了殖民地，并把报复英格兰的传统渴望带去。他们的子孙在美国革命时期心满意足地实现了这个愿望。①

爱尔兰政府的宪法基础，是枢密院和邻岛的议会所宣称和行使

---

① 哪怕是英格兰服装商出于对竞争的恐惧最狭隘的观点，也能证明禁止出口爱尔兰纺毛织物到欧洲大陆是错误的。这样的结果就是，安妮女王的爱尔兰子民，不管信奉何种宗教，合力走私原羊毛到欧洲去，而失业了的织工也带上技术，跟着过去。因此，对爱尔兰服装制造商的压迫，导致其在欧洲大陆越发繁荣。

关于限制法律整个话题，见爱丽丝·埃菲的 *Commercial Relations between England and Ireland*, Chaps. II–IV, 以及 Rev. R.H. Murray, *Revolutionary Ireland*, Chap. X.

的权力。他们的内阁完全按英格兰内阁的想法决定。并且后者把教会和国家政府最好的位置都给了英格兰人。就连爱尔兰教会的成员（尽管和天主教或者非国教相比，他们垄断了民事、军事和教会的职位）也习惯于接纳爱尔兰余下的圣职。而好的职位都是用来支付英格兰政治家的党派债务的。如果斯威夫特仅仅是个爱尔兰郊区牧师，或者仅仅是都柏林的一个小册子作家，那么他永远也不可能成为圣·帕特里特（St. Patrick）的主持牧师了。

但是，英格兰内阁不仅仅拥有掌控爱尔兰行政部门和分配物质利益的权力。依照亨利七世时期的老律法《波伊宁斯法》（Poynings Laws），它还控制了爱尔兰立法。任何想要最终通过都柏林议会的措施，都需要英格兰枢密院决定。后者有权力发起、改变或者拒绝任何法案。爱尔兰议会可以拒绝通过一项修订过的、从英格兰返回的法案，但没有权力改变它。而且，威斯敏斯特的议会可以直接为爱尔兰立法。比如，它通过了一项法案禁止爱尔兰出口布料到欧洲大陆，并且让1714年《教会分裂法案》（Schism Act）适用于阿尔斯特的长老派教徒。

在光荣革命之后，第一次反对如此严苛的宪法束缚的抗议是由威廉·莫利纽克斯发起的。他学富五车，品性温和，是代表都柏林大学的议会一员。1698年，他发表了一份基于一般原则和古文物研究知识的小册子，取名《谈谈爱尔兰被英格兰议会法案束缚的情况》，并献给了威廉国王。这本小册子被英格兰下议院严正谴责，因为文中质疑了它的权力。这本小册子勾起了人们的讨论，但仅此而已。但是，它让人们谈论了一个他们永远也不会忘记的话题。莫利纽克斯宣称，爱尔兰议会应该如同英格兰议会一样，享有完全、独立的为爱尔兰立法的权力。他还宣称，都柏林对于威斯敏斯特的裨益，是英格兰剥夺的。在他看来，爱尔兰不是一个被英格兰征服的国家，而是同属于一个国王的另一个王国。

莫利纽克斯论证中的缺陷是，爱尔兰实际上是被英格兰武力在博因河和奥格里姆征服的，而爱尔兰的宪法是这场征服的结果。查尔斯·戴夫南特给莫利纽克斯作出回应，他指出，莫利纽克斯为之辩护的爱尔兰的新教徒居民，其实是一个"殖民地"，他们守护着"由我们保护和防卫的一个永久的称号"。[187] 但是，如果他们要建立一个独立的国家，只要英格兰的保护势力被撤离，爱尔兰人就会起义，割破他们的喉咙。用麦考莱的话说，"让一个除却依赖就没法生存的群体宣称独立，这很荒谬"。只要爱尔兰新教徒保持刑法和新教徒的支配地位，他们实际上是依赖英格兰的，无论宪法和法律争论的权力归属如何。直到格拉顿（Grattan）的时候，他们才开始实行安抚天主教徒的政策。这样，他们才能在1782年志愿军运动中，实行莫利纽克斯的独立学说。

在积极讨论和实行英格兰和苏格兰联合的那些年里，爱尔兰新教徒很自然地反思，他们是否会在一个类似的措施中受益。在他的小册子中，莫利纽克斯暗示，可以向英格兰议会派去一位爱尔兰代表，以此来替代爱尔兰独立。他写道："若能如此，相信，我们会乐意接受。但是，这可能是我们可望而不可即的。"在官员中代表"爱尔兰利益"的、善良的金大主教希望联合，但是害怕英格兰绝不会在可以容忍的条件下同意联合。1701年，他写道："我们处于劣势，必须接受抛给我们的条件。因为我们无力抗争。"和苏格兰人一样，爱尔兰新教徒在英格兰面前不够强大，无法与英格兰谈对等的条件。

在安妮女王在位最初的几年，有几本支持联合的小册子在都柏林传播。1703年，爱尔兰下议院谦恭地向女王请求，详细描述了最

近通过的英格兰法律对于爱尔兰贸易的影响,以及其导致的新教徒人口移民海外。末了,他们祈祷:

陛下您的仁慈能够福及爱尔兰。目前爱尔兰事态紧急,愿您能采用精明、高尚的办法解救我们。让爱尔兰人能重新完全享有宪法。或者,请您促成一个更紧密团结的联合王国,让爱尔兰和英格兰子民携手。

这份请愿无人理睬。此时,英格兰的政治家们已经为说服国民接纳苏格兰人进入殖民地和国内市场费了九牛二虎之力。这是英格兰为了政治安全,强烈要求建立联合王国所付出的代价。确实,如果仅仅是为了爱尔兰的福祉,而建议给爱尔兰服装商和畜牧者同样的特权,那是白费工夫的。

四年之后,在实现了与苏格兰的合并之后,爱尔兰下议院向女王道喜,并加了一句:"但愿上帝能赐给女王您更多力量,助您实现更广泛的联合。给您的王冠带来无上光荣。"但是,事与愿违。在可以实现联合王国,并会让爱尔兰十分感激的时候,英格兰让这个黄金时机溜走。如果那样,被经济压迫削弱了的新教徒能得以解救,而且还能营造安全感。这份安全感可能之前天主教从迫害法律中解脱时曾经获得过。[188]

因此,爱尔兰大地上播撒了许多龙的牙齿①,在时机成熟的时候就会收获恶果。但是,只要此时种子还在蛰伏,英格兰政治家们就

---

① 原文为 sow dragon's teeth,表示原本想要避免麻烦的行为适得其反。——译者注

心满意足了。在安妮女王统治期间,他们没有被爱尔兰主要问题(天主教的待遇和新教徒的经济打击)困扰,反而是被新教内部、英格兰国教和苏格兰长老派之间的争论这样的小分歧困扰。这出在敌人面前的荒诞争论是在英格兰发酵的。因为这种分歧,被操纵成了辉格党和托利党之间巨大派系斗争在地方的争斗,体现为罗切斯特和沃顿、萨默斯及博林布罗克之间的争斗。

据斯威夫特所说,爱尔兰的"托利党人",包括带头的金大主教和斯威夫特,在治理理论方面都是"温和的辉格派"。他们怀恋威廉在位的时代,并且憎恨老僭王。他们的托利主义体现在对苏格兰长老派的敌意。他们惧怕后者的一些活动和动乱。长老派是在爱尔兰定居的苏格兰人。在爱尔兰,他们在数量上至少和英格兰国教信徒一样多,在某些地区,比如伦敦德里,他们的人数有其十倍之多。爱尔兰的牧师垄断了公职,并且拥有大部分地产。但是,在公职人员和乡绅的对面,有农民和商人组成的、令人生畏的民主阵线。他们是由牧师和苏格兰的亲属组织起来的。金大主教写道:"他们和绅士之间真正的问题是,在每个教区谁对民众的影响最大。到底是长老会和非神职长者可以随心所欲地领导民众,还是地主能领导他们的佃户。"

爱尔兰没有《长老会宽容法案》。苏格兰学徒们在德里关上城门,做着反对詹姆士和路易的事情。在威廉和安妮时期的法律下,他们没有权利用他们自己的方式礼拜上帝。但是,事实上,他们仍然实施非法的仪式,组织苏格兰教会活动和集会,和他们在苏格兰已经成为国教的兄弟一样自由。除了极少数情况例外。比如1708年在德罗赫达(Drogheda)和1712年在贝尔特贝特(Belturbet),过分热心的托利党治安官想要以建立新教堂的罪名,把他们的牧师送进监狱。

爱尔兰的长老会并没有隐藏起来。当宗教会议召集的时候，有时他们会"列着公共车队进城。每个牧师两侧都有一名平民陪伴。后者武器装备齐全，让女王的子民和爱尔兰国教徒都感到无比恐惧"。在贝尔法斯特，我们读道，"非国教派建立了一个礼仪改革协会"，并且"强迫警察和他们一起在城里走街串巷，进到别人的房屋里，把他们认为合适的人带走关起来"。至少，长老派的敌人是这么说他们的。[189] 他们传播《庄严联盟》(the Solemn League and Covenant)，并且抨击主教派教徒是偶像崇拜者。牧师通过布道反击，说他们"犯了分裂教会的罪行"。[190]

爱尔兰主教派教徒不得不叫来"讨人厌的老小丑——法律"。这不是因为他们想要迫害兄弟新教徒，而是真的担心会被复兴的苏格兰教会镇压，就像他们"暴民一般地"信奉相同教派的人在苏格兰被镇压那样。但是，他们并没有真正地生活在危险之中。他们不是詹姆士党人，不像苏格兰的主教派教徒那样。因此，他们可以依靠英格兰的支持，在托利党执掌威斯敏斯特的时候尤为如此。

为了让爱尔兰新教徒根据英格兰"辉格党和托利党"进行区分，安妮的第一任爱尔兰总督罗切斯特竭尽全力。他的后继者奥蒙德，如果能独揽大权，会采取更加抚慰的政策。但是作为英格兰国务大臣的诺丁汉在1704年想了个新的"测试"来骚扰长老派。让他们在女王在位的余下时间里，为了教堂或者托利党的利益而心烦意乱。爱尔兰议会此时正忙着通过一项新的刑法打击天主教徒；就在离职以前，诺丁汉诱导英格兰枢密院在新刑法中附加一项条款，让早已在英格兰成为法律的《圣礼测试》对爱尔兰的非神职官员也适用。这不仅影响了天主教徒，也影响了长老派。都柏林议会必须接受这种改变。在此之前，长老派虽然没在法律上享有对他们礼拜上帝的宽容态度，但从来没有被排除在国家和市政公职以外。而从此时期开始，他们被排除在外。

在安妮女王在位的余下时间，长老派要求废除这项新的测试，掀起激烈论战。在女王在位中期，辉格党执掌英格兰。沃顿作为总督，有艾迪生做他的秘书。此时长老派希望高涨。他们不会屈尊要求通过一项《宽容法案》，除非在通过法案的同时能废除《圣礼测试》。①金大主教用权威为测试辩护，而斯威夫特拿起笔为测试辩护。②当辉格党在1710年倒台的时候，该法案还没有被废除。沃顿顶替了奥蒙德，在爱尔兰托利党人欢呼声中，重回爱尔兰。

安妮女王在位的最后四年间，爱尔兰政局和英格兰一样动荡不安。但是，活动仅仅是在分裂的新教内部；爱尔兰国内普通大众在征服者脚下，没有掀起任何波澜，对骑在他们头上的辉格党或者托利党间的混战漠不关心。

自打回到爱尔兰，奥蒙德就发现都柏林公司（Dublin Corporation，即都柏林市政厅）在辉格党利益驱使下，变得"冥顽不灵，分崩离析"。[191]一系列市政厅内的党派争吵马上变成了全国担忧的

---

① 1709年10月，萨默斯收到了一封B. Freeman由都柏林寄来的信，大意如下："英格兰允许的《宽容法案》在这里也得以提出，以防其在没有废除《圣礼测试》的情况下被接受。在这个王国里已经长久没有起诉任何非国教徒了。"（爱尔兰）让《宽容法案》的倡议变得无效，因为其已经在此运用到实践中，而且废除《圣礼测试》的呼声很高。Somers MSS. 1719年，金大主教宣称"至于给非国教徒授予和英格兰一样的《宽容法案》，我们已经反复向他们主动提出，但是一直被他们的领袖拒绝"。Mant, *Church of Ireland*（1840），II，p. 333. 见 *Leadam*, p. 73， 以 及 *Murray*，pp. 364–373有关《圣礼测试》的斗争。

② 见前文第6章。

问题——托利党的爱尔兰大法官康斯坦丁·菲普斯（Constantine Phipps）爵士在博林布罗克的怂恿下，骚扰了遍及岛上各处的辉格党人。而且，不管是隶属于哪个党派，大部分新教徒马上开始担忧起英格兰王位继承问题，并且，在从伦敦寄来的、忧心忡忡的信件影响下，他们开始怀疑英格兰的托利党大臣们企图把信奉罗马天主教的斯图亚特迎回来。[192]

因此，1713年秋天，施鲁斯伯里接替奥蒙德成为总督的时候，他发现都柏林议会内辉格党占了多数。他们威胁要弹劾大法官菲普斯，只投票通过提供三个月的补给，还悬赏捉拿老僭王。施鲁斯伯里可能是哈利派到爱尔兰去息事宁人的。他发现自己陷入困境，一边是半数是詹姆士党的伦敦内阁，一边是要讨伐高教会派托利党大法官并由辉格党领导的、愤怒的都柏林议会。这些党派中没有任何人对新总督有信心，或是相信他的温和政策有用。他写信给哈利抱怨道："我感觉自己是个戏里面的总督，而不是受陛下她指派、得此殊荣的总督。"

但施鲁斯伯里对汉诺威报以深刻同情，甚至倾向了辉格党。因此，当安妮女王去世后，辉格党在都柏林已经抢占了先机。只要是新教徒继位看起来明显受到威胁，爱尔兰的托利党和牧师就不得不和长老派以及辉格党合作。[193]

在安妮女王在位的最后一个夏天，在威斯敏斯特通过了压制长老派和其他非国教徒的《教会分裂法案》。这项党派偏见几近愚蠢的法案，被明确要求在爱尔兰适用。如果该法案真的被执行，就可能导致爱尔兰新教徒之间的内战。因为阿尔斯特绝对不会屈服于迫害。但是，安妮女王去世的那天，该法案正要开始实行。《教会分裂法案》

后来在乔治国王在位时期被辉格党废除。①

但是，即便是在汉诺威王朝时期，1704年的《圣礼测试》法案也没有被废除。在王权之下，爱尔兰的长老派一直被排除在公职和军职之外。

（莱基写道）爱尔兰政治中的大部分罪恶都起源于这样一个事实——爱尔兰的各阶层和各种教义从来都没能融合为一体。我们已经看到，新教和天主教之间分歧，再加上阶层分歧，是多么致命。《圣礼测试》是在分道扬镳的道路上迈出的另一大步。它使新教徒间的合作变得毫无可能。[194]

---

① 见下文第16章。

第十一章　英法商谈

世人常常把英法秘密谈判并最终促成签订《乌得勒支条约》这件事和博林布罗克子爵圣约翰联系起来。他在世的时候，乃至现在，一直被当作对条约各项条款负有责任，尤其是为通过有争议的手段获得这些条款负责。然而，实际上，直到谈判进行了9个月，他都和此事毫无瓜葛。

1711年4月最后一周，法国大臣向英格兰发出一份正式要求。在把西班牙留给菲利普、把《屏障条约》留给荷兰和把两个半球的巨大商贸利益留给英格兰的基础上，要求两国进行讨论。这是辉格党在1715年问责前任托利党大臣时，能找到的后者意图开始整个谈判的最早的文件。[195]但是，实际上这只是第一个长期谈判阶段的结束。法国外交部的文件向子孙后代揭露了，虽然这些提议来自法国，但实际上是由泽西、哈利以及施鲁斯伯里和路易的大臣托西共同谋划安排的。

这些人从1710年8月开始，已经在寻求让英法能够联合起来，指令欧洲其他国家停战的基础。而他们的决策此时还没和圣约翰共享。保密至关重要，并且成功被遵循。英格兰的政治家们没有留下任何书面记录，以防之后被当作把柄攻击他们。不管是内阁、国务大臣们，还是英格兰外交官，都被蒙在鼓里。从1710年8月到1711年4月，谈判过程只在爱德华·维力耶（Edward Villiers）、泽西伯爵以及托西在英格兰的秘密代理人戈尔捷神父之间展开。戈尔捷给他的主人用密文写信，偶尔也回到法国。1711年4月法国的正式提议，之后被当作停战商谈的开始，其实是这段长期准备的结果。

因此，在圣约翰加入这个秘密之前，英法就已经同意了停战的大致纲要。他们已经同意把西班牙和西属美洲留给菲利普五世[①]；而英格兰应该获得在地中海和西属美洲的巨大的商贸优势，并且应该在尼德兰地区建立一道屏障以保证荷兰的安全。但是这道屏障"要能让英格兰同意并非常喜欢"，也就是说并不是辉格党在1709年签订的条约中许诺的那样过于庞大的屏障。

从1710年8月开始，泽西首先通过戈尔捷和托西取得联系。自那以后的谈判过程中，荷兰被双方参与磋商的人员说成是共同的敌人，或者至少是他们注定要愚弄的人。是泽西最先在舍弃荷兰和德意志的情况下，把新内阁的政策建立在和法国结成的深厚友谊上；是泽西最先打消了法国大臣对两国友谊能否长存的疑虑。他向法国表明，托利党领袖已经准备在安妮女王去世之后扶持詹姆士三世上位。

《乌得勒支条约》中条款的基本原则的制定，以及与法国建立独家友谊的政策，一开始不是圣约翰负责。这是泽西，以及让他在1710年8月到1711年4月之间，负责与法国谈判的哈利，还有至少同意了这样安排的施鲁斯伯里三人的责任。

[①] 在约瑟夫皇帝去世前四个月，由泽西同意。见第五章以及 *Aff. étr Ang. MSS.* 230, f. 238, Gaultier to Torcy, December 23, 1710, *E.H.R.*, Jan 1934, p. 103.

我们应该问，为什么这么一件重大的事情，哈利要交给一个詹姆士党贵族来负责。泽西此时不是女王的大臣。泽西参与到这个事件中，似乎一开始是出于巧合，之后则是疏忽。在战争期间，托西在英格兰的秘密代理人是戈尔捷神父。这个牧师和英格兰詹姆士党关系密切，并和泽西家里，尤其是他的天主教妻子有所走动。1710年8月，如果哈利和施鲁斯伯里想要给在凡尔赛宫的托西寄送一封秘信，最简单的办法就是通过戈尔捷传递。因此，很自然地他们最先接近法国的方式，是让泽西与和他们家亲近的神父交谈。作为整件事的开端，这样已经很好了。但是，依照哈利典型的行事作风，他之后都没有努力把这件事重新攥回自己手中，而圣约翰在加入密谋之后，迅速接管了此事。

1710年秋天，如果哈利不是这么疏忽大意，而是平心静气，他本可以亲自和戈尔捷交涉，或者指示施鲁斯伯里代劳。如果他选择后者，那么无论如何谈判也不会沾上支持詹姆士复辟的嫌疑。而泽西打从一开始就想朝这个方向发展。

哈利或者施鲁斯伯里是否知道，如果他们知道，他们是否会赞同泽西的行为（他们和法国的谈判会沾上支持詹姆士复辟的嫌疑？）？我们可以推测，辉格党公爵是被蒙在鼓里的；但是哈利总喜欢做两手准备，并且知道在议会里詹姆士党给他投了票。[196]无论如何，戈尔捷写的、和泽西交谈的书面报告让托西以为，1710年的谈判不仅仅是陷入绝望中的法国急需的和平，还是在安妮女王死后，詹姆士复辟会把英格兰重新拉回法国的外交圈里。如果不和法国保持密切友谊，詹姆士三世怎么在辉格党和新教徒的反叛中坐稳王位呢？因此，难怪在1711年1月的时候托西被戈尔捷说服，每年支付泽西3千英镑；毕竟，戈尔捷写道，如果在达成停战之后，跟着斯图亚特复辟，这笔钱是很微不足道的。①

但是，在圣约翰入伙之后，泽西的重要性马上被削弱。3月初，哈利被吉斯卡尔捅伤，戈尔捷这样告知托西：

> 哈利受伤之后患病，这让他在一段时间内无法关注谈判。在这个间歇，国务大臣圣约翰参与了此事，尽管负责商谈的人之前对他隐瞒了此事。从他得知商谈一事之后，就没法不让他参与了，尽管哈利希望如此。但是，戈尔捷说圣约翰是"出于好意"。[197]

在1711年4月底的几天，施鲁斯伯里坚持女王必须在所有大臣面前展示法国的正式停战提议，"就像这份文件送到了她的手上，但没说如何操作"。同时，他还坚持必须马上通过平时惯用的途径（通过在海牙的外交官雷比伯爵）和荷兰政府联系。辉格党公爵已经很喜欢秘密行动了，但还不及哈利喜欢密谋的程度。如此欺瞒内阁和盟友，让他深感不安。他可能已经怀疑到泽西是如何在法国牧师谈判者面前曲解他的言论的。施鲁斯伯里坚持这件事需要向内阁和大使公开，让国务大臣中最重要的一位——圣约翰有了操控的机会。从这一刻起，和法国的谈判落在了他的肩上。[198]

现在，圣约翰不得不采取虽不是他发起、但和他曾表达的想法相符的政策。国务大臣圣约翰比哈利更加活跃，且更有野心。他适

---

① 托西（*Journal inédit*, tr. Masson, 1903, p. 404）说戈尔捷报告说，泽西接受了这笔抚恤金。他在1711年8月去世，对汉诺威王室来说非常有利。*Aff. étr Ang. MSS.*, 230, f. 444; 232, ff. 10–11.

关于泽西的协商和他们的詹姆士党特征，见原文第92—93页。完整的证据可以在 *Aff. étr Ang. MSS.*, Vol, ff. 230-232 中找到。见我从这些文件中摘录的节选，*Eng. Hist. Rev.*, January 1934, pp. 100–105.

宜地将泽西管控到自己手下。甚至在伯爵8月份去世之前，他已经让泽西从谈判中抽身出来了。

一个更加坚定的人来带领谈判确实很好。作为英格兰利益的拥护者，泽西屡屡表现得软弱；直到7月底，他还告诉戈尔捷直布罗陀和马洪港（Port Mahon）会被卖还给西班牙。[199]在机灵的托西手中，他不过是块泥土。幸运的是，在圣约翰接手的时候，和法国之间的协议还只是光秃秃的大纲。他的任务是填上所有重要的细节。这些细节决定了停战对英格兰和她的盟友是好是坏。在唇枪舌剑之间，他和托西几乎旗鼓相当。尽管法国人略胜一筹，他知道托利党政府没法接受在没达成某种形式的停战的前提下撕破脸。但是，幸运的是，法国亦是如此。最终，圣约翰为英格兰争取到了极好的优势。如果说在某些方面圣约翰忽略了英格兰的名誉和盟军的利益，那么泽西一定牺牲得更多。①

1711年3月，马尔伯勒向汉诺威的代理人罗博顿（Robethon）表达了他对内阁首要成员的观点。这些人之前都是他的同僚或者下属。据伯爵所说，罗切斯特和哈利"从未态度坚定地讲过话"，而施鲁斯伯里"比他们还要温顺"。"圣约翰全身心投入谈判中，表现出必要的活力和天赋。"[200]

在1711年夏天和秋天，圣约翰成功实施的策略，是和法国秘密安排英格兰所获巨大收益的细节，而在次年的全体列强会议

---

① 早在1710年，泽西就已经不辞辛劳地建议法国通过单独和公爵签订停战条约，让他获得良好的条款，以此将萨沃伊从大联盟中分离。泽西说，这样可以迫使其他盟友签订协议。这样的建议——在新的英格兰内阁要其他盟友考虑停战条款之前就提供给敌人——是对大同盟原则无端的背叛。Aff. étr Ang. MSS., 230, f.306. E.H.R. January, 1934.

（Conference of Powers）上再定夺在荷兰建立屏障的细节，以及其他盟军要得到的好处。在那场会议中，英法双方已经相互协定，可以指令欧洲其他国家。

作为保障英格兰利益的手段，这个计划有所有优势，而作为保障欧洲和平的手段，这个计划只有部分优势。可能这个计划是唯一能让那么多自大的国家和王公不得不达成共识的方法。《赖斯威克条约》也是像这样，在威廉和路易私下达成协议之后，给欧洲下达指令的。英格兰对它的盟友是否公允，取决于英格兰在会议中在何种程度上保障它们的利益。但是，和法国单独、秘密地商谈，不管这样做是否正当，都让其他所有列强非常反感。因为这样做背叛了《大同盟条约》，让英格兰不惜牺牲朋友的利益建筑自己的巢穴。

欧洲人的反感受到国内辉格党反对派的支持，确实很令人恐惧。面对即将到来的风暴，约瑟夫皇帝突然离世对于英格兰大臣们来说是件幸事；他年轻的弟弟、西班牙的"查理三世"因此成功继承了他在奥匈帝国的哈布斯堡遗产，并被选为查理六世皇帝。圣约翰和托西已经准备好把米兰、那不勒斯（Naples）和尼德兰地区留给他。这是建立在威廉的《大同盟条约》中同意的、分割西班牙帝国的原则基础之上。除了奥地利人，或者是极端狂热的辉格党人，没有人会继续为让查理当上西班牙和西印度的国王而争辩。因为，新的时局会导致查理五世皇帝的复兴，制衡局面被破坏后对哈布斯堡王室有利。在前一年12月，英格兰大臣们向法国保证，将西班牙留给菲利普。在他们还没来得及对公众为这个决定辩护时，约瑟夫皇帝的死让他们的决定变得让人无法抗拒。

在1711年整个夏天和初秋，圣约翰和托西竭尽全力，为英格兰能在停战后获得的利益争论。他俩可谓是棋逢对手，既知道对方，也知道我方对停战的需求；他们两人都很有魄力，几次为了表达一个观点，让整个谈判至少在表面上几陷破裂。直到10月初双方达成协议，谈判一直是在秘密进行的。这是因为，虽然海因修斯正式受到邀请，但考虑法国四月份提议的停战大纲，他并未被告知英格兰正在他背后加入停战协议的细节。

圣约翰是乡绅中的政治领袖。通过谴责贪婪的"有钱人的利益"，他非常清楚如何获得坐在下议院后排席位狐狸猎人的欢呼。然而，他也意识到，英格兰的未来是建立在海上的，它的优势是在贸易，就连乡绅的财富也有赖于我们商贸的繁荣。他决定"款待辉格党"，给我们的商人展示诸多特许权，让他们为此满心期待。而且，由此从法国和西班牙那里敲诈来的优待没荷兰的份儿。尽管这违背了两个海上强国在1709年签订的《屏障条约》中保障了平等的商贸权利。托利党对荷兰的反感，会让辉格党商人阶层的利益得到满足。这样做，一定可以把整个国家团结在新内阁后面。在这样的原则之下，圣约翰着手从托西那里获得的规划中包括从法国手中夺走奴隶专营权，或者说是西属美洲奴隶贸易的垄断，再授予哈利成立的新南海公司；恢复哈得孙湾公司的城堡和领地；把阿卡迪亚和纽芬兰留给我们的渔民；直布罗陀和马洪港成为我们在地中海贸易中的永久保障；英格兰与西班牙半岛的贸易中受到最优待的国家待遇；拆除所有敦刻尔克（Dunkirk）的城堡和长久以来困扰我们商人和海员的法国私掠船建立的海上城堡。这个计划很受欢迎。

圣约翰马上就不仅仅满足于让戈尔捷一人向凡尔赛宫解释他的观点了。必须要让一个英格兰人去表达英格兰的要求。7月，在严格保密的情况下，马修·普赖尔被派去和托西当面争论。这是再合适不过的选择。普赖尔是各社交场所的常客，不仅才智过人，还以社交（society verse）见长；他还是个精通法语、艺术，对宫廷理解出色的外交官（这给他进凡尔赛宫铺平了道路）。在威廉时期，他曾是波特兰大使的秘书。虽然普赖尔现在是托利党人，但他对荷兰省督——国王威廉在位时期的记忆犹新，从来就没成为詹姆士党人。在次年，法国大臣的代理人想让普赖尔卷入詹姆士复辟阴谋的努力作废。而他的英格兰主顾对此事非常坚定。

圣约翰非常机智地没有授权普赖尔在任何情况下结束或者做出丝毫退让。他只能表达英格兰的主张，并为此据理力争。这个任务他执行起来既体现了个人能力，又显得毫不动摇。在经历了和泽西极为不同的打交道之后，这让托西感到沮丧。托西和普赖尔就直布罗陀、马洪港、纽芬兰和其他位置的谈话皆被双方记录，并让后人读起来饶有兴趣。吃惊的托西宣称英格兰要求"如此多的优待，是要毁了除他们以外所有别国的商贸"。而且，他还向普赖尔泄露了荷兰的来信（信中表明荷兰想插上一脚，在英格兰把他们贱卖之前，把自己以更高的要价卖给法国），试图引诱他在慌乱之中接受条约。但是，普赖尔没被他唬住。他有幸与路易大帝进行了一次私人会谈，并全身而退。他没有定下任何事情，但是他尽到了被派来的职责——他让托西和路易确信，新的英格兰内阁在为了他们国家的利益做出诚恳要求。[201]

现在，这些重要谈判的画面转回到了伦敦。普赖尔在一个新的法国代理人——梅纳热的陪同下回国。梅纳热对商贸事宜非常精通，而这正是接下来交易中的重大部分。圣约翰能和梅纳热在会议中用流利法语交谈，并能用流利法语去信凡尔赛宫。这是其他英格兰大臣没有的优势。[202]

在整个八月、九月以及十月的第一周，他和托西都在博弈。谈判有两次几近破裂：一次是关于英格兰要求在西属西印度地区建立

"警戒镇"来保障他们在那里的贸易。这是菲利普五世在任何情况下都不会让步的；另外一次是关于路易要求重建里尔和图尔奈，作为他摧毁敦刻尔克防御工事的交换条件。就这两点，最终双方都做出了妥协。英格兰大臣放弃了他们在西属美洲的领土保障。作为交换，南海公司额外获得了三十年奴隶专营权。[203]同时，图尔奈和里尔的问题被搁置到之后的会议中。会上，路易夺回了里尔，但在经过很长一段时间的斗争之后，放弃了图尔奈。[204]

另外，英格兰大臣在纽芬兰问题上，同意做出让步。托西在凡尔赛宫告诉普赖尔，纽芬兰"是我们海员的苗圃"，它对法国人和对英国人一样重要；之后，他告诉施鲁斯伯里，"要是完全放弃纽芬兰的渔业，会让法国的三个省都一贫如洗"。但是，圣约翰坚持整座岛屿都应该归为英格兰土地，尽管在当地的战争中可以清楚地看出法国人在军事上占据优势。他们在普拉森舍（Placentia）驻军严密，三次攻占了守卫欠佳的圣约翰斯（Saint John's）港。为了达成协议，双方做出退让——如果英格兰的主权和军事占领得以保障，法国渔民有权在海岸上的既定区域晒鱼。做此让步，一部分是圣约翰需要马上让英法之间签订协议，这样在面对盟军的时候能让此成为既定事实（fait accompli）。而且，远征魁北克失利的消息在10月第一周已经传到了英格兰。①

在纽芬兰问题上妥协，让英法在之后的200年间都麻烦不断。在爱德华七世时期，兰斯当（Lansdowne）作为外交大臣仍然在为圣约翰为这处相距甚远、迷雾环绕的海岸线做出的外交决定善后。安妮

---

① Swift to Stella, Oct 6, 1711："今天收到了希尔先生远征失败的新闻。我怀疑希尔先生和他的海军上将采取了错误的措施；但我们全都怪一场风暴等。大臣对希尔先生更痛心，而库务大臣还是像往常一样愉快。"

女王的大臣在做此让步的时候是理智的——他是出于必要，而不是忽视而做此决定；他询问并获得了一份由贸易和种植园理事会提供的、关于当地情况的完整报告。后者报告说"如果法国人保留了在该海岸捕鱼和晾鱼的特权，他们会和女王陛下的子民享有一样的干鱼贸易优势。那我们重新获得纽芬兰的好处就没有了"。

贸易和种植园理事会同时还向他建议，应该保障布雷顿角（Cape Breton），并仔细界定新获得的阿卡迪亚的边界。在这些问题上，由于霍文登·沃克远征魁北克失利，圣约翰又没有满足他们的要求。因此，未来加拿大领土的斗争虽然还没开始，但在《乌得勒支条约》中记载的哈得孙湾、纽芬兰和阿卡迪亚的让步已经让天平向在这些区域的法国人倾斜。虽然这些问题至此还没结束，但已经发生了转变。[205]

整体来说，英格兰做了一次特别出彩的交易，其细节记录在梅纳热代表法国和两位英格兰国务大臣在伦敦签订的"10月初步条款"中。① 圣约翰给女王写信说："这份协议给您的王国带来的优势，可能比其他任何时候，任何国家获得的都多。"他没有加上一句，这些"优势"是马尔伯勒公爵赢来的。他现在受到托利党讨伐，并被他拯救的、还带来荣誉的岛国赶走，流放到国外。

---

① 英格兰在10月全体会议，以及随后在乌得勒支中最主要的优势是：在西属美洲30年的奴隶贸易垄断权；直布罗陀和梅诺卡；圣基茨和阿卡迪亚；纽芬兰和哈得孙湾；摧毁敦刻尔克堡垒；在西班牙的贸易权；安妮女王的头衔和路易承认的依照《1701年王位继承法》的新教徒即位。西属尼德兰、意大利和西西里全都没落在法国手上，也是英格兰安全和贸易的巨大优势。
关于和梅纳热商谈，直至1711年10月全体会议的整个过程，见 Torcy, Legrelle, Matthew Prior, Bol. Letters. 关于奴隶专营权，见 Scelle 的 Traité négriére 第二卷和 C.H.B.E. I, Chap. XI.

确实，有这么一位内阁大臣受到良心谴责。这是出于英格兰盟军（现在已经几乎被他的同僚说成是英格兰的敌人了），而不是马尔伯勒。在1711年8月底，施鲁斯伯里寄信给圣约翰：

再看看这些文件，我更加认为其中一部分是为了你自己讨价还价，而让你的朋友在整个协议中转变主意。我确信，如果公布了这些文件（法国有能力这么做），一定会导致盟军的极大嫉妒和抱怨。

整个9月，他的不安越来越强烈，频繁向女王和他的同僚提出抗议。一方面是为了盟军的利益，另一方面是要求必须迫使路易承认新教徒继承英格兰王位。[206]

施鲁斯伯里的态度并不是完全没有起效。在10月8日签订的初步条款中，除了一系列英格兰的特殊优待，另外一份文件是有关在即将到来的会议上要谈及的余下问题的大致条款。在这份梅纳热签字的文件中，路易承认了女王的头衔，以及在她去世后新教徒对英格兰王位的继承；承诺法国和西班牙的王位永远都不会落到一个人头上；承诺在荷兰建立一道屏障，但没有指明城镇；还提到了允许帝国和奥地利王室建立屏障；约定他会拆除敦刻尔克防御工事但要有对等的回报；最后，在独立的条款中，他还承诺给托利党大臣们唯一喜爱的盟友萨沃伊（Savoy）公爵巨大好处。[207]

毫无疑问，相比英格兰已经确保的特许权如此具体，荷兰、奥地利、普鲁士以及葡萄牙看到这份文件夹在如此宽泛的条款中，极其不满。荷兰人看到英格兰获得的特许权非常愤怒，他们被完全排除在奴隶专营权之外，[208]且历来反对英格兰吞并直布罗陀和马洪港。他们认为这对荷兰在地中海的贸易地位有毁灭性的打击。①

当盟军在辉格党的鼓励下,犹豫是否要参加在此基础上谈判的会议的时候,他们也许是有欠考虑的。但是,英格兰民众对他们的责备,并不应该像圣约翰和斯威夫特所教唆的那样严厉。特别是荷兰人有理由抱怨。上届英格兰内阁在1709年《屏障条约》中向他们保证了具体的好处,即在比利时拥有一个极好的军事和贸易地位,而且在整个西班牙帝国和英格兰拥有平等的贸易权利。为了回报这个承诺,荷兰在英格兰的命令下非常不情愿地拒绝了路易在海特勒伊登贝赫提出的巨大筹码。②刚过一年,现在新的英格兰内阁就撕毁了《屏障条约》。他们和法国一起怪荷兰没有在海特勒伊登贝赫接受条款,还通过和路易签订秘密条约,独占奴隶专营权以及其他很多英格兰获得的利益。这让荷兰人在会议桌上和奥地利人争夺残羹剩饭。

---

① *Ramillies and the Union*,pp. 380–381.
② 见前文第二章。

第十二章 为停战而战之二：国内

托利党大臣们在1710年"10月初步条款"中和法国达成协议。现在，他们不得不让议会在圣诞节前开会通过这个作为未来停战条约的基础，并让盟军在次年初的停战会议上接受。在这样的情况下，大臣们被迫让一双强有力的手来提炼协议内容：让斯威夫特贬低辉格党和盟军；羞辱马尔伯勒；让女王强迫上议院。确实，圣约翰更倾向于这些激进手段，但是牛津为采取这些必要措施感到遗憾。10月时，荷兰和辉格党全盘否定初步条款，且在面对"没拿下西班牙就停战"这个过时的口号成为事实的时候，再次起势的情况还不明朗。

在托利党内阁执政的最初几个月里，他们用诸多保证和公平的话语平息荷兰人的怒火。他们很后悔在奥地利和辉格党的命令下，不得不在海特勒伊登贝赫扮演角色。他们已经不再支持查理对西班牙王位的要求了。甚至，如果英格兰此时同意修改条款、执行1709年《屏障条约》并让荷兰在奴隶专营权上分一杯羹，他们是会接受"10月初步条款"的。但是，圣约翰认为辉格党的《屏障条约》损害了英格兰在尼德兰和其他地区的商贸。而且，他知道路易绝对不会放弃那份著名的文件中提到的所有城镇，比如里尔和图尔奈，他现在已经在为英格兰在世界上其他地方谋求特许权的道路上走得很远了。甚至还包括向牛津保证的，确保他自己的南海公司在西属美洲奴隶贸易中的垄断权。因此，荷兰人对我们提议垄断之前在《屏障条约》中约定要共享的贸易特权感到愤怒。他们开始反对，并和奥地利以及辉格党共谋计策。①

但是，直到1711年11月，辉格党到底要支持哪边都还不明朗。整个11月，萨默斯和哈利法克斯都在试图和牛津联系，想和他做笔交易。[209]他们总相信能够把他和圣约翰分开。1711年早些时候，他们计划让哈利和十月俱乐部划清界限，并在萨默塞特公爵夫人的帮助下，说服女王再举行一次大选，让六年前的联合政府复兴。他们和汉诺威的代理人讨论过此事，认为这是保障新教徒继承英格兰王位最好的办法。但是，当汉诺威的代理人咨询马尔伯勒的时候，他宣称这个计划是不可能实现的。因为公众对辉格党非常反感，新的大选不会带来想要的结果。他警告汉诺威托利主义的强势，以及当时英格兰国内的詹姆士党。[210]

那么，马尔伯勒是否能被牛津引诱，和辉格党分开，并支持停战呢？内阁可以做很多事情为他效劳，也可以做很多事情诋毁他。尽管女王解除了他的妻子在宫廷中的所有职位，但他本人仍然是总指挥官——只不过不再是"终生的"——而且还身居数个要职，并领取可观报酬，牛津和他的关系仍然很好。1711年5月，他告诉汉诺威的代理，他既不对托利党也不对辉格党宣誓。确实，他很厌恶两边当中那些被他称为"卑鄙的、庞大的派系"。但是，不管他选择英格兰两党中的哪一边，他都已经下定决心要保持未来乔治国王

---

① *Geyl*, pp. 26–29; *Montgomery*, pp. 187–238, especially, pp. 224–235. 我借此机会请大家注意蒙哥马利夫人绝好地延续了盖基关于荷兰屏障的作品。*H.M.C. Portland*, V, pp. 158–159, and IX, pp. 293–297, 324；关于1709年《屏障条约》，见前文第2章。

的宠爱。不管他会出于对无法阻止的复辟的担心，给詹姆士党代理人怎样的严正声明，公爵都是明显支持汉诺威的。他秘密给选帝侯的代表们建议，用他比辉格党更加清晰的洞见，为了汉诺威的利益，判断英格兰的形势。

因此，当为了欧洲诸国目的的德意志亲王乔治谴责"10月初步条款"和没有拿下西班牙就停战时，马尔伯勒不得不照做。选帝侯给他在英格兰的全权公使博思马尔的指令中有一个短语一定让马尔伯勒特别高兴："法国的防御已经支离破碎了，只要再攻下来一座城堡，盟军就能到达法国中心，随便开价。"[211]

在汉诺威带领下反对停战的不仅仅是公爵，还有辉格党，以及其他所有那些放弃寄希望于再受安妮女王青睐，而单单转投她的继任者未来能赐予恩惠的人。因此，乔治成了现在为了继续打仗而组成的、这支令人生畏的盟军和辉格党联盟的中心。选帝侯相信，托利党大臣们的外交政策背叛了盟军的初衷。而且，他还因为他们秘密支持詹姆士而感到愤怒。作为回报，乔治对托利党大臣的外交政策的敌意，说服了安妮女王的公仆——只要他上位，一定马上把他们抛弃；这种想法让他们更加陷入帮助斯图亚特复辟来取代汉诺威继承英格兰王位的阴谋中。这是一个恶性循环。在政客的脑海中，停战的目的和老僭王的目的不谋而合。但是，英格兰人民的良好判断力最终将两者分开。

圣约翰预见并迎接了即将为停战而进行的斗争。他提早采取措施，为分歧做准备。斯威夫特的《考察者》让其成为这个时代最伟大的政治争论者。而他和两位敌对的托利党领袖的私人友谊，让他对抗公敌最为容易。要让斯威夫特效劳，必须平等对待他，而不能像利用可怜的笛福那样。文人和英格兰统治者之间的非正式交流在

1711年夏天的时候被牛津和圣约翰推向极致。当时，国务大臣建立了他的"兄弟"俱乐部——由托利党政治家和作者组成——和辉格党的基特-卡特俱乐部（Kit-Cat）对抗。在他的计划中，他们的晚餐"绝不像基特-卡特俱乐部那样铺张浪费，或像牛排俱乐部（the Beefstake）那样让人喝得酩酊大醉。我们社团的目的是增进友谊，鼓励通信。许多重要人士都会被记住，而其他人也会转而赞同他们的观点"。在这个著名的伦敦晚餐俱乐部里，牛津、圣约翰、斯威夫特、阿巴斯诺特（Arbuthnot）和普赖尔是其主要成员。[212]

1711年9月和10月，库务大臣和国务大臣经常用他们的马车，把斯威夫特带到温莎去，在那里整晚款待他。在那里，圣约翰把国家内部机密告诉了他——这是最让人无法抗拒的恭维。但是，大臣们和法国一起支持詹姆士党的阴谋从来没有泄露给这个爱尔兰新教徒。但是，由于他是为了停战申辩，从其他方面来说，斯威夫特被深深卷入了内部决策之中。

温莎1711年9月28日［斯威夫特致斯特拉］在国务大臣的要求下，我提早一天到了这里。我同他、普赖尔，以及其他两位秘密从法国来的大臣和一位法国牧师［梅纳热、杜波依斯（Du Bois）以及戈尔捷神父］共进晚餐。我们和法国已经谈好了所有事宜，而且对英格兰来说充满荣誉，而且非常有利；女王非常开心。所有这些新闻都是非常机密的；民众只知道即将停战。斯特拉福德伯爵马上会去荷兰，让他们知道我们在干嘛。接下来就是人麻烦了；但是，我们会想方设法让他们接受的。法国大臣们和我们一直待到一点。我和国务大臣谈到了两点。

通过这个方式,圣约翰让斯威夫特为写他最伟大的小册子《盟军的行为》做足了准备。这本小册子在议会开会前一周、11月底问世,让反对停战的敌人受到毁灭性打击。

和这群冰冷的、集中的力量一起,斯威夫特可以用英语向世界陈情,为"没拿下西班牙就停战"做出有效的辩护。他揭露了1709—1710年拒绝路易的提议是多么的放纵,以及我们在半岛的军事行动的徒劳无功。马尔伯勒和辉格党把这当作外交的首要目标,却在军事行动中当作次要目标。他把大众的思想又带回到1701年签订的《大同盟条约》的条款上。该条款包含了盟军战争的最初目标。圣约翰鼓吹自己实现了这些目标,还为英格兰谋取了额外利益。斯威夫特中肯地提醒大众,在那份条约中,"没有一个字"提到了要把菲利普赶出西班牙。

《盟军的行为》有力地帮助欧洲在唯一可能的条件下取得停战。但是,其中有些辩护是强词夺理,有失公允的,尤其是关于战争初期的部分。1711年,为停战而做的真正辩护,只有承认马尔伯勒把欧洲和英格兰从法国的主导中拯救出来,才能加强说服力。恢复力量制衡,把法国人从巴伐利亚、意大利以及比利时赶出去,这些不仅仅是英格兰的成就,还对英格兰意义重大。然而,斯威夫特认为合理的辩护,是英格兰从战争中没有获得任何优势,一直以来只是奥地利和荷兰利用的工具。据他所说,我们应该让荷兰和德意志竭尽所能,自行在欧洲抵抗,而让我们的军舰占据西班牙的殖民地。我们应该对比利时、意大利、德意志的命运漠不关心。圣约翰更明事理,这从他过去的行为和他之后的文字中都能看出。但是,在1711年正是圣约翰的提示让国人忘记了欠马尔伯勒的一切,还让人们对法国的厌恶转变成对奥地利和荷兰的憎恨。①在斯威夫特的帮助下，圣约翰大体来说成功了。因此，对过去忘恩负义的误读取得了对未来令人满意的清算。人世常常"落入堕落的激流中"。然而，在党争中最重要的事情并不总是为正道作最真实的辩护。

《盟军的行为》的影响，对于当时政界的一小部分受过教育的民众来说是极大的。在一个月内，其销量达到1.1万册——"一个巨大的数字"，约翰逊博士说，"在当时，我们国人还没有普遍接受教育识字"。在它出版的一个星期之后，一位基督教堂学院的教师写信给爱德华·哈利（Edward Harley），"这本关于盟军管理和上届内阁行为的书，正是你想要的。它会让全国的绅士都像你希望的那样同仇敌忾。他们已经做好准备，在英格兰国内为了海外停战而战斗"。[213]

斯威夫特所能提供的所有帮助正是为了达到停战目的所需要的。随着议会圣诞节休假期将近，反对党变得越来越自信，而执政党议员们越发坐立不安，意见不一。在这样的氛围中，如果政府在上议院被打败，就会垮台，倘若他们没法获得在下议院占据多数席位的托利党全心全意、意见一致的支持。11月的时候，波利特伯爵写信给牛津：

> 总体来说，现在女王的敌人相互间的理解比女王的朋友和公仆更好。长期以来，对手准备会面，这会决定欧洲和英格兰的命运。[214]

---

① 1712年2月，下议院通过了一系列决议，控诉荷兰在整个战争期间没能提供足够他们配额的兵力、船只和补贴。这些抱怨（*Parl. Hist.* VI, 1090）应该被仔细拿来和荷兰议会的回应进行比较［*P.R.O.*（*S.P.*），87，4，ff. 190–207］。总体来说，我认为荷兰人对此事的回答是最好的。相较于他们更少的人数和财富，荷兰人在战争中的努力是巨大的；作为一个国家，战争花费对他们造成的损失远远超过了我们。而一个更好的例子应该是针对奥地利。

托利党在下议院中占据绝大多数席位，但却是一盘散沙。在牛津去了上议院之后，圣约翰领导的托利党对他的管理并不满意。有人高呼，牛津拒绝把所有辉格党人排除在军队、法官和公职系统之外。这些高教会派托利党人没为自己或者亲友谋到职位，觉得他们被胜利者的花言巧语欺骗了。那些最不配获得奖励的人，团结起来，建立了"三月俱乐部"。他们宣称"十月俱乐部"的人已经把自己出卖给政府了。牛津不得不收买"三月俱乐部"的人，承诺给他们好处。但是，胜利果实没法由那么多人分享，除非女王和库务大臣准备好把所有的辉格党和温和派排除在公职和军队之外，直到毁了机构。他们拒绝这么做，这点值得赞赏。这和9年前类似情况下他们这样做一致。[215]

在这样的情形下，辉格党领袖们在议会开会前几天碰面，又一次接近牛津，想和他结盟。他们准备帮助他在上议院通过《偶奉国教法案》。如果辉格党反对，该法案是没法在上议院通过的。毫无疑问，作为回报，他们期望他能重组内阁，修改停战的条款。[216]

牛津拒绝了这个危险的结盟。他相信自己政府制定的停战政策。此时，他给萨默塞特公爵写的信中态度肯定，为圣约翰和法国的条约进行辩护：

没有任何诚实或者明智的人能挑战如果错过这次机会所带来的后果。如果现在所有的计策和不安能把条约从女王手中抢走，最终还是会停战的。但是，到时候不管是怎样的停战条件，英格兰什么也得不到。不管是荣誉，安全还是利益。[217]

辉格党没法让牛津陷入圈套，但是他们逮住了诺丁汉。这个高大、忧郁、浓眉的男人，穿着有很深口袋的长款过时大衣。他还是和当初成为安妮女王第一任内阁中首要国务大臣时一样，诚实的"阴郁鬼"（Dismal）。1704年，他因为高教会派托利党的原则辞职，但六年后哈利把他排除在新建内阁之外。现在，他被之前的同僚说成"你能想象一个久居荒野之人会变得何等阴郁、狂躁"。[218]

辉格党接近了这个孤立、但仍然让人敬畏的前辈，和他保持良好关系，结成盟友。他们协议，在议会期开始那天，诺丁汉要在演讲中加入一条修正案，保证上议院反对没有拿下西班牙就停战。作为条件，辉格党上议院议员牺牲了非国教委托人的利益，让他通过《偶奉国教法案》。① 非国教者非常沉痛地表达了对此交易的不满，但是他们不拘于教条的贵族主顾们，说舍小利，才能谋大利。他们辩称，只有这样，才能打败教皇，确保新教徒继位。[219]

辉格党为了推翻现任内阁的党争和停战，而牺牲了他们宗教宽容的原则。但是诺丁汉和以前一样心胸狭窄，刚正不阿，全然没有放弃他真正的观点。和十年前相比，他未曾改变对《偶奉国教法案》的支持，和把西班牙割让给菲利普的反对。无论是在辉格党还是在托利党的政治家当中，他一直都是唯一把奥地利查理在马德里登基当作整个战争的首要目标。② 但是，尽管是"阴郁鬼"，和往常一样，他坚定正派。很自然，托利党谴责他是个叛徒，为了仕途而与辉格党为伍。

斯威夫特用一首尖酸的讽刺诗让整个伦敦都乐开了花：

---

① 关于《偶奉国教法案》的原则，见 Blenheim, pp. 277 及以下，等等。
② 见 Blenheim, p. 303.

诺丁汉郡出了个阴郁的演说家，
昧着良心活了四十岁，
对他的国家狂热之至，为了谋个一官半职，
现在出来侵犯，打破女王的和平。
"我一直都假装为了托利党"
"我回答：我多么喜欢托利党，"
"直到我所有的亲故都上了位。"
"但是我一直都坚持原则，"
"在我不玩的时候，我要抛弃挚友了。"

另一方面，辉格党扬扬得意，赞美他的爱国情怀，祝他身体康健，还大声高喊："是这个阴郁鬼最终救了英格兰啊。"

在一段时间内，剧情发展得很好。诺丁汉的请求在上议院议员看来"如果西班牙和西印度群岛分给了波旁王朝的任何分支，就没有任何停战会对大不列颠或者欧洲来说是安全或者高尚的"。这获得了马尔伯勒和辉格党的支持，以62票对54票获胜。据说，牛津疏于鼓动他的人，特别是八个苏格兰贵族"代理人"没能及时到来。几天之后，上议院快速通过了《偶奉国教法案》，在此之前该法案在上议院一直没能成功通过。该法案成为法律，直到乔治一世在位的时候才被废除。

但是，除了诺丁汉和非国教者，伦敦没有一个人稍微思考一下《偶奉国教法案》。正是因为上议院反对没有拿下西班牙而停战才导致了危机。在我们这代人看来，一定很奇怪。上议院在外交政策上投了充满敌意的一票，会对在下议院拥有三分之二席位的多数派政府造成致命阻碍——这一现象于我们这代人来说很奇怪。但是确实如此。那时两院相对关系以及宪法的习惯是，除非政府能够推翻投票，否则就会当作是被摧毁了。甚至连斯威夫特都对马沙姆夫人宣称，牛津和女王背叛了他们，现在他们满盘皆输。

辉格党都扬扬得意；他们预示了最终结局如何，但我们相信他们在吹嘘。他们说议会不会在圣诞节前解散，但可能会如此。这都是可恶的萨默塞特公爵夫人做的好事……今天早上，我和国务大臣在一起；我们都认为女王做错了……刘易斯相信，马上萨默塞特公爵夫人就会解散议会，再通过操纵大选，好让辉格党重新控制议会。[220]

但是，女王没有做错。她和牛津还有一招。在新年的时候，女王赐封了12位托利党贵族，拯救了时局。马沙姆夫人的丈夫是其中之一。女王和她的库务大臣计划在其他内阁成员不知情的情况下，发动政变。次位国务大臣达特茅斯告诉我们：

我从来没有如此惊讶，女王从她的口袋中拿出了一份12位贵族的名单，命令我给他们带去授权状。在执行以前，完全没有任何征兆。我询问她，是否想让他们马上都成为贵族。她问我这样做是否违法。我说，没有。但是我对这个权宜之计深感怀疑。因为我担心它对上议院带来不利影响，还有损联合王国。我认为告知她我的担心和执行她的命令一样，是我职责所在。她感谢了我，并说她和我一样也不喜欢这个权宜之计。但是，没有人能想到更好的法子。

当达特茅斯之后规劝牛津的时候，他回答说，他已经厌倦了依赖腐败的苏格兰贵族，"因为只要一投票就想要回报"。在这种情况下,是牛津下定了决心行动。[221]

如果连被这次及时运用特权拯救了的内阁成员都认为这样做滥用了宪法,可以想象辉格党有多愤怒。但是,他们发现自己很绝望。库务大臣英勇的行动团结了托利党中不满人群,他们满腔热情地围绕在他的身边——这是最后一次。没人能够抗拒女王赐封贵族的法律特权;反对党领袖唯一能做的是说这是我们历史中从未出现的情况,让人联想到詹姆士二世云云。[222]但是,没有人记录这些话。托利党的激动,英格兰人对王位的效忠和国家对停战的渴望交织成一股激情,击垮了辉格党和盟军的抵抗。

安妮女王在位时期的任何政治事件都没有像这件事一样马上让伦敦兴奋愉快。不仅内阁和停战被这一突如其来、方式新颖的策略拯救了,女王还一口气赐封12个贵族的事情成了八卦、嫉妒和玩笑的绝佳话题。在上议院,沃顿如此问即将落座的12个人,"他们是不是由工头选出来的"。施鲁斯伯里的意大利公爵夫人——这个故事是这么说的——去拜访牛津夫人,说:"夫人,我和我们大人特别担心讨论政治。您和您家大人呢?"虔诚的牛津夫人叹了口气,回答道:"除了上帝(Lord Jehovah),我不认识任何新的贵族。""哦,天啊!夫人,那是谁啊?"公爵夫人惊呼道,她没有自小研习《圣经》,"我相信这肯定是个新的头衔,我从来没有听说过他。"一年之后,演员伊丽莎白·巴里(Elizabeth Barry)死于发烧。在她说胡话的时候,借着最后一口气,不断重复她编造的一句话:

哈,哈!他们成批成为贵族。[223]

一个新的宪法武器被锻造出来。这个先例沉睡了一百多年,但从未被忘记。鉴于安妮女王在牛津要求下做的行为，格雷伯爵得以说服不情愿的威廉四世，除了革命还有其他手段可以用来克服贵族对《改革法案》的抵抗。还有《1911年议会法案》也是用同样的方法通过的。在这之后的例子中，赐封的人数甚至更多。这一原因部分导致了威胁要赐封被用来取代真正的赐封。但是，牛津和安妮女王使我们的宪法如此灵活，能够存活，他俩必须共享这份荣誉。

有人担心，女王和牛津长久以来为英格兰提供了伟大的服务，到这里已经到达顶峰了。在这之后，牛津习惯性的谨慎让他变得懒惰不已，拒绝做决定。同时，有传闻酗酒导致了他身体状况的恶化。安妮女王的健康每况愈下，也同样让她没法行动。他们俩之后再也没能像在此时一样临危受命，掌控全局。

辉格党落败接踵而至，马上变得溃不成军。首先两位令人生畏的反对党领袖被打倒：圣约翰在下议院唯一的对手沃波尔现在在党内决策中的地位和萨默斯或者沃顿平起平坐；在法国边境指挥盟军的马尔伯勒仍然给欧洲的主战派带去希望，在没有圣约翰的帮助下在巴黎规定停战合约。

在那个时代，要想把当时简陋的习惯允许的财政异常当作是被告的罪行来控诉对手腐败是很容易的。这是五十步笑百步：圣约翰带头攻击沃波尔和马尔伯勒，控诉他们收受非法佣金。

在头一年4月，对沃波尔的一次准备不当的控诉在真相面前完全破碎。[①] 12月，一次更小但更加真实的控诉在下议院讨论。在赐封了12位贵族之后的14天，沃波尔寄居在伦敦塔里。下议院议长布罗姆利告诉圣约翰把沃波尔从下议院赶出去是"一件必要的事情"。

---

① 见上文第7章。

他做了一件19世纪任何英格兰政治家都梦寐以求的事情,但在安妮女王在位时期没有多少人认为这是错的。作为战时大臣,他帮助他的亲戚以及地产代理人罗伯特·曼恩(Robert Mann)从一份军队的饲料合同中获得了1000镑。沃波尔本人没有染指。[①]他被赶出了下议院。但是,反对他的人越来越少,表明很多托利党人都认为诉讼是恶意为之的。投沃波尔有罪的有57票,驱逐出下议院的有22票,而收押到伦敦塔中的只有不超过12票。他所在的金斯林(King's Lynn)选区重新选了他,以此表达对诉讼的态度,尽管下议院认定他的重新当选无效。他被党内所有人称为烈士。7月,他被从伦敦塔释放出来,盛名更旺,立即恢复了他当时在党内的领导地位。[224]

对马尔伯勒的相同攻击对欧洲是重要的大事,在国外被当成是全国忘恩负义、令人震惊的例子。最多只能把这种行为当作是保证停战的必要举措。为了避免次年战事再起,有必要让一个和女王的大臣们关系更亲近,而与她的盟军疏远的将军取代好战的公爵。这个人要准备好和维拉尔,而不是欧根交换情报。这是很容易理解的。但是,不幸的是,直到他们通过控诉他腐败而诋毁他的名声之前,牛津和圣约翰都不敢把马尔伯勒撤下,换上奥蒙德。这般控诉就完善了斯威夫特和其他受雇于一小撮托利党的文人正在紧锣密鼓地为易骗的民众创作的画作。

在下议院,对马尔伯勒有两项指控。所罗门·梅迪纳(Solomon Medina)爵士有给盟军提供面包的合同。他陈述说,在1702年到

---

① 虽然有可能,但不能肯定他间接地获利了。据记载,曼恩的儿子在谈话中说道:"沃波尔先生伪造合同收到的总数本是仅供曼恩先生所用的;他在必要的时候把钱预付给了罗伯特爵士。"斯特灵·泰勒先生(*Walpole*, p.118)认为这证明了"给曼恩先生的付款是为了付清欠款"。但是没有明确说明。沃波尔可能之前已经偿还了欠款。

1711年之间，他给公爵支付了超过6.3万镑的佣金。第二项指控，是公爵从英格兰雇佣的外国军队费用中抽取了2.5%的费用，超过了28万镑。

关于这2.5%费用的指控完全是无中生有。公爵表示，收取这笔费用是来支付为了战争目的而进行的秘密情报搜集工作，是统帅公开的传统。他展示了安妮特别批准了此事；确实，上面是有女王的签名的！只要是知道马尔伯勒的作战手段，就一定不会怀疑他是当时"消息最灵通"的将军，一定在秘密情报方面花费了巨款。[225]

另外，从梅迪纳的面包合同中收受佣金的指控更加严重，在后世是会被当作腐败的。但是，当马尔伯勒宣称他用这笔费用支付秘密情报的时候，没法证明他到底用了多少。他把英格兰救于水火，还为其带来巨大财富，但这么快就被国家清算。他用买来的军事情报为英格兰效力，这种做法前无古人。正是他善于利用这些情报而完成了一次又一次光荣的军事行动。其他政治家和将军们也收受佣金，却没有给国家任何回报。带头指控他的那个，几个月前才在远征魁北克计划中中饱私囊，他没有因为秘密情报问题受到质疑，甚至都没攻打魁北克！而且，就算公爵在面包合同中收了佣金，没有任何军队像他带的那样装备精良，物资充裕。士兵们没有抱怨他的津贴，因为马尔伯勒让他们有饭吃，打胜仗。

在构想出对马尔伯勒的指控不久，但还没审问之前，将获得的胜利和君王荣誉都大大归功于马尔伯勒的女王给他写了一封解雇信，废除了他所有职位。信中用词"让公爵大为光火，他把信往火炉里一丢。虽然他不是一个容易激动的人"。这份世界上最著名的友谊之一就这样令人惋惜地收场。[226]

整个国家比健忘的女王和为了自己上位的政客们更心怀感恩。

许多英格兰人为公爵被如此对待感到惭愧。在他被羞辱后的一个月里，来他晨会接受接见的人比以往更多；马尔伯勒走在路上总有过路人为他喝彩。在各地有报道称："不管是托利党还是辉格党都举杯祝马尔伯勒公爵身体康健"。[227]

在他被撤职的几个月里，他的朋友、享誉盛名并与他有着共同敌人的欧根登陆英格兰。欧根亲王被新皇帝查理四世派来，想利用他的影响力阻止没有拿下西班牙的停战。他来是为了给出一个已经耽误了时机的提议，即在1712年的军事行动中，把3万奥地利和帝国士兵派到半岛：这本该在几年前就提出的。欧根的到来，是为了弥补皇帝的公使加拉斯（Gallas）伯爵的失败。他极其冒失，公开同辉格党以及其他抗议和密谋阻止停战的人士为伍。11月时，女王禁止他踏入宫廷，并要求把他召回。维也纳方面认为不管是女王还是她的大臣都不敢对欧根无理。[228]

确实，他的到来不仅收获了崇敬，还获得了全民热情。政府和反对党争着夹道欢迎他，为的是让他为己所用。辉格党称赞他是他们受伤的英雄在战场上的朋友和伙伴，来帮助他避免一场不光彩的停战。托利党同样高度赞扬他，说他是比马尔伯勒更伟大的将军、更高贵的人。① 但是，把这两位军事奇才联系起来、格外没法叫人嫉

---

① 比如，辉格党对待欧根到访的例子可见森特利弗夫人将她的戏剧《困惑的恋人》献给了亲王：
"欧根和马尔伯勒，全欧洲都晓他们大名
天生的真正英雄和战争中的兄弟
什么时候真正的功勋会受到应得的奖赏
而法国的朋友会被宣布是英格兰的敌人？"
托利党的例子可见 Mayor, p.373：在伦敦的舞台上"欧根亲王因他的宽容受到追捧，而马尔伯勒因贪婪而遭受辱骂"。

妒的友谊更加驳斥了托利党为了恭维欧根所说的——马尔伯勒杀敌一千，而欧根能杀敌一万。亲王所到之处都有公爵陪伴，明智地避免了和反对派或者是执政党议员同行。他不喜欢他们的政治。斯特拉福德夫人在圣詹姆士广场写道："这群暴民非常喜爱亲王。他的马车没法出行，而他本人都快被人们的喝彩声杀死了。"[229]

就像斯威夫特预言的那样，欧根到访"为时已晚，无法造福辉格党"。这对我们的政治来说没有任何影响。但是，这被记载在我们的文学中：罗杰·德·科弗利爵士从伍斯特郡赶来看"欧根亲王"，并且"站在一个方便的、能看到这个不同凡响的人全身的位置。他的到访对英格兰来说是多大的荣誉"。时值1月，这位好心的托利党准男爵找了个机会给他的朋友旁观者（Spectator）描述他最近的圣诞庆典。在庆典活动中，他照例开放了乡间的房子，并且"杀了八头肥猪"，送给"教区内每个贫困家庭一串猪肉布丁和一副牌"。之后，他开始称赞最近议会通过的法案保障了英格兰国教。他还心满意足地告诉我，他相信这个法案已经开始生效了；一个恰好在圣诞节那天在他家享用晚餐的严格的非国教徒，被发现食用了很多李子粥。[230]

从某个方面来说，艾迪生把罗杰爵士带来伦敦是不合时宜的，因为民众现在对年轻贵族流氓非常愤怒。这群人以最近访问伦敦的红皮肤印第安人命名，是由年轻的法学生组成。他们"有素质"，夜间在路上滋事，殴打看守，攻击息事宁人的市民，打破男人的鼻子，还把女人装在木桶中从斯诺希尔（Snow Hill）滚下去，造成了恐慌。托利党宣称，他们想要谋杀内阁的辉格党人，但他们似乎只是这个永恒的党派分歧中的极端分子，就像福斯塔夫（Falstaff）的"月亮的仆人"，以及弥尔顿的"恶魔之子，因为傲慢和纵酒而膨胀"。①

出于对这群年轻贵族流氓的恐惧,罗杰爵士的马车在他朋友们的保护下缓慢、隆重地向剧院行进:

哨兵队长告诉罗杰爵士不要害怕,他佩带了之前在斯滕柯克(Steenkirk)战役中使用的佩剑。我发现,罗杰爵士的仆人,以及我的老朋友男管家,也携带了用橡木制成的武器。当我们把他带到马车上的时候,我在他的左边,队长在他的前面,他的管家带领一众侍从跟在后面。我们把他安全地送到剧院里。[231]

有人担心,在这个不完美的世界里,有和艾迪生笔下罗杰·德·科弗利爵士不同的乡野绅士。因此,在1712年初,远居淳朴的偏远地区的赫伯特·雅各布(Herbert Jacob)给他在邪恶的伦敦城里的朋友写信:

我没法像你之前款待我一样优雅地娱乐你。现在乡绅谈论的主要话题是较量谁的品行更不端。好像越受尊敬的人越不遗余力。每次铺张浪费的狂欢都要以一两瓶纯粹的白兰地收场,还要在伸手不见五指的半夜走六七英里路。[232]

---

① 这是一个假冒的阴谋,以詹姆士党间谍、耶稣会会士的学生普伦基特发明的奥茨样式命名。据这个奇谈所说,马尔伯勒和欧根已经密谋夺取伦敦塔,在伦敦放火,并且要谋杀大臣们。但是,这些预期的受害者们并不相信他们面临这种危险。*Leadam*, pp. 193–194; *Coxe*, Chap. CVII, pp. 491–495, ed. 1819; *Klopp*, XIV, p. 256; *Macpherson*, II, pp. 282–283, 309–311, 451–456.

这些酩酊大醉的乡绅或者农民在枝繁叶茂的树下走夜路，和致命的天花一样让人担心。这让他们焦急的妻子守到天蒙蒙亮都不能入睡。她们就像没了主人的战马一样注视着大门，打发害怕的仆人去路边的沟渠寻找。

与此同时，在伦敦，小册子和报纸的交战达到顶峰。这是我们的政治文学中文学品质达到巅峰的时刻。在斯威夫特、艾迪生以及笛福这样的天才之列中，现在加入了阿巴斯诺特。他是一位品行优良的托利党医生，为支持停战写了一篇讽刺文章——《约翰牛的历史》。在1712年整年不断更新；它把战争比作了一次国家之间的法律诉讼，现在读起来还让人愉悦。而且，它永远确定了"约翰牛"这个对英格兰人的称呼。阿巴斯诺特把英格兰人刻画成一个粗犷、大方、易怒、顽固但是可以被说服的乡下人形象，对于当时英格兰民众来说并不算差。在此之后的一百年后，吉尔雷（Gillray）和老道尔（Doyle）将他描绘的淳朴形象永久地运用到了艺术中。

然后，斯威夫特的《盟军的行为》激发了很多人的回应：其中所作篇幅最长的当属马尔伯勒军中牧师弗朗西斯·黑尔（Francis Hare）。他注定在辉格党繁盛和汉诺威时期和平的年代成为主教。圣约翰被敌人的不懈抵抗惹怒，想起来给小册子和报纸上重税，好让一小撮反对党闭嘴，而政府可以付钱让斯威夫特和他们的人继续写作。因此，他通过了一项印花税，对报纸和小册子每页收费一便士，而出现在公众出版物的每条广告收费一先令。这在1712年8月初开始生效，而7号斯威夫特给斯特拉的信中写道：

你知道葛拉布街上周已经不复从前了吗？再也没有孤魂野鬼，或者是为了爱情和钱财而杀人的人了。过去两周我辛勤写作，出版了至少7份便士报（Penny Papers），包括我自己和别人的文章。但是现在，普通半页就要给女王支付半便士。《观察者》(The Observator) 已经垮了；《杂谈》现在和《邮报》掺和在一起；《考察者》已经病重；《旁观者》正努力维持，价格涨了一倍。

在两党争斗之中，这次征税并没有如圣约翰希望的那样有效，因为辉格党联合起来，资助他们的出版物。在安妮女王在位的最后两年，小册子仍然像瓦隆布罗萨（Vallombrosa）的树叶一样繁茂。但是，无论是好是坏，那些廉价的通俗出版物消失了。直到19世纪，废除"给知识征税"成为自由党政府的政策之前。[233]

这个不寻常的证据证明了自从光荣革命以来，自由的习惯在这座岛上根深蒂固的程度。圣约翰从来没有为了达到目的，而冒险采用重新通过《出版物审查》法案这种更直接的手段。尽管该法案到1695年才被废除。反对派写手和出版商可以发表他们想要发表或能够支付的任何出版物。但是，他们仍然冒着因为发表煽动言论或者诋毁而被起诉的巨大风险。政府可以随心所欲地起诉，斯威夫特强烈要求如此：

这些把《邮报》和《杂谈》写在一张纸上的、葛拉布街的魔鬼、流氓。他们是不会闭嘴的。他们一直抨击库务大臣、博林布罗克子爵和我。我们起诉了那个走狗，但博林布罗克不是很积极。他是个苏格兰流氓，叫里德帕斯（Ridpath）。

但是，就连这种镇压都受到了限制——在光荣革命清算后，除了君王禅位，法官是没法被罢免的。首席法官帕克在辉格党即将下台之前就任：至少在女王去世前，他都是被钉在那里的。他拒绝支持把辉格党小册子作者带到他面前的詹姆士党，甚至几次试图发现和制止匿名撰写《盟军的行为》的作者。斯威夫特非常气愤，他编造并出版了荒谬言论，说这个辉格党法官"经常跪着为退位了的老僭王祈福安康"。[234]

然而，即便有帕克，很多反对党的写手和出版商都被送进了监狱。沃波尔没找到有胆量出版他写的小册子的人，因此他在自己家里建了一个出版社将其出版。[235]但是，令人惊奇的不是一些反对党写手被惩罚，而其他人因为害怕而小心翼翼，而是他们所有人都没有沉默。原因是两党制保护了还在襁褓中的言论自由。不管是托利党还是辉格党成为反对派，当政府威胁他们的人的时候，他们众志成城。哪怕是一个最小的印刷厂或者出版商聘请的文人，如果被政府起诉，都会希望得到整个辉格党或者托利党的支持。我们可怕的党争虽然充满了胡说八道和暴力行为，但保护了谈论者的自由。只有那些没这么文明的国家，才会除了执政党以外没有任何党派存在。不管是在18世纪，还是20世纪，出版和人的自由会被完全摧毁。但这不是英格兰的传统。①

在仲夏的时候，圣约翰觉得有必要要求因他做出的杰出贡献而得到奖赏。他被保证，如果直到会期结束的时候他一直留在下议院领导，他会被提拔到比他之前为了停战进入上议院的十二位男爵更高的等级。在休会期开始的时候，他极其谦卑地写信询问牛津，

---

① 在国家档案馆（P.R.O.（S.P.）. ff. 11–15）我们能找到乡下的党派人士送往国务大臣在伦敦的办公室的持续的信息——谴责所谓的个人反对政府的言论——托利党的言论直到1710年底，而辉格党的言论直到内阁换届。但是，鲜有人因为这些叙事而受到起诉；比如1711年6月（15, f.160）展开了调查，结论如下："尚克林先生是一个非国教徒，但他是个安静的人，不太可能说出这样的话。"

他们的女主人是否会赐封他为博林布罗克伯爵。用他的话说，这是自以为是、三心二意的他所望尘莫及的。女王把他的谦卑当了真，赐了他子爵的头衔。这对于他来说是残忍的一击。圣约翰企图留在下议院当领袖，而不去上议院跻身牛津和达特茅斯伯爵之后，但为时已晚。最后他毫不隐藏他的愤怒，接受了子爵头衔。牛津讽刺地写道："这会导致新的动乱。因为他不是伯爵。这上升到反对马沙姆夫人和其他所有人的高度，除了那个鼓励他这样做，却在口头上对此表示反对的人（是掌玺大臣哈考特吗？）。库务大臣竭尽所能将此事化解，在任何场合，博林布罗克都不被允许去巴黎，好让他高兴。"但是，此时这位英格兰首席谈判官去巴黎的"情况"比牛津允许的要多。毫无疑问，让他作为一名要员被凡尔赛宫接见，是为了让博林布罗克的自尊心得以满足。在他生命结束的时候，他认为在赐封贵族这个问题上被玩弄了，在下一位君主在位时，他写信给威廉·温德姆爵士："我受到提拔，被拖进了上议院。这对我来说与其说是奖赏，倒不如说是惩罚；我留在上议院为快要达成的条约辩护。我觉得我的女主人待我不好。"10月发生的事情更糟：有六位之多的人授勋嘉德骑士。其中包括库务大臣，而没包括国务大臣；牛津写道："这成了他忧虑的新理由。"这些事情在现在听起来可能不值一提，但对涉及此事的人们来说很重要。在安妮去世后，国家的命运，有可能取决于牛津和博林布罗克的私人关系，而他们两人愈加分道扬镳。①

---

① 7月17日，斯威夫特写信给斯特拉："你一定听说国务大臣圣约翰成为博林布罗克子爵了。我几乎没法说服他接受这个头衔，因为他家族最古老的一支是伯爵，而它在去年消失了。" *H.M.C. Portland*, V, pp. 194, 198, 465. 还可见博林布罗克1712年7月23日给斯特拉福德的信，*Bol. Letters*, II, pp. 484–485："我所得女王的青睐仍然很少，和她设法赐予我的一样少。"

1712年的大部分时间马尔伯勒夫妇都在英格兰逗留，他们从政界退出来，住在圣奥尔本斯（St. Albans）附近霍利威尔（Hollywell）舒适的府邸里，此时布伦海姆宫还没建成以供居住。公爵生病了，二人都不快乐。9月，他们失去了唯一亲密的政治和私人朋友戈多尔芬。他在死前恳求萨拉永远不要舍弃"年轻人"罗伯特·沃波尔。这个将死的前首相是否预感到这个"年轻人"有朝一日能够像他自己那样，竭心尽力管理英格兰，瞄准一条中间道路给国家带来繁荣？[236]

尽管戈多尔芬掌管财政很长时间，他完全没有为自己积累任何私人财产。他的敌人能找到的、诋毁他的最坏证据是他让他的儿子与马尔伯勒联姻，继承财产。在这个腐败的年代，这位伟大的库务大臣为国家服务，两袖清风。他为英格兰的付出，比很多被人铭记，而且受到更多赞扬的人还要多。[237]

除了考柏，马尔伯勒夫妇和其他所有辉格党贵族关系都不好，然而他们面对着日益激烈的托利党的谴责和中伤。小册子的作者现在都不允许说公爵是个好的将领——他在布伦海姆只是"一时走运"！他们宣传着用来诋毁他而编造的谎言新的细节。5月的时候，女王的大臣波利特伯爵公开控诉他在战场上白白牺牲士兵的生命，为的是将死去的将领的佣金收入自己囊中。这就是当时诋毁马尔伯勒的语言。很多人说他必须"血债血偿"。托西收到一封以英格兰大臣名义寄出的密函，上面向法国国王保证，他们会把这个在战场上数次击败他的人"斩首"。虽然他们和法国建立的友谊不大可能如此之深，但他们欣然表达诚意，以获取法国的信任。[238]

最终，他接受了如果他继续留在英格兰就会被起诉的警告。在牛津安排下，他获得了护照，并且在11月底的时候登上了去往奥斯坦德（Ostend）的邮船，开始了在好日子到来之前的自愿流放生涯。

在那里，他和汉诺威王室保持密切联系，一旦王位继承战在英格兰打响，他会带领军队反抗詹姆士党，而如果他继续留在国内，内阁中詹姆士的朋友可能会在下手之前就把他逮捕了。

公爵夫人来到荷兰和他会合。在那里，这对恋人相互为伴，所到之处都受到荷兰人民、政府以及他长期带领取得胜利的盟军士兵的热烈欢迎。据萨拉在马斯特里赫特（Maestricht）的观察，就连信奉天主教的荷兰人都"对法国的势力感到极为恐惧，为新教徒继任英格兰王位祝酒"。然而，她写道："我认为，流离在英格兰之外，还不如死了痛快。"[239]

第十三章　为停战而战之二：国外

到了1712年1月，关于停战的博弈在英格兰国内已经尘埃落定，但是还没有在国外赢得最后的胜利。安妮女王的大臣们仍然需要强迫愤怒的盟军接受英格兰制定的欧美两洲解决方案。同时，他们还要防止法国恢复元气，在和他对手激烈交火的借口下，重新申明他们的主张。

这个艰巨的任务在1712年由无所畏惧且不择手段的博林布罗克完成。确实，法国占到了一些便宜，并且在博林布罗克看来，法国争取到的边防线比他们理应获得的要好。[1]但是，总的来说，他成功地把英格兰的意愿强加给欧洲。而且，他给世界带来的停战，比拿破仑的《维也纳条约》或者是我们现在的《凡尔赛和约》都更加符合新世纪的需求。

但是，《乌得勒支条约》的实际条款并不是全部问题。他为了获得这些条款而使用的手段，要么受到谴责，要么得以宽恕。在最后一次军事行动中抛弃了盟军，博林布罗克这样强迫盟军，让半数的世人都把这看作英格兰的污点。并且，只要人们阅读历史，他的行

---

[1] *Bolingbroke's Defence of Utrecht*, pp. 121–123.在整章中我都用博林布罗克指代圣约翰，虽然他在1712年7月才获得这个头衔。

为就会继续引发争议。偶然的是，这让他和他的个人追随者比任何时候都更深地卷入国内外詹姆士党人的事业中，毋庸置疑地让汉诺威选帝侯形成了对托利党的偏见。这对大不列颠未来治理有重要影响。

这些方式在多大程度上是必要的并不是一个简单的问题：我们既不能谩骂博林布罗克"是个流氓"，也不能说荷兰人是"贪婪的生意人"而一笔勾销。博林布罗克不是第一个，也不是最后一个使用手段成就大事的人；而且，在乌得勒支，英格兰人为了自己的"贸易"，"抓住了"许多利益，而荷兰人未能如此。我们应该理性地看待这个问题，因为它非常复杂。在我们形成正确判断之前，先要理解很多事情。①

1712年1月的最后几日，为了达成整体停战的目的，列强会议在宜人的荷兰城市乌得勒支召开。当时的情况会让任何不如博林布罗克足智多谋的人感到恐惧。由于英格兰抛弃了《大同盟条约》第八条款，在和法国的单独商谈中确保了自己的利益，因此每个盟友都对英格兰异常愤怒。而且，这个问题不仅仅是形式上的。现在法国已经给英格兰做出了诸多退让，它肯定不会再给其他人做出更多退让了。英格兰已经头一个享用了餐食。在会议伊始，就连它最喜欢的盟友萨沃伊和普鲁士都没有任何已经确定的收获（它们最终在乌得勒支收获颇丰）。奥地利只知道它不会拥有西班牙了。

但是，荷兰人的处境最艰难。他们不仅需要重新界定在荷兰建立的屏障，英格兰还在之前就确保了西属美洲的贸易垄断，完全抛

---

① 有大量攻击博林布罗克的言论。他最好、最精辟的辩护可见威科姆·莱格先生在 *Diplomatic Instructions*, *France*, *1689-1721*（*R.H.S.* 1925）中的序言。但是莱格先生省略了荷兰的例子。

弃了荷兰人在这个问题上的平等权利。而这是1709年《屏障条约》中英格兰政治家给荷兰的保证。而且，博林布罗克还违背了荷兰人的愿望和利益，通过吞并直布罗陀和马洪港作为舰队的基地，让英格兰控制了地中海的贸易。正是因为贸易，而不是菲利普宣称拥有西班牙，让荷兰人在1712年1月仍然拒绝接受英格兰的停战条款。①

在盟军列强互相不满、指责对方的火药桶里，法国人故意投入了一枚炸弹。1712年2月，作为会议的第一次重要事件，他们提出的条款令人震惊，就连英格兰都被吓住了。法国人提议，把西属尼德兰地区给巴伐利亚选帝侯，并将其边境上的一长串堡垒归还给路易。[240] 这个提议，对英格兰和法国来说，不比输掉拉米伊战役好多少。它把比利时给了法国的盟友！

在这样糟糕的开场之后，盟军各国随即做出了相应的提议，让协议无法达成。接下来的几个月乌得勒支都不是该事件的中心。"陛下她态度非常坚决，想让在荷兰的所有商谈停止。"[241] 国务大臣这样写道。我们在那里的全权大使布里斯托主教和斯特拉福德伯爵并没有做什么特别高尚的事情，而博林布罗克和凡尔赛宫恢复了秘密商谈手段。1711年，他和托西研究解决了英格兰的条款；在1712年，他们用同样隐秘的方式着手商谈，让其他盟友接受条款。

---

① 博林布罗克（*Defense of Utrecht*，p.125）写道："荷兰人不反对所有的条约，但是这并不意味着大不列颠就能从中获得任何好处；他们的大臣宣称自己已经准备妥当，而且授权通过呈现一座纪念碑，停止反对女王的策略。在纪念碑上他宣称他的主人们参与了战争，并且下定决心不再为了让西班牙恢复而战，只要女王同意让他们和我们共同驻守直布罗陀和马洪港，并且平等地共享奴隶专营权、南海船只和其他所有西班牙人许诺给女王和她的子民的东西。"有很多其他证据证明这是荷兰人的态度，比如*H.M.C. Portland*，V，pp. 158–159，IX，p. 324; Scelle，*La traite negriere*，II，pp. 576–577。

可能这样是唯一能够达到任何大体上解决问题的方法。威廉国王曾经用这样的方式，代表整个欧洲和法国安排了里斯威克（Ryswick）的条款。但是，我们更应该问，当和法国就全世界命运谈判的时候，博林布罗克是否应该和盟军（现在他在为他们的利益谈判）齐心协力，继续向法国施加军事压力。他选择了背道而驰，当敌人打了胜仗、攻下城池的时候，英格兰的军队隔岸观火。比起法国人，博林布罗克更担心荷兰人会反对他的计划。

这是他冷静计算后做出的一个严肃的决定吗？还是说他个人的癖好和激情也占了一些因素？博林布罗克在这一年的信中表露了对荷兰人的轻蔑和愤怒，以及对法国宫廷的友好。"他们从来不原谅犯错的人。"由于我们正在"贸易问题"上欺骗荷兰人，当作"废纸"一样撕毁了我们之前的条约，中伤那些我们伤害的人就变得有必要。国务大臣开始相信斯威夫特和阿巴斯诺特在他生气的时候，给愉快、正直的英格兰民众写的有关荷兰的内容了。①

虽然博林布罗克固执地对荷兰问题视而不见，但是，他足够精明，明白直到他从法国那里讹来一个更为重要的承诺前，都不能从战场上撤回英格兰军队。法国和西班牙王位不能由同一个人继承，这点对于英格兰和荷兰来说一样重要。这是在威廉的《大同盟条约》中强调了的。马尔伯勒在海牙签订《大同盟条约》12年后，现在博

---

① 比如，博林布罗克在1712年5月10日给托马斯·哈利写道："我承认，我开始希望荷兰人会一直沉沦地倔强，而不是臣服于女王的策略，因为我们不希望他们寻求或支持停战，而且没有他们的赞同，比有对英格兰来说更好。听到荷兰严肃地辩论是否应该让英格兰享有奴隶专营权，没让你血液都凝固了吗？"他没有提到我们在1709年的《屏障条约》（第15条）中承诺"平等地"与荷兰人分享任何利益。虽然这可能不是一份好的条约，但是它上面有英格兰代表汤曾德的签字。*Bol. Letters*, I, p. 324, see also p. 327。

林布罗克要在乌得勒支执行。如果对未来法国和西班牙王位由同一个人继承没有做出任何准备，辉格党可能会成功地煽动英格兰民意，反对停战。

确实，由于路易国王在位最后几年法国国内发生的一些灾难，使得做一些这样的准备已经不仅仅是必要了。1711年，多芬（Dauphin）去世了。1712年2月，多芬的长子以及继承人勃艮第（Burgundy）公爵也去世了。一个月之后，勃艮第的长子也去世了。① 法国王位目前的继承人，路易十五，是个病恹恹的婴儿，在众人看来不会活得长久。而紧随其后、继承他王位的是西班牙国王菲利普五世。

情况随即变得非常可怕，又一次威胁到权力制衡和欧洲未来的和平。更为糟糕的是，托西宣称，根据一些法国律师说的，合法的继承人提出的任何正式放弃王位的声明都是无效的。博林布罗克反应迅速。在这个重要问题的解决方案满意之前，他拒绝继续任何谈判。他以迅雷不及掩耳之势做出了一份新颖、独到的提议。博林布罗克写道，与其让菲利普宣布放弃继承法国王位，还不如让他保留法国王位的继承权，但条件是必须立即把西班牙和西印度群岛交给萨沃伊公爵。作为补偿，菲利普会成为公爵在萨沃伊－皮德蒙特（Piedmont）、蒙费拉（Montferrat）、曼托瓦（Mantova）以及西西里（Sicily）领地的统治者。如果菲利普成为法国国王，这些意大利北部的领地就会加入法国的领土，但是西西里会转给奥地利。[242]

西班牙、奥地利以及英格兰是否会接受这样的安排并没有经过测试。在博林布罗克坚持要求马上作出决定的情况下，菲利普宣称保留他现在拥有的西班牙王位。比起寄希望于在拥有都灵的情况下

---

① 见原书第213页。

获得巴黎，他更倾向于已经确保对马德里的统治。菲利普正式放弃了对法国王位的继承，并且他的祖父竭尽全力让此行为合法。

基于此，在乌得勒支的谈判终于尘埃落定。由于路易十五没有像大家预期的那样短命而且留下了子嗣，辉格党预言的危险从来都没有发生。在最苦难的时候，即便一些法国律师胡说八道，博林布罗克可能取得了英格兰能获得的最好保障。如果像全世界害怕的那样——路易早夭，那么不仅仅是英格兰，就连全欧洲都要盯着菲利普信守诺言，而法国摄政王奥尔良（Orleans）公爵会在法国国内占据优势，宣称他对法国王位的合法继承权。确实，作为下一位王位继承人，且担心菲利普重新宣称对法国王位的继承权，奥尔良在1715年成为摄政王之后和英格兰成了朋友，还为了乔治国王抛弃了老僭王。

路易十四为他的孙子选择留在马德里感到遗憾。他知道，面对充满敌意的欧洲，让法国和西班牙王位最终合并的可能性微乎其微。而且，他很期待有一天萨沃伊-皮德蒙特和曼托瓦能和平地归入法国。他接受了菲利普的选择，但是这让他感到吃惊、懊恼。

留在马德里的决定表现了最近西班牙人对他们的国王的喜爱之情。那些塑造了菲利普懦弱性格的坚强女人，教会了他把关爱西班牙作为目的。自从11年前他跨越了比利牛斯山脉，他学会了一种新的爱国主义。西班牙人和皇室之间的相互谅解粉碎了奥地利和辉格党的计划，现在让博林布罗克和路易头疼。这样安排其实最简单，也被证明是最好的。[243]

要解决那年巨大的外交任务，同样也需要博林布罗克积极、有魄力的精神。它们本来是行动缓慢的牛津力不能及的事情。国务大臣虽然才能卓越，但性格上总归有所缺陷。他性情焦躁，现在继续仓促行事，密切关乎国家荣誉。他下定决心，除了从战场上把英格兰士兵撤回，什么也不能让荷兰人接受英格兰的停战条款。[①]可能最终确实是这样的。但是，如果他在军事行动晚期、当托西已经同意目前仍有争议的主要问题之后再这么做，或者更加公开，给盟军全面警告，而不是秘密和敌人结盟，那么，可以预见，英格兰撤兵可能只是权宜之计，甚至是正确的。但是，撤兵太早了，而且是秘密和法国协调的，这无疑成了背信弃义的行为。在英格兰获得了一切之前，英格兰军队一直在战场上；但他们被撤回的时候，其盟军利益危在旦夕。

高教会派托利党人曾经对能与马尔伯勒在军事上匹敌的奥蒙德公爵寄予厚望，在1712年开始军事行动的时候，原本打算在战场上尽到职责。当他离开英格兰的时候，还没有收到任何有违此初衷的命令。他指挥在尼德兰的英军，以及那些英格兰和荷兰共同雇佣的外国军团。他要和欧根亲王领导的另一大拨荷兰和德意志军队合作。当时，人们希望在攻克勒凯努瓦（Le Quesnoy）之后，他俩的联军能深入法国。从马尔伯勒的上一次军事行动起，尽管在战场上还有众多气势高涨的士兵，但维拉尔已经没有任何令人生畏的"防线"抵御外敌了。

打从一开始，奥蒙德就很不舒服地意识到欧根和其他盟军的将军倾向于把他排除在最机密的决策圈以外。但当他收到博林布罗克4月25日（旧历）的来信之后，他感到非常不适。博林布罗克在信中命令他"对欧根亲王的行为保持警惕"，并且"参与行动时要更加谨慎，除非是明显有巨大优势再行动"。他理所当然地回复道，这样的

[①] "我们在战场上的失利会让法国人在代表大会上更难对付；而我们成功会让盟友更难对付。在这样的原则下，女王暂缓了她的军队的所有行动。"*Bolingbroke's Defencence*, p. 139。

命令让他的处境非常艰难。但是,当他在1712年5月10日收到另外一封信的时候,他的处境难上加难。信中大意如下:

女王非常肯定地命令大人您,在没有收到陛下她进一步命令之前,避免参与任何围剿行动,或者是尝试发动战争。同时,我受命告知大人您,女王希望您假装没有收到此命令;陛下她认为,您在行事时,务必加以掩饰,以在达到她的目标的同时,避免此命令公开而造成不好的影响……

附言 我几乎忘记告诉大人您,这次通信已经告知法国宫廷。如果维拉尔元帅私下与您联系,请大人您相应作答。

这个同样渴望被当作绅士和军人的不幸贵族,该如何看待这些命令?他只能遵从命令,或者放弃指挥权。他选择了遵从。[244]

这些就是著名的"禁令"。在乔治即位时,这些命令被当成了对博林布罗克最为不利的证据。其他所有内阁成员都未被咨询,就连库务大臣都没有。虽然在几个星期之后,他为这个既成事实在上议院辩护。在三年后他自己的弹劾案中,牛津否认了他"建议或者同意以女王的命令向奥蒙德公爵下达任何指令。同样,他从没有计划或者设计让盟军的期望落空"。他把这些都归咎于女王的私人命令,这意味着是博林布罗克和女王二人设计的。[245]博林布罗克也从没记载过牛津或者其他任何枢密院委员知晓真相。[246]在之后的时间里,他做得更加过火,说当女王命令他写禁令的时候,他自己一开始"也很吃惊、受伤",就好像全是安妮自己想出来的;谁愿意相信谁信。[247]

即便是在最好的情况下,这些禁令的下达也太早了。它们是在巴黎收到西班牙国王关于法国王位继承问题的回复之前，而且是在托西同意将敦刻尔克的控制权转交给英国军队，以此回报英国撤兵之前草草写的。更何况停战协商的其他重要问题还没有敲定：荷兰的屏障以及尼德兰地区与法国接壤的边界；其他次要盟军的边界和属地，这些都还没有界定。稍微施加一点军事压力就可以在很大程度上助力国务大臣和法国的商谈。但是，他对荷兰的敌意导致了他把自己交到了托西手中。

对盟军将军们保密奥蒙德收到的命令，却把它们透露给维拉尔，这尤其卑鄙。确实，说是英法大臣密谋给了维拉尔打败欧根的机会一点都不为过。写禁令的那天，托西在伦敦的代理戈尔捷给托西写信，把博林布罗克叫作"我们的大臣"，把奥蒙德唤作"我们的将军"：

我问了圣约翰先生如果欧根亲王和荷兰人一起进攻的话，维拉尔先生应该怎么做。他答复道，除了打倒他，粉碎他，击碎他和他的军队，别无他法。

戈尔捷于是重复道，把"禁令"泄露给维拉尔，而把欧根和荷兰人都蒙在鼓里，让博林布罗克感到非常不安。[248]

博林布罗克9月时给普赖尔的信中的吹嘘、骄傲也就不足为奇了：

我不会说此命令让他们的军队（法军）免于被打败，但是我在心里是这么认为的。

毫无意外地，10月时这种背信弃义的行为演到了最后一幕。牛津和博林布罗克通过戈尔捷联名传送消息给托西：

今天上午，他们被情报员告知，欧根亲王决意偷袭纽波特（Nieuport）或者弗尔讷（Furnes）。这个通知是他们安插在亲王身边的间谍给的。他在远征中搜集维拉尔的行动情报。戈尔捷还不忘加上一句"我在此提醒维拉尔公爵元帅此事"。[249]

如果辉格党在弹劾的时候获得了这封信，一定会起到巨大作用。6月，博林布罗克向托西保证，如果他能派奥蒙德控制敦刻尔克，"女王陛下会毫不犹豫地决定与法国单方面和谈，给其他盟军一段时间屈服于"英法之间协议的计划。[250]据托西所说，是因为牛津反对，才避免了英格兰大臣在那年夏天签订单独的和约。[251]在有关禁令的辩论中，库务大臣察觉到上议院的想法。他安抚了贵族的不安情绪，向他们保证与法国单方面和谈，"从来没有考虑过；这是非常卑鄙，无赖而且邪恶的事情"。[252]

但是，整个事件，不光是内阁里的政治家或者是在上议院优雅地辩论的议员们能够察觉，面对无数次光荣的军事行动中的敌人，军营里收到放弃命令的马尔伯勒的将士们也有所察觉。这是这些质朴的人们如何看待整件事情的。

在几周的时间里，奥蒙德一边努力执行这个令人不快的命令，并且防止他的盟友们发现他叛变的秘密，一边和敌人的指挥官通信。当奥蒙德一次次地使用各种蹩脚的借口推托消极应战的时候，欧根马上就看穿了他的支支吾吾。这个情况让奥蒙德这个正人君子越来越难以忍受，奥蒙德一次次地给库务大臣写信，乞求新的指令；但是牛津不愿意给博林布罗克收拾残局，依照他的性格那样，没有给最后，当托西和博林布罗克安排临时停火，真相得以大白，而英格兰将军队从前线撤了回来。盟军军营马上被愤怒席卷，二十个国家的退伍老兵都诅咒英格兰、英格兰的大臣以及将军。被两个海上强国共同雇佣的外国军队牺牲了英格兰支付的一半酬劳，好和他们的同伴一起留在战场上。博林布罗克的这次行为又一次让荷兰人和欧根极其怨恨：他形容后者是"下贱的德意志将军"，让女王陛下雇佣的军队弃逃。[253]但是，英格兰的士兵不是这么看待这件事的，他们当中很多人都因为极度羞耻而痛哭。他们内心高贵的感觉，与失去法国这个富裕的战利品的失望交织在一起。经过了十年的伤痛和胜利，"他们觉得这个战利品是经过浴血奋战之后得来的"。

最终，他们和盟军军团分离的时刻到来了。"他们行军走的那天"，我们得知，"双方看起来对对方都非常沮丧。为了避免留下坏的印象，他们也不被允许和对方讲话"。我们可以相信帕克上尉告诉我们的，他的士兵"经常悲叹失去了老下士的损失。这是他们给马尔伯勒公爵起的爱称"。[254]

在他们途经比利时撤退的时候，即将面对更多的羞辱。这些在十次胜利的军事行动中他们用鲜血攻克的城镇，在盟军的控制下，

---

① 奥蒙德在1712年6月14日写信给牛津："这是我在没有收到大人您回信的情况下，第四次写信给您。我相信一定是因为您要处理诸多事宜才未能回信的。我写信给您，是希望告知您，我已经竭尽所能保守秘密，隐瞒我透过国务大臣圣约翰收到的女王陛下的命令。但是，自上次收到女王消息已经超过十日了，现在我没有任何借口继续延迟行动。迫于无奈，我以斯特拉福德大人突然造访英格兰为借口，希望在采取任何行动之前能获得来自英格兰的消息。今天我再次迫于无奈请示您。" *H.M.C. Eliot-Hodgkin*, 1897, p. 203. *Ormonde Memoirs*, 1738, pp. 140–156; *Pelet*, XI, pp, 462–463, Ormonde's letters to Villars, May and June.

对他们大门紧闭;"在有些地方,他们费尽力气,从城墙传递我们的人最需要的物品"。为了给他受尽侮辱、四处游荡的军队找到落脚之地,并且要求荷兰人保证行为检点,奥蒙德占领了根特和布鲁日(Bruges)。它们是"马尔伯勒的对手"唯一攻克的城镇。牛津写信给他,说"大人您向根特行军无异于一场政变"。这次"打击"是奥蒙德和斯特拉福德伯爵秘密安排的,这是为了防止盟军在他们行动之前派来守备部队,"这样一来,除了英格兰人占领了根特和布鲁日,他们没有什么好担忧的"。[255]

托利党在小酒馆里唱着歌庆祝:

当奥蒙德最井然有序
带着它们向根特前进,
德意志的狗和荷兰的肥猪,
在他们的城里对英军关上了门。

我们流血牺牲,散尽千金,
难道是疯了?
他们还值得我们帮忙?
天啊,我们得让他们知趣。

他们会害怕停战和贸易
而且辉格党会倒台,
我们光荣的安妮,和法国和西班牙一道,
要一起翩翩起舞。

要是他们有脑子，在和约签订前
就该承认伟大的安妮的威力，
她会得到心愿的条款
他们一分也别想多要。[256]

博林布罗克在和托西达成协议之前就颁布了禁令——这个错误让法国大臣占据了全部优势。在超过一个月的缓慢谈判中，最终双方安排停火。条件是，直到防御工事被摧毁，并且港口被塞满前，敦刻尔克应该由英格兰驻军守卫。国务大臣相信，作为与法国结谊的初次成果，要是让联合王国国旗飘扬在这座他们憎恨的私掠船的据点上方，他就可以说服国人默许英军撤离。而托西这边，他相信，英格兰人一旦进入了敦刻尔克就能有效地保证再也不会参与到战争中。

1712年7月8日（旧历），一支来自英格兰的小规模部队在可敬的杰克·希尔带领下，离开利克（Leake）海军上将的舰队登上陆地，被法国当局当作客人和朋友迎进了敦刻尔克。"联合王国国旗在城里的三个地方升起。"在那之后，奥蒙德马上派了六个营去根特。那里的市政府还是在法国人手中。由于驻军从国内获得的物资极其匮乏，他们能继续驻守，完全是依靠法国人的善心。一种叫作"敦刻尔克热"的病极大地削弱了他们的力量。但是，他们一直驻守在此，直到在英格兰商人要求下，这座据点里的防御工事被彻底破坏。此处长期让我们的海员惧怕。

确实，法国人拖延了港口的拆毁，并向他们的英格兰朋友呼吁，让他们免于继续执行这个讨厌的任务。1713年12月，他们仍然希望通过马沙姆夫人挽救敦刻尔克。但是，她说，女王"甚至不敢这么想"。[257]接下来，法国的另外一个诡计，是在邻近的马尔迪克

（Mardyk）为他们的私掠船建立一个新的港口。在他在职的最后几个月里，博林布罗克正和法国商谈同盟，对抗他的老盟友。其间他完全没有能力阻止这些诡计。在乔治一世即位之后，斯坦诺普有效地解决了这些诡计。

路易允许英军进入敦刻尔克，是把这当作让英格兰人再也不参战的可靠手段。这是法国人对英格兰表示善意，同时也是英格兰人向法国表示善意的"宣言"。而这让同盟更加支离破碎。维拉尔受到鼓舞，仍然在战场上进攻盟军部队。[258]

在奥蒙德的部队撤走之前，盟军已经占领了勒凯努瓦。留给欧根的士兵数量比法军少，他们匆忙围剿朗德勒西（Landrecies）。维拉尔比他技高一筹，在德意志南部重创他，这是在马尔伯勒指挥期间盟军从来没有遭遇过的。在战役结束之前，法国重新夺回勒凯努瓦、布尚和杜埃。博林布罗克的目的达到了：盟军现在被上了一课。要是没有英格兰他们没法继续作战。荷兰现在会在乌得勒支"屈服"了。

一开始双方决定停火两个月。如果继续停火，需要再重申。全面恢复在乌得勒支的谈判之前，托西和博林布罗克之间还有很多问题没有解决。路易仍然宣称要把西属尼德兰地区给巴伐利亚选帝侯，而把图尔奈和里尔归还法国；萨沃伊公爵和葡萄牙国王的领地还没决定。同样，荷兰的屏障以及英法在北美的协议的细节，更别提老僭王未来在法国居住这个敏感话题都还没有解决。1712年8月，博林布罗克去了巴黎，普赖尔作为秘书随行。因此，停火得以继续。尽管这次访问并没有对悬而未决的问题给出最后的解决方案，但是是很有必要，而且有用。①

---

① 见本章前文。

大帝和他的廷臣们极为重视博林布罗克：他法语流利，十分机智，在法国上流社会中大放光彩。这种肯定对他来说是潜在的恭维。可能，1715年他不幸再次逃亡到那里的一部分原因，正是1712年这段太平的时日。当他在8月底重新返回英格兰的时候，他把普赖尔留在那里负责。

英格兰国内流传的谣言说，国务大臣的凡尔赛宫之行表现出色，又惹得牛津嫉妒。他说博林布罗克的境外旅程"给他的虚荣又添加了新的燃料"。9月，有人企图让达特茅斯顶替博林布罗克作为官方谈判代表，这不仅有失公道，而且是白费工夫。因为和法国通信是南部国务大臣的职责。但是，达特茅斯不能胜任，马上就在同为国务大臣的博林布罗克的气愤中败下阵来。博林布罗克说，既然牛津懒得亲自去调停，他必须把这个任务交给唯一有能力和才干的大臣去做。[259]

1712年整个秋天和冬天，谈判一直在持续。经过双方激烈的讨价还价，一个个问题得以解决。在军事行动失败之后，荷兰人已经"屈服"，准备接受博林布罗克为他们争取的条件。盟军在战场上的失利削弱了博林布罗克和法国讨价还价的力量。而盟军失利是博林布罗克自己为了克服荷兰人的固执而造成的；之后他承认，法国人获得了太多的前线城镇——毫无疑问，特别是里尔。[260]但是，他坚定地拒绝把图尔奈再给法国。在经过激烈的外交斗争之后，路易决定放弃索要这座重要的城堡。尽管法国大臣们竭尽全力，比利时和西西里都没有落入巴伐利亚选帝侯的手中。作为回报，他不情不愿地接受慕尼黑和他之前在德意志的领地。[261]比利时仍然留给奥地利人，现在的查理六世皇帝。

荷兰的"屏障"，一部分是从查理的领土划出，一部分是马尔伯勒从法国那里赢来的堡垒。英格兰和荷兰在1713年1月签订的新条约，取代了四年前辉格党签订的《屏障条约》。荷兰人又一次准备为新教徒继承英格兰王位而战。但是，他们占领的城镇新的名单没有1709年的那份壮观，但和1701年法国入侵时摧毁的旧屏障相比，已经有了莫大进步。在尼德兰南部地区的关税安排可以让英格兰和荷兰共同充分利用。①

用奥地利代替颓废的西班牙作为荷兰和法国之间的缓冲国，荷兰人获得了部分保障措施。但是，他们在缓冲国内的"屏障"城镇1745年被证明，在法国侵略时不能提供多少军事援助。除了西班牙没有任何人保护比利时抵抗法国的情况下，荷兰士兵驻守在孤立的外国城镇里总比什么都没有的强。但是，这个系统也是有缺陷的，从很大程度上来说，只是给贸易利益做托词。荷兰人和英格兰人为了海上强国的利益在"奥地利人占据"的尼德兰地区收取关税，这种剥削削弱了比利时抵抗法国的力量。和让奥地利完全占有该地区比起来，这让奥地利并不急于为领土进行抵抗。②

辉格党之前签订的条约把古埃尔德（Guelders）上部地区许诺给荷兰，而现在它被博林布罗克给了普鲁士。1713年4月，斯特拉福德伯爵从乌得勒支写信提到："普鲁士国王认为他自己非常感激安妮女王把古尔德兰（Guelderlan）给了他。他会完全为她的利益效劳；

---

① 新的荷兰"屏障"由弗尔讷、克诺克堡、伊普尔、梅嫩、图尔奈、蒙斯、沙勒罗瓦以及在外国防线上的那慕尔组成；以及用于和联邦通信的根特；还有佩勒堡、菲利普堡、达默堡以及其他一些小城堡（克诺克堡在弗尔讷和伊普尔之间，不应与滨海克诺克混淆）。菲利普堡和佩勒堡守护着去安特卫普下方施尔特的入口。1701年摧毁的屏障列举在 Blenheim 第138页的笔记中。Lamberty, VIII, pp. 34—42; Montgomery, p. 298.

② 关于这点，蒙哥马利夫人有一些非常好的评论。

在皇帝之后，他很确定自己就是整个帝国领地最多的王亲……在这次谈判中，只有国王和萨沃伊公爵真正感激女王。"[262]

确实，萨沃伊－皮德蒙特的维克多·阿马多伊斯（Victor Amadeus）是盟军中最受安妮女王的托利党大臣们喜爱的。万一菲利普那一支无后，法国同意让他继承西班牙王位。在乌得勒支，通过领土扩张，他收获了二十年犹如狮子般的勇气，和犹如狐狸般的狡猾。这在很大程度上确保了萨沃伊王室未来的强大。萨沃伊和尼斯（Nice）在战争中被法国获得，现在重新给了他。而且他还获得了沿着皮德蒙特地区阿尔卑斯山脉分水岭的由堡垒组成的坚固前线。而且，西西里岛也成了他的。为了这些，博林布罗克不得不和托西努力奋战，但是他最终获得了胜利。他深知英格兰在海上和贸易上的利益，而且，就像他坚持为英格兰保住了直布罗陀和马洪港一样，他坚持西西里应该给英格兰的朋友——没有海军优势的萨沃伊公爵，而不是给受法国保护的巴伐利亚选帝侯。

撒丁（Sardinia）在1708年的时候被英格兰舰队以西班牙查理三世的名义占领。在乌得勒支，他此时作为查理六世皇帝保留了对撒丁的统治权。1720年，萨沃伊把西西里给了奥地利，用来换撒丁。在安妮和乔治一世时期英格兰的政治和武力成功防止这两个岛屿落入像法国或者西班牙这样的海上强国手中。[263]

同样，葡萄牙是另外一位非常感激我们的盟友。但是，它不像萨沃伊那样最受托利党宠爱。而且，不管是何种情况，它的贸易都更彻底地依赖英格兰。而现在，它的存亡亦是如此，因为马德里的王位上坐着一个波旁王朝的人。我们必须要善待它，但也不需要竭尽全力。让葡萄牙在西班牙边境上扩张领土的目的虽然没有达成，但博林布罗克和托西的斗争，保证了葡萄牙在西班牙的权利，抵抗法属圭亚那（French Guiana）从亚马孙河上来犯。1713年2月，博林布罗克下达最后通牒，威胁托西重新开战。最终他在葡萄牙问题上取得胜利。

现在，法国人相信托利党大臣已经在他们手中了。他们在很多问题（如葡萄牙在巴西的权利，以及英格兰在阿卡迪亚的权利）上采取了拖延和顽固的政策，试图利用诡计将卢森堡（Luxemburg）留给巴伐利亚选帝侯。博林布罗克在1713年2月17日的一封态度坚决的急件中将他们镇住——要么立即结束和谈，要么看着安妮要求议会"批准通过战争所需要的物资"。[264]托西束手就擒，清除了防御工事。1713年3、4月间列强终于签订了《乌得勒支条约》。这份合约是由斯特拉福德伯爵和布里斯托主教代表大不列颠、奥克塞勒斯（Auxelles）和梅纳热代表法国于旧历3月31日，新历4月11日签订的。①

博林布罗克对国家利益的直觉比对他的信仰和荣誉更为敏锐。这从他和荷兰打交道的过程中可以看出；而且这不是个例。我们在西班牙利用加泰罗尼亚人为我们作战，并且宣誓会确保那些地方的自由。千百年来，自由对当地人来说比任何事业都重要。1713年3月，我们在乌得勒支的全权大使和法国就西班牙问题签订合约，其中规定了盟军从巴塞罗那和马略卡（Majorca）撤离的时候，菲利普会准许大赦加泰罗尼亚人。并且，更加含糊其词的是，法国会帮助英格兰在确保加泰罗尼亚人古老的"特权"方面做出努力。[265]但是，博林布罗克在他和西班牙签订的合约中没有列出这样的要求，这使得英格兰获得了诸多利益，但加泰罗尼亚一无所获。无人约束菲利普用传统西班牙人的方式宣称，如果加泰罗尼亚人放下武器，他们会

---

① 各个《乌得勒支条约》可见Lamberty的 *Memoires*，1736, Vol. VIIII.

和西班牙其他省居民享受同等的政治条约，以此保障他们的生命和财产。法国并不情愿为他们的事业辩护，而英格兰无力为之。如果他们足够明智，就会选择投降；但是，他们选择做英雄，拿起武器反抗，直到战死。这让博林布罗克非常光火。

确实，没人期待我们在西班牙为了另外一个种族的合法权利，无休止地征战。但是，在这个问题上，在我们从西班牙运走我们和盟军的军队之前，本应该做出更多外交上的努力。而且，博林布罗克现在把我们的利益和法国的利益关联起来。当路易违背了和我们一道保障加泰罗尼亚自由的誓言，派兵去帮助菲利普围剿巴塞罗那的时候，博林布罗克没有提出任何抗议。当英格兰狂热的国务大臣命令詹姆斯·威沙特（James Wishart）爵士带领一个中队去骚扰、威胁城中的抵抗者的时候，全世界都在高呼英格兰可耻。这对这个多年以来一直和我们并肩作战的勇敢民族来说，是种毫无理由的侮辱。他们只是继续保卫我们之前向他们保证过的权利。

被所有人抛弃之后，加泰罗尼亚人的爱国狂热达到了最高峰。他们被法国和西班牙的军队包围，被巡航的英格兰的船只困在港口里，[266] 巴塞罗那的男女保卫着他们的城市，直到半数人口都在贝里克（Berwick）的攻城炮下化为灰烬。加泰罗尼亚人和西班牙人展现出了热血南方民族在内战纷争中最凶残、英勇的一面。最后，在安妮女王去世了一月余之后，巴塞罗那被攻破，又过了几年，和爱尔兰问题一样根深蒂固的加泰罗尼亚问题被埋葬在鲜血染红的草地里。

英格兰人感到震惊和羞耻。抛弃加泰罗尼亚人，是安妮女王在位最后一年里，辉格党人能在议会中辩论，并毁坏托利党政府公信力的其中一个问题。[267]

博林布罗克展现出了他对阻碍他的人的观点惯常的漠不关心。

达特茅斯试图帮助加泰罗尼亚人，但是他的兄弟大臣严厉斥责他，并指令我们在乌得勒支的全权公使"保护加泰罗尼亚的自由对英格兰无利可图"。但是，把悲剧全都怪到一个人头上是不公平的。就像后来法国保皇派在基伯龙（Quiberon）被摧毁一样，巴塞罗那的命运是一种警告：煽动敌人的子民反叛的政策是有道德危害的。有的时候，因为战争而在大体上放弃无私的考量，这种政策可能是合理的。但是，我们需要慎重。

1713年3月底4月初，各国代表在乌得勒支签订了一系列条约，全世界大致上获得和平。只有皇帝为了彰显他的荣誉和尊严，继续在莱茵河畔缓慢打了一个夏天的仗。但是，维拉尔和欧根马上参与到停战谈判中。1714年3月，路易和查理皇帝在拉德斯塔特（Radstadt）签订合约。这份合约界定了阿尔萨斯（Alsatian）的边界：法国放弃了凯尔（Kehl）和莱茵河以东的其他城堡，但是保留了兰道（Landau）和斯特拉斯堡（Strasbourg）。

1713年夏天，英格兰国内民众对《乌得勒支条约》的签订感到非常欣喜。全国都有篝火庆祝，而且任何地方都不敢开展辉格党企图的反对示威活动。巴纳德（Barnard）夫人写道："昨晚，我们每个村庄都有燃烧了巨大的篝火。暴民喜欢和平，尽管伟人们不喜欢。"[268] 但是，同时，"伟人们"意见分歧，而那年8月的大选给了结束战事的内阁新的权力。

到这里，荷兰要和作为强国的历史挥别了。它能够跻身强国之列，正反映了它不平常的民众们的品质；它不再强大是不可避免的，而且并不主要是博林布罗克造成的。就连辉格党签订的《屏障条约》也没有办法让它继续保持和英格兰匹敌。和法国的长期战争让它承受远超能力之外的重负，加快了它无法拖延，走向衰败的进程。

在暴政的时代，荷兰是知识自由的避风港。一段时间以来，它的市民在科学和艺术领域引领欧洲。接着，它几乎完全屈服于路易十四对它的自由的暴力侵犯，但一开始被威廉，之后又被马尔伯勒挽救。现在，在新时代里，它在没有野心的航程中安全前行。尽管它的伟大已经不复存在，但荷兰仍然保持着安静、吸引人的生活方式。在乌得勒支三年之后，玛丽·沃特利·蒙塔古（Mary Wortley Montagu）夫人写道：

整个国家像一座大花园一样：沿着运河，街道铺得很好，两边都栽了一排排树木遮阴。运河上船舶川流不息，往来反复。每走二十步就能看到一些别墅，每行进四个小时就能看到一座大的城镇。让人惊奇的是，它们非常安静，我相信你一定会被它们迷倒……这里看不见脏乱或者乞丐。没有人会被可恶的残疾人吓到（这在伦敦很常见），或者少妇被糟糕、懒惰的好事之徒调戏。这里，普通的用人和娇小的女店员都比咱们的大多数女士要干净整洁。店里和仓库里都装满了大量的货物，比我们在英格兰看到的要便宜得多。

马尔伯勒的战争和《乌得勒支条约》确保了英格兰的伟大和荷兰的安全。但是，两国的政治家很难再向对方吐露心声了。当荷兰人发现乔治一世的辉格党大臣无意为了他们重新恢复1709年《屏障条约》的时候，他们认为英格兰欺骗了他们，尽管共同利益把两国作为不平等的合作伙伴绑在一起，但是像在布伦海姆和拉米伊那个英雄的时代那样，把马尔伯勒和海因修斯团结在一起的真正的相互理解和友谊不复存在了。

随着《乌得勒支条约》的签订，博林布罗克在世界上最伟大的一个成就完成了。他余下来的政治生涯，随着他急速坠入叛乱之中，都是不幸和让人失望的浅滩。但是，不管采用了如何狡猾、有问题的手段，他商谈之后达成的停战，放眼现代，比其他任何结束了整体欧洲冲突的停战都更奏效。历史会把博林布罗克铭记。

第十三章附录：关于马尔普拉凯的异见

（略）

第十四章　又谈苏格兰

英格兰和苏格兰的联合[①]最终让两个民族成为友好合作伙伴，使苏格兰人从贫穷中脱离。在一开始，这两个目的似乎都没有实现。在安妮去世一年之前，那些实行联合的、更加胆怯的政治家提议，联合被证明是失败的，应该废除。如果安妮女王的寿命再长一点，这个岛上的两个部分极有可能再次拥有各自的议会和军队，有禁令和关税分隔的贸易体系，甚至有独立的君主也不是没有可能。

苏格兰被说服勉强加入联合王国，是看在其能够马上带来的经济利益上。但是，在二十多年里，这些利益还没实现。苏格兰还是一如既往地没有资本、没有商业组织来利用他们梦寐以求的和殖民地的贸易。废除苏格兰议会以及很多贵族去到伦敦，除了让这个古老的首都荣誉受损以外，还导致了国内需求的下降。沿着整个东海岸的小港口城镇在安妮女王在位的最后时期，都渐渐衰弱，繁荣不再。[269]

但是，在苏格兰更加落后的西部，联合的好处很快被发现。虽然为了德意志和斯堪的纳维亚贸易而建造的利斯（Leith）和邓迪（Dundee）的船只，需要航行绕过英吉利海峡或者拉斯角（Cape Wrath）才能享受新开的、和美洲的贸易，但格拉斯哥和邓弗里

---

① 见 *Ramillies and the Union*, Chaps. X–XIV and XVII。

斯（Dumfries）是在大西洋沿海。他们马上兴盛起来，是所有苏格兰人目前在开通市场之后获得的重要优势。在《联合条约》通过的那年夏天，格拉斯哥商人的一个公司在坎伯兰的怀特黑文（Whitehaven）雇了一艘船，满载符合殖民者需求的商品，发向弗吉尼亚（Virginia）。回程的时候，它装满了糖和烟草。两年之后，一个从英格兰去格拉斯哥的游客写道：

普遍认为，这个城市是在联合之后获利最多的。它的交通现在更为先进。由于其在西印度和种植园贸易中的重要位置，财富迅速积累。

一些在西印度的辉格党人——他们在克拉弗豪斯（Claverhouse）时期被送来这里——熬过了艰难的奴役，摇身一变成为烟草种植中的重要人物；他们现在作为英格兰国内来做贸易的族人以及有相同宗教信仰的顾问和代理。在安妮女王去世不久，大量格拉斯哥的船只定期往返在大西洋上。到了1735年，克莱德河（the Clyde）的排水量已经是威廉在位时期的四倍了。[270]

但是，在苏格兰的其他地方，联合后的经济影响最初导致民愤四起，怨声载道。走私成了爱国行为，在苏格兰当局的默许下进行。治安法官拒绝支持不被待见的海关官员。他们在《联合法案》之后入侵苏格兰，引起了同样不小的公愤。他们不仅试图执法，还希望能获准参加英格兰国教圣礼，根据国教习俗埋葬。不管是长老派还是詹姆士党，苏格兰贵族阶层马上和民众一样厌恶这些试图阻止法国红酒和白兰地在战时流入英格兰的不幸的官员。枢密院议长很聪明地训斥了他们当中的一员。他胆敢搜查斯泰尔伯爵的家，查找从海岸流出的白兰地。其他捕获的人被"野蛮地殴打，让他们看起来吓人"。同时，即便有任何走私的物品成功呈上法庭，治安法官征收的罚款也非常少，以此来积极鼓励和法国之间的违法葡萄酒贸易。[271]

在宗教世界，托马斯·伍德罗（Thomas Woodrow）牧师在1709年写了一封信：

这里人们的脾气是这样的。他们完全不能听到大臣们说《联合法案》，就连提到都不行。但是，他们说的时候总出错，就好像我们允许如此更改一样。[272]

如果在辉格党政府时期就连长老派都怀有这样的感受，那么在女王在位的最后几年里，事情将变得更加糟糕。

苏格兰贵族在通过《联合法案》时起到了领导作用，他们因此获得了共谋此事的英格兰贵族的回报。1711年，女王让汉密尔顿公爵成为大不列颠贵族，冠以布兰登（Brandon）公爵的称号。因此，他提议在上议院作为单独贵族，而不是16位选举的苏格兰贵族之一。让他惊讶，而且让所有苏格兰人都愤怒的是，上议院挑战了他列席的权利，理由是根据《联合条约》，苏格兰的贵族代表是不超过16位的。这样做，是对该条约中文字法律上的误读。然而，他的兄弟贵族阻止汉密尔顿作为布兰登公爵列席，尽管自从成为联合以来，多佛公爵被冠上昆斯伯里（Queensbury）的头衔，因此列席从未收到过挑战。现在，他也没有权利因此列席上议院了。

在这件事中，最不光彩的是对苏格兰的不公的主要提倡者是辉格党贵族。他们之前大力促进联合政策，好让两个民族和解。他们这样做的动机,是出于对君主把上议院装满托利党贵族的担心。但是,他们当中加入了一些托利党人,包括嫉妒英格兰贵族的权利的国务大臣达特茅斯伯爵。确实,牛津,以及其他大多数大臣支持女王的特权。但是,尽管她作为利益一方参与到了辩论中,贵族还是以57比52投票通过。

如果在通过《联合法案》的时候是一名苏格兰贵族,那么授予大不列颠贵族的任何荣誉所带来的特权,都不能让他在议会列席或者投票,或者是参与上议院议员的审讯。

这种严重不公一直到1782年的决定将其扭转之前,都没有得以弥补。接下来几年,大不列颠的政治狂热经久不衰。而无论派系,苏格兰贵族对此事的愤怒正是其中原因之一。[273]

尽管大臣和教会普遍有这样的情绪,由圣人顾问威廉·卡斯泰尔斯(Carstares)引导的长老派领袖们在1707年阻止了教会集会否决《联合法案》的通过。① 他们之所以会这么做,是因为他们相信只有联合才能确保新教徒继位,而且,只有汉诺威继位才能确保长老会建制派的存续。在安妮去世后,这个理由有力地打动了长老派教徒,并且在1715让他们团结起来支持他们非常不喜欢的联合。但是,在安妮在位的最后四年里,他们比詹姆士党更加担心如果失去他们自己的议会会导致怎样的后果。在苏格兰忠诚的哨兵们眼中,威斯敏斯特高级教士集会是为了破坏、解除和分裂他们国教教堂。他们的恐惧主要是源于托利党政府于1712年通过的两个法案——《宽

---

① *Ramillies and the Union*, pp. 279–280.

容法案》和恢复《支持法案》。

这件事的起因是詹姆斯·格林希尔兹（James Greenshields）牧师。在女王即位初期，苏格兰圣公会教堂的仪式和苏格兰长老会差不多。[①]但是，女王在位期间，越来越多的苏格兰圣公会教会使用一种和英格兰教会（圣公会）差不多的祷告形式。早在1706年，上千本祈祷书就被送到苏格兰边境。对于一部分非常重要的民族的宗教生活来说，这是实质的、重要的变化，对上层阶级尤为如此。而这导致了诺克斯（Knox）的追随者们的反感。1709年8月，伍德罗写道："在因弗内斯（Inverness）、埃尔金（Elgin）、阿伯丁（Aberdeen）、蒙特罗斯（Montrose）以及其他很多地方，北方现在正忙着建立英格兰的仪式。这让我们的同胞感到非常悲痛，而且使我们的纪律衰弱，甚至是被毁灭。"我们需要记住，"在北方"，很多教区的教堂还是由苏格兰圣公会的牧师主持仪式的。[274]

没有一份《宽容法案》保障苏格兰的圣公会会众的仪式，但实际上他们一直没被打扰。就连当他们使用祈祷书的时候，直到1709年，格林希尔兹在他建在苏格兰长老派教会的堡垒、爱丁堡的圣吉尔斯大教堂（St. Giles Cathedral）对面的教堂里，都读的是英格兰祈祷书。为了回应这种挑衅，他被检举。但事实上，他之前已经宣誓，在爱丁堡其他没这么显著的十几个地方，是由没有宣誓或者宣称支持詹姆士的人主持的同样的仪式。而他们没有受到任何当权者的干预。[275]

卡斯泰尔斯反对将《宽容法案》合法化或者制定这样的理论，但偏向于在实践中对宗教宽容。他反对起诉格林希尔兹的提议。[276]

---

① See *Ramillies and the Union*, pp. 183-184, 206-209.

但是，他的同胞们暂时受够了他的温和。长老派传讯让格林希尔兹出庭。但是格林希尔兹否定了他们对他的裁决。于是，他因破坏礼拜统一而被停职，在没有获得许可证之前不能作为牧师主持仪式。格林希尔兹拒绝服从。爱丁堡的治安法官们被召来执行宗教法庭裁定，把他丢进监狱里。格林希尔兹向苏格兰最高民事法院法官（Lords of Session）上诉，但他们支持治安法官的行为。随后，格林希尔兹把他的案子上诉给上议院。

他向西泽（Caesar）上诉。这让那些认为他们自己的法律和西泽没有半点关系的人感到非常惊讶。但是，他的案子过了一年多才在伦敦听证。在这一年里，大不列颠南部的托利党对此事反应热烈。在苏格兰，长老派的恐惧源于萨谢弗雷尔审判案引起的骚动跨越了英格兰边界蔓延至苏格兰。而格林希尔兹上诉上议院裁决（虽然《联合条约》隐含了英格兰上议院享有苏格兰的司法管辖权，此时还鲜有人对此表示接受），让他们更加担忧。①在这样的情况下，1710—1711年，苏格兰各个地方都见证了大量针对苏格兰圣公会牧师的暴动和迫害行为，尤其是针对那些使用祈祷书的牧师。这种策略性的相互理解，即虽然对苏格兰圣公会的宽容没有受到法律保护，但在实践中如此，慢慢崩塌。现在，有必要通过议会法案来维护苏格兰圣公会在苏格兰的宗教仪式，就像维护英格兰的非国教教徒仪式一样。韦克（Wake）主教在爱丁堡的联系人是个意见温和的人。他告诉他的主顾，要想避免詹姆士党叛乱，这样的法案很有必要。[277]

1711年3月，上议院审判了格林希尔兹的案子。由于爱丁堡治安法官和北不列颠最高民事法院法官决议否决，上议院需要先证明对

---

① *Ramillies and the Union*, p. 266.

苏格兰的司法权。约瑟夫·杰基尔（Joseph Jekyll）爵士争辩道："在苏格兰，从来没有向上议院上诉过。"直到1707年合约的条款规定之前，从来没有这样的司法权因为联合而被默许。关于这一点，上议院议员们以68比32的投票结果确定了从此以后上议院在大不列颠拥有对苏格兰的这种司法权。

因此，权限问题得到解决。上议院议员开始行使他们新的司法权，审判格林希尔兹的案子。在短暂辩论之后：

> 召集来的议会神职贵族和世俗贵族下令并判决，上述针对詹姆斯·格林希尔兹，爱丁堡治安法官以及北不列颠最高民事法院法官的判决，将会，从即日起被推翻。

这个判决压倒了宗教法庭的调查结果。苏格兰民事治安法官只是执行了他们的决定。从此以后，上议院能裁决苏格兰宗教司法权的界限。[278]

苏格兰人变得更加愤慨。他们发现，上议院是整个不列颠岛最终的上诉法院。这明显是藏在《联合法案》措辞中，让人疏于察觉的事实。这让苏格兰人的民族自豪感，受到严重打击。而且，支持格林希尔兹这个特别决定似乎是对现有法律的误解。但是，如果真的是这样，就更有理由改变法规，让苏格兰圣公会教派的仪式得到法律的确保。接下来一年，议会通过了一项《宽容法案》，让他们松了一口气。

这项措施所遭遇的担忧和愤怒远不及它本身的偏执。但是，它同样体现了一种恐惧——在伦敦，议会里占到半数的詹姆士党正准备推翻苏格兰现有宗教和国家体制。这是他们迈出的第一步。几乎所有的苏格兰圣公会教徒都是詹姆士党。正是这样的考量误导了像卡斯泰尔斯这样本质宽容的人反对这项措施。在英格兰辉格党贵族的帮助下，他说服政府在法案中加入一个放弃老僭王的条件，作为对苏格兰圣公会教徒宽容的条件。但是，作为回复，托利党强加了一项针对建制派牧师的相似条款。确实，他们已经准备好放弃老僭王了，但是他们拒绝接受这项宣誓措辞中的英格兰国教暗示。作为成为牧师的条件（这在他们看来完全是宗教职责），他们不得不对主教教会控制的议会宣誓，这震动了他们脆弱的良心。苏格兰民族道德是在对国家全能论的恐惧中养成的，而这是英格兰人不理解的。宣誓放弃在此后很久一直是苏格兰两种宗教牧师的绊脚石，尽管对两者来说缘由大相径庭。[279]

在《宽容法案》之后，《支持法案》立即获得恢复。其在1712年5月1日成为法律。对于很多长老派的人来说，任命教区牧师过程中的民主元素是宗教至关重要的一点；暂且不说所有理论，在实践中，由大部分不拘泥于宗教教条、苏格兰圣公会或者詹姆士党构成的贵族授予任命是危险的。因此，在光荣革命之后，贵族支持任命被法律废除了；根据《1690年法案》，新教继承人和长老需要向所有教众"提名并且提议"一位牧师人选。如果他们不满意，就可以向长老会上诉，最终由后者定夺。但是现在，在1712年，虽然他们有全部的法律权限对苏格兰宗教随心所欲，被"主教教会控制"的威斯敏斯特议会不顾《联合条约》的精神，改变了这项法律。除了罗马天主教徒，老贵族授予的权利得以恢复。

这个法律上的改变带来的结果，对于其通过之后的第一代人来说并不重大。但是，对于后代来说非常重大。这项国家制定的法律，导致长老会教徒长期从建制派教会脱离出来。

确实，可能这个法案的影响并不全是坏的。在18世纪，贵族的权利常常用在把温和派的牧师放在由狂热分子组成的教区。他们拒绝贵族的干涉，但得益于他们温和派牧师的服务。高尔特所著《教区年鉴》(Annals of a Parish)一书使读者铭记，在乔治三世在位的第一年，优秀的巴尔维德（Balwhidder）先生就是这样被任命的。"我被放在这个教区，人们完全不认识我。此时，他们激动不已，引发了冲突。"

19世纪，查默斯（Chalmers）领导的自由教会从建制派教会脱离时，1712年《支持法案》的影响达到了顶峰。它代表了福音派自由的抗议，这是苏格兰历史上一件伟大的事情。总之，1875年，在安妮女王在位时期不费吹灰之力通过的法案被推翻。在我们的时代，最后完全废除贵族支持任命之后，教会的再度联合得以实现。[280]

《宽容法案》和《支持法案》足够让长老派对联合王国感到反感了。

（伍德罗写道）我听说，去年通过《宽容法案》的时候，萨默斯公爵是这么说的："现在，苏格兰教会的根本已经衰竭了。"如果把他的这个说法和《支持法案》放在一起，我相信他有更多要说的。我认为，通过《支持法案》相较于《宽容法案》是对我们宪法更猛烈的一击。[281]

有关苏格兰的所有事情，牛津伯爵所持的观点都和托利党内主流看法相去甚远。就像在达成《联合条约》的时候一样，他仍然深受笛福和卡斯泰尔斯的影响。这两人写信告知他苏格兰人的想法。1709年，他用新教徒同伴的口吻写信给卡斯泰尔斯："我的灵魂在一群狮子当中。哪怕他们是人类的儿子，他们的牙齿也好似长矛和弓箭，他们的舌头好似利剑"；以此作为开端，哈利兄弟接着悲叹辉格党内阁倾向于支持自然神论者，最后他以一个提议结尾。英格兰主教教徒和苏格兰长老会教徒结盟对抗无信仰者，这在当时是非常不寻常的！现在他在位，于是竭尽所能安抚苏格兰教会。他反对格林希尔兹向上议院上诉，并且试图阻止《宽容法案》和《支持法案》的通过。比起在他帮助下通过《联合法案》的辉格党贵族，牛津对维持联合王国更加忠诚。和他自己的党派内盛行的观点相比，他在苏格兰问题上的看法截然不同。这是托利党对他诸多不满的其中一个缘由。[282]

当托利党控制的议会的宗教政策疏远了长老派，而让苏格兰圣公会派高兴的是，他们的经济政策让他们两派都最为反感。不幸的是，尽管他们的原则和过去种种行为应该促使他们竭尽所能让联合王国成功，英格兰辉格党没能成功反对不列颠北部经济的不良处理。1711年，出口海外的英国亚麻被征税。这对苏格兰来说打击最严重，因为亚麻是它的主要产业，而布料是英格兰的主要产业；然而，根据《联合法案》的第十四条规定，征收新的关税应该"考虑联合王国各个地方的情况和能力"。

尽管苏格兰麦芽比英格兰麦芽质量差，但是价格更加便宜，1713年春天，议会投票对所有英国麦芽都征收每蒲式耳六便士的税。对苏格兰人来说，这是对这个承诺更加严重的违背。而《联合法案》的同一条款明确规定："在联合王国当中目前叫苏格兰的地区，这里制作和消费的麦芽在目前战争期间不会被征收任何税。"但是，虽然已经停止交战，当征收税款的时候，停战条约的最后一个，英格兰和西班牙之间的条约还没有签订。[283]

麦芽税在苏格兰引起了广泛的强烈愤怒。在最盛时期，威斯敏斯特的苏格兰议员联合起来要求废除《联合法案》。阿盖尔本人宣称，《联合法案》没能达到把两个民族用友谊联系在一起的目的，而且所有党派的英格兰人都同意他的说法。但是,《联合法案》的另外一个目的,是确保安妮死后汉诺威王室对英格兰王位的继承。如果废除了《联合法案》,对这又会有怎样的影响呢？在那个时候回答这个问题并不容易,但是每个人在处理新教继承王位的时候,都会在脑海中思考这个问题。对于汉诺威王室继承的担忧让英格兰和苏格兰的辉格党人都有所怀疑,在他们要求废除《联合法案》的时候或多或少地显得有些不诚恳。

然而,联合王国的主要建筑师——萨默斯、阿盖尔和西菲尔德（Seafield）确实（至少是在口头上）要求摧毁这项举措。而联合王国是子孙后代感谢他们的最好的主张。苏格兰贵族为麦芽税以及其他侮辱非常光火,而且他们非常害怕苏格兰国内的意向。然而,英格兰辉格党正在试图让内阁难堪,并且想为即将到来的大选而讨好苏格兰。辉格党政治团体是否真的想废除联合王国值得怀疑,[284]而且,除非在废除的同时苏格兰有其他保证汉诺威继位的举措,否则他们一定会反对废除。然而,他们没能获得更多的保障。

在这个问题上,牛津所扮演的角色更加直接、勇敢。他真心相信联合王国,而且他运用了所有对策来拯救《联合法案》。虽然牛津的诸多追随者现在被召来从辉格党手中拯救法案,但是他们并不喜欢这个法案。

［伊拉斯谟·刘易斯（Erasmus Lewis）写信给斯威夫特］看看托利党有多可笑。他们和库务大臣一起投票反对废除《联合法案》,而他们都非常困惑,唯恐成功；苏格兰人都投票废除法案,而他们却很痛苦,担心自己万一成功。[285]

由于投票过程中有太多巧计和交叉投票，在没有合适的议会报告的情况下，很难准确判断到底发生了什么。但是，无论如何，上议院否决了废除《联合法案》，而且此事再也没有送进下议院。[①]

由于安妮女王的生命已经明显快走到尽头，整个苏格兰都在考虑她的继承人问题。女王和她在伦敦的政府都一致被认为在为詹姆士复辟做准备，而且在与首都相距甚远的苏格兰，没人察觉牛津和博林布罗克在此问题上的不同对策。就连在威斯敏斯特的苏格兰詹姆士党人都确信，女王决意最终为她的兄弟做件正确的事情，可能她会促成在法律上废除1701年《王位继承法》。而气愤、警觉的辉格党在攻击内阁中的詹姆士党时同样形成了这样的想法。[286] 当牛津支付了4000镑给苏格兰高地的一些宗族时（他们当中大多数是詹姆士党），阿盖尔在议会里谴责这一行为，说这笔钱给了他们相当于帮老僭王买武器。尽管库务大臣宣称，他给他们支付这笔钱，是依照

---

① *Parl. Hist.*, VI, pp. 1216-1220 给出的日期有误（应该是6月1日，而不是5月28日），而且其关于分歧的实际意图表述不清。需将其与 *H.L.J.*, XIX, p.556 相比较。在 *More Cullden Papers*, II, p. 34 中，一封邓肯·福布斯（从爱丁堡）的来信描述了当时仅仅四张选票影响选举的准确情形："辉格党之前保证在这个问题上支持我们的（苏格兰）议员，只要我们同意在废除联合王国的法案中增加一项条款，确保新教徒继承王位；但是我们的人在和辉格党着手确保新教徒继位问题之前就急着表示友好，因此辉格党不得不提议推迟，直到他们从我们这里得到让他们满意的保证的时机为止。库务大臣（牛津）深谙我们认识不全，所以提议立刻继续行动。在经过一番激烈斗争之后，在继续还是推迟的问题上，以四票的优势通过了继续。因此，人们提出了是否应该允许引入法案（来废除联合王国）的问题。然而，大多数人都对此表示反对。所有的辉格党人都反对，因为这是在他们还没有时间准备，进行协商的情况下提出的。"这段关于上议院的描述和其他普遍描述不同，但是这被 *L'Hermitage* 证实 (*Add. MSS.* 17677 GGG., f. 204)，而且和 *H.L.J.*, XIX, p.556描述两种分歧相符，也和哈利法克斯的演讲一致，见 *Parl. Hist.* VI, p. 1219. 还可见 *Lockhart*, I, pp. 429-437; *Burnet*, VI, pp. 149-150, Onslow's note; *Methieson*, pp. 292-293; *Wodrow, Anal.*, II, pp.236-247。

威廉国王时期的一项有名的政策，只是为了让他们安静。[287]

第三国务大臣，或者说是苏格兰国务大臣①昆斯伯里在1711年7月逝世。两年里，该职位都空着，因此主要是北部国务大臣博林布罗克治理苏格兰。1713年9月，出于对他对手权力的嫉妒，牛津填补了第三国务大臣空缺，把苏格兰交给马尔（Mar）伯爵管辖。他之前支持联合王国，并且是未来的詹姆士党反叛者。他的政治主张和库务大臣本人一样让人捉摸不透。[288]

这个改变完全没有影响苏格兰詹姆士党越发热情洋溢、自信满满的期盼。他们相信在伦敦的法院和议会里已经有人为詹姆士复辟做了万无一失的准备。所以他们克制住自己跟随辉格党内阁（他们一直追随辉格党），继续为复辟做作战准备。因此，当伦敦和平地宣称乔治为国王的时候，他们大吃一惊。博林布罗克参加的仪式，是苏格兰人相信他绝对不会允许发生的。这是安妮去世以后，大不列颠北方没有发生战火，而苏格兰人在一年后的1715年起义的主要原因。②

正是在女王在位的最后几年里，伦敦的《旁观者》开始影响苏

---

① *Ramillies and the Union*, p. 394.
② 1714年10月16日，一位牛津的告密者从爱丁堡写信告诉他："我最近有机会在此和一些詹姆士党首领自由交谈，我发现他们对于女王的去世都非常吃惊，而且对此毫不知情——这是他们没有为年轻的主子做任何事情的真正理由。他们是这么叫他的。他们说，只要辉格党控制了内阁，他们主子的利益就会受到威胁。他们非常痛苦，还会面临指控。他们不得不保持戒备，一直为自己和追随者预备武器和马匹。不得不透过书信、信使和偶尔的私人会面（他们把这种活动称作高地狩猎）互通有无；但是，当托利党控制内阁的时候，他们以为他们土了的利益得到了保障，而且他们自己的利益也得到了保障。于是，他们放下了所有戒备和勤奋，以为他们什么也不用做，只需要耐心等待，并在机会成熟的时候，尤其是像女王去世这样的特别的时候，遵守上面下来的命令即可。而当这个时机到来，他们的期望陷入了危机，只能看着这个绝好的机会旁落他人之手。" *H.M.C. Portland*, V, pp. 498–499. *White Staff*（1714），Pt. II, pp. 14–22以及*Lockhart*, I, pp. 476–483和其是一致的。

格兰上流社会。同时,一个叫艾伦·拉姆齐(Allan Ramsay)的爱丁堡假发制作者声名鹊起。他转向诗歌、讽刺诗写作以及良好陪伴,在詹姆士党文人圈子里流传——这是辉煌的18世纪苏格兰文学的第一道曙光。

第十五章　停战之后

　　1712年秋天，英格兰大臣决定派特命大使去法国，以便加快并夸大停战谈判的最后阶段。已经掌握了谈判的马修·普赖尔并没有获得作为驻法大使或者是乌得勒支全权大使的合适奖励，因为女王认为一个出身低微的人并不适合担任如此尊贵的要职：一年以前，女王曾这样写普赖尔，"我怀疑他的出身不能让他胜任全权大使一职"。[289]因此，需要一位一流的显贵来填补去凡尔赛的空缺。波特兰伯爵在威廉战争最后阶段很出色地完成了这个使命。此时，女王大臣们决定选择苏格兰詹姆士党领袖的汉密尔顿公爵。任命他为大使引发了最激烈的党内反响，部分人希望而部分人担心他去巴黎不仅仅是为了停战，还是为了詹姆士复辟做准备。他性格软弱，政治主张不明，可能没法完成使命，让狂热的詹姆士党人失望。之前他带领反对《联合法案》的失败已经证明了这一点。但是，这个问题没有被实践证明，因为他从未离开过英国的海岸。

　　莫恩男爵年轻的时候是个浪子，并且是个凶残的争吵者。他进入政坛，成为上议院里一位辉格党演讲者，并且改变了原本的生活方式。汉密尔顿和他是一场持久的诉讼中的对手。他们最近在为这件事争吵。一封以莫恩的名义寄出的信送到公爵手里。莫恩在信里面提出挑战：证明到底是哪边先挑起决斗的证据不一。他们安排在大使启程去法国的前晚会面。[290]

作为莫恩助手的麦卡特尼（Mccartney）是马尔伯勒的将军之一，最近刚刚在政治斗争中被托利党大臣摧毁。虽然他是一个好的军人，但却是个挥霍掉自己和妻子财产的赌徒。他多次负伤，但多年来一直在军队的兄弟间名声不好。[291]而这边，公爵的助手是苏格兰步兵守卫约翰·汉密尔顿（John Hamilton）上校。

这四个人于1712年11月15日清晨在海德公园见面。两个主要人物向对方冲去，"就好像疯狂的野兽一样拼命。他们既没有击剑，也不躲闪"。公爵杀死了莫恩，而莫恩给公爵造成严重创伤，按医生的意见来说，是他随即死亡的原因。然而，按照当时惯例，两位助手也相互搏斗了几个回合，汉密尔顿小腿肚子下方轻微受伤；但是，当他看到公爵卧倒在莫恩的尸体上面的时候，他跑过去帮忙。到目前为止，这些事实都没有多少争议。但是，下面发生的事情就值得怀疑了。

三天之后，汉密尔顿在枢密院前面发誓，当他把受伤的公爵抱在怀里的时候，麦卡特尼"拿着一把剑"过来，并且"猛推公爵"一把。上校"以为麦卡特尼推公爵是冲着他来的，于是质问他是什么意思。麦卡特尼没有回答就离开了"。根据汉密尔顿上校所说，一名外科医生来到现场，并且解开了公爵的外套，"他发现在他左胸上方有一个伤口。虽然没有流血，但创面很大。医生认为是麦卡特尼造成的"。麦卡特尼刺死公爵的故事并没有被前来围观决斗，且为伤者提供帮助的随从证实。汉密尔顿上校的陈词本身就不太清楚可信，让人无法验证。而且，显然他没有试图当场逮捕麦卡特尼，或是在观众面前谴责他。这使他的说法更加可疑。沃尔特·司格特爵士之后的现代观点，都认为麦卡特尼并没有刺死公爵。但是，当时所有托利党人都确信女王的大使被辉格党预谋的诡计暗杀了。由于莫恩和他的助手之前名声不好，这样的想法也很自然。

麦卡特尼为了活命逃亡：确实，如果他当时出现在愤怒的陪审团面前，恐怕已凶多吉少。但是，在乔治一世即位之后，他又回来了。他接受皇室法庭的审判，最后被宣判谋杀罪不成立。著名的切斯特菲尔德（Chesterfield）伯爵参与了整个审判过程。他虽然认为麦卡特尼"绝对有能力做出最邪恶的事情"，但是坚信他是无辜的。切斯特菲尔德写道："我完全不相信他会谋杀公爵；而且出席的汉密尔顿也并不想用这个罪名栽赃麦卡特尼。"

在发生这件事的时候，决斗导致党派争斗变得最剑拔弩张。而当麦卡特尼逃亡国外的时候，有人试图引渡他回国。在追捕他最激烈的时刻，斯威夫特给都柏林的女性友人写了一个离奇的故事供她们娱乐：

这可真滑稽。一位绅士被一群强盗攻击了。他告诉他们，他是麦卡特尼。他把他们绳之以法，希望获得奖赏。这群强盗被送进了监狱。麦卡特尼还真是镇定。[292]

汉密尔顿去巴黎的任务被交给施鲁斯伯里。他是大臣之中最不可能支持詹姆士党密谋的一位。他有礼有节地完成了自己使命，但是不喜欢和法国走得太近的氛围。可能是因为这个原因，他在签订和约之后并没有过多停留。1713年，他被派去爱尔兰做总督——他在那里的作为之前已经提到过了。普赖尔一直留在巴黎。他被当作全职女佣一样，虽然至关重要，却收入微薄。

可能，汉密尔顿没有去法国，并且普赖尔摆脱了托西和戈尔捷想要拉他入伙詹姆士党密谋的企图，这对于汉诺威王室来说也是好事。[293] 因为，在签订了《乌得勒支条约》之后，英法大臣密谋安妮死后詹姆士复辟的阴谋又活跃了起来。

早在 1712 年 10 月，博林布罗克觉得自己和老僭王已经建立了良好的关系，可以通过托西向他询问一份严正宣誓对他效忠的辉格党名单！詹姆士谨慎地回答道，由于他和马尔伯勒之间的通信在两年前就已经中断了，除了目前这个博林布罗克已知的途径，他没有其他途径联系辉格党或者托利党。贝里克评价说："陛下您对这个问题的答复非常有雅量、公正。这个答复应该对现任内阁来说效果很好。信任您对于他们来说没有任何风险。"[294]

就在《乌得勒支条约》确认签订了之后，詹姆士复辟成了托西和他在伦敦的代理——戈尔捷和伊尔贝维尔（Ilberville）——以及法国派去伦敦的大使奥蒙公爵（Duc d'Aumont）的首要任务。[295] 他们之间的通信存于法国外交部供历史学家查阅，是 1715 年弹劾牛津和博林布罗克的辉格党人没有的。如果这些信件当时被出版，一定能有力证实他们的严重怀疑，即这两位英格兰大臣从签订《乌得勒支条约》到安妮去世前这段时间，通过法国代理人和老僭王保持通信，并且和法国大臣们密谋在女王去世之后把詹姆士推上王座。①博林布罗克是两人当中更加坚定、真诚而且活跃的那个；牛津只是又一次玩两面派的游戏，确保万一这个年轻人改变了宗教信仰，使复辟变得不可避免的时候自己是反对这一行为的；同时，他获得了

---

① 从法国外交部档案中很好地选取了相关文件的文献可见威科姆·莱格编辑的 1915 年 7 月的《英国史评论》。其他的可见 *Salomon* 末尾，以及本卷附件 E。还可见 *H.M.C. Stuart Papers*。

议会里詹姆士党人的投票，并且能盯着博林布罗克和詹姆士之间的交易。

牛津绝对不会亲自参与任何达到复辟目的的实际行动，而博林布罗克只不过是设法让高教会派托利党人和詹姆士党人完全占满所有公职和军职。他的这个方针一直受到牛津的反对。而直到女王生命的最后一周，牛津都是受到女王支持的。但是，博林布罗克和牛津在一个问题上意见一致：他们都告诉詹姆士，转变成新教徒是必要的。如果是这样，毫无疑问，他们可以通过上下两院废除《王位继承法案》，让法律对詹姆士一方有利。可能安妮确实希望有这样的结局，但是她从来没有对她的继承人做出明确表态。不管是谁，在她在世的时候都不能踏上英格兰的土地。

而詹姆士从来没有考虑过改变自己的宗教信仰，因此，他无意通过和议会交易而复辟。1713年4月，他写信给托西，希望不要向上下议院做出任何有关他的提议，并希望能在休会期间去英格兰；那么他忠诚的子民"在我的出现的鼓舞下"可能"出其不意地"在安妮死后把他推上王位。[296] 这是历史小说《亨利·埃斯蒙德的历史》（*Esmond*）的剧情，但是除了出现在小说几页内容当中，事实上并没有发生。因为詹姆士从来没有到过英格兰。

但这只是詹姆士对复辟的想法，完全没有条件限制。这一想法或许在阿特伯里看来是合适的，在博林布罗克看来却是不切实际的，而在牛津看来更是不受欢迎的。所以，年复一年，他们对事态放任不管，直到最后步入不仅是詹姆士党的，而且是老托利党人事业的灾难。

1713年3月，在签订停战条约的前夜，牛津告诉戈尔捷，他会为老僭王争取利益，并且尽快说服女王。这次他宣称对詹姆士忠诚，是为了让詹姆士信任英格兰大臣，并且听取他们的建议去意大利、巴伐利亚或者瑞士。[297]安妮的仆人希望让她的兄弟远离，以便避免辉格党说他们教唆詹姆士继续在法国土地上逗留的指控。《乌得勒支条约》的条款规定，路易承认安妮以及她之后的新教继位，并且郑重承诺不为老僭王提供帮助。在敦刻尔克停火期间，詹姆士不得不放弃法国，但是他不愿意去到比洛兰（Lorraine）更远的地方。在洛兰公爵的保护下，他在法国边境的洛兰巴勒迪克（Bar-le-Duc）定居，静观事态发展。1713年7月，上下议院都向女王写信，要求她给洛兰公爵施压，让他驱逐他的客人：这些信虽然是辉格党写的，但态度一致，因为两院中没有任何一个人会公开说自己是詹姆士党。[298]

在牛津向戈尔捷违心地宣称对詹姆士效忠的前几天，詹姆士这个好青年给39名红衣主教写了45封信！[299]对于英格兰乡间贵族来说，建立一个合乎宪法，信奉英格兰国教，让詹姆士当国王的英格兰是他们的梦想；但现实中王室流离国外，是没法实现这一事业的；辉格党总是这么说，而且博林布罗克有一天发现，根据他的个人经验，辉格党是对的。他在《致威廉·温德姆爵士的信》中用最有说服力的辞藻表达了这个观点。

安妮女王在位的最后四年，党争的激烈几乎体现在伦敦生活和文学的方方面面。但是，其中有一段非常让人愉悦的间歇——辉格党和托利党都争相称赞艾迪生的悲剧《加图》。任何正直的人都不可能嫉妒艾迪生；尽管所有人都知道他是坚定的辉格党人，过去两年里，这位罗杰·德·科弗利爵士的创作者几乎没有再写任何政治文章。在签订《乌得勒支条约》之后的几周里，他写的悲剧（除了最后一幕，其他内容十年前就写好了）终于被这位谦逊的作者允许在台上表演。当时公共事务如此紧张，艾迪生表现出的友善让人惊奇。

1713年4月3日，当签订停战条约的消息传到英格兰，他和斯威夫特以及博林布罗克共进晚餐，讨论这个难题。

（斯威夫特写信给斯特拉）我们都很有教养，而且当我们谈开了以后，讲话时也非常友善。艾迪生提出反对，博林布罗克非常殷勤地作答。

三天之后，这三个友好的敌人在德鲁里巷（Drury Lane）剧院的后台碰面：

（斯威夫特写道）今天上午，我去参加了艾迪生先生戏剧的彩排。只有不到20个人看过这部戏。我们站在舞台下，看着演员每次被提醒，再由诗人指导他们，真是蠢极了；加图女儿的扮演者（欧菲尔德夫人）在其他人充满激情的表演中显得了无生气。她接着喊道："接下来是什么？"

1713年4月14日，这部期待已久的戏剧终于第一次公演，面对世界上最有权力、最聪明的上流社会作为观众。不管是打赢了战争的党派，还是指导和谈的党派，都成批出席，表达对这位吟游诗人的仰慕。这部悲剧非常符合时宜，被称赞是艾迪生最伟大的作品：对于子孙后代来说，它可能是他最差的作品。尽管对于刚刚写出"高处宽广的苍穹"这样诗句的人来说，其中一少部分段落确实值得让人景仰。在最后一幕开始时加图的独白略微效仿了弥尔顿和莎士比亚；但是该戏大部分内容效仿了法国的经典戏剧，并足够优秀。斯蒂尔的《卫报》中有一位作者声称，《加图》"超越了所有关于古人的戏剧"。但是在欧洲，除了本特利（Bentley），没有人可以不费吹灰之力地阅读古希腊戏剧。这份声明仅仅是意味着《加图》和塞尼卡（Seneca）式悲剧一样好。

尽管几乎被所有人大加称赞，但这部戏很无趣。其沉闷感染了蒲柏（Pope）。这位年轻诗人是后起之秀，最近刚刚凭借《夺发记》（*The Rape of the Lock*）的首版让整个伦敦愉悦。他获得巨大殊荣，被邀请撰写《加图》的开场白。虽然蒲柏并不想牵涉政治，但在座一半的辉格党听到以下英雄双韵体后兴高采烈：

这里会让人潸然泪下，
是爱国者为消亡的法挥洒。

接着，开场白用了一些非常异于常人的韵律来称赞编剧：

他让你心中燃起古老的情欲，
还让英国人的视线从罗马挪开。
他的笔下人物充满美德，
正是柏拉图曾经的思虑，似神的加图就是如此。
…………

带着诚心和轻蔑看这个叫加图的，
罗马从希腊学了艺术，把她征服。
我们的戏剧危险地维持太久，
依仗着法语译文和意大利歌曲。

一直谴责意大利歌剧受教皇和法国影响而且不爱国的辉格党又是一轮鼓掌。之后，在帷幕拉开，戏剧开场之后，加图宣称：

当邪恶揭晓、不虔诚的人摇摆，
荣誉的终点是个人的地位。

所有在为重掌大权抗争的辉格党人的掌声震动了剧院。但是，托利党人也不甘忍受错过良机。在对开场白发嘘声之后，他们决定为戏剧鼓掌。他们宣称，邪恶的军事暴君凯撒是马尔伯勒，而且"加图要么是库务大臣要么是博林布罗克"！博林布罗克本人也妙笔一挥，召来加图的扮演者布思（Booth），给了他一个装有50几尼（Guineas）的钱袋。这是鉴于他杰出表演了一名"在面对永远的独裁者时守护自由"的爱国者：马尔伯勒要求成为终生总指挥还没被人们遗忘。因此"剧院一侧辉格党人经久不断、振聋发聩的掌声回响在剧院另一侧托利党人的掌声中"。

两个党派的人都像孩童一样接连去看表演。这部戏连着上演了二十个晚上，在当时已经是很长时间了。在表演之后的十四天，一个辉格党贵族写信给他的友人记录了他和托利党大法官之子之间的对话：

我问他是否喜爱我们的戏。他说："你们的戏！我的大人，这是我们的。""至少你会允许把加图给我们，因为布思先生是我们的人。"我说，非常好，以上帝的名义把他拿去吧：你们花了50几尼把他买走了。这钱是博林布罗克大人那天看戏的时候从你们这些年轻绅士手上搜来的。他们可以利用他们的演员，因为我们有我们的诗人。要是可以的话,你们去贿赂他吧。[300]

《加图》受到如此欢迎,上演之后在整个英国出版和传阅。其中一些常见短语我们现在还在使用也就不足为奇了。尽管他们的出处我们早已忘记了。最著名的一个莫过于波尔蒂乌斯的英勇柔情:

成功没法掌控在凡人手中,
但我们要多做点,塞姆普罗尼乌斯;这是我们应得的。

或者玛西亚对女性说教般的警告:

仔细思索的女人已经迷失了方向。

当《加图》仍然在上演的时候,女王给斯威夫特判了无期徒刑;她把他委派到都柏林圣帕特里克教区。就像当时很多其他事情一样,这是一次妥协——并不是牛津和博林布罗克他的这两位朋友(他们都乐意把他们的朋友留在英格兰当主持牧师)的异见之间,而是女王对斯威夫特的讨厌(萨默塞特公爵夫人和约克大主教加深了这份讨厌)和她对托利党内阁的责任感之间的妥协。① 斯威夫特接受了不可避免的命运的安排。他写信给斯特拉:

在爱尔兰度过余生没法让我感到愉悦;我承认,我以为内阁不

---

① 见前文第七章,以及 C Firth 爵士的小册子 *Dean Swift and Ecclesiastical Preferment*,由 Sidgwick 和 Jackson 从 1926 年 1 月 *Review of English Studies* 再版。

会让我离开的；但是可能他们也无能为力。[301]

他给另外一位朋友写道：

这份出版物会告诉你，我被宣判又贬回爱尔兰度日；不管是宫廷还是内阁，他们唯一为我做的就是让我在被贬至的国家里选择安身之处。

出于健康原因，并且为了避免在马车上单调地缓慢颠簸，他在六月天里从伦敦骑马去切斯特，希望从那里登船去爱尔兰。在切斯特，他写信给斯特拉：

我骑了六天马到这里。真是一段长途！昨天风异常大，所有船和人们都离开了。我到来的时候被告知此事，这让我宽心。三年来我都没有骑马，我感到非常疲惫。但是，哪怕我是这么疲惫，我已决定周一出发去霍利黑德（Holyhead）。

但是，他重新考虑之后，决定不在威尔士的山区冒险旅行。因此，他缓慢地流浪到爱尔兰。在他看来，鉴于他之前的付出，这是非常糟糕的回馈。确实，在伦敦居住的三年里，他对确定党派和国家短期命运的贡献，比英格兰历史上其他任何文人都多。[302]

1713年6月，辉格党赢得了自三年前因反对与法国的条约中商贸部分而倒台以来，第一次民意和议会内的胜利。在和平和战争的问题上，他们并不能继续代表民意，但不仅在新教徒继承王位问题上，在其他大部分商贸问题上他们仍然代表民意。现有制造业和商贸的既定利益，以及当时流行的、平衡贸易的经济理论都在辉格党人反对和西班牙的贸易条约的时候被拥护。他们认为该条约中贸易部分不够充足，而与法国的贸易条约则不受欢迎，而且危险。

博林布罗克与法国和西班牙签订的条约是通过牺牲荷兰和其他国家的利益为英格兰牟得巨大商贸利益，来招待辉格党。这样一来，托利党不仅仅能成为有产者，还能成为商人群体的真正恩人。① 但在这个问题上，他只取得了部分成功，未能完全如意。

在欧洲和美洲，与西班牙人长久建立的贸易被英格兰所有地方都看得至关重要。我们之所以参战，很大一部分原因是为了防止法国把我们排除在和西班牙贸易的好处之外。西班牙买走我们的货物，英格兰制造的布料，以及在纽芬兰岸边晒着的干鱼，再卖给我们精选的毛料、染料和我们的制造商需要的其他原材料。博林布罗克在《乌得勒支条约》中赢得了这部分贸易的领土和政治保护。他还通过确保直布罗陀和马洪港，以及南美奴隶贸易的垄断权，在大体上确保了我们和土耳其以及地中海国家的贸易。但是，之前英格兰商人在1667年条约中获得的在西班牙的豁免权，列克星敦（Lexington）大人在马德里和菲利普五世的大臣以及乌尔辛斯公主商谈的商贸条约中未被合适地确定下来。由于缺乏针对这个需要技巧，复杂的问题的合适建议，博林布罗克在1713年接受的商贸条约马上在实践中被打破。在女王去世之前，英格兰所有的商人群体，无论党派，都竭力反对我们在西班牙的商人的不公平待遇。在乔治一世在位期间，不得不再商议一份新条约。在这个具体问题上的失败是导致民意，

---

① 见上文第十二章。

尤其是在城市里,在安妮女王在位最后一年里开始转而反对博林布罗克和托利党的其中一个原因。[303]

另外,和法国的贸易合约确实因为相反的原因而遭到反对并不是因为它使贸易变得太难,而是变得太容易了。博林布罗克的政治和王位继承方针,是和法国结成盟友,对抗我们光荣革命以来就结成的欧洲盟友。为了加强这个新的外交导向,他希望和法国在贸易上创造新的既定利益,而且不惜损害和葡萄牙之间的贸易条约。而后者被反对党珍视。托利党喝波尔多红葡萄酒(Claret),而辉格党喝波特酒(Port)。①

辉格党非常直接地反对外交政策,相应地非常担心和法国贸易良好会让老僭王的保护人(路易十四)在伦敦城内更受欢迎。到目前为止,他们通过关税和禁令防止和法国之间的贸易过于壮大。流行的贸易平衡理论,以及商贸和制造业的既定利益都反对靠牺牲和葡萄牙的贸易来换取和法国的贸易。

根据1703年《梅休因条约》,葡萄牙人在过去十年里大量购买我们的布料,并且用波特酒和巴西黄金支付。这种交换现在成了很重要的既定利益,囊括了畜羊农民、乡绅,以及织工和布料商人。由于我们从葡萄牙进口黄金,这被当作好贸易,因为"平衡"是正确的道路。另外,法国人会卖给我们波尔多红葡萄酒和丝织品。但他们不买我们的布料,但据说主要买黄金。"法国葡萄酒需要用钱来

---

① 这两种葡萄酒的政治口味出现在当时的文学作品中,比如森特利弗夫人的《哥谭选举》。虽然有关税,但在英格兰上流社会中一定有很多喝波尔多红葡萄酒的人;比如,在《哥谭选举》(1715)中,旅店老板说:"在过去四年里,我们大多数绅士,他们的注意力,除了法国葡萄酒,什么也不想。有些人还是喜欢波特酒,但非常少,而且是那些寒酸些的一类人。"

买，而葡萄牙的酒可以用货物换。"因此，法国贸易用当时的经济观念来说，是不好的贸易；这会导致一些实际后果：布料商和畜羊农民会受到损害；我们国内正在兴起的丝绸制造会受到法国竞争的制衡；我们和土耳其以及意大利的贸易会受到影响，而且如果我们现在从法国买丝绸，在地中海卖出的布料就会减少。最终，葡萄牙人会给我们的布料征收重税，因为根据《梅休因条约》，他们可以以比法国低三分之一的税卖给我们他们的酒；提议的和法国之间的条约会让这个条件变得无效，因此葡萄牙人就可以随意用他们选择的办法补偿自己了。

很难说到底这些恐惧在多大程度上是被夸大了的，因为这件事并没有被实际验证过。出于同样原因，我们也不可能说和法国之间更加自由的贸易能带来多大好处。和法国以及法国的西印度群岛签订合约，一定会让苏格兰和美洲的殖民地分别受益。但实际上，苏格兰议员中有16人投票支持，16人反对和法国的贸易合约。[304]

不管作为经济学家来说博林布罗克是对是错，但他作为一个政客已经错了：他想要促进英格兰的贸易，但是他并不了解贸易群体的想法，而辉格党领导人知道。5月14日，在下议院第一次反对《乌得勒支条约》的商业条款的投票中，以直接投票的形式投否决票的议员多了一百多名。但在接下来的一个月里，全国骚动四起，托利党人承受了来自他们选区选民的巨大压力。① 由布料商、丝绸商人，与葡萄牙、意大利和土耳其做生意的商人组成的代表团蜂拥而至议会打听，呈交议会令人担心的证据。伦敦的丝绸工

---

① 比如 *Shakerley MSS.*（由阿瑟·布莱恩特先生非常好心地给我看）揭露了无论党派还是当地选民都给托利党在切斯特的议员谢克利造成的压力。作为葡萄牙酒贸易的商业中心，减少法国葡萄酒关税会让切斯特受到重创。

人担心被法国丝绸会涌入的老板们解雇，于是发起暴动。民兵不得不来镇压他们。

最后一笔是出自托马斯·汉默（Thomas Hanmer）爵士之手。这位令人尊敬的准男爵实现了托利党的旧理想——做一名独立乡村议员：他代表萨福克（Suffolk），并且拒绝入阁。斯威夫特说他是"下议院最重要的人"。最后关头，当他改变主意反对商贸条约的时候，就给他盖棺论定了。他的保守主义毋庸置疑：作为一个高教会派，他在1704年的时候为将《偶奉国教法案》加入财政法案投票，成为十月俱乐部成员，在《乌得勒支条约》运动中起到了领导作用。11月，在他上次去巴黎的时候，法国人给了他最高礼遇，在那里詹姆士党人徒劳地讨好他。[305] 在贸易和工位继承问题上，他发现自己站在辉格党这边（这并非他所愿），而且在这两个问题上，他领导的一群强硬的托利党人都起到了至关重要的作用。这些异见人士被称为"异想天开的人"或者是"支持汉诺威的托利党人"。

牛津对博林布罗克中意的项目并不关心。他试图在不分裂托利党的情况下把商贸条款收回，但无济于事。议会已经投票表决，内阁以194比185的结果被打败。而在一个月前，同样在下议院，同样在这个问题上他们多收获了一百多张票，有将近80名托利党人投票反对政府。而敢投票支持与法国的商贸条约的伦敦托利党人只有四分之一。由于下议院拒绝执行贸易条款，他们不得不把它们从停战合约中剔除。[306]

在这场论战中，小册子出版物的力量很明显。但是斯威夫特忙于搬回爱尔兰，并没有怎么参与。笛福在《收购人》（Mercator）中为内阁发声。但是，由斯坦诺普将军和哈利法克斯出资，反对和法国贸易的对手创办了令人生畏的评论《英国商人》。该刊物大量引用了数据以及当时左右民众观点的《贸易平衡》理论论断。而托利党没有明确界定的自由贸易理论来反驳。稍微轻松一点的读物是艾迪生的《塔里菲伯爵最近的审判和定罪》(Trial of Count Tariff)。这是类似前一年托利党阿巴斯诺特医生的《约翰牛》一样的辉格党人的幽默寓言。①

博林布罗克非常气恼。而他非常厌恶的荷兰人,在英格兰拒绝和法国签订贸易条约时抓住了机会,让他更为恼火。

(他写道)他们兴奋过头,公然嘲笑我们;他们要取消给法国货物征收的一小笔关税,尤其是丝织品。[307]

他转而对牛津生气。后者在这个问题上不温不火,而且他与他的朋友们还被怀疑和辉格党密谋。3月底,尽管伦敦流言说其他辉格党政治团体拒绝和他共餐,库务大臣公开和哈利法克斯共进晚餐。[308]在同一周,斯威夫特(他对牛津忠诚)非常遗憾地写道他"没能和他最大的敌人们交谈",很愚昧。[309]确实,在整个任期内,牛津一直持续收到哈利法克斯的来信,给他提供财政问题的建议;祝贺他

---

① H. O. 梅雷迪斯在《英格兰经济史》第190页的大纲上说:"托利党虽然愿意和辉格党财政政策上分开,但在为英格兰获得简单的自由贸易关税所带来的优势这一问题上未做充分准备。他们太过遵循贸易平衡的教条,很难反驳辉格党的立场,即和葡萄牙的贸易是有利可图的,而和法国的贸易是无利可图的。他们认为我们不应该因为和法国是敌人就拒绝和他们贸易的观点,虽然听起来合理,但没有触及辉格党经济观点即我们和法国贸易是无利可图的。"我认为这是 Mercator(May 26, 1713, to July 14, 1714)中一个对托利党论调的研究中证实的。在不列颠博物馆的报刊室可以找到一份复印件。

取得的成就，其中包括乌得勒支停战；1713年春天开始预示着辉格党和库务大臣携手拯救汉诺威王室对英格兰王位的继承——对博林布罗克的反对被暗示，但没有直接表达出来。[310] 可能牛津没有回复这些信，但他和哈利法克斯交谈，而且没有劝阻他的建议。库务大臣对博林布罗克的忠诚似乎和他对内阁同僚一样。但是，他对未来两种运动都保持开放态度，这符合他的个性。其中一个是如果老僭王转变成新教徒，就支持詹姆士党。另外一个是和辉格党同盟，拯救《王位继承法案》。

在商贸条约落败后，牛津和辉格党交易的流言让高教会派托利党人重新试图夺取控制权。一份令人愤慨的名单传出，显示众多辉格党人仍在军中，或任职总督、地方治安法官和公职人员。牛津拒绝解雇这些人。阿特伯里（女王在1713年6月极不情愿地任命他为罗切斯特主教）和大法官哈考特（他获得晋升）、博林布罗克（他是这场阴谋的主谋）一道反对库务大臣，说他"是个不真诚的牧师"。博林布罗克对牛津的兄弟爱德华说："如果你的兄弟不愿意带领国教党，那么总得有人上。"为了回应他们的公开反对，库务大臣在8月的时候同意，他的朋友达特茅斯伯爵南部国务大臣的职位应该被传统教会的领袖布罗姆利取代。达特茅斯代替布里斯托主教鲁宾逊（Robinson）成了掌玺大臣。后者因为在乌得勒支的服务，被提拔掌管伦敦大教堂教区。[311]

但是，牛津一只手给出去的东西，另一只手又拿了回来。他一边说服女王任命布罗姆利，一边又说服女王任命马尔伯爵（Earl of Mar）为重振第三国务大臣①，让芬勒特和西菲尔德伯爵（同为詹姆

---

① 职位，即苏格兰国务大臣，其上一任在1709—1711年任职。——译者注

斯·奥格尔比）担任苏格兰大法官，好把苏格兰从博林布罗克的管辖中拿走。伊拉斯谟·刘易斯写道："这些事情让博林布罗克大人大吃一惊。"①

9月初，库务大臣为了他的儿子爱德华的婚礼南下到威姆波尔（Wimpole）②。博林布罗克在毫不吝惜地表达了他的祝贺和对同行的友情之后，利用"他不在"去到乡下的时机抓紧推动把他赶出内阁的阴谋。[312]马沙姆夫人准备来给女王做工作；根据哈利家族所说，博林布罗克用奴隶专营权公司的股份以及其他非法汇款贿赂阿比盖尔。牛津已经发现他的分量减轻了；当他在一年之后卸任时，写信给斯威夫特说："从1713年7月25日开始，我就已经没有实权了。"[313]意识到自己身体日渐不行，而且对公务有所疏忽（这是博林布罗克有时用合情合理的语言表达对他的抱怨[314]），牛津在秋天的某个时刻决定辞职。但是，他被朋友特雷弗男爵和达特茅斯伯爵说服，打消了这个念头。在他不情愿地决心继续留任之后，1713年11月25日他给达特茅斯写信说：

我收到了你那宽容，富有同情的信件，并向你衷心表达我对你的情谊的谢意。依照你的告诫，我会快速担起我的职责。但是，我希望那些觊觎我位置的人，如果他们站在我的立场看待我的位置，一定不会想要得到它的。

---

① 见前文第十四章，关于第三国务大臣；*H.M.C. Dartmouth*，p. 318。
② 这个著名的剑桥郡席位，在当时被拼作和读作"Wimple"。这是小爱德华·哈利和纽卡斯尔公爵女儿结婚后继承的。他在1740年以100000镑的价格把它卖给了大法官哈德威克。爱德华是牛津的兄弟以及其儿子和继承人的名字。

那年秋天，牛津的朋友伊拉斯谟·刘易斯写道：

我发现所有的小册子都放弃区分辉格党和托利党，而在他们的思想中转而区分托利党内的汉诺威托利党人和老僭王托利党人，英格兰的托利党人还是亲法托利党人，是支持与法国的商贸条约还是反对的托利党人。[315]

在这样的情况下，现在旧议会已经快到尽头了，而新的议会在《三年期法案》(Triennial Act)规定下马上就要来临。对于支持政府的人来说，这是一件很严重的事情。但是，他们设法再次作为团结的政党参加大选，以便在接下来多事的一年里重新掌权。

在1713年8—9月的大选中，两边都力争上游。辉格党这边更加团结，比三年前精神更加饱满，而且"在北方地区的管理也更好"。[316]全英格兰上下他们的党羽都在帽子里放着羊毛，穿着木制的鞋子示威游行。这代表了被托利党的贸易条约毁掉的服装贸易，以及托利党人把国家出卖给了法国。最重要的是，他们宣称大臣们想要在安妮去世之后把詹姆士带回来。维护英格兰贸易和新教徒继位是民众的呼声。多亏汉默和支持汉诺威的托利党，在新的议会中大部分议员是支持这两点的。只不过最后辉格党得票并没有增加多少。

对于托利党来说，不管是受博林布罗克、牛津，抑或是汉默的领导，他们在大选中团结起来是为了两件事：一是感谢女王和她的大臣们停战；二是担心英格兰国教陷入危险之中。萨谢弗雷尔审判案的影响还没有完全散去。尤其是政府的权力和资助都是在托利党这边的，而且在安妮和她的后继者在位期间这些影响向来都能成功发起新的大选。①

　　自从戈多尔芬去世以来，在康沃尔的腐败选区中高教会派托利党的影响又变得最为重要。特里劳尼（Trelawny）主教希望和现任政府保持良好关系，在犹豫片刻并对他逝去的朋友戈多尔芬表示遗憾之后，他被牛津说服去支持在康沃尔的托利党候选人。到了9月中，兰斯当大人稍加夸张地吹嘘道，他在那里为托利党取得了十比一的多数选票。而且，如果库务大臣送来更多的钱分发给摇摆不定的投票者，他本来可以防止任何辉格党回到康沃尔的选区当选。[317] "康沃尔化"②成了一个选举腐败、恐吓和给选举名单作假的术语；两个党在全国上下都使用了这些手段，但是在这届大选中，以多数票当选回归的官员大多数都是托利党人。

　　从康沃尔到坎伯兰，牛津都因为没把所有辉格党赶出政府（这是为了加快托利党大选获胜的进度）而受到辱骂。查尔斯·马斯格雷夫（Charles Musgrave）爵士怨恨地抱怨他没能代替辉格党伯爵成为卡莱尔（Carlisle）总督；但是即便未能如愿，马斯格雷夫还是被

---

　　①　在森特利弗夫人1715年写的《哥谭选举》中提到了大量关于1713年和1715年的选举，我们读道：
　　"众人和他们的候选人带领两个党走进来。其中一个看着像教皇，穿着木头鞋子，头上的帽子里还有羊毛；另外一个是在大澡盆子里的女牧师，头上戴着桂冠。
　　"辉格党高喊道：'不要教皇，不要泊金（译者注：泊金可能指的是15世纪觊觎英格兰王位的泊金·沃贝克。这里暗指老僭王詹姆士）。'
　　"托利党则高喊：'不要浴缸里的布道（译者注：原文Tub-preacher。Tub在17世纪俚语中指布道坛。此处指激昂、傲慢的布道）；自由和有产者二选一。'
　　"辉格党：'火焰和火把二选一！没有木鞋！没有贸易商！打倒法国佬的走狗！不要老托利党！'"
　　"六个人都相互扭打起来，边打边退了场。"
　　②　"如果他可以靠违法地散播一些金币而康沃尔化"——1713年9月3日罗伯特·普莱斯爵士关于韦布利的选举。*H.M.C. Portland*, V, p. 327.

选为代表伦敦。[318]公职人员、治安法官、军队和海军官员当中的非托利党人，无论是见风使舵的还是数不清的谦卑民众，都被牛津和他的女主人固执的正义保护着。为了把国家从几乎是"胜利者瓜分胜利果实"的现实中拯救出来，他们做得很好，并且给乔治一世登上王位之后托利党寻求庇护做了榜样。确实，哪怕是从政党选举的角度来说，库务大臣都可能是对的——他那屡教不改的温和，对于保留支持汉诺威王室和中间派的人对托利党的拥护来说有点用处。特里劳尼主教仅仅是被牛津的个人魅力折服，才选择在康沃尔的选区支持托利党的。而且，必须把汉默和他的追随者拉回托利党中。

在威尔特郡（Wiltshire）的选区，竞选异常激烈，而且双方不择手段。萨默塞特公爵又一次站在辉格党这边，他给马尔伯勒地区的一些选民提供了超过50镑的年金，但是，很多人都收取了托利党布鲁斯（Bruce）家族的贿赂，而他最终获胜。[319]在拉德格舍尔（Ludgershall），托利党代理人毫不害臊地写信给布鲁斯大人，说"在上次投票中的一些选票这次不能作数了，因为他们投票给了斯凯林（Skylling）先生（辉格党候选人）。但是，在法警的同意下，新作了很多假票投给韦布（Webb）将军和弗恩（Fern）先生"。这两人重新转投托利党。

这位托利党代理人对大教堂所在的索尔兹伯里镇上进行的威尔特郡县里选举过程的描述也同样坦白：

理查·豪尔（Richard Howe）爵士和海德（Hyde）先生（托利党）对阵阿斯克（Aske）先生和皮特先生，他们以接近600票的优势获胜。辉格党来了，他们所有人在帽子里放着羊毛出现在投票地点。托利党蔑视他们，说他们是穿着羊皮衣的狼。他们用包裹把辉格党人围了起来,用鞭子抽打他们当中的很多人,还把其他人打倒在地。场面如此激烈,辉格党马上把帽子里的羊毛扯了下来。彭努多克(Penruddock)先生和托马斯·伯内特(Thomas Burnet)先生吵了一架,他俩约定决斗。但是第二天早上,主教(索尔兹伯里的伯内特)把他的儿子锁在家里。彭努多克先生发誓说会揭发他。①

在几大家族明争暗斗的表象下,威尔特郡选举表现出的腐败和玩闹揭露了圣公会和清教徒之间、英国国教和非国教之间长期的争执。当乔治一世即位的时候,马尔伯勒从以他的名字命名的镇上策马经过,受到欢迎:

他的三个官员和一群由20个或者30个长老派、再洗礼论者和公理会教友组成的暴民,高喊"上帝保佑马尔伯勒公爵";而当他们沿着街道前进,英国国教的人高喊"上帝保佑英国国教、国王和萨谢弗雷尔博士"的声音压过了其他噪声。[320]

1713年秋天,所有人都知道托利党大选获胜意味着新的议会会用某种形式攻击非国教徒——实际实施的是消灭他们学校的《分裂法案》。因此,尽管托利党宣称大选张扬了他们给欧洲带来和平的功

---

① 同样是这个爱惹是生非的托马斯在选举白热化时期写了一些诗句表达孝顺而非尊敬之情:
"我们为主教举杯,赛勒姆的老吉尔伯特,
他会为难那些托利党,在圣坛上他从没饶过他们,
给这些盲眼大鹅瞧瞧他们毫无见识。"
Clarke and Foxcroft's *Life of Burnet*, p. 464. (译者注:赛勒姆是索尔兹伯里古罗马旧称)

劳，但是基督教公谊会（Society of Friends）更加担心的是宗教宽容，而不是停战。在萨赛克斯（Sussex）郡选举中，9名贵格派投票给辉格党，而只有1名投给了托利党；在白金汉郡的竞选中，53名贵格派投给了辉格党，而只有3名投给了托利党。①

但是，也有例外。在萨默塞特的迈恩黑德（Minehead），所有投票人的投票权必须要有一张存放在教堂金库里的教区证明证实。辉格党抱怨道：

莫格里奇（Moggridge）牧师先生和一位贵格派以及济贫会执事约瑟夫·阿洛韦（Joseph Alloway）……在投票的时候只把证明给对他们有利的人，同时镇压那些会让他们的选民失去资格的人。

通过这样的方式，这两位神职人员保证了托利党候选人雅各布·班克斯（Jacob Banks）爵士和诺特尔科姆（Nettlecombe）的约翰·屈威廉爵士重新当选。[321]

托利党又一次掌握了议会大权，并且只要女王活着，就会一直掌权。但是，人们都知道她已经时日不多。时光荏苒。他们应该在这短时间内做些什么呢？如果他们消除了党内分歧，让温和派的担

---

① 关于1713年大选的竞赛，见选举人名册。*Bodleian MSS. Willis* 54和56。我们可以看出贵格派是如何投票的，因为在选举人名册中是在他们的名字后面写affirmat表示确认。只有他们根据威廉时期的法律被允许使用确认，而不是像每个投票人那样对忠诚和至高无上宣誓。1713年5月29日，下议院就是否剥夺贵格派确认的特权问题产生了分歧——这是托利党对他们给辉格党投票的报复行为。但是，这被148票比58票的结果否决。据说，如果通过了，就可能进一步剥夺其他非国教徒的选票。L'Hermitage，*Add. MSS.* 17677 *GGG.*, ff. 197–198。

心得以缓解，并且根据国家法律坦诚地加入汉诺威王室继承王位的准备中，他们会在新王在位的时候获得更大的权利。但是，如果托利党因为两个领导人的争吵而分裂；如果他们从"不敢"公开支持詹姆士转变成"可能会"支持他，导致其党派和汉诺威王室（他们已经对托利党的忠诚深表怀疑了）更加疏离；如果他们采取强硬手段根除辉格党和非国教势力的话，在新的王朝到来时这些举措带来的反噬会是致命的。思绪重重的牛津看清了形势，但是随着时间推移，他变得越来越无力行动，甚至无法表达清楚。博林布罗克可以行动，但是他唯一的行动想法会让党派偏见更甚。而在这场国家危机当中，他需要采取别的补救办法，并改变志气。

第十六章　安妮女王的最后一届议会

在大选结束和会见新议会成员的空档，安妮女王在圣诞节病倒，而且差点去世。她的这次劫难，成了党派对王位问题态度的试金石，并且实际上是对大臣们很好的警告——他们身处险境，并且对未来缺乏准备。当安妮在温莎堡里与死神抗争的时候，牛津若无其事地缺席，而博林布罗克战战兢兢地在她病床前祈祷："仁慈的上帝请您垂怜王国、保佑陛下。"伦敦内流言纷飞，说她已经去世。这让托利党人"吓得要死"，而辉格党领袖坐在他们的轿子里东奔西走，怀着难以掩饰的愉悦、激动心情往返于各家之间。这成了他们的敌人在女王身体恢复之后怨恨、谴责他们的理由。[322]

所有人都同意迎回老僭王的计划还没准备就绪。如果安妮去世了，汉诺威的索菲就会被拥上王位。1701年由托利党通过的《王位继承法》仍然没被废除，而且，除非詹姆士转变成新教徒，否则两院中詹姆士党的支持者不会占多数。况且，他的党羽还没有控制军队和行政的足够力量来通过武力手段推翻法律。12月14日，戈尔捷写信给托西，表示他应该祈祷安妮女王再多活"几年"，否则斯图亚特的计划就会落空。然而，在同一封信中，他还讲述了牛津是如何跟他说他受不了让一个德意志人来统治英格兰，而且如果詹姆士能像他伯伯查理二世那样在信仰问题上更随和，议会就会改变王位继承人。戈尔捷补充道，如果这个年轻人作为伟大的查理一世的孙子继承英格兰王位，萨沃伊和西西里的维克多·阿马多伊斯已经准备好把他的儿子作为新教徒教养；而且，如果斯图亚特王朝拒绝在宗教问题上改变，博林布罗克乐意选择萨沃伊王室作为另外一个庇护，以此躲避汉诺威的统治。[323]

牛津虽然向戈尔捷宣称，和他的对手博林布罗克比起来自己对斯图亚特（而非萨沃伊）更加忠诚。但是，他没有采取任何实质行动保障这位被流放的王子的王位继承。在5月，他曾经承诺派一名秘密代理来他的宫中，这是詹姆士格外强调了的；但是，虽然在冬天他重申了这个承诺，却从来没有实现。[324]

在圣诞节期间，大臣们的险境让他们在2月时至少做出了一项实质性行动。鉴于他们的观点和方针，他们应该至少提前一年就做出行动。他们已经不再暗示，而是要求詹姆士加入英国国教。法国政府的代理人戈尔捷和伊尔贝维尔把詹姆士即位当作把英格兰重新拉回法国外交轨道的手段，因此在传递英格兰大臣消息的时候态度激烈，并加入了额外的论证劝说詹姆士。虽然戈尔捷是一个神父，但他认为伦敦值得训教。在2月6日的一封非同寻常的信中，他建议詹姆士"询问上帝开导您，让您知晓自己应尽的责任"。这个最世俗的神职人员直截了当地告诉詹姆士，除非他"掩饰他的信仰，或者完全改变"，否则是不可能坐上英格兰王座的。而且，他应该平等对待辉格党和托利党。同时，戈尔捷还补充说，即便他坐上了王座，除非他承诺遵守法律，并且"比他的国王父亲更能信守承诺"，否则他的王位也没法坐稳。这样的规划，无论说是无耻还是机智，都让这位年轻人感到彻头彻尾的不悦。2月26日，他生气地回复戈尔捷，说他和英格兰大臣是要他耍无赖。他宁愿放弃继承王位。一周之后，他写了一封更加礼貌、表达更清晰的英文回绝信给安妮、牛津和博林布罗克。

所有合理要求诸如宗教、自由和财产的公正保障之类，我会非常乐意地满足。作为一个有原则和真正荣誉的人，我已经准备好照做。但是，我深知诸位对我还有更多要求。

讽刺的是，就托西描述，戈尔捷神父让詹姆士改变信仰的热忱，都值得被任命为坎特伯雷大主教了。詹姆士向红衣主教瓜尔特里奥抱怨，说戈尔捷神父想让他舍弃天主教信仰，"而且，他还厚颜无耻地要我写信给教皇"咨询良心问题。[325]

詹姆士三世是个诚实的人：像他的伯伯查尔斯一样，他不会在相信一种信仰的时候假装相信另一种信仰；他也不像亨利四世那样把宗教信仰当作一个政治问题。通过拒绝模棱两可，他拯救了英格兰，使其免于陷入另一个麻烦和革命的年代，把内战的可能性仅仅局限在不列颠岛北部。我们的国家欠他一份大人情。

在1714年2月的最后几天，牛津变得更加明确，向戈尔捷保证如果詹姆士成为新教徒，他会说服女王在遗嘱里面写他当继承人，并且会说服议会废除《王位继承法案》。[326]但是为时已晚。从若兰发来的，詹姆士愤怒的回信已经在途中了。3月初，女王和她的大臣知道这个最重要的条件没法达成了。

他们现在该怎么做呢？他们对詹姆士的要求，以及后者专横的拒绝之后符合逻辑的结果，似乎是托利党大臣应该讨好汉诺威，并准备在现在已经不可避免的汉诺威即位问题上打败辉格党。他们党的利益和国家的和平一样，都要求汉诺威继承英格兰王位。如果他们在安妮在位的最后几个月里从詹姆士的泥沼中脱离，本能够及时回到陆地。

但是，这条显而易见的道路上障碍重重。女王完全不能忍受谈论继承问题，而且不愿意接受在她去世之前，让一位汉诺威的王子踏上英国土地。她是一个生了病的女人，已经不能集中注意力到这些在她去世之后，她的大臣和子民马上就要面对的问题上。而且，博林布罗克的亲法政策已经严重越轨，现在要想反悔非常困难危险：在奉承之下，法国人和詹姆士宫廷会公布了针对托利党大臣们的致命证据；而且汉诺威王室已经对他们极其愤怒，在为时已晚的情况下要想和汉诺威和解是很困难的。博林布罗克不能放弃希望——詹姆士可能会登上王位，并任命他为库务大臣；然而牛津身体不佳，酗酒不断，变得日益消沉，麻木不仁；这相对于他之前谨慎的不表态政策来说是个讽刺。

因此，两个大臣在继承问题上悬而不决，反而积极长期和对方争斗。1714年4月26日，戈尔捷写信给詹姆士：

牛津伯爵和博林布罗克子爵不和，但是他们今天上午都单独向我宣誓说在女王去世之后，他们只会认您为国王。[327]

这样的承诺现在仅仅是一份对事态发展无力改变，只能空等的声明。他们只能寄希望于偶然事件的发生来避免无法逃避的命运安排。

即便是在这最后关头，如果博林布罗克和牛津可以联合起来，公开代表汉诺威的利益，他们就可以改变众多处于中间位置的托利党人的决定。这些中间派犹豫不决，无人领导，卡在詹姆士党和汉诺威党之间。很多乡绅的情感，在以下这封切斯特的托利党议员彼得·谢克利（Peter Shakerley）写给他同父异母的兄弟的信中，生动地表达了众多怀有保皇党传统的乡绅的情感。

对于需要深刻反省斯图亚特家族的忘恩负义，这件事我感到非常遗憾，唯愿这件事并不如此明显。我相信不管是保皇党（如果他们当中还有人活着的话）还是他们的子孙都不会为了他们拿性命或者财富冒险。虽然这很有道理，而且鉴于斯图亚特家族的忘恩负义地让曾经拥护他们的党派备受煎熬，我担心只要他们有任何企图，就会轻而易举地推翻国王；而且，通过假装保障王位，我担心他们会一直保留一支常备军。[328]

然而，托利党中的另外一拨并没有坐以待毙。支持汉诺威的托利党人，或者被他们的敌人称为"异想天开的人"已经下定决心，他们认为英格兰教会和法律在信奉罗马天主教的斯图亚特王室手上会比在索菲女王或者乔治国王手上更危险。不仅仅是宣誓的中间派持有这个观点，大部分强硬的高教会人士，诸如诺丁汉、汉默和继任夏普作为约克大主教的达伟斯（Dawes）都是这样想的。在议会内外，这些人振作精神，为汉诺威王室奔走。他们拉拢了中间派施鲁斯伯里、萨默塞特和阿盖尔，和他们磋商。

他们在上议院的投票中表明，除了其中两名议员以外，所有托利党主教最担心的就是一名罗马天主教教徒成为国王。特里劳尼写道："我不得不担心老僭工是下一个国王；果真如此的话，女王的死已经板上钉钉了，因为只要他们已经确定了归属，天主教皇永远都急着谋杀。"而且，很多在四年前反对辉格党的平民的观点都赞同这首歌：

> 谁在王位上我一点都不在乎,
> 我也不为高、低教堂争辩,
> 现在托利党和辉格党也不争吵,
> 不管是不是天主教继承了王位。

1714年3月,一位托利党贵族写道:"这种笼统做派,在女王死后除了汉诺威王室什么都不考虑……表明了对天主教会的反感。"[329]

即将到来的继承危机让阿盖尔站出来反对他之前帮助过争夺权力的大臣们。他在西班牙的待遇已经让他和后者疏远,①这位坎贝尔领袖,在他们把他家族和宗族的敌人送上英国国王宝座的阴谋正在孵化时,并不会坐视不管。他内心涌起长久以来最基本的感情,这比他最近和辉格党吵架还要强烈,比他和马尔伯勒的不和还要深沉。他发誓,如果老僭王有任何企图,他就会向斯图亚特家族两次对待阿盖尔家族的首领那样对待他。[330]在圣诞节,他主动和马尔伯勒和解。1714年4月,他在军中和政府中的所有职位都被解除。像他的盟友萨默塞特公爵一样,他仍然在枢密院当中,偶尔还能扮演重要角色。

像往常一样,马尔伯勒在玩双面游戏。但和牛津的模棱两可、口是心非比起来,他更有技巧,而且对自己的实际意图有更清晰的认知。出于对他试图避免的结果终究会发生的担心,这位法国征服者谦卑地向路易和詹姆士发出请求。1713年10月,在收到英格兰大选结果的消息之后,他要自己的外甥贝里克和詹姆士二世的寡妇王后通过路易十四,为他向安妮和牛津求情,以防新的议会剥夺他的

---

① 见上文第七章。

财富；他害怕会被召回并让他交出所有据称是他挪用的财产。1714年3月，他请求被詹姆士三世赦免。贝里克轻蔑地建议他同父异母的兄弟詹姆士批准："就像给予那类竭尽全力的人一样。他们做得一字一句丝毫不差。我看不出马尔伯勒有任何言下之意。确实，他从来没有别的举动。"[331]

这些为了詹姆士复辟而上的保险。马尔伯勒从威廉即位初期就开始投保。但贝里克现在对此深恶痛绝。这些行为让人们对马尔伯勒的尊敬之情有所减弱。确实，其他人也同样做了这些事，但很少有人像马尔伯勒这样一如既往地行事；而且，不管是辉格党还是托利党政治家，不是所有人都加入了这个丢脸的游戏。马尔伯勒公爵在这个问题上常常屈身效仿施鲁斯伯里和萨默斯像他们一样虚与委蛇，而不像诺丁汉、斯坦诺普和沃波尔一样直截了当。对于子孙后代来说，这始终都是一件让人遗憾的事情。这对他来说没有任何好处，汉诺威代理人对他存疑[332]可能导致了在安妮死后他没有被任命为摄政王，或者在乔治国王的决策圈中身居首位。

这毫无必要，不管是出于利益还是坚定的信仰，马尔伯勒都是和汉诺威联系在一起的。他不像博思马尔所猜忌的那样仅仅是等待哪一方占上风。他甚至贷款给选帝侯两万英镑，助他确保王位继承。如果他有丝毫怀疑自己站在哪边的话，绝对不会这么做。① 而且，如果继承时发生战争，他已经完全准备好带领退役的将士和他们的荷兰同伴一起抵抗詹姆士和法国。他和卡多根以及汉诺威王室安排，在安妮死后，马尔伯勒应该以新君主的名义在荷兰出现在英格兰军

---

① Coxe, III, Chap. CXI, ed. 1819, p. 561.

队面前,带领他们回英格兰确保《王位继承法》执行。但是,他们一致反对在安妮在世的时候发动武装力量来英格兰这样疯狂的提议。这是博林布罗克祈祷他们迈出的不成熟的一步;也是唯一能让安妮和国家站在詹姆士那边的事情。[333]

和马尔伯勒一起被放逐,并且逐渐走进他内心的萨拉比马尔伯勒对新教徒的利益更加热忱。如果可以,她会制止他不诚恳地接近詹姆士党。确实,可能萨拉对此一无所知;告诉她的话可能会消磨马尔伯勒的勇气。在流放地萨拉写信回国给一位朋友:

为了自由和英格兰的利益做了如此多的事情,我宁愿他因为别人的诋毁受苦,也不愿意他改变旗帜。因为这样会使他在光荣革命时期的所作所为看起来不是为了正义(而这确实是他的初衷),而是为了顺应时局……如果一个人必须要冒险,这应该是为了自由。因为即便他身败名裂,也会因为扮演了正义的角色而感到满足。我自生来就非常厌恶蠢人和暴君。[334]

在对新教徒继承王位陷入危险的日益兴奋的氛围当中,不管是丹尼尔·笛福还是理查德·斯蒂尔都没有沉默,两人也没能避免陷入麻烦之中;斯蒂尔的率真和笛福迂回的方式,都被证明处在现在席卷整个英格兰的党派热情的中心是很危险的。

笛福仍然凭借牛津的聘用收取少量津贴。他努力写作,向疑心重重的民众证明他的主顾所领导的政府代表了非国教者和新教徒即位最真实的利益。笛福本人就是一个勇敢的汉诺威支持者,而且为此还写了三本有着非比寻常标题的小册子:《如果女王去世了呢?》《反对汉诺威家族继位的理由》以及《关于老僭王获得英国王位的好处的一些思考》。这个屡教不改的男人又一次使用反讽的手段，这让他在十年前因为《与非国教者的最短途径》而付出巨大代价。[①]他指出，如果老僭王登上王位，对我们来说有多大好处——如此一来，我们永远不会和法国开战，因为我们国王的利益和路易相同；同时，詹姆士复辟会缓解贵族出席议会的负担等等。

每个人都知道这些论述是反话，但是，由于笛福舍弃了辉格党并为停战辩护，辉格党对此非常生气，并且故意假装不懂他的意思。他们当中的一人自费对印刷工和出版商提起诉讼，说他们攻击汉诺威继承王位。被起诉者揭露了作者的身份，但这本来就不是秘密。笛福被捕，而且在等待审判的时候，被辉格党首领帕克法官收监到纽盖特监狱（Newgate）。直到大臣们干涉，从女王那儿为他要来一份赦免，笛福才逃脱牢狱之灾。

因为这次事件，笛福对辉格党和非国教者的愤怒被严重挑起，从此以后，他致力于告发他们的小册子作者，并和斯威夫特一样迫切希望大臣们对他们提出公诉。1714年3月，他强烈要求政府起诉斯蒂尔，因为他"影射在我女王陛下政府的管理下王位继承的危险"；笛福和辉格党针锋相对，为他心中的事业奋斗而战。[335]

斯蒂尔勇气非同一般。包括斯威夫特和笛福等其他作家都未在出版物上留名，但在1713年，斯蒂尔署名发表了《对敦刻尔克重要性的思考》，抱怨法国人没有摧毁他们的堡垒，而英格兰内阁纵容他们延期。1714年初，他发表了著名的《危机》，谈论新教徒继位的危险，并且在扉页上写下"理查德·斯蒂尔先生著"。在1713年为了更积极地反对政府而辞去印花税署署长一职之后，他现在是一

---

① See *Blenheim*, pp. 281–283.

名议员。①

和两党的大多数匿名作品相比,《危机》并没有那么尖酸挑衅。但是,议员署上自己姓名宣称王位继承在内阁手中不安全是让人难以忍受的,尤其是他所言非虚。斯蒂尔被下议院赶了出去。这次匡正纪律的法案以接近一百人的多数通过;只有一小部分支持汉诺威的托利党人,包括诺丁汉伯爵的儿子芬奇(Finch)大人为反对这个法案发声或者投票。重新进入议会代表金斯林的沃波尔作为辉格党领袖做了一次强有力的演讲。

这件事的影响,是公开讨论王位继承问题,并且让普通人感到更加不安。

《危机》得到斯威夫特的《辉格党的公众精神》的回应,后者的文学作品在我们国家被长期保留下来,远超斯蒂尔的作品。这位主持牧师从爱尔兰回来进行短期拜访。他虽然对牛津和博林布罗克的日渐疏远感到非常不安,但全然不知两个好友背地里实施詹姆士党的阴谋。他一直把关于此的流言当作辉格党的一个谎言。《辉格党的公众精神》包含了对苏格兰贵族的攻击,说他们是联合王国想要从英格兰摆脱的乞丐和害虫。苏格兰贵族写信给女王反驳这一中伤,而需要他们选票的大臣们可以让斯威夫特免于被起诉,却假装不知道作者是谁。这件事让斯蒂尔宣称自己的作品被反衬得更加值得称赞。[336]

作为写手的斯蒂尔给作为议员的他报了仇。在他被赶出议会一

---

① 1713年6月4日,他写给牛津的辞职信[*Lansdowne MSS.*(*B.M.*)1236, F. 263]是一份特有的文件。斯蒂尔表达了他对库务大臣政策的不信任,而且还附言:"我的大人,请将您的好运与您心愿的人分享。当幸运还在时,您不需要任何朋友,但一旦事态反转,我认为,您就会发现我本人是您的朋友和支持者。"

周之后，一篇讽刺牛津的文章出现在《恋人》的第14期上。这篇文章首先描述了哈利家族的清教徒出生，之后斯蒂尔接着说：

> 我可以向你保证，这个家族现在变得越来越礼貌了。但是，在如此严苛、拘谨的环境中成长，安东尼（牛津）和他的兄弟扎卡赖亚（Zachariah）进到女王的房间的时候和他们以前进入圣贤会众时的神情一样。要想忘却身体的姿势是很难的。尽管安东尼已经克服了他教育中的所有偏见——不仅仅是迷信，还有宗教上的。但他还是个很奇怪的人物，他脸上仍然表露着被迫害的告密者形象，尽管他现在自认为是迫害者。

这样描述牛津，给了《分裂法案》支持者和受害人同样多的乐趣。

接下来的一个月，两院就新教继位在现有内阁带领下是否安全而展开了一系列辩论，并发生分歧。在下议院，沃波尔的辉格党方阵中加入了由下议院议长托马斯·汉默爵士领导的、叛离而支持汉诺威的托利党。当在下议院建立委员会讨论王位继承的安全性时，汉默用毫不妥协的语言表达了他的恐惧。这对于托利党团结的打击更为巨大，因为汉默是在牛津的影响下，才被选为新议会的议长的。在有重大分歧时，通常支持政府的超过一百人的优势缩小到不到五十人。[337]

上议院同样展开了一系列针对该问题的类似辩论。4月5日，只多出12人的投票认为新教继位没有危险；沃顿对牛津说："库务大臣，您是通过您的那12人获胜的。"他指的是新近赐封的贵族。4月13日，上议院做出了另外一次行动——决定对老僭王采取行动。这受到内阁的反对，但是他们仅仅以2票的优势获胜。不仅所有的辉格党主教，就连除了阿特伯里和克鲁（Crew）以外的所有保守党主教都投票反对政府——其中意义最为深远。那些刚刚被任命掌管约克大教堂教区和伦敦大教堂教区的人，在这个问题上转而反对他们的大臣朋友们。那些想要通过《分裂法案》针对非国教徒的高级教士非常担心一位天主教教徒继承王位的前景。在这个问题上，他们对博林布罗克毫无信心。[338]

对于王位继承危险的辩论让汉诺威王室变得更加强大，并且把不同党派、对这个问题最为积极的朋友们聚在一起，形成一个坚不可摧的同盟。但是，在接下来的一个星期发生了一个意外——被称为"剑桥公爵的文书"。这件事让詹姆士党的希望增加，而且在法国，这件事被看作女王和大臣的合谋，为确保让斯图亚特家族继承王位。

但是，并不是这样的。没有任何证据表明，安妮曾希望由一个罗马天主教国王来继承她的王位。她不会如此背叛英格兰国教，这让她的一生变得毫无价值。自从1711年起，她的兄弟就在一系列"温情"信中呼吁手足之情，但是从来没有得到答复。[339]另外，她并不喜欢汉诺威家族；她有伊丽莎白一世所有对于后继者的嫉妒，一半出于她是女性；另外一半出于策略；而且她仍然坚持任何王子都不得在她在世的时候建立宫廷。①

她这样的想法甚至延续到年轻的选帝侯——后来的乔治二世身上。他被赐封为剑桥公爵，因此能作为贵族被召集到议会中就座。在英格兰支持汉诺威的领袖，不管是辉格党还是托利党都同意他应该以此身份立即来英格兰。这样，在女王暴毙的时候，他就能代表

---

① See *Ramillies and the Union*, pp. 90–92.

他的奶奶索菲和他的父亲选帝侯。这个计划值得深入探讨。而且，如果女王支持的话，是可以解决很多困难的。但是她的个人情感让这个充满希望的计划变成了一个非常糟糕的错误。

汉诺威当时在英格兰的代理人是来自外交世家，但处理大事经验不足的许茨（Schutz）。他犯了一个寻常的错误——只联系汉诺威党羽却疏于向牛津和女王献殷勤。许茨和其他汉诺威代理人一样，他错误地认为女王一定是为詹姆士谋利的。他急切的行动受到八十多岁却还精神矍铄的皇太后女选帝侯的强烈鼓舞。索菲唯一的愿望是在她的墓碑上刻上"英格兰女王"，尽管她已经老得没法穿越大海了。此时，她和安妮之间的竞赛让她们成了各自心中充满仇恨的对手。在没有咨询她的儿子选帝侯的情况下，她写信给许茨（措辞与其说是要求，不如说是命令），为她的孙子剑桥公爵讨要传召书。[1]

如果是个更聪明的代理人，就会在要求之前先私下咨询牛津或者女王，或者会向汉诺威提及此事寻求进一步的指示，比如获得选帝侯的确认。相反，许茨咨询的是支持汉诺威的党派：辉格党的德文郡、萨默塞特、奥福德（Orford）、萨默斯、考柏、哈利法克斯、沃顿以及汤森；托利党的安格尔西（Anglesey）、诺丁汉和汉默；以及阿盖尔公爵。他们都一致恳求他要求文书，并且立即让年轻的王子过来，理由是在女王去世的那一刻要是有代表在身边，谁就会继承王位。事实证明，他们大错特错，因为《王位继承法案》和《摄政法案》在候选人缺席的情况下自动决定此事。

1714年4月12日，许茨找到哈考特大法官，为剑桥公爵索要文书。哈考特大吃一惊，脸色骤变，说他要咨询女王。在经过了让人

---

[1] 法语，未翻译。

煎熬的沉默之后，他结束了对话，保证他不会拒绝这个请求。一旦女王首肯，他就会给出答复。

在安妮在场的情况下，内阁召开会议，直到半夜才结束。女王气急败坏，牛津和博林布罗克为了讨好她，都支持她的观点，认为文书应该被拒绝。但是，法律又决定了是有必要签发文书的。牛津和其他大臣都预见到，如果他们被起诉说是为了老僭王的利益和违反法律，那么在下一任君主登基之后便会受到弹劾。牛津在这个问题上的立场，正是他失去他长期效忠，并且服侍周到的女主人宠信的主要原因。

文书交给了许茨，但是他被禁止进入宫廷。索菲和她的儿子被告知，女王非常生气，要把选帝侯派过来是极其不当的。牛津在汉诺威有一位值得信赖的代理人托马斯·哈利。他被牛津派到汉诺威，好让他获得后者的青睐。毕竟，汉诺威是更可能继承王位的家族。内阁会议次日，在给托马斯的一封极好的信中，牛津解释清楚了整个情况。选帝侯乔治看懂了。他的母亲索菲在没有咨询他的情况下要求文书，而他也不希望派儿子去英格兰代表自己——他已经对儿子表现出了嫉妒。选帝侯否决了整个事件，坚持召回许茨，又一次把更有经验和策略的博思马尔派过来。乔治尽可能地挽回了整个局面。但是，汉诺威的利益受到严重阻碍，而且博林布罗克取代牛津的可能性极大地增加了。

在这些问题上态度强硬的皇太后女选帝侯以84岁的高龄去世。如果安妮在几年前就去世了，她本可以成为一个优秀的、受欢迎的索菲女王。但是，她输掉了比赛。乔治用耐心和智慧掌控着全局。他没有踏错一步，而是努力为自己争取时间。现在已经为时不多了。他修改了摄政的名单。根据《摄政法案》，摄政王要在安妮去世之后继续维持政府，直到他到达英格兰。①在他提名的18人当中有13人是辉格党，这是为了平衡托利党大臣——他们会依照职权成为摄政。[340]

博林布罗克此时没有找到任何方针来解决王位继承问题。他试图通过《分裂法案》来转移注意力。在经历了阿特伯里和萨谢弗雷尔两次热度之后，这个法案为了迫害非国教者，并达到两个目的：一是让温和的牛津（他自诩是非国教的主顾）难看，甚至摧毁他。二是让托利党在他的对手的领导下团结起来。对非国教者自由的攻击无论如何都能让大多数"异想天开的"托利党人团结。他们在商贸条约和新教继承问题上宣称独立。

鉴于这些策略上的目标，《分裂法案》达成了目的。但是，在取得短期收益后，在议会以及托利党内部（他们从引入这个措施开始时就要遵守）要面对的是《分裂法案》条款本身所带来的结果。毫无疑问，摧毁孕育未来牧师和会众的学院和学校，是为了在未来根除非国教者或"分裂者"。更加狂热的英国国教牧师，不仅仅是萨谢弗雷尔，还有过世的约克大主教夏普和塞缪尔·韦斯利（Samuel Wesley），过去多年来因为宗教要求镇压非国教者的学校。宗教会议下院在1704—1705年是这样请愿的。[341]但是，议会里，支持《分裂法案》的世俗议员目的是政治性的。在大选里非国教者的票数是辉格党的力量。而且，在关于《分裂法案》的辩论中，代表牛津的布罗姆利建议，如果辉格党允许剥夺非国教者的公民权，那么就可以撤销《分裂法案》，取而代之的是摧毁他们的学校。和《分裂法案》相比，剥夺非国教者投票权可以更加迅速地达到将辉格党置于死地的目的。关于这个候选办法的讨论很多，但是很自然地被辉格

---

① See *Ramillies and the Union*, pp. 92–93.

党拒绝了。[342]

　　提出要镇压的这类学校和学院在斯图亚特复辟之后艰难地生存。在光荣革命之后，随着进入一个更加宽容的年代，他们成倍地增长，并默默地繁荣起来。非国教者完全有权利自费保留这些建制，因为他们被法律排除在英格兰的两所大学之外，而且被法律和习俗排除在大多数中学之外。他们希望在非国教的环境下培养孩子，尤其是让他们未来的牧师接受良好教育。萨谢弗雷尔对这些建制里的共和主义狂热的指控似乎毫无根据。我们对他们的了解是，安妮女王在位时，他们是温和、虔诚和充满学问的地方；在之后的汉诺威时期，他们给国家教育加入了更加重要的有价值的元素，尤其是科学，和其他用英语而不是拉丁语教学的科目。[343]

　　牛津和剑桥18世纪在学生数量和教学上都处于低潮，一部分原因是他们作为英国国教神学院而受到教派限制，毫不包容并蓄，另外一部分原因是学费太贵。谦卑的非国教学院对很多英格兰人开放。他们当中不是所有人都是信奉非国教的，但这是他们接受高等教育的唯一途径。而《分裂法案》提议堵上这条途径。

　　在安妮在位期间，全国有很多小学校和学院。其中一些是一位教师独立开办的，通常都是一位非国教的牧师。有一些规模非常大，比如汤顿（Taunton）学院。校长沃伦（Warren）在1706年去世之前，告诉笛福："有42位正在讲道的牧师。其中6位遵循英国国教，其余都是非国教。他们都是他的学者。"[344]

　　《分裂法案》在1714年6月通过，旨在把这些学院和学校镇压"到底"。该法案要求不管是在机构还是在私宅中授课的教师必须获得主教颁布的执照，并且，他们需要依照英格兰国教礼仪实行圣礼，还要宣誓遵守礼拜仪式。否则，他们就会违反法律，难逃牢狱之灾。

由于担心辉格党主教的纵容，英国国教的教师执照在候选人没有得到"圣礼证书"之前，不予授予。这个法案几近愚蠢。作为总督的施鲁斯伯里对此提出抗议，但无疾而终。该法案故意被扩宽到爱尔兰，但在那里的一小部分新教守军中半数是非国教者。他们并不习惯对"高级教士"的束缚屈服。该法案中包含一项权宜之计，用以抚慰工商业者的利益。在伦敦，工商业者强烈反对《分裂法案》；这项权宜之计是非国教者可以教授阅读、写作、算数以及机械，但他不能在非国教者开设的学校中教书。文化或者宗教教学仍然是被禁止的。[345]

议会中关于《分裂法案》的辩论异常激烈，因为辉格党意识到他们作为党派的存续已经危在旦夕。而且，推翻《宽容法案》的企图也引起了广泛的愤怒和警觉。有人提醒牛津和博林布罗克，他们接受的部分教育都是非国教者传授的。的确，大多数支持汉诺威的托利党人，包括汉默、安格尔西以及好几位主教，集结起来，举起了迫害的标语。但是，年长的高教堂领袖诺丁汉（他在1689年把《宽容法案》提上上议院议程）宣称，自从通过了《偶奉国教法案》，英国国教现在已经牢固，并且他认为，凭借良心，自己有义务反对如此野蛮的法律，因为该法案倾向于剥夺了父母教育自己子女的自然权利。

在积非成是的原则下，托利党人指出，对于罗马天主教父母来说，这个自然人权同样被法律剥夺了，而受训成为罗马天主教神父的英格兰人是在国外神学院学习的；这个论点促使斯坦诺普将军在下议院宣称英格兰内针对天主教教育的法律应该缓和——这是辉格党第一次对天主教所受限制释放出宽大信号。

施鲁斯伯里反对《分裂法案》，于是从爱尔兰卸任，好利用自己对安妮女王的影响力并且密切关注新教继位。林肯大教堂的韦克主教,以及所有辉格党主教也都持反对意见。但最有意义的是,牛津的兄弟爱德华·哈利是少数在下议院投了反对票的托利党人之一。[346]

牛津是个温和派,他会放眼全局看待国家利益。多年以来,他一直努力通过笛福劝说非国教者,向他们保证委身于他会得到保障,并且能安全地斩断他们和辉格党贵族之间的联系。这个方针被《分裂法案》摧毁。不管是个人层面还是公共层面,他本人对该法案都很厌恶。然而,他不敢公开反对这项女王和托利党都积极拥护的措施。如果那样做,他就会被立即撤职。就像笛福说的那样,他知道"《分裂法案》是一个地雷,挖出来就会炸毁白色手杖"——库务大臣是以他办公室的象征命名的。为了避免这个地雷爆炸,他只能保持沉默,在上议院辩论的时候静坐着,"不吭一声,表情不满——充分展现他对法案的喜爱之情"[347]。

与此同时,博林布罗克乐于见到他的对手生闷气。他表现出最佳状态,掷地有声地向贵族宣布,通过"扼杀四分五裂的未来",镇压非国教神学院可以将国家团结起来。我们必须假定博林布罗克认为自由神论者和自由论者与国教的教义能够协调。然而,当他用这些关于虔诚的正统信仰讨论教诲上议院的时候,他的追随者们被他放荡的一个又一个的故事逗乐。

他自己有一天鼓吹说他是在世的最幸福的人。他喝醉酒之后,对着女王高谈阔论,晚上的时候由一位漂亮的年轻小姐侍奉入睡,再由英格兰两位最俊朗的年轻贵族泽西和巴瑟斯特大人给他盖好被子。

这两人都是法案的忠实支持者。他的朋友斯威夫特一边谴责他的

"追逐愉悦的罪恶行径",一边惊叹于他这样的同时还能勤于政务,"他整日整夜辛勤工作,就像办公室里最低级的记账员一样"。这和品行端正、条理分明的牛津变得日益玩忽职守形成鲜明对比。[348]

《分裂法案》在下议院以111票,上议院以5票的优势通过,并于8月1日生效。那天,刚好在清教徒传统中被看作天意使然,[349] 安妮女王去世,整座迫害的大楼轰然坍塌。即便如此,该法案直到1719年的冬天才被废除。但是,1718—1719年,在国王把非国教者当作自己最积极、忠实的一部分子民的情况下,执法非常松懈。有两家或者三家神学院因为《分裂法案》而被关闭;同时,阿特伯里坚持在他管辖的罗切斯特的教区内的文法学校的教师应该找他获得执照。但是,对非国教学校和学院展开面镇压的噩梦已经消散。如果是由高教会派托利党执政,这是一定会发生的。而且,如果詹姆士当上国王,镇压一定会更严重。[350]

通过《分裂法案》极大程度上引发了党内愤怒情绪,并且让所有人加倍希望或者担心安妮死后会发生什么事情。一些清教徒宣誓,他们会像父辈那样战斗,而不会放弃自由,并把孩子交给高级教士。博林布罗克迫切地希望在安妮去世前激起他们拿起武器,而且他和法国代理人已经为辉格党造反做好计划——法国会派军队来这儿镇压辉格党,老僭王会跟随着部队过来。路易提议马上派来军队,但是,除非针对女王的实际叛变发生,否则博林布罗克不敢同意他的主张。的确,他希望故人的轻率能让他顺理成章地接受大帝的援助。① 辉格党拒绝照做。他们既不是无赖也不是傻子,不会叛乱。而

---

① 见1714年5—6月非常重要的信件,印在 *Salomon*, pp. 305-306 的脚注中。

且现在他们只需要等待几个月就能扭转局面,法律对他们有利。所以,给辉格党这只鸟儿设的陷阱是徒劳的。

同时,牛津和博林布罗克之间的争吵日渐激烈,内阁和托利党因此分道扬镳。斯威夫特发现让他的朋友们和解是白费工夫,于是辞职去了伯克希尔(Berkshire)的一座村庄,而不是留在爱尔兰等待灾难的到来。在斯威夫特以及其他见证者眼中,库务大臣已经无法胜任他的职责了,也不能适应每天的例行公事。他不再运用他的管理艺术,而正是这样的能力让他当初占据国家领导地位。斯威夫特写道:"他开始变得阴郁不定,猜忌友人;可能他已经不想劳神了。"他甚至都不愿意向对他最为忠诚的同僚(如达特茅斯)敞开心扉,更没和支持汉诺威的托利党以及施鲁斯伯里团结起来确保新教继位。他没有任何计划,只是阴郁、漠不关心地等待女王的死讯。

因此,阿巴斯诺特在7月10日写道,牛津"呆板地抓住"库务大臣的白杖。甚至连斯威夫特都建议他在会期结束之后辞职,把位置腾出来给博林布罗克。如果这位主持牧师知道国务大臣正在等待时机把法国军队和老僭王召来,他可能会觉得牛津是两个坏人当中稍好的那个。[351]

斯威夫特仍然诚恳地宣称他的观点:"最重要的两点",首先是摧毁辉格党和非国教者,好让他们没法东山再起。其次是汉诺威家族来接管英格兰。[352]他没有意识到这两点是相互排斥的。乔治怎么会让他最痛恨的敌人来统治这个小岛,而让他最好的朋友被摧毁,没法东山再起呢?斯威夫特因对辉格党和非国教者的报复心理,而对高教会派托利党人中的詹姆士党情结一无所知。这让他无法为这次危机提供建议。归隐于伯克希尔的决定高贵贤明,这点他做得很好。

牛津固执支撑,并不是因为他对谋划阴谋的对手的私人愤怒情绪，而是因为他没有清晰的，拯救汉诺威继承王位的计划。他仍然通过法国代理人和老僭王保持密切往来。戈尔捷带着詹姆士阴谋的经费回到了欧洲大陆，向托西坦言，同时被两位对手政治家的信任，让他日益感到尴尬：

（6月14日，他写道）我完全信任博林布罗克，他希望我告诉他库务大臣对詹姆士的想法。而库务大臣完全禁止我让任何人知道在我离开的时候他要对我说什么。如果我为他保密，那就会让博林布罗克失望，而他对詹姆士完全忠诚。而如果我告诉博林布罗克，要是牛津大人日后知道，他就不会信任我了。①

在《分裂法案》之后，詹姆士党人的希望高涨。下议院拒绝就是否支付拒不跟随奥蒙德撤退的汉诺威部队酬劳投票。这被当作对汉诺威王室的回绝，以及他们偏向詹姆士的又一证据。但实际上，这只能说明托利党还没有准备好反对汉诺威继位者的到来，没能放下骄傲提前讨好他。根据笛福所说，牛津是支持支付汉诺威部队酬劳的，但是博林布罗克坚持不支付。伦敦四处流传着谣言，说法国军队已经准备好在勒阿弗尔（Havre）登船来英格兰了。老僭王的代理人实际上在伦敦城和威斯敏斯特城招兵买马。詹姆士党的出版物

---

① 见附录 E。据说，牛津声称对詹姆士忠诚是完全不诚恳的，而且他仅仅是为了盯着博林布罗克和老僭王代理人的阴谋，以防他的对手垄断了詹姆士王室的信任，并通过政变在他不知情的情况下取代自己。萨默维尔的 *Q. Anne*，pp. 591–592.我很难探究这么谨慎的口是心非。精明的莱布尼茨在1714年6月7日写信说："我已经准备相信我的牛津大人不会轻易地或者真心实意地去把老僭王迎回来而伸出援手；因为我认为他不会为此改变主张，让事态变得更糟糕。但是我担心，为了保全自己，他必须伪装做出让步，以便让事情失去控制，变得难以弥补。" Kemble, p. 505.

很活跃。但是，查尔斯·莱斯利（Charles Lesly）在夏天出版的一本册子中坦然宣称詹姆士永远也不会改变他的宗教。这没有一点好处。

议会开始警觉，而且大臣们认为有必要表明对汉诺威的支持。6月23日，女王颁布了一个声明，只要有人在她的兄弟着陆联合王国的时候逮捕了他，她就赏赐5000磅。辉格党抱怨道，对于一个这么重要的任务来说，这笔钱数额太少。但是，作为内阁对《王位继承法案》做出的正式致敬，这份声明能避免一面倒地向着詹姆士党。斯图亚特家族的追随者之前把女王和她的公仆们看作自己人，现在他们开始犹豫，而且一些人开始担心博林布罗克要么是胆小，要么是虚情假意。但是，人们大体明白，这份声明是受到汉默和支持汉诺威的托利党人的压力，出自施鲁斯伯里和牛津之手。[353]

现在议会会期已经接近尾声了。在议会内和辉格党智囊团内部，沃波尔的智慧以及斯坦诺普的魄力让他们脱颖而出。由老贵族组成的辉格党政治团体的影响虽然仍然深远，但已经不是至关重要的了。他们在两段风起云涌的统治时期管理着辉格党，而在乔治国王在位期间是更年轻的一辈辉格党人收获了果实。哈利法克斯、沃顿以及萨默斯都在安妮女王去世之后不到两年的时间内相继去世。由于英国注定要经历一段长时间的辉格党统治，他们能有令人满意的人选替代是件好事。

下议院在休会前夕的最后一幕完全无益，而且处在政府要职的人员之间缺乏内部和谐和道义。诺丁汉和辉格党贵族针对愤怒的南海公司股东提供的信息采取了行动。他们控诉博林布罗克的代理人亚瑟·穆尔贪污腐败；他们暗示，在穆尔的帮助下，博林布罗克和马沙姆夫人挪用公款中饱私囊。由于南海公司是托利党管理的，对这个控诉也就更留心些。据说，穆尔试图通过贿赂船长私下违背公司规章和南美交易。同时，据说他的这种企图还获得了罪恶的大臣动用个人对海军的影响力的支持。他还被指控收受贿赂，在马德里和西班牙进行商贸协议的时候牺牲了英国商人的利益。博林布罗克反对在上议院调查这些指控。据说这些指控涉及他本人和马沙姆夫人。但是牛津建议下议院继续展开调查，并且暗示背后另有更深的隐情。①为了避免这场可能伤害国务大臣和她最宠信的密友的调查，女王 7 月 9 日的时候过来让议会休会。在她去世之前都不会再开会。托利党政府和党内的情况并不乐观。他们因为支持汉诺威或者斯图亚特而分裂，又因为博林布罗克和牛津的不和再次分裂，而此时安妮的寿命已经只有短短数月，甚至是几周。斯威夫特的比喻正合适：

一艘船的船员在风暴中，或者说是在他们的敌人明明就在眼前的时候争吵，却对自己的处境不自知。[354]

1714 年 6 月和 7 月，博林布罗克躁动不安，用他那令人羡慕的精力日复一日更加热衷于从他固执的对手库务大臣手中抢夺后者紧紧抓住的白杖。与此同时，他重新制定了英格兰的外交政策，并在女王弥留之际推动完成签订一项新的条约。

6 月，他命令普赖尔代表英格兰和法国、西班牙和萨沃伊 – 西西

---

① 由于这件事没有探究到底，所以我们无法说到底博林布罗克在这个事件中有没有腐败。南海公司常设法庭宣称他们对穆尔裁定罪很满意"对他的责难激起了巨人反响，而且受到博林布罗克大人强烈反感。他支持阿瑟·穆尔"。Boyer 的 *Pol. State of Great Britain*，pp. 12–13. 但是，在这件事中所谓的博林布罗克和穆尔的联系从来就没有被审查过。至少，博林布罗克并不比马尔伯勒、萨默斯或者是沃波尔更高尚：在 1714 年 1 月，他写信给库务大臣，白纸黑字地要求半年的秘密服务酬劳，用来偿还他一处的地产贷款。*H.M.C. Portland*，V, p. 379.

里协商一项防御联盟，以便抵制维克多·阿马多伊斯获得西西里领地之后可能受到的哈布斯堡家族的攻击。查理六世认为，西西里本应该和那不勒斯一样，成为他的领地。但是英国舰队控制该岛之后随意处置，把它给了萨沃伊的维克多·阿马多伊斯。法国本来想把西西里给巴伐利亚选帝侯，但是被迫交出。而且，法国现在加入是为了对抗奥地利，以保护萨沃伊的权力。博林布罗克担起对萨沃伊家族的责任，是因为他认为，有一天他能把流着萨沃伊家族血脉的、皈依了新教的王子送上英国王位。①

博林布罗克对这个新同盟的兴趣，仅仅局限于它能让英格兰、法国和西班牙联合起来对付辉格党的盟友奥地利，这样就能完成推动托利党过去四年背离盟友的方针。同时，他得知有流言说西班牙的菲利普五世无意在路易十四的下任继承人无子嗣的情况下去世时放弃他本人对法国王位的继承权。就在安妮去世三天前，博林布罗克给托西发去了一封言辞激烈的警告信，表达了任何把法国和西班牙王位结合在一起的企图都是有违在乌得勒支建立的欧洲的国际公法的。毫无疑问这样会让英格兰、德意志诸邦国以及荷兰结盟的旧体系得以复兴。

但是，博林布罗克看到了一线希望——奥尔良公爵怀有保留他自己继承法国王位权利的私心。在路易十四去世之后，奥尔良会成为摄政王，而如果路易十五没有子嗣，他就会成为法王——除非菲利普五世违背《乌得勒支条约》，宣布恢复对法国王位的继承权。在他在位的最后几天里，正是这位托利党大臣和奥尔良制定了相互谅

---

① 见上文第十三、十六章。

解的政策。①

和法国、西班牙和西西里就条约的协商在安妮死后就停止了。但是和法国以及奥尔良友好的政策在短暂搁置之后由乔治一世时期的辉格党和路易十五恢复。但有一个重要转变：1716年，斯坦洛普给法国获得和英格兰的友谊定了价，而这是博林布罗克之前没有要求法国的。奥尔良不仅要被迫完成已经被耽误很久的敦刻尔克港口和城堡的拆除工作，还要从实质上放弃老僭王的事业。[355]

---

① 见上文第十三章。1714年7月29日，博林布罗克写信给普赖尔："我们要想一些办法应付奥尔良公爵。他对我们非常担心的事情有切身利益，而且他有足够头脑和精力去追求那份利益。这件事很微妙，一定要谨慎行事。但是，如果这位亲王知道他可以依仗女王陛下的友谊，可以依赖这个国家给他的最大限度的支持——以保障他的身份以及《停战条约》公正地确立的他享有的那些权利——是有大益处的。"

第十七章 女王驾崩的危机

安妮在位最后的一个月对于她来说是最不幸的。她是个寡妇；没有一个可以让她吐露心声的朋友；也没有一个她可以继续相信的政治家；每天充斥她耳朵的不是智囊团小声嘀咕这座岛的安全问题，就是她的公仆们刺耳的谩骂，他们把争吵看得比他们的职责或者是她的宁静更加重要；她浑身疼痛，意识模糊，等待全人类的朋友带给她最终的解脱。

不管是现在针对牛津的马沙姆夫人（那"邪恶的女侍寝官"）[①]，还是代表汉诺威利益的、更加优雅的萨默塞特公爵夫人，都没法与在她生命中快乐时刻里萨拉的陪伴或是戈多尔芬贤明的建议相提并论。她长久以来信任哈利，但现在发现他对公务漠不关心，身心懒散，而且酗酒严重，导致她非常生气。她向他抱怨，说他觐见的时候都带着醉意，甚至连他的朋友都非常警觉地意识到他的变化。伊拉斯谟·刘易斯写信给斯威夫特说："我很早就觉得他已经壮士迟暮了。"虽然和博林布罗克相比主持牧师个人更倾向于牛津，但他还是告诉牛津他应该退休。[356] 但是，他不能退休。唯一能唤醒"龙"（他最亲密的朋友和

---

① 这个说法是马尔伯勒早年间评价阿比盖尔的。现在因为她对待她的第二个恩人哈利所用的语言而被公正地重新提起。她欠哈利的跟她欠萨拉的一样多。见她在1714年7月29日给斯威夫特的信，*Swift's Letters*, II, pp. 200—201, 以及同上, pp. 182, 190。

敌人现在都这么叫他）的事情，是保卫财政部，对抗博林布罗克和阿比盖尔。他认为这两个人是小偷，勾结在一起挪用公款中饱私囊。"龙难以消灭。他现在像恶魔一样拳脚相加。"阿巴斯诺特医生在6月26日写道。一个月之后，库务大臣仍然紧守他的城堡——这个月对于他的敌人来说是致命的。因为这是女王生命中最后的一个月。"就像他最近施加影响力针对那位先生（博林布罗克）那样，哪怕他只忍受这一半的痛苦做点别的事情，他都能成为一条龙，而不是魔鬼"。[357]

因此，6月和7月并没有被用来为乔治国王或者詹姆士国王即位做准备，而是被浪费在分裂托利党两个著名领袖带领的相互仇恨的团体的较量上。我们的历史上同僚斗争一直时有重复，而且往往完全无法挽回。乔治一世在位时托利党没能重新团结起来正是因为在安妮生命最后的几周时间里他们在王朝更迭问题上的分歧和牛津与他的支持者们对取代他的那个人的怨恨，对博林布罗克和他的朋友们的仇恨（博林布罗克让托利党人久久等待，直到为时已晚）。[358] 牛津和他的追随者加入了施鲁斯伯里和汉默的行列，积极支持汉诺威——他至少能把他们彻底从博林布罗克手中拯救出来；当博林布罗克、奥蒙德、温德姆和阿特伯里成了詹姆士党，他们将会受到牛津和辉格党的报复。是托利党自己成就了辉格党在安妮女王去世后长期的霸权。

1714年5月到7月，被流放的斯图亚特王室和牛津在英格兰与敌人合作，导致他被撤职。詹姆士党计划对抗库务大臣，让博林布罗克和爱丁堡郡议员洛克哈特（Lockhart）交易。① 贝里克从国外命令

---

① 博林布罗克向洛克哈特保证，如果詹姆士党的投票能被用来帮助大臣们结束会期的事务，牛津就会在休会期间被撤职，同时能为复辟做准备。*Lockhart*, I, pp. 476–478. 爱丁堡城回到辉格党人帕特里克·约翰斯顿的手中。在这届议会中，苏格兰议员人数被辉格党和詹姆士党平分。

奥蒙德公爵说服安妮，让她解雇那没用的仆人。奥蒙德掌管着军队，而白金汉郡公爵管理枢密院。他们两人现在已经加入詹姆士党的密谋中。[359] 那些为了赶走牛津而与同僚进行最激烈抗争的托利党人，认为赶走牛津对于詹姆士复辟来说是有必要的一步。但是，他们知道这仅仅是第一步。如果女王太早离世，他们就必须，至少是在一段时间内，充分利用乔治国王。

7月27日，安妮终于放弃，解雇了她的库务大臣。此举不是为了她的兄弟复辟，虽然各方都是这么认为的。但是，她从来没有原谅牛津认为有必要颁布给剑桥公爵正式文书。① 她很反感这位仆人举止阴郁、玩忽职守。而且，在马沙姆夫人、博林布罗克以及他们的党羽无止境地要求下解除牛津职务，她非常担心。一位托利党贵族写道："他们说女王非常厌恶和她的库务大臣分别。但是她是被戏弄才这么做的。大多数托利党人都对他非常热情，他们只是认为他不是他们这边的。"②

最后一幕让女王勃然大怒。不管他们的女主人是否在场——她萎靡地坐在椅子上，浑身疼痛，虚弱不已——在枢密院的桌前政敌们激烈地相互谴责。即将离职的库务大臣指控获胜的国务大臣财政腐败。这些话女王听了进去。她知道，戈多尔芬和牛津从来没有掠夺财政部来让自己致富。但是，她能否信任这个总是陷入财政危机而聪明的浪荡子，把公共财产放心交给他呢？她已经两次出面干预，保护他不受调查——一次是魁北克的合同，另一次是在同月发生的南海公司问题。这种不确定，以及对他道德败坏（就像沃顿一样，

---

① 见前文第16章。*H.M.C. Portland*，V，p. 662.

② *Wentworth Papers*, pp. 412–413；爱德华·哈利还写道："陛下她终于被永久地戏弄说服，决意和他分开。" *H.M.C. Portland*，V，p. 480.

博林布罗克向全世界炫耀）的知悉让女王没把白杖交予博林布罗克。伊拉斯谟写信给斯威夫特说："他的品性太差，没法受此重任。他太过狭隘，而且罪孽太深重。"

安妮收回了对牛津的信任，但是她没有把这份信任给他的对手。此时还有藏在阴影之中的第三个人，他可能是一位快乐的旁观者。施鲁斯伯里是内阁成员。但是，作为辉格党，他一直置身于托利党内部激烈争吵之外，尽管他默默地倾向于支持牛津。[360]他离从阴影中出现还有三天，正熟练地伺机而动。

牛津直到被撤职前都满怀怒气地斗争。在那之后他接受了败局，颇为贤明地辞职。但他用拙劣的诗歌和散文表达了自己的哲思。这个奇怪的、决定了国家命运的男人，在落败那天向斯威夫特宣布了这件事。他写了一首简短诗歌怡情，还称之是"效仿德莱登（Dryden）"。

用爱效劳，
抛洒热血
蒙受君上赞扬。
但贬至朝堂之下，
此间事事皆证明
善行让人致命。①

他之后几日的书信和行为都表明，闲暇马上让他身体恢复健康，

---

① *Swift's Letters*, II, pp. 198-199；他对诗的韵律或者所表达的情感如此满意，以至于两天之后还把它寄给了他的妹妹。*H.M.C. Portland*, V, p. 477.

心智得以平衡。一离开办公室，他知道如何有耐心等待。这是他的对手博林布罗克直到自毁前程都没有学会的。

女王被枢密院的一幕气病，带着身体和精神上的伤痛退居宫中。那天下午，她慷慨地和牛津会面了多时，与他道别。在相同的情况下，她对牛津比对戈多尔芬要好。①两天之后，在7月29日早上，她"抱怨头痛"。医生们诊断之后认为她很危险，于是通过"拔罐减轻疼痛"。她的双腿一直深受痛风折磨，已经"将疼痛传到大脑了"②。她大限将至。

因此，国务大臣博林布罗克仅享受了两天没有库务大臣在头上指手画脚、全权掌握权力的日子。他没有时间计划，更没有时间执行有计划的行动。后代只能猜测如果女王还活着，他将采取何种行动。但是，至少有些事情是肯定的。首先，他准备让像他一样的詹姆士党组阁，因为没有其他人愿意为了詹姆士复辟加入内阁。不管是辉格党，还是支持汉诺威的托利党，或者是牛津的朋友都不会和他合作。现在已经准备好为他所用的同僚有财政大臣温德姆（他要提拔温德姆领导财政部）、大法官哈考特、指挥军队和英国领地内堡垒的奥蒙德将军。阿特伯里会尝试代表他们管理英国国教，而且有宣布说他会顶替支持汉诺威的达特茅斯成为掌玺大臣。[361]

如果他们有能力让老僭王复辟，就会这么做。他们接下来在乔治一世在位时期的行为让这个意图表现得更明显。但是，这不能说

---

① 见前文第四章。这次和牛津的友好会面有重要的政治意义，但历史学家没有重视。这个事实在 *H.M.C. Portland*, V, pp. 480–481 以及 *L'Herimtage, Add. MSS. 17677 HHH.*, f.323 得以证明。

② *H.M.C. Somerset-Ailesbury*（1898），p. 222，沙德维尔医生的观点。这出自沙德维尔、斯隆、阿巴斯诺特和其他四位照料女王的医生在7月30日给枢密院的报告。*P.R.O.*（*P.C.*），2, 84, f. 375.

明如果在安妮活着的时候他们手握大权就有胆量尝试这么做。很多迹象表明他们在静观事态发展。哪怕是他们说服了女王，通过新创几十个贵族头衔让上议院中詹姆士党占到多数（女王断然不会同意这么做），他们也不可能在下议院通过多数投票来废除《王位继承法案》，好对一位罗马天主教徒有利。[1]不管安妮活多久，在她去世的时候，法律很有可能还是对詹姆士不利的；那个时候的英格兰法律是依照十占九分的原则：只要是属于你的，你便能很容易保留对此物的所有权，但反之，就很难获得。而且，他们还要游说所有辉格党、非国教者、富人、一半的托利党除了两三位以外的所有主教，以及同样重要的马尔伯勒的老兵都支持该法——即便博林布罗克有足够时间把他们赶出军队，再用詹姆士党来顶替他们。但是，极有可能他在如此大胆的计划面前泄了气；如果他真的尝试了，即便是有维拉尔的帮助，奥蒙德也很有可能被有英格兰法律和整个伦敦城财力支撑的马尔伯勒击溃。

确实，有迹象表明即将成为大臣的詹姆士党被复辟道路上的困难震慑住了。温德姆对他的詹姆士党同伴兰斯当大人脱口而出，老僭王"是个不切实际的人，没法被带回来继承王位"[362]。后来在詹姆士党中流传的故事声称博林布罗克在危机时刻出于恐惧和冷漠背叛了他们。[363]他不应该因为谨慎而受到指责，当时更有经验，而且头脑更加冷静，为了老僭王的利益密切关注事态发展的代理人们

---

[1] 确实，有一种以前的詹姆士党传统（部分详细在 Add. MSS. 9129, ff. 17-19 中），大致是"300"名下议院议员同意支持废除《王位继承法案》的请求，他们当中的一些人和博林布罗克会面安排此事，他保证了要参加但没去。但是，我们有的证据是在之后很久，而且不是第一手资料。我确定，没有"300"名议员会为一位罗马天主教国王投票。

都承认，由于人们已经知道他完全不寄希望于改变自己的宗教信仰，最近整个英国都反对他继承王位。不仅是法国的戈尔捷和伊尔贝维尔，就连普伦基特（Plunket）和其他英国詹姆士党都宣称，在这最关键的日子里，詹姆士已经因为宣称他永远不可能成为新教徒而失去了继承王位的机会。他们抱怨说，他原本至少可以在这个问题上保持沉默的。①

忠臣的牧师绝对不能接受一个有可能成为国王的人最近明目张胆地宣称他永远不会和罗马断绝关系。一些牧师，尤其是在西部和北部的牧师，布道反对"路德会的异端邪说"，[364]而在斯特拉福德和威尔士的边境，牧师给他们的教区民众讲述了关于强加给英格兰的德意志王子的荒谬的故事。[365]但是，大多数牧师和他们的教众虽然不喜欢汉诺威继承王位，但同样也不喜欢另外一个选择。"路德会的异端邪说"不会阻止国王遵循英格兰国教礼制，因为他要依照《继承法案》这么做。而且也不会有告解神父和牧师把他和他的子民分开。

在他掌权的两天里，博林布罗克似乎不知道该怎么做。一方面，他准备让詹姆士党组阁，同时加速从军队和海军中清除辉格党和支持汉诺威的托利党。另一方面，他尝试和辉格党谈判。

军队中的清洗行动已经有四年了，而在最后几个月进程不断加快。马尔伯勒最得力的将士早就在军中消失不见了。1714年初，阿盖尔和海军上将宾（Byng）被撤职。同时被撤职的还有十几个上校和其他一些疑似支持汉诺威的守卫军官。4月，第一步兵团的两位上校被出卖，顶替他们的是两位罗马天主教徒。这是违法的。要是再

---

① 见附录E。

过几个月，女王在海上和陆地上的军队就会完全被替换，被詹姆士党控制。这会给复辟带来最大的希望。[366]

然而，1714年7月，军队的感情和专业技能都是站在汉诺威和"老下士"①马尔伯勒这边的。被撤职的将领与顶替他们的人相比，是更好的军人。在紧要关头，他们在将士们中的影响力更大，因为他们已经带领将士多次战胜法国人。过去四年，托利党一直在中伤马尔伯勒的军队，贬低他们的成就。大臣们尽了最大努力击垮军人，并在欧洲士兵面前用"禁令"羞辱他们。现在他们可以依赖这些被他们中伤、侮辱的卫兵来帮助他们违反英格兰法律，在法国的帮助下为了一位天主教国王发动叛乱吗？[367]

毫无疑问，博林布罗克是有疑虑的。他是个精力旺盛的人，但不是一个刚强的人。行动迟缓的牛津是他们两人中更临危不惧的那一个。因此，7月28日，让整个伦敦都吃惊的是，国务大臣和辉格党领袖们共进晚餐！他再也没法和"龙"以及托利党温和派和解；但是辉格党又如何呢？毕竟，不管是在上议院还是下议院他都没有足够的绝对优势。如果在扩充内阁成员之前重新召集议会，明年秋天在上议院的反对投票是板上钉钉的，在下议院也不是不可能。[368]

因此，博林布罗克决定试探辉格党。和他们联合可能让他免受牛津的报复，而且让他的计划可逐渐成熟。毫无疑问，他希望在短时间内打发掉辉格党，再通过《分裂法案》把他们摧毁，但是目前通过奉承和俏皮话让他们闭嘴是很有用的。而且，如果安妮不幸地在他掌权的时候去世了，他最好能在新的王室中有朋友。我们可以猜测，这是他这次奇怪的谈判的原因。

---

① 马尔伯勒麾下将士对他的昵称。——译者注

斯坦诺普、克拉格和有钱、机智的约克郡选区议员威廉·普尔特尼（Pulteney）都参加了他的晚宴；沃波尔也受到邀请，但是他不在伦敦。这个"来自水星的男人"油嘴滑舌地宣称他对汉诺威家族的忠诚。他的宾客坐在那里，笑而不语，彬彬有礼但满腹狐疑。当享用完最后一道菜，酒精慢慢发挥作用让他们鼓起勇气的时候，斯坦诺普代表他的同僚们做出答复。他说，让博林布罗克把陆军和海军都放在对汉诺威忠诚的人的手中：辉格党并没有要入主内阁，他们只作出以上要求。让奥福德伯爵罗素指挥军舰把乔治带来，同时把詹姆士和法军挡在外面。让马尔伯勒指挥军队和领地内的堡垒。斯坦诺普说，要是达到这些条件，辉格党就会准备好坐视博林布罗克和他的朋友们在女王去世之前独揽大权，并在之后和他分享乔治国王的青睐。要么加入辉格党迎接汉诺威，要么加入法国，把詹姆士带回来。没有第三个选择。辉格党让博林布罗克做出抉择。

博林布罗克原先是希望延长做此选择的时间，但被这样直白、英勇的语言弄得哑口无言。他的尴尬对他的宾客来说已经很明显了。他无法向他们做出任何答复，晚宴不欢而散。[369]

据观察，尽管一些詹姆士党和一些汉诺威代理人在此时认为马尔伯勒还会委身于帮助詹姆士复辟，[370] 辉格党在这个关键的会议中将接纳马尔伯勒作为总指挥当作对博林布罗克对汉诺威是否忠诚的严峻考验。

因此，博林布罗克没法和辉格党结盟。通常认为，在他仍然是女王的首要大臣的剩下的几个小时里，国务大臣思索着用对军事力量和地方行政官的绝对控制保护自己，以便在詹姆士未能登上王位的时候有机会和乔治国王谈条件。虽然狂热的党羽不断抗议，安妮和牛津把十几个郡县留在持辉格党观点的总督手中。如果没能和辉格党结盟，他们马上就会被撤掉。①有可能博林布罗克希望有时间用他自己的人替换掉他们和其他所有在公职系统中的温和派。那么他将有实力和斯图亚特或者汉诺威谈判。但是我们无法知晓他的意图，可能他也没有那么聪明。

和尴尬的国务大臣不同，辉格党人面前是笔直的大道，他们走了下去。他们以一个不齿于公布于众的方针团结起来，既没有含糊其词，也没有委曲求全。他们站出来支持法律规定的新教继承，并且表现出卓越能力和热情。这为他们赢得了乔治以及坦诚待人的英格兰人的信心。阿特伯里欣羡不已地写道：

> 就像他们自己吹嘘的那样，他们已经胜券在握了；而且，公平地说，他们表现得真诚，而且有决心达到目的。[371]

确实，辉格党政治团体都已经是筋疲力尽的老兵了，他们当中的大多数已经大限将至。但是，在下议院里冉冉升起的辉格党领袖，是博林布罗克企图在饭桌上谈判的人。他们正值当打之年，并经过这一周的努力在即将到来的时代中主宰英格兰。斯坦诺普、普尔特尼、沃波尔能化解这场危机，已经为英格兰的安全做好计划，并把他们党派的命运牢牢抓在手里。

和马尔伯勒、施鲁斯伯里、萨默斯不一样，这些年轻辉格党人从来没有和詹姆士通过信，或者秘密乞求得到流放的国王赦免。他

---

① 7月30日枢密院颁布命令给总督的名单见 P.R.O.（P.C.），2，84，f. 380. 保留的辉格党总督都是温和的辉格党——肯特、斯卡伯勒、卡莱尔、乔姆利、施鲁斯伯里、亨利·博伊尔。一些郡留在彭布罗克手中，他既不是辉格党也不是托利党，但坚定拥护汉诺威。

们完全没有获得赦免的意图。不管是输是赢，他们把自己的生命和财富完全交由新教徒继任。他们没有被任何得到詹姆士三世（如果他登上王位的话）原谅的希望，也不需要通过怠慢选帝侯而重新获得安妮女王的青睐。

他们相信这场危机比真实情况更为危险，因为他们猜想安妮女王已经加入她的大臣们策划在她死后让斯图亚特继承王位的阴谋中。①他们担心她会留一份遗嘱将她的权力给她的兄弟。尽管这样的文件不能从法律上压倒《王位继承法案》，但能够影响舆论。她去世的那一刻，辉格党担心她的大臣们会拥立詹姆士三世。

但是，就算如此，法律也是站在乔治国王这边的。君王或是大臣都不能，只有议会才能处置王位。而且，辉格党已经下定决心，不能因为缺乏武力支持就让这片土地的法律失去效力。他们希望获得马尔伯勒的帮助，但如果他没能及时到达英格兰，斯坦诺普准备带领对新君王忠诚的武装力量反对已故女王的大臣们的叛乱。他和众多被撤职、在伦敦的老兵取得联系，他们的官邸中都有武器，而且已经准备好作战。在苏格兰的首都推进了类似的政策：在爱丁堡以及邻近乡村的一个辉格党社团在过去几个月里储存武器，并且秘密招募被解散的马尔伯勒旧部，"不管是中士、下士还是孤身一人的卫兵，他们都被认为要么深受影响，要么非常谨慎"。

斯坦诺普自己的族人，著名的切斯特菲尔德伯爵在很久之后披露了当时详尽的行动计划：汉诺威党羽会在蒙塔古楼后的决斗场集

---

① 在议会7月初休会期间，斯坦诺普从女王的演讲（其中没有提到汉诺威）中得出这个结论，并在威斯敏斯特大厅的一次两个令人尊敬的对手之间的饶有兴趣的交谈中如此告诉了洛克哈特。*Lockhart*, I, p. 479.和绝大多数苏格兰詹姆士党一样，洛克哈特相信女王是在为他们的目标行动的。见前文第十四章。

合；卡多根会占领伦敦塔，同时斯坦诺普会去负责抓获带头的詹姆士党人。之后他们就不用担心在伦敦城内拥立乔治国王。那里一定是支持《王位继承法案》的。[372]

但是，这些严格的措施没有付诸实践的必要。安妮并不支持詹姆士，而她的大臣们也没有辉格党想象的那么大胆。安妮去世的前一天，在反对汉诺威的秘密阴谋最中心的伊尔贝维尔写信给路易国王，描述"女王并无动作，而且过去几个月好几位詹姆士党都变得更加冷静"——因为老僭王对他的宗教信仰的声明无法撼动。[373]詹姆士上位的时机还未成熟，但现在时间已经所剩无几了。安妮在一生中非常尽责地服务英格兰；她的去世成了她为国服务的最后一次机会。

7月30日上午，女王病危，那些通常参加会议的枢密院委员被紧急召到她卧病在床的肯辛顿宫。在受召唤并赶来的成员中最重要的几位里，只有三位是坚定的汉诺威支持者——施鲁斯伯里、鲁宾逊和牛津的朋友达特茅斯伯爵。但是，领头的詹姆士党中，博林布罗克、温德姆、奥蒙德、白金汉郡①和兰斯当都在场。他们还没有行动计划。不重要的成员当中，像托马斯·柯克，是支持乔治的，而那些倾向于詹姆士的人们，在还没有强烈迹象表明他们能成功的情况下，在此时还没有准备好表达他们的观点。②

如果支持汉诺威的一方同样没有准备好，那么这群害怕而且尴尬的人们聚集在一起到底会发生什么很难说。但是，有人已经开始带头了。那天早上女王病情恶化的消息一传出，支持汉诺威的人就做了一件重大事情——虽然缺乏证据，但可能这是在施鲁斯伯里的

---

① 白金汉有时也被叫作白金汉郡，因为他是白金汉郡公爵。——译者注
② 见本章附录，*P.R.O. MSS.* 中的枢密院登记记录了那天上午最重要的事情。

建议下做的。阿盖尔公爵和萨默塞特公爵去了选帝侯新任的且经验丰富的代理人博思马尔的官邸,告诉他女王已经在弥留之际,他们要去枢密院确保女王的遗愿。到安妮断气的那一刻,他们就会告诉博思马尔,好拥立乔治当国王。[374]

这两位公爵乘坐马车从博思马尔的官邸去肯辛顿宫,行使他们作为枢密院委员不容置疑的权利。他们走进枢密院参加这场违规召集的会议。直到正午才开会,而且根据会议记录记载,在两位公爵到来之前没有处理任何公事。施鲁斯伯里欢迎他们到来。他们的到来没有让他感到吃惊,也没有让他像博林布罗克那样感到气愤。

据观察,那些还在枢密院名单上的辉格党政治团体成员——森德兰、萨默斯和考柏——直到第二天才来。[375] 7月30日起决定作用的行动是由中间派施鲁斯伯里、萨默塞特和阿盖尔谨慎完成的。他们四年前帮助托利党掌权,现在又把乔治国王送上了王座。这样的方式,哪怕不是最有偏见的人也会将其描述成一场辉格党的政变。

这个中间党派主要是由三位公爵组成,虽然他们在派系林立的议会里投票能力有限,但能有效地保持辉格党和托利党之间的平衡。在这场危机之中,他们勇敢地为全国大多数人的真实想法发声。枢密院就是已经为他们准备好的工具。现有内阁没有任何关于王朝更迭的政策要宣布。而且,内阁是不明法律的君主召集秘密公仆开的会议,它的权威是在女王出席主持下才有的。因此,当她身染重病而无力召集内阁的时候,内阁就失去了大部分既定优势。在通常情况下,枢密院会逐渐把权力拱手让给更小而且更加偏袒的党羽。但是,在议会休会期间君主生病的情况下,为了保护领土安全而采取最重要的紧急行动的时候,古老宪法赋予枢密院的权力和权威对其有利。

不管是官方的还是非官方的记载,没有关于7月30日枢密院辩论的报告，只有他们的行动。第一个官方记载的决定是在开会第一个小时做出的，后面所有事情都是基于这个决定所做的。枢密院全票通过"说服女王任命施鲁斯伯里公爵为库务大臣"。

这是他的高光时刻。不管是辉格党还是博林布罗克的党羽都愿意由他领导，而不想让牛津恢复权力。[①]托利党在枢密院中占大多数，所以他们不可能推荐辉格党反对派，或者是他们惧怕的阿盖尔和萨默塞特做库务大臣。他们伤心地意识到不管是乔治还是国家都不会相信博林布罗克，或者是任何即将主持接下来这场巨变的人。施鲁斯伯里对于英格兰和汉诺威来说都是可以接受的，而且他还是内阁的一员。况且，他还是个高尚、善良的人，在新的君王统治时不会迫害任何一个党派。博林布罗克和托利党要想在乔治国王的智囊团内保留一席之地，最好寄希望于朋友出现在施鲁斯伯里的面前。

可能是出于这些原因，博林布罗克准备好与阿盖尔和萨默塞特一样接受施鲁斯伯里的领导。他自己向枢密院提议施鲁斯伯里是库务大臣的合适人选，还作为代表，向奄奄一息的女王表达了他们的一致建议。[376]和他一起去的还有大法官哈考特、掌玺大臣达特茅斯以及宫内大臣波利特。枢密院一开始派了7名医生去查看安妮。他们保证："陛下现在的状态可以交谈。"萨默塞特公爵夫人在女王的病床旁边，一定竭尽全力让所有事宜都对汉诺威有利。这是她的丈夫在隔壁房间里面正在玩的游戏。在那天没有关于马沙姆夫人阿比盖尔行为和行踪的任何记载。[②]

[①] 有人认为，如果库务大臣一职悬空，那么牛津就会在女王去世之后再次成为库务大臣，并且根据《摄政法案》成为摄政者之一。*Michael*, p. 364.

[②] 见本章附录枢密院登记。当天萨摩赛特公爵夫人可见 *H.M.C. Downshire*, p. 902。

我们永远不可能知道女王到底对她正在做的事情知道多少。但是，这件事不重要。如果她的状态允许她自己做决定，她的想法大概率和枢密院的建议会是一致的。我们读道：

快一点的时候，女王把库务大臣的白杖给了施鲁斯伯里公爵。大法官大人握着她的手，交给施鲁斯伯里。①

之后，枢密院在新库务大臣的带领下开始工作。除了偶尔短暂休会用餐或者休息，他们直到凌晨才结束会议。其间，他们迅速下达命令，让大不列颠和爱尔兰以及英格兰海域的军队拿起武器，准备迎接合法的继承人，并且击退入侵者或者是叛乱者。在枢密院里一半的人都多多少少是詹姆士党，因此他们对此事更加积极。在给法官、总督、伦敦市长和爱丁堡教务长、所有公司的长官、总指挥奥蒙德、士兵驻守的城镇堡垒中的地方长官，以及詹姆士党所有人都依赖的海军上将的信中，都没有反对的声音。在这12个小时里，枢密院的文书一定忙得焦头烂额。所有港口的船只都收到了一封禁令；伦敦塔、爱丁堡城堡和其他的要塞补充了粮草、增加了守备军

---

① *Wentworth Papers*，p. 408.她到底在多大程度上是有意识的这个问题在历史上似乎出现了分歧。一些人说她告诉施鲁斯伯里为了她的子民的福祉善用白杖。但是在1788年摄政讨论中，白金汉侯爵写道："毫无疑问，安妮女王从来没有同意过，而只是提议授予库务大臣的白杖，施鲁斯伯里从她的卧室拿走了白杖。你会记得，在那时候是枢密院的设想和行使权力。" *H.M.C. Fortescue*（Dropmore），I（1892），p. 364.但是，另一方面，当时在场的兰斯当在那天写道是女王将她的白杖给了施鲁斯伯里，"意识十分清楚"。*H.M.C. Portland*，V，p. 477.那天晚上桑德兰给诺丁汉写道："我一定不能忘记告诉大人您，在女王一有能力辨别人的时候，枢密院请求她将库务大臣的白杖给施鲁斯伯里公爵，她马上就这么做了。" *History of Burley-on-the-Hill*，by Pearl Pinch，p. 196.

队；军队从敦刻尔克和弗兰德召回；伦敦民兵被召集；英格兰和苏格兰上下所有罗马天主教拥有的马匹和武器都被收缴；同时，博思马尔接到官方通知接下来会发生什么。整个下午和晚上送信人一个个从肯辛顿宫的大门出去，包里装着决定命运的信件在路上策马扬鞭。所到之处，人们都知道女王已经奄奄一息，新教徒乔治会被确定成为下一任国王——施鲁斯伯里、博林布罗克以及其他六个托利党枢密院委员的签名已经证明此事确定无疑了。[377]

7月31日，枢密院又开了一次长会，中途稍作休息休会。那天早上，牛津重新出现在他们当中，萨默斯、桑德兰和考柏前来正式代表辉格党反对党。现在他们完全和政府和解了。在咨询了医生们女王的情况之后，枢密院那天的第一个举动是招来博思马尔，向他解释他们已经采取的、保障他的主人顺利继承王位的措施。同时，他们询问他是否还有其他建议。他宣布自己非常满意，之后他们给选帝侯写了一封信，告诉他女王即将死亡，并转述了已经采取的行动。他问道："如果你尽快赶来，就能在第一时间给予你对这个国家的喜爱。"这封信由在场的枢密院所有委员签字。那天他们代表了各种政治意见和党派分歧。这封信是由精神饱满的辉格党詹姆斯·克拉格送到汉诺威手中的。一封博思马尔写给他的主人的私人信件建议他不要用金币奖励克拉格，而是等成了国王之后封给他一个好职位。

同一日，枢密院还去信提醒荷兰议会女王的情况，提醒他们兑现在条约里面做出的承诺——如果出现异常情况，派荷兰军队支援新教徒在英国继承王位。其他更加具体的命令传达给了奥蒙德和利克海军上将。完成了所有这些工作之后，枢密院休会到次日——8月1日星期天上午8点。[378]

尽管，这么早也已经晚了。6点的时候，沙德维尔（Shadwell

医生叫醒枢密院的文书,告诉他们女王已经熬不过两小时了。信使马上赶去伦敦城,立即招来枢密院。在经过了连续数个晚上没合眼的工作之后,他们应当是在熟睡中。施鲁斯伯里和其他六人马上赶来,到后被告知女王已经在7点半的时候去世了。枢密院立即在满屋子悲痛中休会。更多人来到圣詹姆士宫会面,在那里宣布乔治成为国王。[379]

肯辛顿宫的窗户都暗了下来。院子里,以及昏暗长廊里挂着深色装饰的一个个房间内弥漫着让人心情沉重的寂静。一个王国的生命刚刚在这些房间里跳动。在最后一辆马车隆隆地穿过圣詹姆士广场、赶去宣布新君之后,肯辛顿宫关上了大门。惊恐万分、泪流满面的侍女们听到远处传来欢呼新国王的振聋发聩的声响。加仑大炮齐鸣,为英格兰的自由、宗教和法制的胜利庆祝。这些事情进展顺利,而躺在大床上的女人在过去五十年的生命里兢兢业业,饱受痛苦而且疲惫不堪。她的心"完全属于英格兰",并竭力促成上述这些事情。但是,她已经非常疲惫,需要长眠了。她不像伊丽莎白,到临死之前都和死神斗争,就好像死神也应该臣服于她一样。她也不像12年前同样在肯辛顿宫去世的那位国王,直到最后他那必须要放弃的、拯救欧洲的大计都像幽灵一样阴魂不散。她知道如何选择朋友。在这个率直女人的甄选和指挥下,英格兰成就了诸多伟业。但是,乌云笼罩,友谊也变了味儿。她只能独自一人领导国家——她深爱的丈夫也已经去世了——她选择了新的友人,并给人民带来了和平。之后,乌云再一次笼罩,随着她身体日益虚弱,头脑不再敏捷,最近没法透过眼前的迷障看到她想要的未来。她唯一想要的就是休息,现在,她得以永眠了。那里躺着大不列颠的女王,最后一位统治这座岛国的斯图亚特。同时,正是她的率直让她成为斯图亚特家族中最明智、最成功的一位君主。

第十七章附录：1714年7月30日枢密院备忘录

以下是1714年7月30日直到施鲁斯伯里被任命为库务大臣之前的枢密院的备忘录［P.R.O.（p.c.），2，84，f.371］（我在方括号里面加入了名字进行解释）。

1714年7月30日在肯辛顿宫
星期二正午12点，经过几次休会之后直到深夜

出席

大法官［哈考特］
库务大臣［施鲁斯伯里在会议中被任命为库务大臣］
枢密院议长［白金汉郡公爵］
掌玺大臣［达特茅斯］
萨默塞特公爵
诺森伯兰郡公爵
奥蒙德公爵
阿盖尔公爵
宫内大臣［波利特大人］
罗切斯特伯爵
马尔伯爵
卢当（Loudown）伯爵
芬勒特（Findlater）伯爵

波特摩尔（Portmore）伯爵

博林布罗克子爵

伦敦主教［鲁宾逊］

列克星敦大人

格恩齐大人

兰斯当大人

宾利（Bingley）大人

财政大臣［威廉·温德姆准男爵议员］

副宫廷大臣［托马斯·科克议员］

博伊尔（Boyle）先生

陛下她今天上午十点病情十分严重，大人们在枢密院会面，考虑到现在事态紧急，他们一致认为需要说服女王，让她任命施鲁斯伯里公爵为库务大臣。

医生们被召集来，被询问女王陛下的情况能否谈话。他们都同意她可以，即

劳伦斯医生；阿巴斯诺特医生；大卫·汉弥尔顿医生；沙德维尔医生；斯隆（Sloane）医生；理查·布莱克莫尔（Richard Blackmore）医生；利德（Read）医生。

随即，大法官、掌玺大臣、宫内大臣以及博林布罗克子爵大人在委员会的要求下，服侍女王陛下，并随即告知她。施鲁斯伯里公爵即刻被命令觐见女王。与女王握手之后，作为大不列颠库务大臣回到委员会中。之后，大人他进行宣誓，并按例在委员中入座。

考虑到女王陛下身体状况之差，他们认为做如下命令来确保女王领地的和平安定是合理的。

（后面伴随着很多页给地方法官、军队和海军的命令。）

注解

杰出、好心肠的阿巴斯诺特医生在女王临终前在身边伺候，他在 8 月 12 日给斯威夫特的信中写道：

"我亲爱的女主人的时日，我猜想已经不多了，她大限将至；但是即便是在这短暂弥留的日子里，不少时间也是最后她的仆人们争吵的场景（解雇牛津）。我相信，她对死亡的欢迎，就像疲倦的旅客对睡眠一样。"

结语　乔治国王毫无争议的继承

对于辉格党霸权和汉诺威宪制的一些评论

不管是走路、坐轿还是乘坐六匹马拉的马车，全世界都赶着去圣詹姆士宫。无论权贵、党派，所有在休会期间离开伦敦的议员那天早上都挤满了圣詹姆士宫，前来觐见新王汉诺威，并且尽可能为他欢呼。

但是，这天同样也是"安息日早晨"。在醒来的伦敦城里，在女王去世的消息还没有传出来之前，众多商人和他们的雇员在非国教教堂里聚集，内心充满恐惧和希望。因为根据法规，这一天将是摧毁他们的学校，并且在他们看来即将迎来另一个迫害的时代的《分裂法案》生效的日子——除非女王去世了。他们的朋友伯内特主教一大早去西边打听消息。如果发生巨变，他会来信通知费特巷（Fetter Lane）的独立牧师布拉德伯里（Bradbury）先生。在这位牧师开始讲道的时候，他在讲道坛上抬头望向走廊。他看见一个男人挤到了前面，并把一个手帕丢到会堂里。这是主教的信号。布拉德伯里停止讲话，向他的听众宣布安妮女王已经去世，现在是乔治国王成了他们的君主。否极泰来，人们脸上的焦虑在这一刻换成了喜悦。在牧师的命令下，他们摊开手感恩上帝再一次眷顾，给他们赐福。他们都知道，现在《分裂法案》已经胎死腹中；他们的迫害者会从掌权的位置跌落，而且他们和他们的孩子都会被允许像自由人一样生活。他们都是乔治国王最忠诚的子民。①

当这些谦卑的人们在欢呼雀跃的时候，"伟人们"正在圣詹姆士宫忙碌。汉诺威的大臣博思马尔和克赖恩贝格（Kreienberg）被召唤来。他们需要时间拟定宣告新国王的合适形式。这正在其中一个房间进行，而另一个房间里正在进行重要的事情——任命摄政或者说是"大法官"，并让他们宣誓。他们将在乔治本人到来之前统治这座岛屿。在《摄政法案》规定下，他们是由7个国家高级官员和18个继任者任命的人组成。三封密封文件中各包含一份拟定的名单。他们庄严地依次打开信封，并依照名单行事。信中公布了一些支持汉诺威的托利党和众多辉格党温和派，但是没有萨默斯、桑德兰和沃顿：乔治没有被辉格党政治团体裹挟。②

博林布罗克作为微不足道的"国务大臣"，并没有依据职权成为摄政，也没有被乔治国王任命。他的时代已经结束了。但是，特尼

---

① Clarke and Foxcroft, *Life of Burnet*, pp. 469–470. 在乔治到达英格兰之后，当非国教牧师穿着黑色的长袍，向他朗读效忠演讲的时候，一位侍臣问布拉德伯里："请问，阁下，这是葬礼吗？"他答道："是的，阁下。这是《分裂法案》的葬礼，自由的重生。"

② 依据职权成为摄政是坎特伯雷大主教特尼森；大法官哈考特；库务大臣施鲁斯伯里；枢密院议长白金汉郡公爵；掌玺大臣达特茅斯；海军大臣斯特拉福德伯爵；首席法官帕克——三个辉格党对四个托利党。

乔治任命了辉格党人施鲁斯伯里、萨摩塞特、博尔顿、德文郡、肯特、阿盖尔、蒙特罗斯、卡莱尔、斯卡伯勒、奥福德、汤曾德、哈利法克斯、考柏，以及支持汉诺威的托利党人安格尔西、阿宾登、诺丁汉和罗克斯伯勒，还有中立的彭布罗克（Pembroke）伯爵。一些清单采用 Profret，而不是 Pembroke，在枢密院登记中这点很清楚。

森(Tenison)大主教——作为高教会派的女王从来没有信任过他,而且在托利党掌权时他从所有国务委员会职能中退隐——现在从兰柏宫过来,在宽容和温和(在他看来他们是符合英格兰国教教义的)取得胜利的这天,他成了领袖。

其他枢密院委员给他们当中在场的摄政举办了盛大的仪式,并且打发信使去拜访那些还在乡下官邸的摄政,让他们来伦敦统治这片土地。

同时,新国王的宣告已经准备妥当,不单单是摄政和枢密院委员,还有许多贵族、主教、下议院议员和像总测量师克里斯托弗·雷恩在内的官员们都急切地签署宣告。宣告末尾一共附有127个签名。其中大概半数是托利党,不仅包括支持汉诺威的托利党,还有博林布罗克、温德姆和奥蒙德。这份宣告成了国家法案。①

这些正式手续花了整个上午的时间完成。在下午一点到两点之间,耐心等在圣詹姆士宫前面的众人终于得以补偿。他们首先看到摄政们露面,然后是枢密院委员,最后是伦敦市长和那些签署了宣告的贵族和绅士。鼓声震天,号角齐鸣;所有在场的人,无论身份贵贱,都探出了他们的脑袋;于是使者念出了宣告内容:

我们,英国领土上的灵职和世俗贵族,现在已逝女王陛下枢密院的帮助下,和其他各地区绅士、伦敦市长、市议员和伦敦市民一道,在此用同一个声音、心口一致地公开宣明:尊贵、强大的乔治王子、布伦瑞克-吕讷选帝侯,在给我们带来快乐回忆的君主过世

---

① 见 P.R.O. (P.C.) 2, 85, f.2 中的清单。关于摄政和那天宣告的进程,我依照的是国家档案馆(2, 85)中的枢密院登记以及 Michael, pp. 366-367 关于汉诺威的报道。

之际，成为我们唯一法定、正当的君主，承蒙天恩，成为大不列颠、法国和爱尔兰国王。

当他以"天佑国王"结尾的时候，人们欢呼雀跃，一直传到了圣詹姆士宫街，响彻林荫街（the Mall）和河岸街（the Strand）。铜鼓和小号又一次被奏响，在远处伦敦塔的大炮轰鸣，告诉伦敦城和泰晤士河岸边的人们乔治成为国王了。[①]

那天晚上到处都是欢呼的人群，伦敦所有街道上被灯饰和篝火照得明亮。贵族建造官邸的宽阔广场上有足够的地方，每个富豪都叫佣人在家门口点燃了篝火。其中最大的一个是博林布罗克在黄金广场的官邸前的篝火。这让支持汉诺威以及支持哈利的托利党人都感到十分有趣。据观察，他们的敌人几天前在牛津被撤职之后是何等"猖狂"，"开始改旗易帜得如此迅速"。牛津对他对手的落马表现得得意扬扬。又一次创作了糟糕透顶、满篇语病的诗句。他在8月18日写给朋友达特茅斯的信中说：

那些之前出过力，
为把詹姆士先生带回来，
现在希望用他们的篝火救赎。
医生们同意他们从没棋高一着。
证人乔纳森。

[①] 宣告的时间记录在 *H.M.C. Portland*, V, p. 482 中。上、下两院在当天下午会面，但下议院议长托马斯·汉默爵士在威尔士，两院都休会到8月5日，此时他们才继续通过宣誓效忠的演讲，并考虑公职名单。*Parl.* VII, pp. 3–6.

这位前库务大臣在"乔纳森·斯威夫特"的帮助下，已经说服自己，他从来没有支持过"詹姆士先生"。可能他在内心里从来没有支持过，但是在这个问题上，戈尔捷神父和他在洛兰年轻的通信者才是被欺骗的一方。①

博林布罗克在接下来的一段时间里还精神抖擞。在女王去世之后两天，他写信给斯威夫特：

牛津伯爵在星期二被撤职；女王星期天去世。这是一个怎样的世界？命运是怎样我们……女王的去世，让我除了精神，一无所有；我要告诉你，我的精神日益高涨。辉格党都是詹姆士党；一月之内，必有人高喊反对。

这个"水星的男人"如此写道。斯威夫特的回信对时局有更清晰的认识：

你过去四年的筹谋在一夕之间分崩离析；而且，不管是摄政的选择还是他们的议程中，我都完全没发现他们意图应付你。[380]

确实，他们对和博林布罗克保持关系完全无意。摄政没把他当作一个需要抚慰的当权者，而是当作一个需要审查的犯人。在月底之前，他们草草地在国王到达英格兰之前解除了他国务大臣的职责。当乔治最终到来的时候，他不只是对博林布罗克，还对牛津都表现

---

① *H.M.C. Dartmouth*, p. 321；*H.M.C. Portland*, VII, p. 198；*Wentwoth Papers*, pp. 408–409. 有可能"安妮女王已过世"的表达是出于她去世所引起的轰动以及与之相关的事件。

出了最冷淡的态度。上届内阁的随从们马上陷入危机。马沙姆夫人又成了一个内敛的人。而诽谤者曼利夫人8月30日写了一封信向牛津请求：

> 我现在什么都没有，只有饥饿。马尔伯勒大人和他的同谋有理由对我气急败坏。残骸里什么也没有获救。[381]

同时，马尔伯勒夫妇从流放中归来。在他们得知女王性命危在旦夕之前，就决定要回来。[382]但是，他们选择的时机正好。在女王去世的那天晚上，他们到了多佛并接到了消息。登陆的时候，他们充分感到了民众的热情。8月4日，他们肩并肩坐在玻璃做的马车里，凯旋而过伦敦桥，穿越伦敦城来到马尔伯勒的官邸，"伴随着人们的喝彩。就好像他在赫希施泰勒又打赢了一场仗一样"。在他们前面是临时由"两百名骑兵列成三排"组成的护卫队，后面还有伦敦民兵队。他们穿过喝彩的人群，虽然喝彩声中也有嘘声。

乔治因为没把马尔伯勒列为摄政而冒犯了他。但是，他作为英格兰国王在汉诺威签订的第一份文件就是再次任命马尔伯勒为总指挥。就连最近怀疑马尔伯勒忠诚的博思马尔都在那天写道："如果老僭王有任何动作，马尔伯勒都能尽职效力。"他又一次成为英格兰伟大的防御武器，但他在国务智囊团内的政治影响再也不复当年。因为他既不是托利党，也不是辉格党，但现在辉格党如日中天。他却已经壮士暮年，权力不及当年，更愿意待在布伦海姆宫中安享天伦之乐。这是他过去从战场写给萨拉的信中惋惜感慨的。[383]

国王没有任何理由赶来英格兰。这里没有人威胁他的王位。在英格兰、爱尔兰和苏格兰，就连一只反对他的老鼠都没有。安妮去世的时候,博林布罗克、奥蒙德和其他詹姆士党人告诉伊尔贝维尔,必须不惜一切代价避免内战,现在他们对乔治国王效忠,法国国王必须接受事实。①路易十四无意发起另外一场战争,承认了新教徒继承的事实,并打消了老僭王来巴黎,搅混法国和英格兰的企图。能力最强的贝里克在得知消息两周前正在围剿巴塞罗那。没人代表詹姆士做出任何企图。安妮女王没有留下遗书;人们只发现了一包神秘的文件。她手书指令,必须在没拆封的情况下烧毁。摄政们当着博思马尔的面依命令照做。有人推测这包文件是他兄弟写给她的诉求信,她没有按他希望的回信;但是除了流言蜚语,没有任何证据证明这个包裹里面装了什么。[384]

因此,在把他在德意志的事务安排妥当,并且缓慢、悲伤地和他深爱的汉诺威道别,并保证常回来看看之后,这位年长的德意志绅士悠闲地出发去他新继承的领地。直到9月18日他才在格林威治登陆。在那里他庄重地接受皇室贵族和人们接待。他的登陆并没有查理二世登陆多佛,或者是拿破仑从埃尔巴(Elba)归来那样具有戏剧性,但在欧洲王朝更迭中,他这一支是唯一从登上王位之后就未曾下台的一脉。我们的国家仍然依据《王位继承法案》,由乔治国王统治。

鉴于安妮女王生命中最后四年发生的事情,辉格党霸权持续了40年。这是托利党内部分歧,并在王位问题上一直态度暧昧导致的。最初的两位乔治国王没有选择,只能任用辉格党公仆,并且接受他们的条件。他们不能像威廉和安妮那样,在两党鹬蚌相争之中渔翁得利。因此,君主独立的政治权力被进一步削弱。当博林布罗克和

---

① 见附录E。

奥蒙德因为对他们的弹劾而警觉、愤怒的时候，他们逃到法国，在1715年加入了老僭王。此时温德姆密谋在英格兰西部起义失败，而苏格兰实际上受到战争摧残——两个势均力敌的对手在此发动内战。这让乔治和继任他王位的儿子更加不可能青睐托利党。同样，他的子民期盼和平，想要结束过去一百年里漫长的内战和宗教迫害。如果辉格党能给人们带来安全保障，他们会被允许其统治英国。大多数支持汉诺威的托利党人或是他们的后代都成为某种程度上的辉格党。托利党在议会里仍然由温德姆领导，逐渐萎缩成一个小群体。而博林布罗克虽然在当了6个月老僭王的大臣之后迅速、彻底地和詹姆士党断绝关系，他再也没被允许进入上议院。他唯一能做的是作为一个小册子作家，说到他的老对手牛津的"温和"教义——他提出的"一位爱国的国王"的新哲学是凌驾于所有党派分歧之上的。

当博林布罗克逃去法国的时候，牛津留下来直面他的审判——沉着勇敢是他冷静的天性中好的一面。幸运的是，在起诉他的时候法国人的档案没有公布；在这个时期总是作为党争调和者的上议院宣判他无罪，就像16年前他们宣判萨默斯无罪一样。这样做对英格兰有利，因为弹劾一个落马的政治家是不合适的。在文明社会，人们不应该在为国效力的时候脖子上还绑着缰绳。

在前两位乔治在位期间，政治史上最杰出的事实是作为议会中一股重要力量的托利党的停置。两党制并没有消亡，只是暂时沉睡。在议会中一直都有坚定的托利党，但是在数量上他们不足以在时机来临时接管政府，或是作为反对党单独行动。他们通常和刚好反对当时辉格党政府的辉格党成员合作。由于缺乏让所有辉格党贵族害怕的反对党，他们变得对民意越发漠不关心。同时，他们日益依赖日趋完善的腐败选举机制，而不是向全体选民陈诉原则要点。没有强大的托利党，就没有合乎体统的辉格党。权力斗争不再是政治上的，而成了私人恩怨。这成了各个"大家族"对手为了宣传英格兰国教和国家的好处而进行权力争夺的混战。①

从1715年到1760年，议会的问题不是"辉格党"是否应该被逐出去，而是哪一个辉格党应该被赶走，又要哪一个辉格党取而代之。辉格党过去秉持的原则，比如对非国教者宽容以及对君主权力的限制，已经不是最具有争议的议题了。最主要的原因是这些目标已经实现，成了这片土地的政治结构中不可或缺的一部分，次要原因是他们在"伟人们"个人恩怨之间被遗忘。在这个政权最后的几年里，老皮特为日渐衰退的辉格党寡头政治首领向全国发起呼吁，并且在七年战争的危急时刻再一次呼吁英国人守卫他们的宗教、自由和商业不受波旁王朝侵犯，让曾经受民众欢迎的辉格党民族主义精神得以恢复。不管是作为首相的沃波尔还是他的后继者纽卡斯尔都未曾做此呼吁。

詹姆士党的威胁是辉格党真正的力量。不管是国王还是选民都不

---

① 18世纪主顾普遍拥有的贵族特点在以下这篇墓志铭中被幽默地描述出来，记载在尼克尔斯的《文学轶事》第3卷，第52页中。
这里躺着的，
是伊丽莎白·贝特的躯体，
理查德·贝特牧师的遗孀，
她是虔诚的信女，
美德的典范。
……
她祖上皆是体面之人，
凭借与卓越的斯坦诺普家族联姻，
她有幸为丈夫和孩子
在教堂和政府谋得一打职位。
她死于1715年6月9日，享年75岁。

会剔除辉格党，把詹姆士迎回来。就连博林布罗克都从他在老僭王宫廷中的短暂经历中明白，要是立詹姆士为王，意味着让罗马天主教重新控制皇室政策。要是复辟这样一个政权，只会导致另一场革命。王朝更迭问题在1714年已经毁了托利党，但此后仍然在分裂他们，让他们分心，并且让他们怀疑那些本可以成为战友的有权阶层。

汉诺威宪制提供了安全和自由，因为在沃波尔的领导下辉格党成了（他们以前并不总是这样）"温和派"。他们"温和"实际上是因为他们是这个岛上的少数派；他们通常都是更弱的党，只是因为王朝更迭的巧合以及托利党在关键问题上出现分歧而掌权。

在工业革命之前，英格兰仍然主要是一个农业国家。因此，像在1710年乡绅和偏远地区的牧师那样团结起来，比1715年围绕在辉格党和汉诺威王室身边的非国教者、商人和专业人士更强大。如果辉格党聪明的话，就永远不会触碰他们的利益，或让充满成见的牧师和乡绅感到惊恐。如果他们不打扰托利党阶层的话，是可以垄断权力的。随着年龄增长，沃波尔完全掌握了这个原则作为首相，他多年以来一直奉行这一原则，彻底取得了胜利。他的格言是"让睡着的狗躺着"（*quieta non movere*）。

在宗教事务上，他们小心避免又一次出现"英国国教陷入危机之中"的呼声。在才能卓越的管理人吉布森（Gibson）主教（他本人是个忠实的汉诺威支持者，但不是低教派人士）的帮助下，辉格党大臣们让汉诺威王室和英格兰国教之间相互谅解。这是18世纪英格兰和平与稳定的真正基础。

在宗教事务上追求"温和"政策的过程中，《偶奉国教法案》和《分裂法案》在乔治一世在位时期被废除，但没有对非国教者做出更多的让步。圣礼测试和刑法未做变动。那些拒绝通过依照英格兰国教礼仪举行的圣礼测试来取得资格的非国教者仍然被排除在地方和国家政府部门之外。

多亏辉格党的温和政策既没为他们的非国教委托人做太多事情，也没惹恼牧师，他们没有重蹈民众高呼"英国国教陷入危险之中"的覆辙——这在萨谢弗雷尔审判案的时候给辉格党带来沉重打击。宗教宽容之风见涨，这是18世纪受过良好教育的阶层的特点。这帮助辉格党管理国家时温和地平复高教堂人士激动的情绪。

因此，在前两位乔治在位时，辉格党企图和英国国教达成协议并取得了成功，让威廉和安妮在位时最狂热的时期不可能的事情成为现实。辉格党的"温和"政策不仅仅局限于宗教领域。托利党乡绅也没有被激怒。他们当中很多人列席成为治安法官。菲尔丁（Fielding）的《弃儿汤姆·琼斯的历史》中的韦斯顿（Western）乡绅是个治安官。他被辉格党贵族和"支持汉诺威的鼠辈"（他说："我连他们的名字都讨厌。"）列为法官；他没有想过在1745年支持老僭王。同样，学术自由获得政府的严格尊重，他们从没像极端托利党那样干涉牛津。

在好几代人经历了混乱、迫害和仇恨之后，英格兰取得最终胜利，取得了一段时间的国内和平和个人自由。这不是坚定的理想主义的时代；也不是立法改革的时代。但是不管是理想主义还是改革都不是人民和国家的全部生命。英格兰在国内外各方面表现出的活力和主动让18世纪的欧洲歆羡。在汉诺威时代英格兰的伟大是由一个自由社区里人们自由行动创造。他们鲜有教会或者国家的帮助，但是也没有受到后者阻碍。在沃波尔的领导下，英格兰人学会了不干预邻居的艺术，哪怕是他和你的政见不同。对于这个时期的人来说，这还是堂非常奇怪的课。一些欧洲国家到今天都还没有学会，或者在学会之后又马上遗忘了。英格兰政治和宗教争议的方式和习惯在1715—1760年得以缓和，给生活和政治留下了永久的印记。

有人推测，在汉诺威国王在位时期，有大概70个"辉格党大家族"组建了政府或者带领反对派。每个大家族中通常都有个舒适地待在上议院里、有名无实的领袖，而他的继承人和幼子们代表各自家族的选区。他们在下议院的圣斯蒂芬教堂内的派别斗争中出名。

这个体系，被迪斯雷利（Disraeli）叫作"梵蒂冈寡头政治"（the Venetian Oligarchy）。从某种程度上来说，这确实是一种寡头政治；但是这和梵蒂冈模式截然相反。但是"辉格党寡头政治"是受法治约束的，而且英格兰法律没有给执政者任何权力打压攻击政府的言论和文字。除非法院发现批评政府的人犯了煽动言论罪，否则内阁不会做任何事情让他闭嘴。是法院，而不是政府决定什么是诽谤、亵渎和煽动罪。同时，法官独立于执政者，而陪审团通常对政府充满敌意。

认为法律是凌驾于统治者意志之上的这一高度文明的观念在18世纪英格兰很牢固。英格兰法律在和斯图亚特国王们的斗争中获胜；法治的观点——就像柯克和塞尔登（Selden）提出的那样——在内萨比（Naseby）的战场上取得胜利；但在争吵中被挥霍，还被清教胜利者暴力凌辱；但这一观念在1660年得以恢复，但在查理二世晚期陷入危险，又被詹姆士二世毁掉，直到光荣革命才取得最终胜利。从那以后，国王被确定受到法律约束。凌驾于法律的特权被处死。在1714年之后，辉格党寡头政治充分利用了1688年光荣革命规定的君王权力。但是，这些既定权力非常有限。法官既不会被辉格党贵族打动，也不会被国王说服。

现代评论认为这个政权和其背后的思想并不像"梵蒂冈寡头政

治"那样干涉过多,而是干涉太少。这才让法律变得过时,而社会在工业改变中重生。被夸大的保守主义,而非暴君,才是沃波尔们,以及在他之后的佩勒姆们(Pelham)的弱点。"让睡着的狗躺着"既不是改革者的口号,也不是暴君的口号。

承接了安妮在位时期开始的伟业,18世纪早期英格兰的具体工作是建立法治,而这个法律是自由的法律。随后的年代里,改革都是建立在这个坚实的基础之上的。

如果英格兰在光荣革命到乔治二世去世之间没有建立法治和自由法律,19世纪的英格兰会通过暴力手段进行改变,而不是通过议会对法律进行修正。自由的建立不是任何一个国家党派全面胜利的结果,而是政党和宗教派别之间制衡的结果。他们不得不包容彼此,直到宽容成为国家观念中的一个习惯为止。就连作为安妮统治的结果和后续——辉格党的长期霸权,也是在满足以下条件后实现的:辉格党小心维护对于托利党来说尤为珍贵的教会和国家机构,并且长期尊重政治对手(他们同是英格兰子民和手足)的潜在力量。

注 释

第1章

[1] *Wentworth papers*, pp.87-88; G.N. Clark, *Neutral Commerce in the War of the Spanish Succession in the British Year Book of International Law*, 1928, pp. 77-78; *Burchett*, pp. 726-727.

[2] *Villars*, *Mémoires*, sub 1709; *Pelet*, IX, pp. 6-28; Lavisse, *Hist. de France*, VIII, pp. 116-118; *Blenheim*, p. 321.

[3] *Lavisse*, VIII, pp. 115-116; *Torcy*, I, pp. 382-407.

[4] *Add. MSS. 17677 DDD.*, ff. 2-3.

[5] *H.M.C. Chequers* (1900), pp. 198-199; *Dispatches*, IV, pp. 520, 572; *Tatler*, No. 59 (original editions); *Millner*, pp. 262-274; *Lediard*, *Marl.*, II, pp. 455-483; *Villars*, *Mémoires*, sub 1709; *Pelet*, IX, pp. 35-38; *Goslinga*, pp. 103-104, 宣称马尔伯勒想要围剿伊普尔（Ypres）而不是图尔奈，但是被否决了。

[6] Cf. *Parker*, p.138, 给奥克尼（Orkney）见 *E.H.R.*, Apr. 1904, p. 318; Kane, *Campaigns*, 1745, p.84.

[7] *Villars*, *Mémoires*, sub 1709; *Pelet*, IX, pp. 86-87, 93, 343.

[8] *E.H.R.*, Apr. 1904, p. 319.

[9] R. Cannoe's *Historical Records, First or Royal Regiment of Foot*, pp. 117-118, 269; ditto, *The Buffs*, pp. 160-161.

[10] *E.H.R.*, Apr. 1904, p. 319; 敌人在防守"凹角堡"时没做任何顽

强抵抗见于 *Blackader*，p.351，有关法军一方的参见 *De la Colonie*，p.341。

〔11〕*Lediard*，*Marl.*，II，pp. 497，513-516，520；*Tindal*，IV，pp. 136-137。

〔12〕*Parker*，pp. 138-139。

〔13〕关于马尔普拉凯的德军一方，见 *Feldzüge*，Series 2，Band II；法军一方见 *Pelet*，IX 以及 *Villars*，*Mémoires* 和 *De la Colonie*，pp. 335-346，和 *Feuquières*，*Mémoires*（1741），IV，pp. 27-48；和 H. Sautai，*Bataille de Malplaquet*（French official account，1904）。

Coxe，Chaps. LXXXI-LXXXII；*Dispatches*，IV，pp. 591-597；*Parker*，pp. 136-139；*E.H.R.*，Apr. 1904，pp. 316-321（Orkney，唯一权威）；*Remembrance*，pp. 485-499；*Blackader*，pp. 348-351；*Priv. Corr*，II，pp. 382-389；*Millner*，pp. 489-545；*More Culoden Pappers*，II，p. 15；*H.M.C.*，R. 5，p. 118；*H.M.C.*，*Hare*，p. 229. Dalton，*English Army Lists.*，VI，pp. 297-397，the "Malplaquet roll"。

Goslinga，pp. 108-110 未涉及战役本身。公爵特别叫人制作的布伦海姆宫中悬挂的华美挂毯展现了战壕的特点；精锐部队头戴有檐平顶筒状军帽，在前线准备进攻，还有其他一些细节。二手文献见 Taylor，Atkinson，Forrtescue，Bellock 以及 *Malplaquet*，和 *War of Marlborough*. 最好的现代专业描述见 Major A.H.Burne，*Journal of the Royal Artillery*，Apr. 1933。

〔14〕*E.H.R.*，Apr. 1904，pp. 320-321。

〔15〕欧根向神圣罗马帝国皇帝报告的是16000名，见 *Feldzüge*，Series 2，Band II，Supplement，p. 259；*Lediard*，*Marl.*，II，p. 501 中的官方记录是18000名。

〔16〕*Priv. Corr.*，II，p. 383；*Dispatches*，IV，p. 597。

〔17〕*Lediard*，*Marl.*，II，p. 501；*Millner*，p. 280。

〔18〕*Priv. Corr.*，II，p. 387-391；*H.M.C. Downshire*（1924），p. 881；Hervey，L.B.，I，pp. 259-260。

〔19〕*H.M.C. Portland*，IV，pp. 526-527；*Hearne's Collections*，II，p. 265；Durfey' *Pills*，I，pp. 58-60；*Add. MSS. 17677 DDD.*，ff. 271，273，

L'Hermitage关于辉格党和托利党的态度。

[20] *Priv. Corr.*, II, pp. 391–392.

[21] *B.M. Stowe MSS.* 475, ff. 128–133, Richards' last letters and papers; *Tindal*, IV, p. 141和反面的地图；对于理查兹行为不是那么赞同的观点见*Boyer's Anne*（1735），p. 393，在钱伯伦的《安妮》和其他地方都有；*Parnell*，Chap. XXIX. *Parnell*, p. 262说理查兹在1709年2月25日给他的兄弟迈克尔·理查兹上校写道："晚安，米基。上帝保佑我们的会面愉快。"但是，实际上，"晚安"一词指的是给他的葡萄牙军队的军饷，以及他对葡萄牙侍臣贪婪的担忧："我希望你已经确保拿到了这笔钱。我猜想是我的D.厄曼·德·巴里奥斯少校以我们团的名义带到里斯本的。如果这笔钱一旦落入了葡萄牙侍臣的手中，我们就完蛋了。上帝保佑我们的会面愉快"（*B.M. Stowe MSS.* 475, f. 131）。

第2章

[22] *Add. MSS.* 9107, f. 91.

[23] 见*P.R.O.*（S.P.）87, 4, ff. 190–207, especially 202–205中的重要State Paper（荷兰人对于托利党1712年的控诉做出的回应）。

[24] See *Ramilles and the Union*, pp. 380–381; *Geikie*, pp. 147–152, 160–162, 180–182; *Feldzüge*, *Series 2*, *Band* III, *Supplement*, p. 32, 1710年3月26日欧根给查理的信。

[25] Nooden, *Europa. Gesch.*, III, pp. 602–604; *Geikie*, pp.175–184; *Dispatches*, IV, pp. 667, 673–674; *Klopp*, XIII, p. 351.

[26] *Burnet*, V, p. 398; *H.M.C. Dartmouth*（1887），p. 300; Charles King's *British Merchant*（ed. 1721），III, pp. 19–20和各处；*Luttrell*, VI, p. 668.

[27] 1701—1714年小麦价格见《布伦海姆》，第437页；以及*Verney*, I, p. 278, Jan. 7, 1710.

[28] *Add. MSS.* 17677 DDD., f. 38（L'Hermitage）.

[29] *H.M.C. Bath*, I（1904），p. 197; *H.M.C. Downshire*（1924），p.

866；Turberville's *Shrewsbury*（Cambridge，1930），pp. 167-169.

［30］*Somers MSS.*，波特兰1709（可能是1710）年3月11（22）日信件副本。

［31］*Add. MSS.* 17677 DDD.，f. 254（L'H.）；*H. of L. MSS.*（1708-1710），pp. 285-286；*Parl. Hist.*，VI，pp. 780-783；*Wentworth Papers*，p. 96；*Burnet*，V. pp. 399，425，VI，pp. 33-35；*H.M.C. Verney*，R. 7，p. 507；*Leadam*，pp. 141-143；*Add. MSS.* 28946，ff. 35-37，有关普法尔茨选帝侯对他的新教徒子民的行为书；*C.S.P.*，*Tr.*（1708-1714），pp. xv-xvi，257，267，331，475；Burton's *Anne*，III，pp. 116，180-182；*P.R.O.*（S.P.）34，II，f. 44；14，f. 32. *The Palatine's Catechism*（1709）是对这个问题相当公允的讨论。关于在爱尔兰的普法尔茨人，见Lecky's *Ireland*，I，pp. 351-352；*Murray*，pp. 359-362；*Add. MSS.* 35933，ff. 12-20；*Irish Commons Journal*，III，pp. 857-861；*Somers MSS.* 包括一沓关于普法尔茨人的官方和半官方信件，可证明其他史料中的证据。

［32］*H.M.C. Bath*，I（1904），pp. 195-196.

［33］*Tatler*，No. 63；*Swift*，*Letters*，I，pp. 167 note and 190；*Journal to Stella*，July 3，1711 and Jan. 28，1713；*H.M.C Portland*，IV，p. 541. 我认为，曼利夫人1712年5月10日给哈利的信暗示了她不是受哈利利用写《新亚特兰蒂斯》的。

［34］*Add. MSS.* 9118，ff. 246-248，270，梅因沃林（Mainwaring）先生给萨拉的信，以及附录B中萨拉关于萨默斯1710年6月6(17)日来信的笔记。*Althorp MSS.* Sarah to Mr. Mallet，Sept. 24，1744；*Priv. Corr.*，II，pp. 148-161；*H.M.C. Portland*，IV，p. 452；*H.M.C. Bath*，I（1904），p. 198.

［35］*H.M.C. Portland*，II，p. 213.

［36］*Coxe*，Chap. III，ed. 1819，pp. 135-136（end of Chap. LXXXV）.

［37］梅因沃林给马尔伯勒公爵夫人的信件，*Add. MSS.* 9118，f. 246。

［38］*Conduct*，pp. 224-226；*Coxe*，III，ed. 1819，p. 130（Chap. LXXXV）；*H.M.C. Marlborough Papers*，R. 8，p. 43；*H.M.C. Coke*，p. 83；凯瑟琳·坎贝尔夫人的 *Sarah Duchless of Marlborough*，pp. 202-204；关于阿

比盖尔的章节，见 *Burnet*，VI，pp. 32-33 脚注中她的同伴——托利党人达特茅斯的笔记。

[39] 科宁斯比（Coningsby）大人讲的故事（*Archaeologia*，XXXVIII，pp.9-12)，让萨默斯和戈多尔芬在这个问题上主动地对马尔伯勒背信弃义是缺乏证据的。萨拉从来没有怀疑戈多尔芬背叛了她的丈夫。但是，哈利的证据，说明萨默斯在1710年8月的时候试图排挤戈多尔芬。有可能他这个想法早在1月就有了。见 *H.M.C. Portland*，II，p. 213。

[40] *Coxe*，Chap. LXXXVI；*Atkinson*，pp. 414-415 and note；*Wentworth Papers*，pp. 102-104；*Feiling*，p. 416.

第3章

[41] 见附录A以及 *Lansdowne MSS.* 829，ff. 123-125，*Representation by the Lord's Commissioner of the Treasury of the state of the revenue for 1710*；*Stats. of Realm*（ed. 1822），IX，pp. 148-243；*R.H.S.*，1910（Leadam on Godolphin's finance），pp. 22-26；*Dowell*，II，pp. 75-76；*H.M.C. Portland*，V，p. 650；*Plunder and Bribery，a memorial to the British Parliament*（1712)，pp. 35-43，关于水手的抱怨；*C.S.P.*，*Tr. 1708-1714*，pp. xv，298，300，323，352，360-361。

[42] *Add. MSS.* 17677 DDD.，ff. 374，389（L'Hermitage）；*H.M.C. Coke*，p. 84；Ashton，*Social Life in Reign of Anne*，I，pp. 114-116；*H.M.C. Rutland*，p. 189；*R.H.S.*（1910)，pp. 25-26；Swift，*Journal to Stella*，Sept. 15，1710；Verney，I，p. 291；*Wentworth Papers*，pp. 126-129；*H.M.C. Portland*，IV，p. 658，哈利法克斯关于彩票的。

[43] *Hearne's Collections*，II，p. 320，III，p. 65；*Blenheim*，pp. 51，277. 见附录C，笛福写给斯坦诺普的，关于萨谢弗雷尔的信。

[44] C.E. Mallet，*History of the University of Oxford*，III，p. 36.

[45] Swift，*Memoirs relating to the Change in Queen's Ministry in 1710*；*Althorp MSS.* the Duchess's letter to Mr. Mallet，Sept. 24，1744；Dartmouth's note to *Burnet*. V. p. 429.

[46] *Wentworth Papers*, pp. 99-100; *H.M.C. Townshend*, p. 334; *Ailesbury*, *Mems.*, II, p. 620.

[47] *Wentworth Papers*, pp. 110-113; *Add. MSS.* 17677 DDD., ff. 401, 418-419, 421-422; *H.M.C. Portland*, IV, p. 535; *H.M.C. Kenyon*, p. 444; *H.M.C. Sackville*, I (1904), p. 35; *Burnet*, V, pp. 431-432 [543]; *Leadam*, p. 166; Colley Cibber's *Apology*, 1740, p. 347.

[48] 支持和反对萨谢弗雷尔的演讲报告参见 *State Trials*, XV. *Parl. Hist.*, VI, and Boyer's *Queen Anne.* 我在文中特别引用的段落参见 *State Trials*, XV, pp. 41-43, 79-83, 109-116, 126, 196-201, 225, 364-368. 为萨谢弗雷尔更加彻底的辩护参见 Smalridge 的 *Thoughts of a country gentleman upon reading Dr. Sacheverell's trial* (1710). 对哈考特演讲更加温和的托利党评论见 *H.M.C. Portland*, IV, pp. 533-535。

[49] Boyer's *Queen Anne* (1735), p. 433.

[50] *State Trials*, XV, p. 97.

[51] *A Hundred Years of Quarter Session; the government of Middlesex 1660 to 1710*, E.G. Dowdell (1932), pp. 19-24.

[52] *State Trial*, XV, pp. 521-702; Ned Ward's *Vulgus Britannicus* [sic] *or the British Hudibras*, 1710, 非常有趣; *H.M.C. Portland*, IV, pp. 533-534; *P.R.O.* (S.P.), 34, 12, ff. 5, 14, 15; Boyer's *Queen Anne* (1735), pp. 416-417; Andreades, *History of the Bank of England*, p. 126; *Add. MSS.* 17677 DDD., ff. 418-419, 421-422; *Calamy*, II, p. 228。

[53] *H.M.C. Portland*, IV, pp. 537-538; Boyer's *Queen Anne* (1735), pp. 434-444; *Coxe*, Chap. LXXXVII (III, pp. 162-164, ed. 1819).

[54] *Add. MSS.* 17677 DDD., p. 468; J.E.B. Mayor, *Cambridge under Queen Anne*, p. 384; *H.M.C. Portland*, IV, pp. 539, 550; *Leadam*, p. 169; *P.R.O.* (S.P.) 34, 12, ff. I, 43; *Ailesbury, Memoirs*, II, p. 621; Bisset's *Modern Fanatick* (Dec. 1710), pp. 4-8.

[55] *H.M.C. Coke*, pp. 84-101; *H.M.C. Ailesbury* (R.15, App. 7, 1898), pp. 201-202; *Ailesbury* (Rox.), p. 621; *H.M.C. Portland*, IV,

p. 537. 关于萨谢弗雷尔争议的愤怒情绪参见 William Bisset 牧师的 *Modern Fanatick* [= Sacheverell] 以及 *Letter in answer to the Modern Fanatick*; *The Priest truned Poet*（萨谢弗雷尔布道押韵模仿诗文）。*The Dialogue of a Sacheverelite Parson and a Hoadlean Gentleman, or Both Sides Pleased* 比两边写的小册子都写得更加好。

第 4 章

[56] *H.M.C. Portland*, II, p. 219; *Feiling*, pp. 418-420; *Wentworth Papers*, p. 133; *Burnet*, VI, pp. 11-12; Onslow's note; *Faults on Both Sides*（1710）表达了"温和的"观点。

[57] *Priv. Corr.*, I, pp. 295-298, 萨拉对于采访的第一次记录。我认为她一定参照了她在 *Conduct* 中的描述, pp. 236, 245; Mrs. Campbell's *Sarah Duchess of Marlborough*, pp. 207-210. 我注意到萨拉关于女王 1710 年 4 月来信的摘要。它在 *Conduct* 一书中第 237 和 238 页用斜体字打印。这是对实际信件的真实展现，可参见 *Althorp MSS*。

[58] *Conduct*, pp. 248-253; *Priv. Corr.*, I, pp. 305-306, II, pp. 421-423; Turberville's *Shrewsbury*, pp. 171-175; *Coxe*, Chaps. LXXXIX-XC; *Burnet*, VI, p. 7, Hardwicke's note.

[59] *Burnet*, VI, p. 8, Dartmouth's note; *Coxe*, Chap. XCI; Coxe's *Walpole*, II, pp. 24-30; *Conduct*, pp. 257-259; Onslow's note in *Burnet*, VI, pp. 11-12 很有趣，但是缺乏证据；我们有辉格党领导人之间的信件。但它们不能表明，如果哈利真的像 Onslow 说的那样做出承诺，辉格党领导人会拒绝中途会见他。

[60] Coxe's *Walpole*, II, p. 31, Marlborough's letter of July 5, 1710.

[61] *H.M.C. Portland*, II, p. 213.

[62] *H.M.C. Portland*, II, pp. 550, 562, 584-585, 597, 616, 629-631.

[63] *H.M.C. Portland*, II, p. 213; *Cowper*, p. 43.

[64] *Althorp MMC.*, the Duchess to Mr. Mallet, Sept, 24, 1744.

[65] *H.M.C. Portland*，IV，pp. 618-624，635-636；Atkinson's *Marlborough*，pp. 431-434；温和的托利党小册子 *Reasons why the Duke of Marlborough cannot lay down his command*，Aug.，1710；*Add. MSS*. 910，f. 92可见施鲁斯伯里在1710年8月底一直声明和马尔伯勒的友谊："他确实承认有很多事情会让马尔伯勒公爵心神不安，但是希望他别无他念，仍然坚持下去"，即在战场上指挥。

[66] 见*Blenheim*，pp. 206-207；*Ramillies and the Union*，pp. 163-164；*P.R.O.T.*，38，737，and 48，15页定期有财政部文员的名字。在内阁变动之际财政部人员未变化是很非同寻常的。

[67] 见附录A；*Lnadowne MSS.*（B.M.）829，ff. 123-135；*H.M.C. Portland*，IV，pp. 545，637；*R.H.S.*（1910），pp. 26-31；Leadam有关于哈利的财政。

[68] *H.M.C. Portland*，IV，pp.551，579，590，592，599，608，611，632；*H.M.C. Dartmouth*，p. 300；*Dartmouth MSS*. letter of Duke of Beaufort to Dartmouth，Sept. 21，1710："我发现，没有女王批准的代理总督名单，会对我们选举产生不良后果。"

[69] *H.M.C. Bath*，III（1908），p. 437；*H.M.C. Portland*．II，p. 219. IV，pp. 551-552，561，578；*Add. MSS.* 17677 DDD.，f. 595.

[70] Nichols（John），*Literary Anecdote*，I，pp. 396-397，VIII，p. 369；*Notes and Queries*（3rd ser.），III，p. 409.

[71] *Wentworth Papers*，p. 151；*H.M.C. Portland*，IV，p. 607；*H.M.C. Bath*，III，p. 440；*H.M.C. Downshire*，p. 903.

[72] *H.M.C. Portland*，IV，pp. 612-613；*H.M.C. Clements*（1913），pp. xvii，258-259.

[73] 这两位被纽卡斯尔安置在巴勒布里奇的议员，其中斯塔皮尔顿（Stapylton）是托利党人（*B.M. Stowe MSS*. 223，f. 454），而另一位，不管他被叫作什么，Peyton实际上是托利党人（*B.M. Lansdowne MSS*. 1236，f. 255）。关于奥尔德伯勒，见*Portland*，IV，p. 612，在那里纽卡斯尔安置了两名托利党人蒙克顿（Monkton）和杰索普（Jessop）。

〔74〕 *Wentworth Papers*, p. 149; *H.M.C. Portland*, IV, p. 592; *H.M.C. Aylesbury*（1898）, pp. 201-202; *Add. MSS.* 17677 DDD., ff. 595, 641; *Cowper*, p. 50.

〔75〕 *Bodleian MSS. Ballard* 15, f. 96.

〔76〕 *H.M.C. Coke*, pp. 88-100.

〔77〕 *H.M.C. Downshire*, p. 903; Basil Williams' *Stanhope*, pp. 125-127; J.E.B. Mayor's *Cambridge under Queen Anne*, p. 396; *Add. MSS.* 17677 DDD., ff. 615, 671; *Granville*, pp. 109, 121, 127.

〔78〕 *B.M. Stowe MSS.* 223, ff. 453-456中有一份非常有趣的辉格党、托利党和一小部分"摇摆不定"的人的名单。这份名单并不完全准确，和议会1705年选举的名单有相悖的地方（*Stowe MSS*, 354, f. 161）。后者中议员被分成了几组，并且包含了 *H.M.C. Portland*, IV, p.291 中哈利分析1705年议会的一段话。如果和托利党的名单（同样也不完全准确）相比，"异想天开"的托利党人和辉格党因为1713年和法国的贸易条约而产生分歧。这份名单附在 *Letter from a Member etc. on the Bill of Commerce*（1713）后面。*Feiling*, p. 422虽然不是错误的，但是用词给人留下的印象是辉格党在康沃尔和白金汉郡的落败比实际上要严重。而且，他在第423页的意见——托利党以3：1的优势占绝大多数席位。实际上应该更接近2：1。

第5章

〔79〕 *Coxe*, III, Chap. LXXXIV（ed. 1819, pp. 122-123）；*R.H.S.*, *British Diplomatic Instruction*, *Sweden*, pp. xiv-xvi, 40-47, and *ditto*, *Denmark*, pp. xi, 31-33.关于英格兰的波罗的海政策见 *Blenheim*, pp. 9-10 以及 *Ramillies and the Union*, pp. 288-293。

〔80〕 *Wentworth Papers*, p. 177.

〔81〕 *Add. MSS.*（*B.M.*）9117, ff. 155-159, 斯坦诺普给沃波尔的急件，出版在 *Somerville*, *Q. Anne*, p. 637上，但是其中一个重要词汇印错了；*Stowe MS.*表明萨默维尔的"在我们身后的一座小山丘"应该是"在我们之间"。还见 *Mahon*, pp. cxxi-cxxxvi, Lenoir's *Journal*; B. Williams' *Stanhope*;

Parnell, Chap. XXXI; Tindal, IV, p. 176; Boyer's Queen Anne (1735), pp. 459-461; Bacallar, II, pp. 336-341. 在Tindal中出版的描述表明, 帕内尔错误地暗示斯坦诺普杀害西班牙将军这件事, 没有任何参加这场战役的人提及。而且, 安妮女王赐给斯坦诺普一个金牌纪念该战役。如果没有此事, 她毫无可能这么做。现在这个金牌在雪文宁。

［82］在萨拉戈萨的消息传到法国宫廷之前, 圣·西蒙确定了旺多姆的委任和启程。

［83］B. Williams 的 Stanhope, pp. 96-97; Somerville, Q. Anne, pp. 638-639; Tindal, IV, p. 178（一份个人的描述）; Boyer's Queen Anne（1735）, pp. 461-462（Harrison上校的描述）; Mahon, pp. 305-312以及 cxv-cxvi附录; Bacallar, II, pp. 345-354（混淆了左右两翼, 但是对于西班牙军队在战争前的气势很重要）; cp. Dalton, Army Lists, VI, P. 385。

［84］Geikie, The Dutch Barrier, p. 318, letter of Aug. 26, 1709.

［85］Ailesbury（Rox.）, II, p. 629.

［86］Bacallar, II, pp. 314-400; B. Williams的Stanhope, pp. 100-105; Mahon, pp. 314-330; Somerville, Q. Anne, pp. 401-402. 关于盟军的掠夺和暴行我们不需要全部相信Bacallar里的故事, 但是它们表达了西班牙一方的观点, 从某种程度来说, 受到M. Richards上校给Craggs的信的肯定, 见附录D。

［87］Journal to Stella, Dec. 25, 1710提到了"两个月前"的一次谈话; Wentworth Papers, p. 152; 关于要在布里韦加前的阿盖尔取代斯坦诺普的意图, 见B. Williams的Stanhope。

［88］关于布里韦加, 见B. Williams的Stanhope。他仔细综合所有史料, 关于此写出的最好描述。还可见Stowe MSS.（B.M.）476, ff. 2-4; Add. MSS. 9117, ff. 172-177, 出版在Mahon, App., pp. cxvii-cxx; Coxe, Chap. XCVI, 关于佩珀将军对斯坦诺普的控诉, 见章节最后的笔记和B. Williams; Tindal, IV, pp. 180-181; Bacallar, II, pp. 405-420; Klopp, XIII, p. 544; cp. Dalton, Army Lists, VI, pp. 386-387, 关于英格兰战俘; Boyer's Queen Anne（1735）, pp. 465-466, 和附录D。

[89] *Aff. étr Ang.* 230. 1710年10月7日（新历）和12月23日（新历）戈尔捷给托西的信。

第6章

[90] *Bol. Letters*, III, p. 78; *Aff. étr Ang. MSS.* 240, f. 79（印在本书第十三章附录），1712年10月29日（新历）戈尔捷给托西的信。

[91] *H.M.C. Portland*, V. p. 218.

[92] *Salomon*, p. 249 note 3, Jan 28, 1714.

[93] *E.H.R.*, July 1915, Jacobite correspondence 1712–14; *Salomon*, pp. 331–343; *H.M.C. Stuart Papers*（1902）; *Add. MSS.*（B.M.）31255, ff. 6–15; *Macpherson*, II, p. 525.

[94] *E.H.R.*, July 1915, pp. 511–517.

[95] *Aff. étr Ang.* 230, ff. 205–323, especially f. 319（见我在*E.H.R.* 1934年1月文章中的节选）。托西和戈尔捷之间7月到10月的一些重要信件等由Mackintosh从巴黎的档案馆转录，现在转录稿在不列颠博物馆 *Add. MSS.* 34493, *Legrelle*, IV, p. 583。

[96] *Macpherson*, II, pp. 187, 202–203; *Stowe MSS.*（B.M.）223, ff. 448–449; *Cowper*, p. 49.

[97] *Macpherson*, II, p. 264, Nov. 7, 1711; 白金汉有时也被叫作白金汉郡，因为他是白金汉郡公爵。*Ward's Sophia*, pp. 399–401; *H.M.C. Portland*, V, p. 126。

[98] *Ward's Sophia*, 各处; *Coxe's Walpole*, II, p. 32; *B.M. Stowe MSS.* 224, 225, Raby's letters to the Electress, *e.g.* 224, ff. 303–305, and other correspondence between Hanover and England; 关于1710—1712年的见 *Macpherson*。

[99] *H.M.C. Portland*, IV, p. 630, V. pp. 42, 78; *Macpherson*, II, pp. 239, 258; Boyer's *Queen Anne*（1735）, pp. 511–513; *Aff. étr Ang. MSS.* 235, ff. 286–287.

[100] *H.M.C. Portland*, IV, p. 536. 这封信提到了战时大臣。这个职位之前由圣约翰担任，而此时是沃波尔担任。曾有一段时间是要给卡多内尔的。

〔101〕*H.M.C. Portland*, V, pp. iii, 231-232, 234-235; Dartmouth's note to *Burnet*, VI, p. 45.

〔102〕*Wentworth Papers*, p. 152; *H.M.C. Portland*, IV, pp. 640, 658, 674-675, 687, V, pp. 115-116, 120, 125.

〔103〕*Journal to Stella*, Feb. 18, Mar. 4, 1711; 还有 *Leadam*, p. 180; 关于十月俱乐部, 尤其是年轻成员要求的弹劾见 *Wentworth Papers*, pp. 161, 180。一份针对哈利和十月俱乐部之间1710—1711年政策上区别的很好的描述见 *Lockhart*, I, pp. 322-324。

〔104〕关于初年圣俸和二十一税, 见 *H.M.C. Portland*, IV, pp. 609-610; *Swift, Letters*, I, pp. 201-203, 212-213; *Add. MSS.* 4804, f. 32, 斯威夫特代表爱尔兰主教来处理初年圣俸问题, Aug. 31, 1710。

〔105〕*Journal to Stella*, Sept. 9 and 30, Nov. 8; *Swift, Letter*, I, p. 194。

〔106〕*H.M.C. Portland*, IV, p. 641。

〔107〕*H.M.C. Portland*, V, p. 94, Sept. 1711。

〔108〕*Parl. Hist.* VI, pp. 1025-1026 and note; *H.M.C. Clements*(1913), p. 251; *Wentworth Papers*, p. 185; *Luttrell*, Mar. 8, 1711; *Add. MSS.* 17677 EEE, f. 204。在伦敦地区运行的"一便士平邮"系统, 见 *Blenheim*, p. 91。

〔109〕*H.M.C. Clements*, p. 251; *Hervey, L.B.*, I, p. 301。

〔110〕*Hervey, L.B.* I, pp. 287, 290; *Add. MSS.* 17677 EEE, ff. 166, 172。

〔111〕*Somers MSS.*。

〔112〕*Spectator*, No. 3, Mar. 3, 1711; W.R. Scott, *Joint Stock Companies*, III, pp. 283, 293。

第7章

〔113〕*Parl. Hist.*, VI, pp. 928-932; *Cowper*, pp. 49-50。

〔114〕*Parl. Hist.*, VI, pp. 1000, 1001, 1014; *H.M.C. Portland*, IV, p. 657; *H.C.J.*, XVI, pp. 471, 610, 611; *H.L.J.*, XIX, pp. 284, 287。

[115] *Parl. Hist.*，VI，pp. 1016-1019；*Leadam*，p. 180；*Stella*，Apr. 27，1711；*Swift's Letters*，I，pp. 74 and 253 and notes；*Coxe's Walpole*，I，pp. 32-36；*The Debts of the Nation Considered* and *The Thirty-five Millions accounted for*，1711年的两个小册子。

[116] *Wentworth Papers*，p. 167；*H.C.J.*，XVI，pp. 432-440；*Burnet*，VI，p. 36，Onslow's note；*Add. MSS.* 17677 *EEE*，ff. 103-104《地产资格法案》的全称是"通过进一步审定下议院议员资格而确保议会自由的一项法案"。

[117] *H.M.C. Portland*，IV，637，662-663。

[118] *Wentworth Papers*，p. 167。

[119] *Add. MSS.*（*L'H*）17677 *EEE*，ff. 103-104；Swift，*Examiner* No. 35（再版第34期）；*Burnet*，VI，pp. 35-36。

[120] Muralt的 *Letters on the English*，1726年法语版英译，p. 9。

[121] Spencer Walpole，*Hist. of England*，Chap. V（ed. 1902，Vol. I，pp. 388-390）。

[122] 关于伦敦的新教堂，我感谢剑桥大学女王学院H.M. Walton先生的帮助，他专门研究了此问题。见 *Parl. Hist.*，VI，pp. 1004-1005，1012-1013；*Tindal*，IV，p. 208；*H.C.J.*，Apr. 6，1711；*Strype's Stow's London*（1720），Bk. V，pp. 52-53；J.E. Smith，*St. John the Evangelist*，*Westminster*（1892），Chap. II；William Maitland，*History of London*（1756），I，p. 509；*Add. MSS.* 17677 *EEE*，ff. 159，195，237。

[123] 关于辩论，见 *Parl. Hist.*，VI，pp. 935-993；*Luttrell*，VI，pp. 677-678；*Wentworth Papers*，pp. 170-179；*Account of Earl of Galway's Conduct in Spain*，1711。

[124] *Landowne MSS.*（*B.M.*）1236，f. 261。

[125] 阿盖尔从西班牙的来信藏于剑桥大学图书馆中（Add. 6570）。其中的引用经由坦珀利教授联系获得，出版在1924年《剑桥历史期刊》上。在MSS. *sub* July 2文献当中可以找到查理和加泰罗尼亚人之间争吵的细节。还见 *H.M.C. Eliot-Hodgkin*（1897），pp. 86-87；*H.M.C. Portland*，IV，p. 687，V，pp. 17，240-241；Robert Campbell's *Life of Argyle*（1745），pp. 69-72；

Burnet, VI, p. 55, Dartmouth's note.

［126］*H.M.C. Portland*, IV, p. 656.

［127］*Wentworth Papers*, pp. 162–165; *Tindal*, IV, p. 195.

［128］*Coxe's Walpole*, II, pp. 36–37; Bolingbroke, *Study and Use of History*, Letter VII; *Ramillies and the Union*, p. 327; *H.M.C. Portland*, IV, p. 656.

［129］*Tindal*, IV, p. 196; *H.M.C. Portland*, IV, pp. 623–624; *H.M.C. Bath* I (1904), pp. xi, 203–207; *Wentworth Papers*, pp. 177–178; *Cowper*, pp. 49–52; *Coxe*, Chaps. XCVIII–XCIX.

［130］萨拉的辩护全文可见 *Add. MSS.* 9121, ff. 1–20, 这是她于 1712 年或者 1713 年在国外写的。还见 *Conduct*, pp. 263, 272–316; Churchill's *Marlborough*, I, p. 563; *Coxe*, Chap. XCVIII; *Letters of Duchess of Marlborough*, 1875 (to Mr. Jennings, Dec. 4, 1710). pp. 18–24, 123–125; *Other Side of the Question*, 1742 (托利党对于 *Conduct* 的回应), p. 465; Mrs. Campbell's *Sarah Duchess of Marlborough*, 1932 (这是最好的萨拉传记), pp. 216–228; 萨拉官方描述的细节见 *H.M.C. Buccleugh* (1899), I, pp. 360–361.

［131］*Althorp MSS.* Sarah's letter to Mr. Mallet, Sept, 24, 1744. 考柏大人"一周来探望我两次, 虽然女王在圣詹姆士宫的仆人通过窗户看向马尔伯勒官邸的院子, 看到了他。当我从英格兰出走的时候, 他有时写信给我"。

［132］*Burnet*, VI, p. 32, notes by Dartmouth and Onslow; Sir C. Firth, *Dean Swift and Ecclesiastical Preferment*, 由 Sidgwick 和 Jackson 再版在 1926 年 1 月的 *Review of English Studies* 上。这篇文章非常精巧, 而且决定了斯威夫特的命运。斯威夫特对萨默塞特公爵夫人的攻击文 *The Windsor Prophecy* 在《乔内森斯威夫特诗集》当中可以找到。如果读者们读了关于萨默塞特公爵的文章 *Dic. Of Nat. Biog.* 或者参考了 *State Trials*, Vol, IX, pp. 1–128, 就会明白他对 Thynne 和 Koningsmark 的引用。还可见斯威夫特的 *Prose Works* (ed. T. Scott), V, p. 463, 以及 1711 年 12 月的 *Stella* 日记。

［133］*H.M.C. Portland*, V, p. 463, and pp. 311, 326, 360, 369.

［134］*Portland*，IV，pp. 656，675-676，V，pp. 464-465，655；*Leadam*，pp. 182-183；*Parl. Hist.* VII，pp. 188-190.

［135］*H.M.C. Portland*，IV，pp. 666-670，V，p. 655，'dying request，'etc.；*Wentworth Papers*，pp. 185-187；*Stella*，Mar. 8-25，各处；*Examiner*，No. 33（再版中第32期），*Swift's Prose Works*，IX，pp. 207-214；*Burnet*，VI，pp. 39-40（Dartmouth's note）；*Tindal*，IV，pp. 201-202；*Add. MSS.* 17677 EEE，f. 142；*Swift*，*Letters*，I，pp. 238-242.i.

［136］*Stella*，Mar. 8，1711；*H.M.C. Portland*，V. p. 655；*Luttrell*，VI，p. 700；*Parl. Hist.*，VI，pp. 1006-1009.

［137］*H.M.C. Portland*，IV，p. 674.

［138］*Wentworth Papers*，pp. 189-190；*Add. MSS.* 17677 EEE，ff. 140，155-156，161，167.

［139］关于南海法案见*Add. MSS.* 17677 EEE，ff. 178，193-194，216；W.R. Scott. *Joint Stock Companies to 1720*，III，pp. 291-298；E. S. Roscoe，*Robert Harley*（1902），pp. 141-151；*R.H.S.*（1910），pp. 28-32（*Godolphin's Finance*）；*Part. Hist.*，VI，pp. 1021-1023；*H.M.C. Portland*，V，p. 158；关于荷兰的态度。

［140］Monk's *Berntley*，I，pp. 282，289，308-309，334，356.

［141］关于阿特伯里在基督教堂学院，见*H.M.C. Portland*，VII各处（引用是在第137页），但是读的时候需要与Beeching的*Atterbury*中第六章比较；关于女王对阿特伯里以及萨谢弗雷尔的态度，见*Burnet*中达特茅斯的笔记，第六章，第165页。

［142］*H.M.C. Dartmouth*，p. 299.

［143］*H.M.C. Kenton*，p. 447.

第8章

［144］*Landowner MSS.*（*B.M.*）1236，f. 259. 提到的"计划"是围剿勒凯努瓦（Letter of Oct. 2，1711）.

［145］关于压近防线和攻克布尚，见*Fortescue*，1，pp. 540-548；

Atkinson, pp. 149-170; *H.M.C. Hare*, pp. 232-233; *Marchmont*, II, pp. 77-79; *Goslinga*, pp. 126-136; *Somerville, Q. Anne*, pp. 643-647; *Lediard, Marl.*, III, pp. 132-192; *Millner*, pp. 315-341; *Dispatches*, V, pp. 428-437; *Bouchain, a dialogue between the late Medley and Examiner*, 1711.

第9章

〔146〕*H.M.C. Portland*, V, pp. 199-200; *C.S.P. America 1702-3*, p. 673; *Egerton*, Bk. II, Chap. IV, and *Adams*, Chaps. I-VI 各处。

〔147〕*Parkman*, p. 161.

〔148〕Wyatt Tilby, *The American Colonies 1585-1764*, p. 216.一些当代的估算把在加拿大的法国人人数估计得更少些；见 *C.S.P., America 1708-9*, pp. 41-45, 163-164, and *ditto, 1710-11*, pp. 329-331.

〔149〕See J. Nelson's letter to Shrewsbury in *H.M.C. Buccleugh* II, 2（1903），pp. 724-729, 734; *C.S.P., America 1708-09*, pp. 163-164; *C.H.B.E.*, VI, Chaps. III and IV（pp. 79-81）.

〔150〕关于南部殖民地的印第安人战争，见 *C.S.P., America 171-12*, pp. 277-281.

〔151〕*Parkman*, p. 126; *Adams*, pp. 71-81.

〔152〕*Add. MSS.*（*B.M.*）32694, ff. 108-130.

〔153〕*Parkman*, Chap. VI-VII; *Tatler*, No. 171; *Spectator*, Nos. 50, 56, and note p. 36, Vol. I, ed. Of 1897; *Adams*, pp.vii-xii 以及各处。关于戈多尔芬内阁计划在1709—1710年征服魁北克，见 *Add. MSS.*（*B.M.*）32694, ff. 108-136; *C.H.B.E.*, VI, p. 530.

〔154〕Letter of Jan. 17, 1711, *H.M.C. Portland*, IV, p. 656.

〔155〕*Macpherson*, II, p. 530.

〔156〕见 Livingstone 少校关于驻守部队和魁北克防御的报告，*C.S.P., America 1710-11*, pp. v-vii, 329-331.

〔157〕*C.S.P., America 1711-12*, 包含 Cecil Headlam 优秀的前言，出

版了关于远征魁北克大多数相关文件。包括希尔、维奇、金的日记,这些在 *Parkman* 第182页脚注中提及。还见 *Walker* 各处,特别是第124—125页以及第275—280页。沃克在乔治一世时期几乎没有获得优待,但是他在这次远征中的不善管理非常清楚,就连他自己的证据都说明了这点。还见 *Parkman*, Chap. VIII; *Add. MSS.*(*B.M.*)32694, ff. 101-107; *Adams*, pp. 81-83; *Burchett*, pp. 778-781; *Leake*, II, pp. 364-367; Boyer's *Q. Anne*(1735), pp. 507-510(Chamberlena 的 *Q. Anne* 中的描述是基于此的); *Lediard*, *Naval Hist.*(1735), II, pp. 851-856; *C.S.P.*, *America 1710-11*, pp. 329, 556-560. 关于尼克尔森的远征见 *H.M.C. Portland*, V, p. 89.

[158]*Cunningham*, pp. 281-282; *C.S.P.*, *America 1702-3*, p. 80; ditto, *1708-9*, p. 305; ditto, *1711-12*, pp. 178-179.

[159]*P.R.O.*(S.P.)78, 173(France 1699-1704), ff. 232-243; *C.S.P.*, *America 1702*, pp. xliv-xlv, 441-442; ditto, *1711-12*, pp. 17-18.

[160]Boyer's *Q. Anne*(1735), pp. 51-52; *C.S.P.*, *America 1704-5*, pp. 32-33.

[161]*C.S.P. America 1708-09*, pp. xxxi, xxxv, 122-123, 318.

[162]*C.H.B.E.*, I, p. 267; *C.S.P.*, *America 1708-9*, p. 212.

[163]*H.M.C. Verney*, R. 7, p. 508.

[164]*C.S.P.*, *America 1702-3*, p. 817; ditto, 1708-9, p. 47.

[165]*Luttrell*, Mar.5, 1701-2.

[166]*C.S.P.*, *America 1708-9*, p. 212; see ditto, pp. xvi-xvii, 177-179, 209-213; and ditto, *1710-11*, pp. xvii, 352-353; *H.C.J.* XVI, pp. 275-276; *Cunningham*, p. 278 note; Ch. Davenant's *Works*, ed. 1771, V, his *Reflection on the African Trade*; *H.M.C Kenyon*(1894), pp. 432-433; *Egerton*, pp. 109-111, *C.H.B.E.*, I, Chaps. XI and XV; *P.R.O.*(S.P.)78, 153, f. 267; 我尤其想对已逝的 Thora Stone 小姐,以及她的论文 *The Struggle for Power on the Senegal and the Cambia 1660-1713*(藏于伦敦大学图书馆)表达谢意。

[167]*P.R.O.*(S.P.)87, 4, f. 94.

[168] *P.R.O.*（S.P.）105，178，*Levant Co*，*Chancery Register 1702-7*，各处，有关现用体系；*R.H.S.*（1927），*Diplomatic Services under William III*，PP. 96-97；*Cunningham*，p. 252；De Foe's *English Tradesman*（1727），II，ii，p. 65；*H.M.C.*，*R. 10*，App. IV（1885），p. 414，Mr. Salwey's MSS.

[169] *H.M.C. Portland*，II，pp. I，xi，256-259；*H.M.C. R. 10*，App. IV（1885），pp. 414-415；*Lady Mary Wortley Montagu's Letters* from Turkey，1717.

[170] *Wheeler*，I，pp. 358-406，II，pp. 17-18；Basil Williams' *Chatham*，Vol. I，Chap. I；*India Office MSS.*（Pitt's diary，*Fort St. George Records* for 1702）.从围剿（*Hedges*，p. lxxix）六个月之后，皮特11月8日的信中得知，似乎他没有支付两万卢比，可能是因为某些修复工作还没有完成。关于结束围剿的条约，见 *Wheeler*，I，p. 405.关于临近女王去世前马德拉斯的描述，见 *Hamilton*，I，pp. 358-368；他宣称，在公司的马德拉斯领地上，有500名欧洲人和8000人之多的印度人。有时对印度人人口的估算更高一些。

[171] *Wheeler*，II，p. 21.

[172] *Factory Records of the E.I. Co. preserved in India Office*（1898），p. viii，提供了一份这个时期工厂的名单；*Collet*，各处，关于约克堡。

[173] *Hamilton*，I，pp. 372-377.

[174] *India office MSS. Fort St. George*，12，卷末的清单；*Collection of Letters from the Protestant Missionaries in the East Indies*，Pt. III（1718），p. 187.

[175] *H.M.C. Fortescue*（1892），pp. 38，48-49；B. William's *Chatham*，I，pp. 20-22；*Hedges*，pp. cxxv-cxl；Henry Dodwell，*Report of the Madras Records*；*Bombay in the days of Queen Anne*，Hakluyt，Soc.，1933；pp. xvi-xxiii，12-13，25；*Collet*，pp. xiv，xxii-xxiii and *passim*，for Sumatra and Madras，E.I.C.，life and death and Collet's career.

[176] *India Office MSS.*，*Fort St. George*，12，end of the volume.

[177] *East India Co. trading to China*，H.B. Morse，Vol. I，*passim*；

H.M.C. Rutland（1889）, p. 165；*Early English Intercourse with Burmah*, D. G. Hall（1928）, Chap. X.

［178］*H.M.C. Fortescue*, pp. 36–37；B. Williams' *Chatham*, I, p. 23.

第10章

［179］See Lecky, *Ireland*, Vol. I, Chap. II and *Murray*, Chap. IX, 关于刑法。

［180］*P.R.O.*（*Tr.*）*Rome.* 101.

［181］*Add. MSS.*（*B.M.*）31248, ff. 139–142.

［182］Bp. Mant's *Hist. of Church of Ireland*（1840）, II, p. 212.

［183］*Add. MSS.*（*B.M.*）20311, ff. 68–74.

［184］*H.M.C. Egmont*, II（1909）, p. 209.

［185］Lecky, *Ireland*, Vol. I, Chap. II, pp. 282–283, ed. 1902.

［186］*H. of L. MSS.*（1702–1704）, pp. xxxv–xxxvi, 343–351.

［187］*Davenant's Works*（1771）, II, p. 250. "Off the Land of England".

［188］*H.C.J. Ireland*（Dublin, 1753）, Oct. 20, 1703；and July 9, 1707；*Murray*, pp. 335–339, 关于金主教对联合王国的观点；*Lecky Ireland*, I, pp. 442–444；*H.M.C.*, R. 2, App., p. 244, Annesley's letter of 1706；W. Molyneux, *Case of Ireland's being bound by Acts of Parliament in England.*

［189］*H.M.C. Portland*, V, pp. 254–255, 339–340；*Swift, Letters*, I, pp. 126–127, footnote on Drogheda；*Leadam*, p. 72；Swift, *Letter concerning the Sacramental Test*, 1708.

［190］Lecky, *Ireland*, II, pp. 426–427；Mant, *Church of Ireland*（1840）, II, pp. 333–334.

［191］*H.M.C. Portland*, V, pp. 65, 239–240.

［192］*H.M.C. R. 7*（*Egmont Papers*, I）, p. 238（Feb. 23, 1713）.

［193］*H.M.C. Bath*, I, PP. 241–246；*H.M.C. Portland*, V, pp. 339–340, 370–371, 377 top；*Feiling*, p. 462；*Leadam*. p. 214；Turberville's *Shrewsbury*, pp. 198–205.

[194] *Lecky*, *Ireland*, I, p. 429.

第11章

[195] *Parl. Hist.*, VII, p. ciii, "First Proposals of France", dated Apr. 22, 1711.

[196] *Berwick*, II, p. 127.

[197] *Aff. étr Ang.* 233, f. 44.

[198] *H.M.C. Bath*, I (1904), pp. 201-202; *Bol. Letters*, I, pp. 172-174.

[199] *Aff. étr Ang.* 233, f. 43.

[200] *Klopp*, XIV, p. 673, App. I, *Archiv der Stadt Hannover*.

[201] 托西对普赖尔来访的描述见 *E.H.R.* July 1915（Wickham Legg 先生出版的 *Aff. étr Ang.* 233, ff. 43-58），and *Torcy*, II, pp. 128-136. 普赖尔的描述见 *H.M.C. Portland*, V, pp. 34-42. 还见 Wickham Legg 先生的佳作 *Matthew Prior*（1921）生平, pp. 149-161; *Aff. étr Ang.* 233, ff. 87-88; 关于普赖尔拒绝加入詹姆士党的阴谋，见 *E.H.R.* July 1915, pp. 505-507, 以及 *Matthew Prior*, pp. 217-218.

[202] 见博林布罗克亲笔信，*Aff. étr Ang.* 各处; *Torcy*, II, p. 153.

[203] *Aff. étr Ang.* 233, ff. 243-248, 251-258; *Torcy*, II, pp. 155-156.

[204] *Aff. étr Ang.* 233, pp. 208-210; *Matthew Prior*, pp. 163-164, *Bol. Letters*, I, pp. 375-376 note; *Torcy*, II, pp. 154, 168（即第二个168页，这一版中页码有误）。

[205] *H.M.C. Portland*, V, p.36; *H.M.C. Bath*, I, pp. 228-229; *C.S.P.*, *America 1711-12*, pp. vi-ix, 254, 256-257; *C.H.B.E.*, VI, pp. 87, 136-138; *Bol. Letter*, I, p. 380 note. 法国人在纽芬兰海岸打鱼权的具体细节直到最终合约中才确定。1711年10月的全体会议没解决这个问题。

[206] *Bol. Letters*, I, p. 337; *Torcy*, II, p. 165; *H.M.C. Bath*, I (1904), pp. 210-214; *E.H.R.*, Oct. 1932, pp. 646-647.

[207] 全体会议条款出版在 *Parl. Hist.*, VII, pp. cvii–cviv, and *Bol. Letter*, I, pp. 374–381, 403–406, and notes.

[208] *H.M.C. Portland*, V, pp. 158–159.

第12章

[209] *H.M.C. Portland*, V, pp. 158–159.

[210] *Klopp*, XIV, pp. 672–677, from *Archiv der Stadt Hannover.*

[211] *Klopp*, XIV, pp. 688–692, *Memoire instructif pour le Baron de Bothmar*, Nov. 7, 1711; *Ward's Sophia*, pp. 400–401; *Salomon*, p. 125; *Macpheron*, II, pp. 263–264.

[212] *Bol. Letters*, I, p. 246–247, Letter to Earl of Orrery, June 12, 1711.

[213] *H.M.C. Portland*, VII, p. 79.

[214] *H.M.C. Portland*, V, p.119.

[215] See *Blenheim*, pp. 206–207; *Lockhart*, I, pp. 365–366.

[216] *H.M.C. Portland*, V, p. 120, Halifax's letter to Oxford of Dec. 2, 1711.

[217] *H.M.C. Portland*, V, p. 120, Oxford's letters to somerset, Dec. 1, 1711.

[218] *H.M.C. Portland*, V, p. 119, Poulett to Oxford, Nov. 1711.

[219] *Add. MSS.* 17677 *FFF*, f. 10.

[220] *Journal to Stella*, Dec. 5, 8, 9, 1711.

[221] *Burnet*, VI, p. 87, Dartmouth's note.

[222] *Add. MSS.* 17677 *FFF*, f. 17.

[223] *Burnet*, VI, p.88; *Wentworth Papers*, p. 263; Colley Cibber's *Apology* for his life (1740), p. 134; 巴里夫人于1713年去世。

[224] Coxe's *Walpole*, Chap. VI; *H.C.J.*, XVII, pp. 29–30, 128; *Parl. Hist.* VI, pp. 1067–1068; G.R. Stirling Taylor's *Walpole*, pp. 114–119; *Case of Mr. Walpole in a letter from a Tory Member*; *Leadam*, p. 191; *Add.*

MSS. 17677 *FFF*, f. 30; *Parade of the Triumphant Criminal, in a letter to Robert Walpole now a prisoner in the Tower*（1712）.

［225］*H.M.C.*, *R. 8*（*Marlborough Papers*）, p. 16，July 6，1702，安妮批准了2.5%；p. 41，May 1 and Nov. 16，1702，关于这个问题的进一步协议；*Parl. Hist.* VI, pp. 1049-1059，1076-1088；还见*Add. MSS.* 9113, ff. 137-138。

［226］*H.M.C.*, *R. 8*（*Marlborough Papers*）, p. 16.

［227］*Add. MSS.* 17677 *FFF*, ff. 20，25-26，28.

［228］*Klopp*, XIV, pp. 175-184，682-683；*Journal to Stella*, Oct. 29，1711.

［229］*Wentworth Papers*, pp. 244，258；*Klopp*, XIV, pp. 243-249，292-301；*Bol. Letters*, II, pp. 156，163-164；*Add. MSS.* 17677 *FFF*, ff. 22-23，26，78.

［230］*Journal to Stella*, Jan. 6. 1712；*Spectator*, No. 269，Jan. 8，1712.

［231］*Spectator*, No. 335，Mar. 25，1712；*Add. MSS.* 17677 *FFF*, p. 113；*Journal to Stella*, Mar. 8-9，1712；*Ashton*, Chap. XXXVII.

［232］*Add. MSS.* 35359, f. 12.

［233］关于Bourne, *English Newspapers*（1887），I, pp. 80-84；*Stats. of Realm*（ed. 1822），IX, pp. 616-617（10 Anne, c. 18, secs, cv, cxiii）。

［234］*Journal to Stella*, Dec. 13，1711，Oct 28，1712；*Public Spirit of the Whigs*［*Swift*, *Prose Works*（ed. Temple Scott），V. p. 353］；Campbell's *Lives of Chancellors*（Macclesfied），IV, p. 515.

［235］Coxe's *Walpole*, I, pp. 42-43.

［236］Coxe's *Walpole*, I, p. 42.

［237］*Burnet*, VI, pp. 133-134，and Dartmouth's note；Churchill's *Marlborough*, I, p. 499.

［238］*Add. MSS.* 28055, f. 440，印在附录B。1712年反对马尔伯勒的小册子，见（比如）*The perquisite monger*；*No Queen., no General*；*Oliver's Pocket looking-glass*；*Burnet*, VI, p. 95 [593]；*Parl. Hist.* VI, p. 1137；*Aff.*

étr Ang. 248, f. 1, letter of Jan. 1713, 关于斩首马尔伯勒。

[239] *Coxe*, Chap. CIX (III, pp. 531-532, ed. 1819); *Add. MSS.* 17677 *FFF*, ff. 400, 406, 423; Mrs. Campbell's *Duchess of Marlborough*, pp. 227-229; *Letters of Duchess of Marlborough* (Murray, 1875), pp. 26, 64; *Burnet*, VI, PP. 135-137 and notes; *Macpherson*, II, pp. 477-478. 关于马尔伯勒和Berwick之间在1713—1714年的通信，见*H.M.C. Stuart Papers* (1902), pp. lx, 278-279, 286, 307-308。

第13章

[240] *Legrelle*, IV, pp. 642-643.

[241] *Bol. Letters*, II, p. 327.

[242] 托西（II, p. 297）说博林布罗克还把那不勒斯给了菲利普，很奇怪。根据*Bol. Letter*, II, p.284和*Legrelle*, IV, pp. 669-670来看，他并没有这么说过。

[243] *Torcy*, II, pp. 286-305; *Legrelle*, IV, pp. 662-677; *Bol. Letter*, II, pp. 204-205, 221-230, 235-237, 244-255, 275-293, 314-317.

[244] *Bol. Letter*, II, pp. 274, 320-321; *Memoirs of the Life of Ormonde* (London, 1738), pp. 134-140.

[245] *Parl. Hist.*, VII, p. 175.

[246] 哈德威克大人（*Burnet*, VI, p. 119 note）在后来写道，博林布罗克"曾经说过"牛津向枢密院提议的"禁令"。

[247] *Bolingbroke's Defence of Utrecht*, p. 130.

[248] *Aff. étr Ang.* 238, f. 73（见第十三章的附录）。

[249] *Aff. étr Ang.* 240, f. 79, Gaultier, to Torcy, Oct. 29, 1712（见第十三章的附录）。

[250] *Bol. Letters*, II, pp. 403-404.

[251] *Torcy*, II, pp. 347-348.

[252] *Parl. Hist.* VI, p. 1138.

[253] *Bol. Letter*, II, p. 422.

[254] *Parker*, p. 175; *Millner*, p. 356.

[255] *Millner*, p. 358; Ormonde, *Memoirs* (1738), pp. 173–176; *H.M.C. Eliot-Hodgkin* (1897), pp. 204–205; *H.M.C. Portland*, IX, p. 332.

[256] D'Urfey's *Pills to purge Melancholy*, VI, p. 347.

[257] 关于1713年，见 *Aff. étr Ang.* 各处。比如：247，ff. 42–43 和 156，Gaultier to Torcy, Dec. 19, 1713; 关于占领的故事，见 *Leadam*, II, pp. 374–392; Steele's *Importance of Dunkirk considered*, 1713。

[258] *Legrelle*, IV, p. 680.

[259] *Bol. Letters*, III, pp. 57–58, 82; *H.M.C. Portland*, V, pp. 234–235, 467, Macknight's *Bolingbroke*, p. 308; Sichel's *Bolingbroke* (1901), pp. 404–409.

[260] *Bolingbroke's Defence of Utrecht*, p. 123.

[261] *Matthew Prior*, pp. 180, 202–203.

[262] *H.M.C. Portland*, IX, p. 375.

[263] *Torcy*, II, pp. 336, 340, 344; *National Policy and Naval Strength*, Admiral Sir Herbert Richmond, pp. 20–21.

[264] *Bol. Letters*, III, pp. 417–439.

[265] *Aff. étr Ang.* 248, ff. 268–275; *Lamberty*, VIII, p. 51.

[266] 给海军的命令和威沙特上将自己的行为，见 *Parl. Hist.*, VII, App. pp. lxxix–lxxxiv (or *Tindal*, IV, pp. 381–384). Capt. Camocke, R.N. 写道："在西班牙国王的要求下，上述Camocke舰长命令军舰巡航巴塞罗那，防止物资进入港口。" *Byng Papers*, III, pp. 55, 63. 他的行为是否是受到詹姆斯·威沙特爵士上将的命令则不得而知。

[267] *Berwick*, II, pp. 110–125; *Mahon*, Chap. IX; *Parl. Hist.*, VII, App., pp. lxxi–lxxxivl; Macknight's *Bolingbroke*, pp. 348–353; *Matthew Prior*, pp. 205–206; *Tindal*, IV, pp. 347–348, 380–384; *Wentworth Papers*, pp. 365–366; Steel's *Crisis* (1714), p. 32; De Foe's *White Staff*, pp. 15–16, and Swift's *Public Spirit of the Whigs* for contemporary defence of the Ministers.

[268] *H.M.C. Bagot*, *R.* 10（1885）, Pt.4, pp. 342-343；*H.M.C. Corporation of Chester*, *R.*8, p.395（Ap. 4,'1712'应该是1713）; *Aff. étr Ang.* 248, f. 373。

第14章

[269] *De Foe*, II, pp. 701, 710, 781-782；*New Mills Cloths Factory*（Sc. Hist. Soc. 1905）, pp. lxxxii-lxxxiii.

[270] *Calamy*, II, p. 210; *De Foe*, II, pp.725-726, 745-749; *Macky*, *Scotland*, pp. 294-295; *Glasgow, its Origin, Growth and Development*, John Gunn edition（1921）, pp. 40, 63; *Economic Evolution of Scotland*, Henry Hamilton（Hist. Asso. Leaflet No. 91）, p. 4.

[271] See *Ramillies and the Union*, p. 335; *Somers MSS.*, letter of Mr. J. Jekyll to Somers 1709; *Cal. Treas*, *Papers 1708-1714*（1879）, pp. xviii-xix, 71, 77.

[272] *Wodrow Corr.*, I, p. 41.

[273] *Burnet*, VI, pp. 80-84, Dartmouth's and Onslow's notes; *Lockhart*, I, pp. 340-344; *Parl. Hist.*, VI, pp. 1045-1049, 1066; *H.L.J.*, Dec. 20, 1711, and June 6, 1782; *Hume Brown*, *Scotland*, III, pp. 148-149; *Somerville*, *Q. Anne*, pp. 458-459; *Add. MSS.* 17677 *FFF*, ff. 10-12.

[274] *Wodrow Corr.*, I, p. 30; *Somerville*, *Q. Anne*, pp. 467-468; *Mathieson*, pp. 195, 211; *Wake MSS.*, *Arch. W. Epist.* 5, letter to Wake of Jan 14, 1710; *H.M.C. R.*I（1870）, p. 118.

[275] *Mathieson*, pp. 195-196; *Wake MSS.*, in Christ Church, *Arch. W. Epist.* 4, letter to Wake from Edinburgh, Jan. 14, 1710.

[276] R. H. Story's *Carstares*, p.321.

[277] *Wake MSS.*, *Arch. W. Epist.* 5, letter to Wake of Jan. 14, 1710; *Chambers*, III, pp.366-367.

[278] *H. of L. MSS. 1708-1710*, pp. 356-359; *H.L.J.*, XIX, p. 240.

[279] *Mathieson*, pp. 200-204; *Hume Brown*, *Scotland*, III, pp. 147-

148; *Lockhart*, I, pp. 379-385; *The Scottish Toleration argued*（匿名，但实际上是卡斯泰尔斯所写），1712; R.H. Story's *Carstares*, pp. 325-334, 349; *Stats. Of Realm*, IX, pp. 557-559。

［280］R.H. Story's *Carstares*, pp. 335, 343; *Mathieson*, pp. 204-212, 237-241; *Stats. Of Realm*, IX, pp. 680-681; *Edgar*, II, pp. 366-369; *Wodrow Corr.*, I, pp. 15-16, 275-277, 307 note, 404; *Rights of Church members to chuse their own overseers*, 詹姆斯·霍格牧师著, 1717。

［281］*Wodrow Anal.*, II, p. 133。

［282］笛福给牛津的，关于苏格兰的信可见 *H.M.C. Portland*, IV 以及 V 各处；*Lockhart*, I, pp. 346-347, 378; R.H. Story's *Carstares*, p. 335; *Carstares' Letters*, pp. 774-776 是一封非常有趣的信；*Mathieson*, p. 210。

［283］*Lockhart*, I, pp. 414-417; *Burnet*, VI, pp. 148-149 [621]; *Part. Hist.*, VI, pp. 1214-1220; *Mathieson*, pp. 291-292, *Hume Brown*, III, pp. 149-151。《联合条约》第14条的完整版见笛福的 *History of the Union*, p. 533 以及其他地方。

［284］See Halifax to Oxford of May 27, 1713, *H.M.C. Portland*, V, p. 292。

［285］*Swift's Works*（1814）（ed. Sir. W. Scott）, XVI, p. 71; *Swift, Letters*, II, p. 41。

［286］*Portland*, V, pp. 498-499; *White Staff*（De Foe）, 1714, Pt. 2, pp. 15-22; *Lockhart*, I, pp. 476-483。

［287］*Parl. Hist.*, VI, pp. 1336, 1339-1340; *White Staff*（De Foe）, 1714, pp. 17-18; *Lockhart*, I, p. 377。

［288］Mark Thomson, *The Secretaries of State 1681-1782*（Oxford, 1932）, p. 33; *H.M.C Portland*, V, pp. 467-468。

第15章

［289］*Lansdowne MSS.*（*B.M.*）1236, ff. 261-262; *H.M.C. Bath*, I, pp. xi, 217。

[290] See *A Nobel Rake, the Life of Charles, Fourth Lord Mohun*, R.S. Forsythe（Harvard，1928），pp. 201-210.

[291] *H.M.C. Portland*，IV，p. 266，Major Cranstoun's letter of Oct. 1705；还有 *Wentworth Papers*，pp. 85-86.

[292] *Journal to Stella*，Dec. 26，1712.公爵和麦卡特尼之间的对话（汉密尔顿上校宣誓是在决斗开始之前）在我看来是有偏见的，而且未必发生了。这也让他提供的其他证据受到质疑。其他看客呈交给枢密院的证据和证词可以在 *H.M.C. Dartmouth*, pp. 312-314 中找到；还有 *Defence of Mr. MacCartney*, by A Friend（1712），pp. 16-22.这件事在 R.S. Forsythe 马洪的一生（*A Noble Rake*，Harvard Press，1928）中充分讨论了。读者们应该记得，爱斯蒙德上校说的不是证据。关于切斯特菲尔德经历审判过程的二手文献，见 Temple Scott 的 *Swift's Prose Works*（1925），X，pp. xxii-xxiii。

[293] *E.H.R.*，July 1915，pp. 505，507.

[294] 1712 年 10 月 12 日戈尔捷给托西的信："法语未翻译"。*Aff. étr Ang.* 240，f. 82；*E.H.R.*，July 1915，p. 502；*H.M.C. Stuart Papers*，p. 248。

[295] 见 D'Aumont's letter，附件 E，关于法国政策的改变：从作为停战的结果到更加积极地拥护詹姆士党的事业（Apr. 18，1713）。

[296] *E.H.R.*，July 1915，p. 504.

[297] *E.H.R.*，July 1915，p. 503.

[298] *Parl. Hist.*，VI，pp. 1232-1235.

[299] *H.M.C. Stuart Papers*，p. 259.

[300] *H.M.C. Egmont R. 7*，I，pp. 238-239，246.还有 1713 年 5 月 19 日的《卫报》；Nichols' *Literary Anecdotes*，VI，p. 84，Gay's Letter；*Wentworth Papers*，p. 330；Miss Aikin's *Addison*，II，pp.76-96；Aitken's *Steele*，I，pp. 371 373.为什么加图上演了 20 天之久的一个有趣原因见 *H.M.C. Egmont, R. 7*，p. 239，May 7，1713。

[301] *Journal to Stella*，Apr. 13-18，1713.

[302] *Swift, Letter*，II，pp. 24，40，45，and note；*Journal to Stella*，June 6，1713.

[303]"大人们已经向女王表示,他们希望她能克服上一份协议中规定的西班牙贸易这一无法克服的困难。不管是辉格党和托利党,商人们怨声载道。他们没法投票通过,为其辩护。"(Ford to Swift, July 6, 1714, *Swift, Letters*, II, p. 171)还见 *H.M.C. Portland*, V, p. 272,有关在马德里的列克星敦自己的怀疑,以及同上,第337页;*British Merchant*(ed. 1721), III, pp. 93-326,关于条约文本和辉格党的评论。格顿学院的麦克拉克伦小姐正在研究这个主题,她非常慷慨地给我提供了信息。1714年6月,一位商人给加的斯写信说:"我们现在的处境,比查理二世国王在位时期更差。赞同关税的人还不及法国人的一半。"(*British Merchant*, III, P. 224)关于议会内的辩论见*H.M.C. Somerset-Ailesbury*(1898), pp. 213-216。

[304] Cunningham, pp. 414-415.关于苏格兰议员就贸易合约的投票见 *Letter from a Member of the H. of C. to his Friend in the Country relating to the Bill of Commerce*, 33页和42页的名单, 1713年。

[305] Hanmer, pp. 24-29, 和附录E。

[306] *H.C.J.*, May, 14 and June 18, 1713; *Parl. Hist.*, VI, pp. 1210-1213, 1220-1223; Burnet, VI, pp. 146-147, 150-151 [620, 622]; Hanmer, pp. 31-33; Leadam, p. 207; Macpherson, II, p. 420; *R.H.S. (England and ortugal)*, 1907, pp. 170-172; *Mercator*; *British Merchant*; *Trade with France, Italy, Spain and Portugal considered*, 1713(有时这被误认为是笛福的作品);*Letter to a West Country Clothier*, 1713; *Epistle from Heinsius to Walpole*, 1713(托利党反对荷兰人、转变民意的讽刺文);*Letter from a Member of the H. of C. to his Friends in the Country relating to the Bill of Commerce*, 1713, 为条约辩护,还包含了一份非常有用的不同阵营的清单——显示了反对者中哪些是辉格党,哪些是"异想天开"的托利党;*H.M.C. Portland*, V, pp. 351-353.关于伦敦丝绸工人的暴动,见 L'Hermitage, *Add. MSS.* 17677 GGG., f.190。

[307] *H.M.C. Portland*, V, p. 300.

[308] *H.M.C. Verney*, R.7, p. 508, Mar. 24, 1713.

[309] *Swift, Letter*, II, p. 15, Mar. 28, 1713.

[310] 哈利法克斯在1713年3月8日给牛津的信中说："我不得不认为大人您会比其他任何人都对为女王实现和平和安定，并且让国家永远长治久安更感兴趣。基于此，我恳求加入您想要指示的任何措施。让我侍奉您，将所有您认为能够达到这个目的的任何事情，做出适当调整。我敢说，萨默斯大人已经准备好招待您，虽然在您允许我谈之前，我会对我们之间的交谈保密。"5月26日，他写道："为了我国的利益，和确保新教徒继位，我非常乐意搁置一切事情，和大人您一起采取措施。"5月27日，他写道："在那个问题上，我已经更进一步。你可以确信，在维持新教徒继承和联合王国问题上，你受到全面支持。"*H.M.C. Portland*，V，pp. 270-271，293。从1711年11月到1714年5月，哈利法克斯给牛津的其他信，还见pp. 108，115，120，125，131，133，134，251，254，268，275，451。

[311] *H.M.C. Portland*，V，pp. 466，468，660.

[312] *H.M.C. Portland*，V，pp. 326，661.

[313] *H.M.C. Portland*，V，pp. 466-468，661；*Swift, Letter*，II，p. 198.

[314] *H.M.C. Portland*，V，p. 311，his letter of July 27, 1713.

[315] *Dartmouth MSS*. At Patshull for Oxford's letter of Nov. 25；*H.M.C. Portland*，V，p. 661；*H.M.C. Dartmouth*，p. 319.

[316] *H.M.C. Portland*，V，p. 322.

[317] *Granville*，pp. 127-130；*H.M.C. Portland*，V，pp. 279，329-331；*H.M.C. Cowper*，III（1889），*Coke MSS.*，p. 107.

[318] *Dartmouth MSS*. At Patshull, letter of Sir Christopher Musgrave to Dartmouth, undated.

[319] *H.M.C. Somerset-Ailesbury*（1898），pp. xii，206，210-213.

[320] *H.M.C. Somerset-Ailesbury*，pp. 206-216.

[321] *Granville*，p. 130.

第16章

[322] *H.M.C. Portland*，V，pp. 374-376；Swift, *Enquiry into Behaviour*

of the Queen's Last Ministry.

〔323〕*Aff. étr Ang. MSS.* 247, f. 135（printed in *E.H.R.*, July 1915, p. 506）; *Kemble*, p. 513.

〔324〕*E.H.R.*, July 1915, p. 506; *H.M.C. Stuart Papers*, pp. 264, 291, 294; *Salomon*, p. 336.

〔325〕*E.H.R.* July 1915, pp. 507-518（从 *Aff. étr Ang. MSS.* 中精选，我已经核实过信件）。*Salomon*, pp. 335-345; *Add. MSS.* 31255, f. 8, James to Cardinal GUalteri, Apr. 23, 1714. 针对詹姆士拒绝掩饰宗教信仰所带来的致命后果，伊尔贝维尔和戈尔捷战线一致，见 *E.H.R.*, July 1915, p. 508 和附录 E。

〔326〕*E.H.R.* July 1915, pp. 512, 513; *Salomon*, pp. 334-345.

〔327〕*E.H.R.* July 1915, p. 517.

〔328〕*Shakerley MSS.*, letter of Peter to George Shakerley, Feb, 20, 1707.

〔329〕*Wilkin's Political Ballads*（1860）, II, p. 114; *Wentworth Papers*, p. 361.

〔330〕*Aff. étr Ang. MSS.* 247, ff. 80, 159, 附录 E; *H.M.C. Portland*, V, p. 364.

〔331〕*H.M.C. Stuart Papers*, pp. lix-lx, 278-279, 286, 307-308.

〔332〕比如博思马尔给罗伯顿的信, *Macpherson*, II, pp. 636-637。

〔333〕*Macpherson*, II, pp. 472-473, 477-478; *Salomon*, pp. 306-307 notes.

〔334〕*Letters of Duchess of Marlborough from MSS. At Madresfield Court*（Murray 1875, pp. 69-70）.

〔335〕见文中列出的三个小册子；还有 Chadwick 的 *Life of Defor*, Chap. IX; John Forster, *De Foe*（ed. 1860）, pp. 139-140; *H.M.C. Portland*, V, pp. 266-267, 274-284, 392-395。

〔336〕Aitken 的 *Steel*, II, pp. 14-23; *Parl. Hist.*, VI, pp. 1266-1329; *Wentworth Papers*, pp. 360-361.

[337] *Parl. Hist.*, VI, pp. 1346-1327; *Hanmer*, pp. 35-47.

[338] *Parl. Hist.*, VI, pp. 1355-1343; *Wentworth Papers*, p. 366.

[339] *Macpherson*, II, pp. 223, 589; *Salomon*, pp. 334, 337-338.

[340] 关于整个文书事件, 见*Michael*, pp. 327-329; *Klopp*, XIV, pp. 543-562; *Word's Sophia*, pp. 412-438; *H.M.C. Portland*, V, pp. 416-419, 662; *Macpherson*, II, pp. 472, 589-592, 603-605; *Kemble*, pp. 512-521。

[341] *State Trials*, XV, pp. 83, 368; *Life of John Sharp* (1825), I, pp. 358-359; Calamy's *Baxter's Life and Times* (ed. 1713), I, pp. 665, 684; Samuel Wesley, *Reply to Mr. Palmer's Vindication of the Dissenters* (1707), pp. 24-25.

[342] *Parl. Hist.*, VI, p. 1350; *Wentworth Papers*, p. 389; *Add. MSS.* (*L'H.*) 17677 *GGG.*, ff. 197-198, 关于1713年剥夺贵格派和其他非国教者公民权的讨论。

[343] 见*McLachlan*, 各处。

[344] *De Foe*, I, p. 267; *McLachlan*, pp. 70-72.

[345] *Statutes of Realm*, IX, pp. 915-917; *Add. MSS.* (*L'H.*) 17677 *HHH*, ff. 255-256. 262.

[346] *Parl. Hist.*, VI, pp. 1349-1358; *Wentworth Papers*, pp. 385-389; *Add. MSS* (*L'H.*) 17677 *HHH*, f.238, for Ed. Harley's vote; *Mr. Steel's Letter to a Member of Parliament concerning the Bill to Prevent the Growth of Schism*, 1714; *Life of Dr. Radcliffe* (1715), pp. 84-85.

[347] *White Staff* (De Foe, 1714), p. 33; *Leadam*, p. 218; *Wentworth Papers*, p. 383.

[348] *Wentworth Papers*, pp. 389, 395; *Swift, Prose Works*, V, pp. 430-431, *Queen's Last Ministry*.

[349] *Calamy*, II, p. 293 note.

[350] *McLachlan*, pp. 7, 9, 15, 85; Beeching's *Atterbury*, p. 217; C.J. Abbey, *The English Church 1700-1800*, I, p. 208.

[351] *Swift, Prose Works*, V, pp. 431, 452-455, *Queen's Last Ministry*;

Swift, *Letters*, II, pp. 174, 223.

［352］Swift, *Prose Works*, V, pp. 406-407, *Some free thoughts upon the present state of affairs*.

［353］*Parl. Hist.*, VI, p. 1358; *Wentworth Papers*, pp. 384, 391-393; *Lockhart*, I, pp. 467-473; *Klopp*, XIV, pp. 699-700; *Aff. étr Ang. MSS.* 257. f. 122; *Macpherson*, II, p. 631; *White Staff* (De Foe, 1714). pp. 34-35, Charles Lesley's *Letter to a Member of Parliament in London*, dated *Bar le Duc*, April 23, 1714; *Kemble*, pp. 515-517.

［354］*Add. MSS.* (*L'H.*) 17677 *HHH*, ff. 268-270, 282, 288-289, 293-295, 301-30; Swift, *Prose Works*, V, p. 405 (*Free thoughts upon the present state of affairs*); *Parl. Hist.*, VI, pp. 1361-1363; *Wentworth Papers*, pp. 393-405; *Leadam*, pp. 218-219; Boyer's *Queen Anne* (1735), p. 666; *Tindal*, IV, PP. 365-366; *Add. MSS 25494*, South Sea Co.'s *Court of Director's Minitues*, ff. 166-170, 175-183, 185; Boyer's *Pol. State of Great Britain*, VIII, pp. 12-13.

［355］*Diplomatic Instructions*, France, II (ed. Wickham Legg), pp. 34-35, 70-75, 81, 105-108; Basil William's *Stanhope*, pp. 189-190, 211-229; 关于仍在考虑的萨沃伊的英国王位继承权，见*Kemble*, p. 513 and *Aff. étr Ang.* 247, f. 135 (*E.H.R.*, July 1915, p. 506).

第17章

［356］*H.M.C. Portland*, V, pp. 405, 407; Swift, *Letter*, II, pp. 199, 202, 223.

［357］*Arbuthnot*, pp. 64, 68.

［358］关于托利党内部不可调和的分歧日益增长，见*H.M.C. Portland*, VII, pp. 188-197以及Swift, *Letter*, I, p. 228。

［359］*H.M.C. Stuart*, pp. 323, 325; *Berwick*, II, pp. 132-133.

［360］*H.M.C. Bath*, I (1904), pp. 246-247; Swift, *Letters*, II, pp. 168, 185; *Salomon*, p. 313, note 3.

[361] *Michael*, p. 360; *H.M.C. Portland*, VII, p. 198.在牛津·赫米塔格落马之前就已经有报道称阿特伯里会成为掌玺大臣。

[362] *Granville*, pp. 138, 259-260.

[363] *Klopp*, XIV, pp. 699-700; 更详细的见 *Add. MSS.* 9129, ff. 17-19。

[364] *H.M.C. Lonsdale*, p.249.

[365] 麦基的 *Journey through England*（1732）, II, pp. viii-ix.

[366] *Hardwicke Papers*（1778）, II, pp. 522-525; *Verney*, I, p. 274; 汉密尔顿将军的 *History of the First or Grenadier Guards*（1874）, II, pp. 59-60。

[367] 军队对于托利党大臣的感觉见 *An Apology to the Army, written by an Officer*, 1715年。

[368] *Swift, Letters*, II, p.190; Ilberville to Torcy, Aug. 7, 1714, *Aff. étr. Ang.* 257, f. 259, 附录E。

[369] *Salomon*, pp. 312-314; *Michael*, pp.358-359; *Swift, Letters*, II, p.202; Basil William's *Stanhope*, pp. 145-146.

[370] 附录E and *Macpherson*, II, pp. 636-637。

[371] *English Advice to the Freeholders of England*（1714）, p. 4（阿特伯里在乔治国王刚刚即位之后所著）。

[372] Chesterfield, *Miscellaneous Works*（ed. 1777）, pp. 15-17; 由于证据太过滞后，而且是二手资料，因此不能确定细节，但是斯坦诺普的领导和普遍的意图是毫无疑问的。*Salomon*, p.231; Mahon, *Hist. of English*, 1816, I, p.133; Basil William's *Stanhope*, pp. 142-145, 454-465; *Lockhart*, I, pp.462-463。

[373] 见附录E, 伊尔贝维尔, 1714年8月11日（新历）。

[374] *Michael*, p. 363.

[375] *P.R.O. Privy Council Register* 2, 84, ff. 371, 385.

[376] *Swift, Letters*, II, pp. 207, 215 and Note 3; *Michael*, p. 364.

[377] *P.R.O.*（*P.C.*）2, 84, ff. 371-385.

[378] 7月31日的会议记录见 *P.R.O.*（*P.C.*）2, 84, ff. 385-389.博思马

尔给他主人的、关于克拉格的信见 *B.M. Stowe MSS.* 227, f.252。

[379] *P.R.O.*(*P.C.*)2, 84, ff. 389-390, 2, 85, 1.

结语　乔治国王毫无争议的继承

[380] *Swift, Letters*, II, pp. 214, 224, 1714年8月3日和7日的信。

[381] H.M.C. *Portland*, V, p.491.

[382] *Kemble*, pp. 516-517, 见萨拉1714年7月29日（旧历）的从安特卫普寄来的信。

[383] *Coxe*, Chaps. CXIII, CXVII; *Macpherson*, II, p.640; *Wentworth Papers*, p. 410; *Swift, Letters*, II, pp. 216-217; *Klopp*, XIV, p.654.

[384] *Salomon*, pp. 316-319.

附　录

附录A　在1711年6月议会休会时的国家经济状况

下议院1711年物资拨款（*Add. MSS.* 17877 *EEE.*, ff.236–237）

	£	s.	d.
皇家海军四万海员13个月花费	2080000	0	0
皇家海军日常开销	120000	0	0
弗兰德的四万人	919092	3	6
弗兰德增兵一万人	177511	3	6
三千名为陛下和荷兰议会效力普法尔茨人	34251	13	6
4639名同样效力的撒克逊人	43251	13	6
博思马尔的汉诺威骑兵	9269	16	6
1709年弗兰德增兵	220000	0	0
驻军、退伍军人和水兵	546108	17	8
陆地大炮	130000	0	0
爱尔兰公务债券一年的利息	49357	17	2
军队交通	144000	0	0
陛下盟军的补贴	478956	16	7
支付给西班牙和葡萄牙的费用	1500000	0	0
战争额外开销	292369	2	4

续表

	£	s.	d.
国库券	45000	0	0
一百五十万彩票的年金	135000	0	0
两百万彩票的年金	186670	0	0
总计	7110834	4	3

（*Add. MSS.* 中错误地加起来合计 7070939 英镑）

分派给这些拨款的资金

	£
四先令土地税	1900000
麦芽税	650000
借款（10 镑彩票共筹 1500000）	1500000
借款（100 镑彩票共筹 2000000）	2000000
［少了一百万英镑］	6050000

在 1711 年会议期间议会为国债分配的资金

	£	s.	d.
直到 1710 年米迦勒节的海军债务	5130539	5	5
直到 1710 年米迦勒节的军火债务	154324	15	8 1/4
1710 年军队交通债务	424791	5	4 1/2
爱尔兰公司债务	1018656	17	9
到 1710 年的缺失记录	12025	1	0
从米迦勒节到圣诞节的海军债务	378859	5	8 1/4
给汉诺威选帝侯特定津贴的债务	9375	0	0
总计	7128569	10	11

额外批准的经费

	£	s.	d.
圣克里斯托弗和尼维斯住民，补偿他们在1705年法国侵略中遭受的损失	103003	11	4
为了在伦敦和威斯敏斯特新建50座教堂	350000	0	0
总计	453003	11	4

附录B　马尔伯勒、戈多尔芬和辉格党大臣在1710年落马前后的一些信件

第一封信和第三封信表现了不管是萨默斯还是戈多尔芬都没怎么考虑提出法国可以接受的条件，促成停战的愿望。第一封信中公爵夫人的批注描述了萨默斯的意图，她所说基本属实。第二封信提到女王用毫无礼貌的方式罢免戈多尔芬职位。第四封信表达了戈多尔芬的一位朋友的担忧，他担心戈多尔芬和马尔伯勒会在落马之后被弹劾和处决；一些十月俱乐部成员实际上正在高呼要求采取这些行动（见《温特沃思文档》第161页，和1711年2月18日《给斯特拉的日记》），但无疾而终。

第一封

Add. MSS. 9109，ff.71r–72 r

萨默斯公爵致马尔伯勒公爵

1710年6月6日（17日）

我的大人

我待在我的房间已经将近一个月了，在这段时间我看到发生了

几件事情，而且担心很有可能国内还会有更多事情发生。因此，我有时间独自思考目前国外危急的情况——无奈它们正深受英格兰发生的事件的影响。如果我们的敌人看到我们急急忙忙为他们的目标奔走，他们就不会真心实意地想要停战。同时，我们的朋友再也不会认为我们是可以深信的人了。虽然康帕涅的期望让全世界感到可笑，但每个人都在犹豫。只要时间一到，准备次年作战的时间将至，荷兰人就会又开始像他们一贯那样，抱怨他们已经精疲力竭。到时候我们能用什么样的语言去鼓励他们或者我们自己，恐怕显而易见。依我所见，我看不出除了阁下您指挥的军队以外其他人有任何希望获胜，而我军不久就会进入冬季休战期。您为我们创造了很多奇迹；我希望您下定决心要取得最终胜利，我相信您一定会竭尽所能。自然有人会问，马尔伯勒公爵身兼整个欧洲的重任，为什么要如此不恰当地打扰他呢？我必须承认，除了这是我的所作所为，我为自己没有什么好说的。我看不到任何让人产生希望的恰如其分的基础。但根据阁下您今年夏天的作为，我因此恳求您珍视您拥有的光荣，不让任何人的怨恨或者处心积虑阻碍您将这份光荣发扬光大。那会让您的敌人高兴。让他们彻底失望，并受到最奏效、最确切的惩罚的办法，就是全然不理会他们的所作所为，继续充分利用时机。在上帝的保佑下，您会取得和平，凯旋之时会头戴桂冠；那时，您可以鄙视荣誉，让我们重新恢复理智。我希望这些是您的目的，只此一个目的。最真诚希望的人一定会受到最真诚的敬意。我的大人。等等。

[马尔伯勒公爵夫人批注]

　　萨默斯大人1710年6月寄过来这封信，叫马尔伯勒不要在意那些身居高位的人，为了共同的事业所做的计谋和邪恶；我相信，他希望马尔伯勒在战争中取得胜利是真心实意的，虽然我不由得怀疑，他会和阿比盖尔为伍，在战争结束后把马尔伯勒赶出去，因为他之前确实帮助了阿比盖尔取得全部荣誉；为了达到他自己的目的，他会和她共事，或者为她效力，尽管他对我有巨大责任。

第二封

Add. MSS. 28055，f.432

戈多尔芬给女王

1710年7月8日（错误写成8月）

愿陛下您如意

今天上午我收到陛下您的信，其中您指示我折断白杖。我按您吩咐、尽职尽责、心满意足地照做，就像我当初有幸从您手中接过白杖时那样。

既然陛下您不再愿意让我侍奉您，我恭顺地恳求用这最后一次机会以最真诚、最顺从的方式向您保证，在我一生当中，我从无意做出哪怕稍有不尽职的行为，或者对陛下您有任何言语不恭。陛下您提出的那次，我有幸有几位值得信赖的证人作证。如果我不是一直最为恭敬、尽责、热忱、诚恳地侍奉您，我永远也不能原谅自己。

我唯一想加上的，是我内心完全感受到您赐予我的所有荣誉和宠爱。我最衷心祝愿您在这个世界和百年之后的繁荣和幸福。我保证会一直全心全意、经常为陛下您祷告。

陛下，愿您如意。

你最谦卑、尽职的子民

戈多尔芬

第三封

戈多尔芬给"第126号"

Add. MSS. 28055，f.434r

1710年12月17日

我的大人

  自从我们上次谈到女王国外事务的现状，经过一段时间思考，我的想法深受眼下危险的情况影响。我没法不将对这个复杂的问题的想法直接、简要地告知大人您。我深知您对陛下尽职，和我一样衷心祝愿她，并且有更好哪怕并不是更客观的判断；但是在我详细展开之前，我认为摒弃偏见是不合适的，因为这会有违我要谈及这个问题的所有内容。

  因此，首先，我恳请用我的名誉和诚实向您保证，如果我为目前处理国外事务而采取的措施感到惋惜，我完全没有想要再次当权的观念或者想法。我没有任何企图。

  其次，我再次向您保证，不管是我知晓的还是认为是陛下的亲信的人，我都没有厌恶或者敌意；但出于我的热忱，和曾经对陛下和她的利益的责任，以及对她宁静的未来、她治理的国家的安全的担忧，我在反思当前事态的时候，内心难免诚惶诚恐，非常担忧陛下似乎还没及时意识到即将到来的厄运。如果有办法的话，让上帝使她尽快找到避免厄运的办法。我的大人，我认为陛下她未来的宁静和安全在很大程度上取决于现在的战争。显而易见，重大、长期的胜利让上帝满意，在整个战争进程中保佑着女王的军队，让他们为一个幸福的时代打下了基础。即便在此之前，国内出现的混乱和分歧，和那些一直对共同事业表现出最大热忱的大臣们的耻辱没能充分鼓舞筋疲力尽的法国，它们也给了法国人新的生命。虽然法军已经被打败了7年，这场战争仍会重新开始。法国人会变得傲慢无礼，完全放弃实现整体停战的任何想法。

有三个详细情况似乎是鼓励和确定法军傲慢态度的主要因素。

第一个是对公信力的沉重打击；

第二个是在此基础上议会解散；

第三个是詹姆士党和这里亲法党羽向法国保证，马尔伯勒公爵会从军队指挥的位置上被罢免。

我认为第一个因素并不是完全不能逆转的，因为在我看来，公信力的力量并不是来源于那位领头管理的大臣本人［戈多尔芬本人］的个人影响，而是整个外国盟军是否知道的，并且能根据经验，公允地认为戈多尔芬是坚定支持共同事业的。如果把他罢免，盟军自然会推断出自己在大不列颠国内的利益正在衰退。在大不列颠国内盟军的利益正在衰退；而且很明显的后果是，先前建立的，并且主要在此基础上获得支持的公信力也一定衰退了。

现在公信力一旦被摧毁，我怀疑，在没有比我们现在情况能允许的更多时间的帮助下，女王和议会没有能力一同将其再次恢复。除非花时间想让女王聘用的大臣们像他们的前任一样信任外国盟友（这才是在英格兰大幅提高公信力真正的、坚实的基础），否则哪怕时间充裕，也不可能再恢复公信力了。

第二个详细情况，即上届议会的解散，除了确认了之前对公信力的打击以外，在盟军看来是出于同样原因导致的，对于国外事务来说没有太大影响。因此，这大大增加了他们的猜忌和对英格兰智囊团的嫉妒。

我的理解是，这种猜忌和冷漠会给女王造成各种能够想象的不好后果。我没有发现任何阻止这些后果的行动。

[批注] 这封信已经由"第126号"在1710年12月21日呈给女王阅览。

第四封

Add. MSS. 28055，ff.440 r

一位匿名友人给戈多尔芬的信

1711年6月25日

我的大人

虽然我知道大人您有很多能力更加出众的门客，但是我敢肯定，没有人比我对您更加忠诚、上心了：虽然身在远处，而且未经要求，哪怕是您对我是否谨慎产生怀疑，对您的这份担忧也迫使我为自己热爱、崇拜的人献上绵薄之力。此时，各地的天主教都卷入了汉诺威家族和那个假装阻碍继承的人（现在流行用这样温和的方式叫他）争夺和荷兰即将的开战中，以及那让人生厌的和法国的联盟等事件中：这些人，以及詹姆士党不能管好自己，偶尔在争论激烈或者酒过三巡的时候，泄露他们的所知所想。不管是我，还是全国其他绅士都认为，他们最主要的恶意是控诉马尔伯勒公爵和大人您；特别是公爵（持这种观点的绅士认为）是要承受牢狱之苦，甚至难逃血光之灾的：毫无疑问，他们希望有更多适合的人陪马尔伯勒受罪，只是没有将他们的恶意向任何其他人表现得如此明显：我的大人，我坚信，随着事情发酵（任何想要阻止的人都会被抓捕并且牺牲掉，所以此事一定会发展迅速），你会确信，他们会对他们认为最危险，而且能控制他们的人先下手。（趁现在时机正好）设想一些安全的避难所，等待风平浪静不好吗？不管是金钱、产业还是关系都不应该拿来和生命衡量——失去了生命就没法重来了；我知道这样做带来的窘境：如果这么做，就好像承认了自己的罪行。但是，避免这么做，如果先要求辞官告假呢？去亚琛（Aix la Chapelle）或者其他地方？我怀疑，如果您告假（虽然必须保证不再参加国内政党中）是不会被准许的；而且要求告假本身就会加速实现他们的目的。

因此，我最谦卑的观念以为，您的挚友需要充分、迅速地商谈此事，想出最安全的对策。不管这个对策是多么危险，时间（活人常有，而死者从没）会让一切重回正轨。安全的人发表宣言，而富甲一方的人无须太过挂念地产和津贴。现在，任何违法、残酷、暴力、鲁莽或者戏弄人的事情都可能发生，导致我料想不到的悲惨状况。对于智者来说，是多么生不逢时。显然，不是清白，而是它的反义词才能提供保护。同时，法律无法成就的事情，会用违法的手段完成。

我的大人，我解救了自己的灵魂，并且希望天国能给您指引：我想我看到的危险非常清楚，而且就在眼前。但可能我嘴很笨。但是我确信我是您最忠臣谦卑的仆人。

致圣詹姆士宫的戈多尔芬伯爵阁下

［批注］6月25日，未署名或附上日期［印章：可能是一只后脚站立的狮子］

附录C　笛福论萨谢弗雷尔

笛福给斯坦诺普将军的信，后者是1710年萨谢弗雷尔弹劾案的主事（摘自斯坦诺普大人的 *Chevening MSS.*）。

先生：

　　鉴于我无比荣幸得您认识，此次或有损公众对萨谢弗雷尔一事的兴趣。您对此事的主事（请原谅我的用词）广受赞扬。

　　阁下，当我得知您索要几期《评论》[①]来了解萨谢弗雷尔的品性时，我不得不来麻烦您。但是，正如我不会在此乱写欺骗阁下您一样，我也不会在写他人的时候编造。因此，在请求您原谅我的鲁莽之后，我会清楚地签上我的名字。

　　阁下，除了些许荣誉，没有什么事情能克制我诽谤、揭发这个无耻的牧师。我认为，在其落难之时加以打击，或在其需与其他敌人纠缠时落井下石都有损名誉。但是，他的辩护假话连篇，宣称他支持光荣革命，同时他的品性正是他受到这群乌合之众称赞的原因。特别是，我认为有必要向审判他的法官如实展现他，于是我选择出言不逊，望您谅解，也不愿让您对他的德行一无所知。在任何时候，我都能出庭、提供充足的证据证明事实真相，哪怕同时冒着博士和他那帮乌合之众的盛怒的危险——我正被他们严肃、公开地威胁。

　　首先，阁下，有关他的品性，我并没有说您的下议院里有人同他醉酒有百余次，但可以向您详尽说说此事，虽然我知道这会被说成是逼迫绅士出卖谈话内容的事情，但如果您愿意和达克特先生[②]，他是您下议院当中的一名，或者和掷弹兵卫队的奥顿上校谈谈，他们会（特别是第一位）提供非常详尽的信息给您（至少他们能够如此）。那么，阁下，关于他支持光荣革命这点，说他跪着祝愿詹姆士国王的身体康健，说他不光彩地诽谤政府，说一些陌生人问他是否

[①] 即笛福编辑的往期《评论》。

[②] 1708—1710年卡恩的议员乔治·达克特。斯坦诺普当时在下议院（"您的下议院"）。

向女王宣誓过,他回答说宣誓过——这些都告诫他,要么那样讲话他能宣誓,要么宣了誓他就能那样讲话。

最后(还是关于光荣革命),我想向您提两个人:伯明翰的塞缪尔·埃博罗尔,以及伯明翰的牧师(我记得他的名字好像是斯密斯,可能能通过这个名字记起一些事情)——他们不仅能作证,更会让人信服。他们亲耳听到萨谢弗雷尔在已故威廉国王在位期间宣誓——他(萨谢弗雷尔)曾相信他(国王)会变得痴呆,而且他希望他能活着见证这场面。

埃博罗尔肯定这些话是他亲耳听到萨谢弗雷尔说的,并且能用言语为这个事实辩护。我认为,让您知晓这些事是我的职责,供您在之后能妥善加以利用。如果我有机会认识您,阁下,我可以呈给您更多的描述。如果您认为这些能为您尽绵薄之力,我会在您需要的任何时刻为您效劳。

再次为我的自作主张向您请求原谅,

我是,阁下,您最谦卑、最顺从的仆人

笛福

哈克尼附近的纽因顿

1709年3月8日(现代纪年法是1710年)

我把这封信印在这里是出于好奇,而不一定是因为这封信说明了事实。确实,这封信显得对笛福比对萨谢弗雷尔更不公正。关于醉酒的指控,我无法确定。关于希望威廉国王"失去理智"的指控,在之后的12月出现在威廉·(William Bisset)牧师的《现代狂热分子》(萨谢弗雷尔)中。但是不管怎样,多重证明表明,萨谢弗雷尔在心底是一个詹姆士党,比如在1713年,他作为首要人物出现在以下宴会上：在那里，"国王会再次登上王位"获得了雷鸣般而且意义非凡的掌声。

［批注］见《奥古斯都时期的英格兰思想家》（Hearnshaw版），第101页脚注。

附录D 布里韦加

米歇尔·理查兹上校关于布里韦加的信

以下［摘自 Stowe MSS.（B.M.）476, ff. 2-4］是米歇尔·理查兹上校写给克拉格的信。理查兹指挥和施塔尔亨贝格的中队一起行动的英国炮兵，因此在比利亚维西奥萨，而不是布里韦加。有趣的是，理查兹认为我军因为缺乏物资而采取的掠夺是灾难发生的重要原因。

巴塞罗那

毫不怀疑，如果你知晓发生了什么，或者是什么导致了我们在卡斯蒂利亚的事务发生如此巨大、突然的转变，尤其是得知痛失我们的朋友这一消息一定会非常不安。仁者见仁，智者见智。印在此处、元帅（施塔尔亨贝格）的描述说明他已经向英格兰去信，但仅仅是阐明他要打仗的原因，以及由于物资缺乏，各国必须兵分几路，以及有些人可能认为他努力想要暗示英军所在距离太远。但是，我认为这不是问题关键所在，而是敌人集结了大量军队，并在我们不知道他们是步兵还是炮兵的情况下，前进了150英里。我们以为他们只是由大约2000名骑兵组成的分队，给我们的撤退造成困扰。人们的不满导致了情报缺失,或者是我们的将军[斯坦诺普]太刚愎自用。我相信是第一个原因,因为我军自从来到西班牙以来就没有收到过军饷,而且军粮不足以果腹。这让我们陷入极端混乱中,连将军们都于事无补。而且,我相信没人会怀疑,一个由这么多不同国家的人组成的军队,在粮草不足、军饷更加匮乏的情况下,一定会失利;而对于卡斯蒂利亚人,每个人都认为,从我们进入西班牙到撤退,他们都出乎了我们的预料,我们也不能说他们直到那个时候才对我们造成伤害;在此之前我们多次打败了他们不可战胜的军队。他们预料我们会占领加泰罗尼亚的领土,所以改变了态度;直到他们的使者发现我们不会像他们从法国获得补给一样迅速,而且,当他们看到他们的军队在跟着我们撤退的时候,毫无疑问,一个被我们如此踩躏的民族一定会拿起武器反抗。就现在的事态看来,两边使者优劣可见,以及我们缺乏钱财或者物资(后者更糟糕),我希望马上能够解决这些实质问题,否则加泰罗尼亚人也会改变主意。他们已经饱受折磨,而现在遭遇更惨。

1711年1月9日(新历)

对斯坦诺普的批评

斯坦诺普敌人后来说的故事是,他违背了施塔尔亨贝格的命令,来到了布里韦加(比如 *H.M.C. Portland*, V, p. 219),这种说法没有根据,尽管在 *Parnell* 第290页又被重复提出。斯坦诺普被捉后,在1711年1月2日写给达特茅斯的急件中说:"总部那天晚上(12月3日到4日晚上)在比利亚雷霍(Villarejo)驻扎。在那里一致同意,英格兰军队应该分三路向布里韦加行进,而帝国军去往锡丰特斯。" Add. MSS. 9117，ff. 172-177，印在 Mahon，p. cxviii 上。斯坦诺普是遵照命令向布里韦加行进这个事实在克斯比上尉信中被确认，该信印在博耶的《安妮女王》(1735年) 第466页。

有些人指责斯坦诺普没有派遣他的骑兵和马上步兵出去。他们可能逃脱，但他们在被如此庞大的骑兵包围下，并没有十足胜算。而且，斯坦诺普利用他们，特别是马上步兵，来保卫城镇。他本来希望在施塔尔亨贝格赶来之前能够守住；而且他在守卫城堡的时候人手不足。确实，他的一些部下认为他应该只守卫城堡，因此只需要更少的人和弹药——这儿非常缺弹药，情况非常危急 (博耶的《安妮女王》第465页)。我没法判断如果只驻守城堡是不是更好。

斯坦诺普对在布里韦加的失利真正应该负责的，首先是他进攻卡斯蒂利亚的整个策略，特别是在没有适当物资的情况下；其次，是没派足够的侦察部队出去，发现旺多姆的步兵和枪炮来袭。

脚注缩写中英对照表

手稿（MSS.）

缩写	中文译名
Add. MSS.	不列颠博物馆额外手稿（B. M. 代表不列颠博物馆的其他馆藏）
Aff. étr Ang.	巴黎奥赛码头外交部手稿，外交事务，和英格兰的通信（见我和《英国史评论》1934年一月的通信）
Althorp MSS.	在北安普敦郡奥尔索普内斯宾塞伯爵所有的手稿。其中一些文件是马尔伯勒公爵夫人萨拉的
Argyle MSS.	1711年阿盖尔公爵从西班牙寄来的信，存放在剑桥大学图书馆，Add. 6570
Bodleian MSS.	牛津博德利图书馆的手稿
Chevening MSS.	斯坦诺普将军在雪文宁的文档，由现在的斯坦诺普伯爵所有
Dartmouth MSS.	达特茅斯伯爵文档是达特茅斯伯爵在帕舒尔的财产，补充这一馆藏的是1887年出版的《皇家历史文献调查卷宗》达特茅斯卷
India Office MSS.	印度事务部文档的工厂记录
P.R.O.	国家档案馆文档（S. P. 是国家文档；Tr 是转录稿）
Shakerley MSS.	给切斯特托利党议员彼得·谢克利的信（在亚瑟·布莱恩特先生允许下查阅）

续表

缩写	中文译名
Somers MSS.	萨默斯公爵私人和公开的信件藏品，由赖盖特公司所有（在雷德希尔的 W. 胡珀博士允许下查阅）
Wake MSS.	韦克大主教的手稿在牛津的基督堂图书馆

出版物

缩写	中文译名
Adams	詹姆斯·特拉斯洛·亚当斯，《改革后的新英格兰，1691—1776》
Ailesbury（Rax.）	《艾尔斯伯里伯爵自传》，第二卷（罗克斯伯勒俱乐部，1890 年）
Arbuthnot	G.A. 艾特肯，《约翰·阿巴斯诺特生平和作品》，1892 年
Ashton	J. 阿什顿，《安妮女王在位期间的社会生活》（1882 年）
Atkinson	C. T. 阿特金森著，《马尔伯勒》
Bacallar	圣费利佩侯爵、D. 樊尚·巴卡拉尔和桑那著，《菲利普五世统治下的西班牙历史回忆录》。西语英译本（阿姆斯特丹，1756 年）
Berwick	《贝里克元帅自传》，1778 年版
Blackader	《苏格兰步兵团布莱克艾德上校生平》，1824 年
Bol. Letters	《博林布罗克大人的书信》，四卷，1798 年
Bolingbroke's Defence of Utrecht	《博林布罗克对〈乌得勒支条约〉的辩护》，包含 G. M. 屈威廉所著引文（信件 6—8 是从博林布罗克的《历史的学习和用处》中再版），剑桥出版社，1932 年
Burchett	乔赛亚·伯切特，《海上事务》，1720 年
Byng Papers	《宾文档》（海军档案社，1930—1931 年）
Calamy	J. T. 拉特著，《埃德蒙·卡拉米生平》，1830 年

续表

缩写	中文译名
Carstares' Letters	《致威廉·卡斯泰尔斯的国务文件和信件》，1774年
C.H.B.E.	《剑桥英帝国史》
Chambers	W. 钱伯斯和R. 钱伯斯著，《苏格兰国内编年史》，1861年
Collet	《偶任马德拉斯圣乔治堡总督约瑟夫·科利特的私人信件集》，1933年
Conduct	萨拉·马尔伯勒著，《马尔伯勒公爵夫人行为的自述》，1742年
Cowper	《第一任考柏伯爵威廉的私人日记》（罗克斯堡俱乐部，1833年）
Coxe	阿奇迪肯·考克斯著，《马尔伯勒回忆录》（页码依照1819年版）
Coxe's Walpole	阿奇迪肯·考克斯著，《罗伯特·沃波尔爵士回忆录》
C.S.P.	《国家文件日历》（Dom即国内事务；Am即美洲和西印度；Tr即财政部）
Cunningham	W. 坎宁安著，《英格兰工业和商贸的增长》，1903年版
Defoe	笛福的《环游大不列颠》，第一版，由G.D.H.科尔再版
Dispatches	《马尔伯勒的急件》，G. 默拉里爵士编，1845年
Drake	《彼得·德雷克上校回忆录》（都柏林，1755年）
Edgar	安德鲁·埃德加牧师，《苏格兰传统教会生活》；Ⅰ即第一系列，1885年；Ⅱ即第二系列，1886年
Egerton	H. E. 埃杰顿著，《殖民地政策简史》，1920年版
E.H.R.	《英国史评论》
Feiling	基思·费林，《托利党史》，1924年
Feldzüge	《欧根亲王的军事行动》，1879年
Fortescue	约翰·福蒂斯丘爵士著，《英国军队史》，第一卷，1899年

续表

缩写	中文译名
Geyl	《荷兰在西班牙继承战中的政治》，盖尔教授著，1929年
Goslinga	《格斯林加回忆录》，1857年
Granville	《格兰维尔（兰斯当大人）》，伊丽莎白·汉达西德著，1933年
Hamilton	亚历山大·汉密尔顿著，《东印度新论》，1727年
Hanmer	《托马斯·汉默爵士书信》，亨利·邦伯里爵士编，巴特出版社，1838年
Hedges	《威廉·赫奇斯日记》，第三卷（哈克卢特会，1889年），包含圣乔治堡总督托马斯·皮特的传记
Hervey，L.B.	《第一任布里斯托伯爵·约翰·赫维书信集》，1894年
H.M.C.	《皇家历史文献调查卷宗》（R.即报告）
H.C.J.	《下议院记录》
H.L.J.	《上议院记录》
H. of L. MSS.	《上议院手稿》，经上议院允许出版
Hume Brown，Scotland	P. 休姆·布朗，《苏格兰史》，1909年
Kemble	《从光荣革命到汉诺威即位的国务文件》，J.M.肯布尔编，1857年
Khan	沙法特·艾哈麦德·可汗著，《17世纪的东印度贸易》（牛津，1923年）
Klopp	翁洛·克洛普著，《斯图亚特王室的衰亡，1875—1888》
Lamberty	G. 德·朗贝蒂著，《回忆录》，1736年
Leadam	J. S. 利达姆著，朗文政治史，第九卷
Leake	《约翰·利克爵士生平》（海军档案社，1920年）
Lecky	Ireland即莱基，《18世纪爱尔兰史》（内阁版）

续表

缩写	中文译名
Lediard, Marl.	托马斯·勒迪奥德著,《马尔伯勒生平》,1736年
Legrelle	A.勒格雷勒著,《法国外交和西班牙王位继承》
Lockhart	《洛克哈特文档》(1817年版)
Macky, Scotland	约翰·麦基,《游遍苏格兰》,第二版,1732年
McLachlan	H.麦克拉克伦著,《圣礼测试法案下的英格兰教育》(曼彻斯特,1931年)
Macpherson	詹姆斯·麦克弗森,《原始文档》,1775年
Mahon	马洪大人著,《西班牙王位继承战》,1836年版
Marchmont	《马奇蒙伯爵文档》,1831年
Mathieson	威廉·劳·马西森著,《苏格兰和联合王国》,1905年
Mathew Prior	L.G.威科姆·莱格著,《马修·普赖尔》,1921年
Mayor	J.E.B.梅厄著,《安妮女王统治下的剑桥》,1911年
Michael	沃尔夫冈·麦克迈克尔著,《18世纪英格兰史》,第一卷
Miller	O.B.米勒,《牛津伯爵罗伯特·哈利》(斯坦诺普散文,1925年)
Millner	约翰·米尔纳,《行军日志》等,1733年
Montgomery	即《荷兰屏障》,盖基和蒙哥马利著,1930年(这部宝贵的作品中的这部分是由蒙哥马利小姐所写)
Murray	R.H.默里著,《光荣革命时期的爱尔兰及其协议》,1911年
Parker	罗伯特·帕克上尉的《回忆录》,1746年
Parkman	弗朗西斯·帕克曼著,《冲突的半个世纪》(100周年版,1922年),第一卷
Parl. Hist.	科贝特的《议会史》
Parnell	阿瑟·帕内尔上校著,《西班牙王位继承战》,1905年版

续表

缩写	中文译名
Pelet	珀莱将军,《关于西班牙王位继承的军事备忘录》,1835年
Priv. Corr.	《马尔伯勒公爵夫人的私人信件》,1905年版
Remembrance	《纪念,尼德兰的苏格兰旅》,第三卷,1901年
R.H.S.	皇家历史学会出版物
Rox.	罗克斯堡俱乐部出版物
Salomon	F. 萨洛蒙著,《安妮女王最后一届内阁历史》,1894年
Somerville, Q. Anne	托马斯·萨默维尔,《安妮女王在位时期大不列颠历史》
Swift, Letters	F. E. 鲍尔编,《乔纳森·斯威夫特的书信》,1911年
Swift, Prose Works	坦普尔·斯格特编,《斯威夫特散文作品》(博恩图书馆,十二卷)
Taylor	弗兰克·泰勒,《马尔伯勒的战争》,1921年
Tindal	廷德尔所续拉潘编撰的《英国史》,1744年
Torcy	托西著,《托西侯爵自传》,两卷,1757年。法语英译本
Verney	《18世纪弗尼书信》,1928年
Walker	霍文登·沃克爵士,《近期远征加拿大日志》,1720年
Ward's Sophia	A. W. 沃德,《皇太后索菲》,1909年
Wentworth Papers	J.J.卡特赖特编,《温特沃思文档,1705—1739》,1883年
Wheeler	J. T. 惠勒,《旧时的马德拉斯》,1861年
Wodrow Anal.	罗伯特·伍德罗著,《文选》,(梅特兰俱乐部,1842—1843年)
Wodrow Corr.	《罗伯特·伍德罗牧师的书信》,1842年

图书在版编目(CIP)数据

安妮女王时代的英格兰．和平之境／（英）乔治·麦考莱·屈威廉著；周莎译．—北京：中国法制出版社，2024.7

书名原文：ENGLAND UNDER QUEEN ANNE：THE PEACE AND THE PROTESTANT SUCCESSION

ISBN 978-7-5216-2794-7

Ⅰ.①安… Ⅱ.①乔… ②周… Ⅲ.①英国-近代史 Ⅳ.①K561.4

中国版本图书馆CIP数据核字（2022）第132676号

策划／责任编辑：胡 艺　　　　　　　　封面设计：周黎明

安妮女王时代的英格兰．和平之境
ANNI NÜWANG SHIDAI DE YINGGELAN. HEPING ZHI JING

著者／[英]乔治·麦考莱·屈威廉
译者／周 莎
经销／新华书店
印刷／三河市紫恒印装有限公司
开本／880毫米×1230毫米 32开　　印张／12.5　字数／290千
版次／2024年7月第1版　　　　　　　　2024年7月第1次印刷

中国法制出版社出版
书号 ISBN 978-7-5216-2794-7　　　　　　　　定价：78.00元

北京市西城区西便门西里甲16号西便门办公区
邮政编码：100053　　　　　　　　　　传真：010-63141600
网址／http://www.zgfzs.com　　　　　编辑部电话：010-63141817
市场营销部电话：010-63141612　　　　印务部电话：010-63141606
（如有印装质量问题，请与本社印务部联系。）